DALOU

SA VIE ET SON ŒUVRE

PAR

MAURICE DREYFOUS

HENRI LAURENS, ÉDITEUR
6, RUE DE TOURNON, 6
PARIS

DALOU

SA VIE ET SON ŒUVRE

DALOU
SA VIE ET SON ŒUVRE

PAR

MAURICE DREYFOUS

NOMBREUSES ILLUSTRATIONS DANS LE TEXTE ET HORS TEXTE

Préface de M. HENRY ROUJON

DE L'INSTITUT
DIRECTEUR DES BEAUX-ARTS

PARIS
LIBRAIRIE RENOUARD. — H. LAURENS, ÉDITEUR
6, RUE DE TOURNON, 6

1903

A AUGUSTE BECKER

Mon cher Monsieur Becker,

En vous dédiant cet ouvrage, en vous associant au souvenir de Dalou, je crois me conformer à sa tradition. Je croirais y manquer si je ne plaçais point, à côté de votre nom, celui de M. Amédée Bertault et celui de M. Léon Gobet.

Et puisque c'est à vous trois qu'il a confié le devoir sacré de veiller sur sa tombe, c'est à vous trois que je demande la permission d'y déposer le livre que voici.

M. D.

Décembre 1902.

Dessus de porte exécuté vers 1869 pour l'hôtel André

PRÉFACE

Chez Dalou la vie morale fut d'une parfaite unité. L'artiste était double. Si digne d'admiration que soit son œuvre, elle ne nous révèle qu'une moitié de lui-même.

*
* *

C'était un homme rude et vrai, qui forçait l'estime. Avec son visage austère, son parler bref, il s'imposait d'abord. Avant qu'il eût dit un mot ou fait un geste, on devinait quelqu'un. Aucune humilité, mais point de morgue. Il était à prendre ou à laisser tel quel.

L'ouvrier de France s'incarnait noblement en lui. Très courtois, d'allure irréprochable, il demeurait peuple jusqu'aux moelles. L'amour du peuple fut la religion de sa vie.

Il sortait d'un humble ménage parisien, vaillant et fier, comme Paris en comptait d'innombrables à la veille de Février. De très braves gens, qui travaillaient dur, haïssaient l'oppression et le mensonge, trouvaient mauvaise la société de M. Guizot, et conspiraient innocemment. Pierre Dupont était le prophète de cette caste. Les premières années de Jules Dalou ont été bercées par le « Chant des ouvriers ». Des poèmes d'une candeur magnifique, qui saluaient une aurore de justice et annonçaient la fraternité, servirent d'évangile à son enfance. Il les chantait en 1848 de sa voix grêle de gamin barricadier. Homme, il a su les vivre. Artiste, il a désiré toujours et enfin voulu les éterniser.

Il était né modeleur de figurines, comme les tsiganes naissent musiciens. Tout enfant, blotti auprès de la fenêtre devant laquelle son père découpait des gants, il pétrissait des bonshommes d'argile. Carpeaux vit par hasard ces amusettes. Il sera sculpteur, dit-il aux parents. Et les bonnes gens de répondre : autant ce métier-là qu'un autre. La vocation de Dalou n'eut pas à livrer les luttes coutumières. Il se fit admettre à la Petite École, ainsi que ses camarades du quartier entraient en apprentissage. Toute son existence devait s'écouler ainsi, sans le moindre romantisme. Rien de plus simple que son histoire. Les amateurs d'anecdotes piquantes, les chercheurs de raretés psychologiques, les curieux de révélations d'outre-tombe peuvent se dispenser de scruter sa vie ; leur frivolité serait déçue. Il ne s'y passe rien, à vrai dire. Rien que le duel entre ses aspirations et sa destinée.

De la Petite École, où il apprit tant bien que mal la grammaire de son art, il entra dans l'atelier de Duret. Mais quel que fût son professeur officiel, il n'eut jamais pour discipline que sa fantaisie, avec Carpeaux pour guide. Ce fut un étudiant peu maniable, indocile, irrégulier, gouailleur. Il devait peu à l'École des Beaux-arts. Lui-même, célèbre et apaisé, il en convenait gentiment, avec une pointe de rancune. S'en prenait-il aux modèles gréco-romains du bon Duret de sa jeunesse un peu gaspillée? Ce serait humain, sinon équitable. D'ailleurs il parlait rarement de ses débuts, et toujours « sans grande fascherie ». Son exquise bonhomie l'empêchait de se draper en révolutionnaire. Il avouait gaîment avoir été un apprenti de l'école buissonnière, passablement bruyant, et même un peu fêtard, bien que ne déjeunant pas tous les jours. Il constatait la chose, sans en tirer de doctrine pédagogique.

Comme il fallait pourtant déjeuner quelquefois, il était modeleur de bestioles chez un naturaliste-empailleur. Cet emploi non classé le nourrissait mal et lui enseignait bien l'anatomie. Entre temps, il envoyait au Salon une figure de « Jeune gars remettant sa chaussette après le bain. » Quelques bons juges s'étaient arrêtés devant ce premier ouvrage. Dalou, libre alors de toute contrainte, avait bonnement regardé la nature et traduit naïvement ce qu'il avait vu. Cet essai de jeunesse a dû périr, avec tant d'autres modèles, dans une de ces crises d'iconoclastie où Dalou prenait à se détruire la joie d'une revanche mystérieuse. Nous donnerions beaucoup pour le revoir. Il est sûr qu'un statuaire, apparenté à Courbet et à Millet, s'y affirmait dans le débutant.

Si c'était plus qu'il n'en fallait pour contrister M. Duret, ce n'était pas assez pour délivrer Dalou de la misère. Un beau matin, un camarade vint lui proposer de s'embaucher dans une équipe qui travaillait à l'hôtel de Mme de Païva. « Qui, Mme de Païva » ? demanda Dalou. « Je n'en sais rien, répondit l'ami. Peu nous importe. »

Il importait beaucoup. Qui je suis? eût pu répondre la tentatrice. Ne cherche pas en moi la vision sainte que l'artiste évoque dans ses extases. Je suis celle qu'il appelle tout bas au soir des jeûnes, je suis aimable et nourricière ; j'apparais à l'heure du dîner. Je m'appelle la Fée de la Commande.

Dalou était jeune, impatient, misérable. Il suivit la fée.

Ce fut une grave crise dans sa vie spirituelle. Et puisque nous le pensons, pourquoi le taire? ce ne fut un bonheur ni pour lui, ni pour l'art français.

Ici, je m'arrête un peu troublé.

Vais-je prétendre qu'en laissant derrière lui le « Bas-relief des Etats généraux », le « Triomphe de Silène », le « Monument de la République », dix statues de la plus riche élégance, vingt bustes débordant de vitalité, Dalou n'a pas justifié au centuple l'illustration qui s'attache à son nom? Vais-je dédaigner cette œuvre, noble et diverse, issue de l'art de Versailles, d'une si puissante sagesse et d'une grâce si haute? Vais-je médire des commandes, moi qui ai pour raison d'être, pour excuse et pour honneur d'en préparer? Vais-je affecter ce dandysme un peu niais qui consiste à se détacher de sa fonction pour en sourire? Vais-je adresser un reproche quelconque à cette pure mémoire et blâmer une des plus droites consciences qu'il m'ait été donné de connaître?

Non! Et j'ai hâte de saluer très bas, comme il convient, l'œuvre réalisée par le maître. J'oserai seulement, dans les lignes qui vont suivre, en appeler du Dalou public au Dalou caché.

Pourquoi, fêté, admiré, célèbre, est-il mort plein de regrets? — Parce que, prisonnier de son succès, tâcheron de besognes grandioses, il a, pendant trente ans, espéré, quand il terminait la tâche quotidienne, que le jour de demain lui permettrait de se retrouver. A ses côtés, sa femme, cette épouse incomparable qui fut sa conscience, « le tuteur de la frêle plante que je suis », souhaitait passionnément la délivrance du génie qu'elle couvait de sa rude tendresse, et dont seule elle savait l'énigme.

Ce conflit cruel entre la virtuosité de ce rare artiste et son tempérament, entre son activité et sa méditation, vous en sentirez l'amertume en lisant le beau livre, exact et pieux, de M. Maurice Dreyfous. Le biographe de Dalou fit partie du groupe d'amis intimes devant qui il pensait tout haut. En bon poète, M. Dreyfous est un peu devin : il a lu dans cette âme fermée. Un autre ami, Fernand Calmettes, d'une si profonde clairvoyance dans les choses du cœur, pourrait témoigner. Moi-même, que Dalou daignait honorer de quelque confiance, je l'ai vu, au lendemain de ses plus retentissants triomphes, rongé de doute et de mélancolie. « Tout cela, grondait-il, oui, sans doute ce n'est pas mal. Mais, voyez-vous, ce n'est pas ça. »

« Ça », c'est le petit nom familier dont les gens dépourvus de rhétorique nomment leur idéal.

Dalou en voulait à la Fée de la Commande de ce qu'il n'avait pu se servir d'elle sans être contraint de la servir.

C'était une vieille ennemie intime, depuis l'hôtel de Païva. Alors, elle lui avait enjoint de faire du Germain-Pilon, au goût d'une mondaine du Second Empire. Pour un maître ouvrier c'était un jeu. Il y avait excellé. Cariatides, naïades et nymphes naissaient, faciles et charmantes, sous son ébauchoir. Puis, à l'atelier d'orfèvrerie des frères Fannière, il avait prodigué des trésors de verve inventive. Il semblait destiné à demeurer un souple et prestigieux décorateur, quand la guerre de 1870 éclata.

On pense si au cri de « la Patrie en danger ! » et de « Vive la République ! » Dalou délaissa les nymphes. Sous la capote du garde-national, il eut toutes les vertus, tous les défauts, toutes les chimères, toutes les injustices et toutes les colères des parisiens du Siège. On sait qu'il joua dans l'aventure de la Commune un rôle inoffensif et périlleux. D'après un dossier classé quelque part il se serait même rendu coupable du crime d'usurpation d'emploi public. Nous nous l'imaginons mal dans un emploi. Mais il faut bien que cela soit vrai puisqu'il a été condamné de ce chef aux travaux forcés par contumace. Le gouvernement de Thiers eut le bon goût de ne poursuivre ce singulier criminel qu'avec très peu de férocité. Dalou gagna facilement l'Angleterre.

A Londres, un confrère incomparable, Legros, l'accueillit à bras ouverts. Sa jeune femme partageait gaîment son sort. Entre une compagne semblable et un tel ami, Dalou, dénué de ressources, ruiné, furieux, vaincu, proscrit, vécut la période de son existence la plus féconde et la plus libre.

A peine installé, il commençait un groupe, « l'Enfance d'Hercule ». Par bonheur Mme Dalou, vaillante révoltée parisienne, n'aimait l'Olympe que médiocrement. Sur une raillerie de sa femme, le brillant maître-orfèvre s'avisa que pour qu'une mère allaitât dans un beau geste, il n'était pas indispensable de lui infliger Hercule pour nourrisson. Une bouffée d'air envahit son cerveau. Il vit la nature que la mythologie lui voilait. Une forte et tendre paysanne allaitant son enfant s'éveilla sous ses doigts à la vie du Vrai.

Un grand cri d'admiration le récompensa d'avoir osé. La gentry anglaise adopta le proscrit. Quelques travaux bien payés lui donnèrent la sécurité, sans enchaîner son tempérament. Il créa alors cette touchante série des Boulonaises, véritables filles de son esprit. Tout cet exil anglais lui fut profitable. Il y prenait sincèrement conscience de lui-même.

Mais tandis que l'amnistie lui rendait sa patrie, l'annonce d'un concours pour le « Monument de la République » rejetait ses énergies de libre travailleur dans les programmes et dans les commandes.

Ne pas être le statuaire de ce monument lui eût semblé un déni de justice. Il se mit au travail avec une sorte de fureur. Il concevait un groupe pompeux, gigantesque. « Le monument, écrivait-il, sera dans le style Louis XIV, style que je vénère par-dessus tout. » Singulier aveu. L'idée monarchique de majesté tyrannisait encore sa conception. Il s'enthousiasmait à l'idée d'emprisonner une fois de plus la foi nouvelle dans le symbolisme du passé.

Il concourut et n'eut pas le prix. Un compromis intervint ; on lui demanda son œuvre pour un autre emplacement. Malgré la douleur que lui avait causée son échec, il accepta cette réparation. Dix années, dix interminables années, les plus avides de liberté de sa carrière, furent dévorées par les travaux d'exécution, les difficultés de la fonte, tous les tracas d'une entreprise formidable. Pour faire halte, on décida d'inaugurer solennellement le modèle, lors de l'Exposition de 1889.

Cette première cérémonie de la place de la Nation fut pour Dalou la grande date de sa pensée. Elle avait été pour lui une victoire. Toutes les consécrations officielles étaient venues à lui. Tous, ministres, sénateurs, députés, confrères, écrivains, amis connus ou inconnus l'avaient comblé d'hommages.

Au bras de sa femme frémissante, il regagna son logis, plein de tristesse et de colère.

Jamais Dalou n'a été Dalou comme ce soir-là. Ce fut sa « Nephtali », comme parlait Renan. Quelques lignes de son Journal, des propos qui lui échappèrent, des murmures à demi étouffés permettent de reconstituer l'oraison solitaire dans laquelle il se plongea, ainsi qu'en une source de jouvence et de vérité.

Nous n'y sommes pas, songeait-il. Ils n'y sont pas du tout. Je n'y suis pas plus qu'eux. Je suis venu à cette fête pour assister à l'apothéose de ce peuple dont je sors et dont l'âme bouillonne en moi. Où était-il le peuple ? On ne l'a pas vu. De la cavalerie, des uniformes, des canons partout. Tout l'appareil a défilé du vieux monde. Où se cachait, pendant ce gala démodé, l'armée du travail ? où mes praticiens, mes ajusteurs, mes fondeurs et mes plâtriers ? où les millions de bras qui créent ? où ceux qui peinent sur la glèbe ? J'ai vu des fusils et des sabres, et pas un outil. Il s'agissait de glorifier aujourd'hui pour exalter demain. Il n'y a eu qu'autrefois d'invité. Moi-même j'ai fait une œuvre d'autrefois !

Rentré chez lui, il dit à sa femme : « Je veux faire le « Monument des Ouvriers ».

*
* *

Alors, d'un geste héroïque, il rejeta toutes les formules de son habileté comme une armure hors d'usage. L'allégorie de théâtre lui donnait la nausée. En passant la revue de ses ouvrages il se prit de prédilection, tel un père envers ceux de ses enfants qui lui ressemblent, pour ces maigres échappées de la foule qui contemplent de loin son Mirabeau, pour sa robuste nourrice villageoise, pour sa figure ingénue de Victor Noir gisant endimanché dans la seule majesté du martyre. Il revécut sa vie. La muse de Pierre Dupont chantait au fond de sa mémoire les refrains de la forge et de la grange. Par delà les maîtres de Versailles, toujours admirés, mais désobéis, il tendit la main aux artisans du Moyen âge, aux tailleurs de pierre du soubassement d'Amiens, aux tumbiers bourguignons, à tous ces imagiers anonymes de la vieille France qui sculptaient aux porches des cathédrales le drame sublime du travail et l'éternel poème de la vie. Il se sentit leur héritier légitime. Sur son Journal il écrivit ces lignes : « La glorification des travailleurs est le culte appelé à remplacer les mythologies passées ». Il se jura d'être le sculpteur du peuple, comme Pierre Dupont en avait été le poète.

Dès lors il ne songea plus qu'à ce Monument des Ouvriers dont les ébauches grouillaient sous ses doigts. Il le voyait se dresser, haut et fruste, sur le ciel pâle de son Paris. Pour trophées, il y suspendrait des outils, la pioche, la bêche, la truelle, le ciseau, le rateau, la charrue. Pour héros, il y camperait dans leurs libres costumes ses frères de souffrance, un botteleur, un serrurier, un chiffonnier, un casseur de cailloux, un balayeur, un maçon. Et de tant de vérité vivante il ferait une Beauté suprême !...

Trop tard. Un corps usé par le mal de vivre abandonnait cette pensée rajeunie. Cette volonté ressuscitée n'avait plus à son service que des heures de grâce. La mort l'a pris quand il renaissait.

Il nous laisse en ouvrages achevés les preuves du talent superbe qui lui fit orner son époque ; en fragments palpitants et mutilés, en larves sublimes, les sûrs témoins de son génie. Quel cruel et noble destin ! Dalou, en qui le vulgaire goûterait volontiers une sorte de Girardon attardé, Dalou, à la veille de sa mort, donnait à la démocratie son poète de pierre. Admirable pour ce qu'il lui a été permis d'accomplir, très grand pour ce qu'il allait créer, il fut la victime, en apparence résignée, d'autant plus douloureuse,

D'un monde où l'Action n'est pas la sœur du Rêve.

HENRY ROUJON.

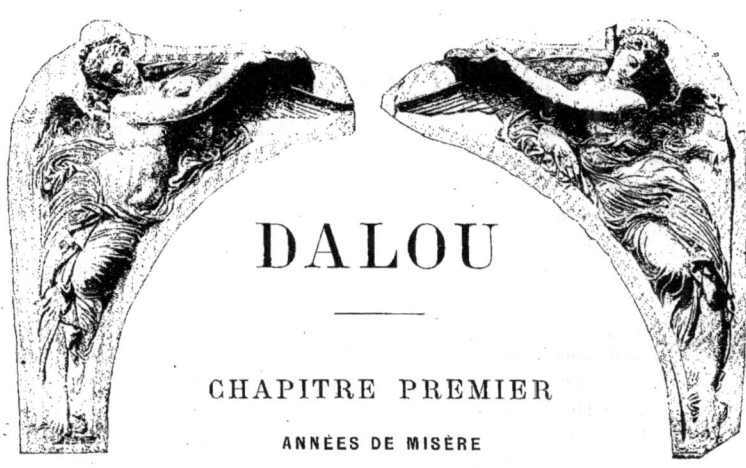

DALOU

CHAPITRE PREMIER

ANNÉES DE MISÈRE

Aimé-Jules Dalou était né à Paris, 26, rue de la Ferme-des-Mathurins, le 31 décembre 1838, de Denis Dalou, ouvrier gantier, et de dame Joséphine Cambier, son épouse.

Le père de Dalou était assurément un excellent ouvrier et un brave homme, ses trente-cinq à quarante années de services dans l'atelier d'un même patron, rue Jean-Jacques Rousseau, suffiraient à en faire foi, et, aujourd'hui encore, chez le fils et successeur de ce patron, il est demeuré traditionnel d'appeler « la fenêtre du père Dalou » celle derrière laquelle on avait eu l'habitude de le voir, tout le jour debout, parachevant et *dressant* les gants. C'était un tout petit homme, d'aspect plutôt malingre et dont un œil était complètement atrophié par la cataracte, — ce dont Jules se souvint avec terreur, lorsque, dans son âge mûr, des troubles visuels interrompirent son travail. Avec les 5 francs par jour que gagnait son mari, Mme Dalou mère, excellente ménagère, et très laborieuse, parvenait, à force d'économie, à faire vivre de façon très sortable la famille qui comportait, outre Jules, ses deux sœurs de quelques années plus âgées que lui. Mme Dalou mère, était de haute taille et de forte corpulence ; très autoritaire elle commandait sans réplique à toute la maison ; chacun y tremblait devant elle, et, en particulier, son mari qui, tout petit qu'il fût, se faisait plus petit encore pour mieux échapper aux orages que ne cessait de déchaîner sa digne, mais tumultueuse compagne. Excellente femme au fond, si dure qu'elle fût en la forme ; elle ne laissait apercevoir sa tendresse qu'au seul profit d'une quarantaine d'oiseaux, ornement d'une volière, un peu plus volumineuse, sans doute, que ne le comportait l'inévitable exiguïté du logis. Républicaine farouche, elle parlait politique à tout venant, et en particulier aux commères du voisinage; elle s'emballait, vitupérait contre les tyrans et proclamait, dans les escaliers, les droits imprescriptibles du peuple.

Son mari qui, quant au fond, était là-dessus en communion d'idées avec elle, se gardait bien de jamais lui donner la réplique, par peur d'une controverse possible, et ceux qui ne le virent que dans sa maison seront bien surpris d'apprendre que, arrivé rue Jean-Jacques Rousseau, il y politiquait à son tour, tout en dressant ses gants, il stigmatisait toutes les tyrannies, appelait à pleine voix l'avènement de l'intégrale justice et renversait tous les trônes qui lui tombaient sous la langue. Il était en réalité le prototype de ce qu'on appelle les hommes de 1848 et, — galanterie à part — sa femme l'était aussi.

Si donc Jules Dalou fut et resta de tous temps, passionnément républicain, il avait de qui tenir. Il a toujours conservé pour la mémoire de son père un culte, attendri par le souvenir des efforts de tolérance et de patience qu'il l'avait vu faire en tout temps afin de ne pas donner à ses enfants l'exemple de la discorde. Il vénérait aussi en lui l'un des apôtres de cette religion du travail qui fut sa seule religion.

Un jour, j'arrivai à l'atelier pendant que Dalou était occupé à terminer sur la cire la main gantée de la statue funéraire de Victor Noir.

— Ah! me dit-il, en soupirant, comme mon père serait heureux s'il voyait comme je fais bien les piqûres de gants!

On comprendra sans peine que, avec le petit salaire qui pourvoyait aux besoins d'une maisonnée de cinq personnes, on n'ait pu penser à prolonger longuement les études des enfants ; néanmoins, et bien que l'enseignement ne fût point alors obligatoire, Jules fut envoyé à l'école communale et ses deux sœurs de même, puis, encore petites filles, dans un atelier où elles apprirent le métier de raccommodeuses de dentelles. C'est là que, par des circonstances banales, elles eurent l'occasion de montrer à un jeune sculpteur, encore élève de l'école des Beaux-Arts, J.-B. Carpeaux, les dessins curieux et les petits modelages que leur jeune frère, alors âgé de treize ans, s'amusait à exécuter d'instinct. Carpeaux s'en vint rue Neuve-des-Petits-Champs, où demeurait la famille Dalou, causa avec le gamin, et intervint auprès de ses parents, pour qu'ils l'envoyassent à la *Petite Ecole*.

On appelait alors ainsi l'Ecole de dessin de la rue de l'Ecole de Médecine, devenue depuis lors l'Ecole nationale des arts décoratifs. La mère, dont la rudesse était doublée d'un solide bon sens et d'une intelligence largement ouverte, estima que, apprentissage pour apprentissage, celui du dessin et de la sculpture en vaudrait bien tant d'autres et permettrait à Jules d'aborder diverses professions où les bons ouvriers gagnent leur vie honorablement, sans trop de chômage, et, pensait-elle aussi, sans les grands efforts physiques auxquels la frêle constitution de son fils ne semblait point devoir suffire dans l'avenir.

A ses bonnes raisons, le père dit de bon cœur : Amen, et d'autant plus volontiers, que Carpeaux était, à la Petite École, répétiteur de la classe de sculpture et de modelage. Le professeur titulaire était un sculpteur modeste et de beaucoup de savoir appelé Jacquot.

Le professeur de dessin d'après les plantes vivantes avait alors nom Faure. Le professeur de dessin d'après la ronde-bosse était Lecoq de Boisbaudran. Son nom mérite de survivre, sinon à cause des œuvres qu'il a signées, du moins en mémoire de la pléiade d'artistes éminents qui l'eurent pour premier éducateur. Son enseignement était plus large que celui de l'École des Beaux-Arts, et s'attachait surtout à dégager le tempérament propre de chaque élève et dans l'esprit le plus libéral, à indiquer à chacun la meilleure route à suivre pour en tirer son originalité native. Contrairement à l'École il dirigeait l'intelligence des futurs artistes vers l'observation directe de la nature bien plus que vers le respect immuable des traditions ; comme elle, il mettait à la base de tous les arts plastiques le dessin, c'est-à-dire la reproduction absolue et complète de la forme *vue*. La perfection du dessin était, selon lui, un moyen dont chacun devait faire usage à sa guise, mais en l'absence duquel tout ne pouvait lui être que déboire et qu'avortement. Il attachait une importance capitale aux exercices de mémoire. Il envoyait ses élèves au Louvre pour y regarder à fond tel objet que bon leur semblerait, et pour le dessiner ensuite sous ses yeux. Alphonse Legros se souvient encore avec émotion, du temps où il pouvait faire, au crayon et loin du modèle, en présence de son maître, une copie scrupuleusement fidèle de l'Erasme d'Holbein.

Lorsque Dalou, en 1852, entra à la Petite École, il y rencontra, entre autres, Alphonse Legros, Fantin-Latour, Cugniot, Aubé, Legrain (l'ornemaniste), Duberteaux, qui devint un sculpteur du plus grand avenir et mourut tout jeune, sans avoir pu donner sa mesure, Salard qui se destinait à l'architecture, Cornaglia qui, bientôt ne se reconnaissant pas le don du dessin, bifurqua vers le théâtre. Chapu sortait depuis peu de la Petite École, Charles Garnier y avait fait une courte apparition. Lhermitte y venait, de même Cazin ; Guillaume Regamey y arriva un peu plus tard. Dalou, quoique le plus jeune de la promotion, — il n'avait que treize ans et demi alors que ses camarades en avaient quinze ou seize — en était le plus assidu et le plus sérieux. Il était tous les jours le premier arrivé et le dernier parti. Aux jours de compositions ou de concours il prenait rendez-vous avec Cornaglia, dès quatre heures et demie du matin et les deux bambins faisaient route ensemble pour pouvoir, avant six heures — heure de l'ouverture de la classe, — y choisir la meilleure place.

Ce grand amour du travail n'avait, au demeurant, rien de rébarbatif et Jules ne boudait nullement aux parties de barres ou de ballon, auxquelles toute la bande joyeuse des futurs artistes se livrait dans le jardin du Luxembourg à l'heure de récréation.

Son assiduité et les dons naturels que révélaient ses premiers essais lui valurent la sollicitude affectueuse de Carpeaux qui se mit en tête de le faire entrer, malgré son extrême jeunesse, à la grande Ecole, à la véritable Ecole, à l'Ecole des Beaux-Arts, dont il était, alors, un adepte fervent et vers laquelle il dirigeait les efforts de ses meilleurs élèves. Aux leçons données en commun, Carpeaux ajouta (à titre gracieux, est-il besoin de le dire) des leçons particulières, données en son propre atelier, et qui consistaient surtout pour Dalou, ou à regarder travailler son jeune maître, ou à lui venir en aide dans les parties les plus faciles de ses travaux. C'est ainsi que, sous sa direction, bien entendu, il collabora au bas-relief, représentant Louis-Napoléon, venant au château d'Amboise annoncer à Abd-el-Kader sa mise en liberté, bas-relief disparu en 1871 dans l'incendie du château de Saint-Cloud. On se tromperait si l'on se représentait Carpeaux comme un patron commode. Il n'allait point jusqu'à la taloche, mais là était l'extrême limite de son amabilité. Avec lui, il ne fallait épargner aucune peine ni aucun soin, il fallait grimper vite aux échafaudages, en redescendre non moins vite, monter sur les escabeaux ou sur les échelles pour voir tour à tour le travail et les modèles, d'abord par le haut, puis se baisser et si besoin était se mettre à plat ventre, pour les voir par en dessous, et ainsi de suite, de droite, de gauche, de partout. Il fallait tout observer, tout comparer, tout mesurer, tout contrôler. Il ne fallait pas se contenter des à peu près, rien n'était fait s'il ne l'était jusqu'au bout. Tout cela Dalou l'a appris de Carpeaux et ne l'a jamais oublié un seul instant.

A quinze ans et trois mois, — le 31 mars 1854, — il était admis comme élève à l'Ecole Nationale des Beaux-Arts, et prenait place dans l'atelier de Duret. Cela ne l'empêchait nullement de continuer à s'instruire auprès de Carpeaux que, jusqu'à sa dernière heure, il aima et vénéra comme *son* maître. Et alors qu'il était en pleine floraison de son génie et parmi ses triomphes d'artiste les plus retentissants, si quelqu'un s'avisait de le comparer à Carpeaux il ne répondait que par un silence qui signifiait : « Faut-il que des gens me croient bête pour s'imaginer que j'avalerai des compliments de cette taille-là. »

Dès 1855, il remportait la troisième médaille d'esquisse modelée ; en 1856, il obtenait une mention de figure. Les esquisses, qu'il fit à l'École sont demeurées, dans le souvenir, pourtant si lointain déjà, de ses vieux camarades. Il y eut, entre autres, un certain bas-relief de Vercingétorix jetant ses armes aux pieds de César, que Barrias et Aubé dessineraient probablement encore de mémoire.

Sans nul doute elle parut aux membres de l'Institut, qui constituaient le conseil de l'École, beaucoup trop révolutionnaire, et aucune récompense ne lui fut décernée ; mais son succès parmi les élèves semble avoir eu ce résultat inattendu, d'amener le conseil de l'École à ne plus tirer à l'avenir des auteurs grecs et latins, ou de la Bible, à l'exclusion de toute autre chose, tous les sujets des concours. C'est du moins, à ce fameux Vercingétorix, que les élèves sculpteurs de l'époque, ont, à tort ou à raison, attribué cette importante réforme.

En ce temps-là, Dalou poursuivait ses études et pratiquait son art avec un fanatisme et un détachement de toutes les choses de la vie qui faisaient dire à ses camarades :

« Dalou ! il déjeune de deux sous de fromage et d'une feuille de Plutarque. »

Mais il n'avait plus auprès de lui, pour le réconforter, pour le conseiller et pour l'aimer, son vrai maître : Carpeaux, alors à Rome. Duret, son maître officiel, s'effrayait un peu de la fougue de ses conceptions et contrairement à Lecoq de Boisbaudran, s'efforçait de le ramener vers ce qu'on appelle, et bien à tort d'ailleurs, la tradition pure.

Sur le carnet-journal de Dalou de 1894, on lit cette réflexion : « En art, il faut, de deux choses l'une, ou savoir beaucoup, ou être un parfait ignorant ; mais doué, s'entend ».

Doué, il l'était plus qu'aucun autre, la certitude en était confirmée bien moins par le suffrage de ses pairs que par les sévérités de ses juges, mais il était loin d'en savoir assez pour réaliser ses conceptions. Il était entré à l'École pour qu'on lui apprît à leur donner leur forme nécessaire et voilà que, tout au contraire, on ne tendait, lui semblait-il du moins, qu'à lui apprendre à faire tout autre chose que ce que ses dons personnels lui inspiraient et qu'à rabattre toutes les belles envolées vers quoi la nature le poussait. Dès ce temps-là il prit l'enseignement de l'École en horreur et, tant qu'il vécut, il ne cessa de manifester son sentiment à cet égard :

« 4 *mars* 1897. — Cette après-midi je suis allé voir un brave garçon qui m'en avait prié et qui pratique hélas! comme, à son âge, je pratiquais ainsi. Que de temps, que d'efforts et d'argent perdus; non, la méthode n'exclut pas l'entrain, ni même la fougue. »

Sa rancune contre l'esprit qui préside à l'enseignement à l'École des Beaux-Arts ne s'éteignit jamais, il le considéra toujours, non seulement comme mauvais, mais encore comme incurable. Lorsque, en 1883, il eut reparu au Salon, après une absence de treize années, avec le haut-relief de *Mirabeau répondant à Dreux-Brézé* et celui de la *Fraternité* qui lui valurent, d'emblée, la médaille d'honneur, le conseil supérieur de l'École prit une délibération qui l'appelait dans son sein ; c'était, au point de vue officiel tout au moins, et, étant surtout donné les circonstances, la consécration définitive de son autorité d'artiste. M. Albert Kaempfen, directeur des Beaux-Arts, lui écrivit une lettre des plus flatteuses pour lui faire part de sa nomination. Dalou lui répondit en ces termes :

10 décembre 1883.

Monsieur le Directeur,

Je regrette vivement d'avoir à répondre par un refus à la gracieuse communication que vous me faites de la délibération prise par le conseil supérieur de l'Ecole des Beaux-Arts. Veuillez croire qu'il ne faut rien moins que des convictions bien profondes et bien arrêtées sur l'enseignement de l'Art, pour que je renonce ainsi à l'honneur qui m'est fait et qui m'est extrêmement sensible.

Veuillez agréer, Monsieur le Directeur, l'assurance de mon profond respect,

J. Dalou.

A partir de 1857, Dalou avait suivi de moins en moins assidûment les cours de l'école, il n'en profitait guère que par les facilités matérielles si précieuses que les jeunes gens sans fortune y trouvent : vastes ateliers, modèles gratuits et le reste, et, s'il prit part aux concours, ce fut tout juste pour se conformer aux nécessités du règlement, puis, petit à petit, de plus en plus découragé, il oublia complètement le chemin de la rue Bonaparte.

Bientôt commença une période de sa vie dont il ne parlait jamais. Et si quelque vieux compagnon de cette existence y risquait une allusion devant lui, vite, il faisait dévier la conversation. Période de bohème avec des intermittences de paresse.

Le souvenir du temps perdu lui était demeuré un remords. La difficulté d'accorder le caractère autoritaire de sa mère et son propre caractère, fait d'esprit d'indépendance et d'irréductible volonté, l'avait amené à se créer un chez soi, où il pût, sans s'exposer à des réprimandes, sortir à sa convenance et rentrer — ou même ne pas rentrer — selon son bon plaisir, recevoir, et même, s'il le trouvait bon, héberger telle compagnie, meilleure ou pire, qui serait de son goût. Ceci ne l'empêchait point de revenir presque chaque jour chez ses parents, et de préférence, aux heures des repas, car il faut manger, c'est une vérité vieille comme la nature et le « faulte d'argent », mieux que toute autre chose, se chargeait de la lui rappeler.

Il employait à s'instruire et à se perfectionner le temps que lui laissaient les commandes, trop peu nombreuses et trop maigrement payées, qu'il obtenait, soit des fabricants de pendules ou autres objets analogues en zinc, en bronze-imitation et autres compositions métalliques ; soit des céramistes de rencontre ou des ornemanistes de hasard.

Il eut été oiseux de rechercher la trace de ses modèles, exécutés à la hâte et qui, à supposer qu'ils aient jamais pu être intéressants, ont été assurément interprétés d'une façon barbare et en des matières rebelles à toute production artistique. La majeure partie des bronzes a été faite pour un fabricant du nom de Rondeux qui demeurait vers 1857 ou 1858, faubourg du Temple. Même là, si la maison existe encore, personne ne pourrait y dire avec certitude quels sont les morceaux dus à l'ébauchoir de Dalou.

Toujours « faulte d'argent » Dalou avait, durant sa période de bohème, dû louer des logis, où tout essai de confort était inconnu ; le mobilier y était des plus sommaires, mais on baptisait le local : atelier, et cela suffisait. Le premier qu'il occupa était sis rue Mouffetard. On y accédait, d'abord en traversant la boutique d'un tripier, puis on montait trois étages, puis on longeait un couloir, ensuite on redescendait deux étages, et on arrivait, enfin, à une sorte de chambre vitrée par le haut, et ayant pour horizon un mur noirci par la pluie. Trouvant sans doute la course un peu trop longue, les habitants négligeaient trop souvent d'aller porter jusqu'à la rue les poussières et les vieux papiers que leur balai avait rassemblés dans les coins. Dans cet atelier, il fit une *Joueuse d'osselet*, qui n'était ni meilleure ni pire que les innombrables *Joueuses d'osselet*, aux cheveux, coiffés à la grecque qu'on voit à peu près tous les ans au Salon. Il ne la vendit pas, bien entendu, et n'en fut que plus pauvre après l'avoir terminée. Elle fut reçue au Salon de 1861.

Rue Mouffetard, la misère n'avait rien d'ailleurs de triste, les camarades y venaient souvent et, pour se mieux gaudir, s'adonnaient à des fanfares sur le cor de chasse. Les plus vigoureux en sonnaient sans effort et s'amusaient beaucoup à regarder Dalou, plein d'entrain et de volonté, s'arc-boutant de son mieux sur ses jambes frêles, enflant ses joues et jouant sa partie. Ceux qui n'ont jamais connu que le Dalou sérieux, d'une correction sans apprêt, mais absolue en toutes choses, ponctuel et régulier, méticuleusement propre et soigné autant sur sa personne qu'autour de sa personne, ont peine à se l'imaginer dans ce capharnaum odorant.

La musique cynégitique, excellente préparation à des concours, dont le sujet était le plus souvent, ou Orphée domptant les bêtes, ou Aryon charmant les dauphins, ou les Sirènes attirant Ulysse, plaisait moins à ceux qui l'entendaient qu'à ceux qui s'y exerçaient. Il serait indiscret de demander si la fanfare de la rue Mouffetard comportait des sirènes, mais on peut affirmer avec certitude qu'elle ne comprenait, en personne, ni Orphée, ni Aryon, ni même Vivier, le célèbre corniste, simple mortel quoique dieu de la mystification. Une bonne expulsion, bien en règle, épargna à nos jeunes gens la peine de s'époumonner désormais, au second étage, en descendant du couloir du troisième étage, au-dessus du tripier. Il fallut se loger ailleurs et, pour moins bizarres que fussent les soi-disant ateliers où Dalou s'installa, ils n'en étaient guère plus élégants. Les fanfares furent supprimées et la petite bande se rassemblait, quand l'étiage des fonds le permettait, dans quelques salles d'arrière-boutique de modestes guinguettes. Là, comme de simples maçons — dans tout sculpteur il y a un maçon — on chantait la romance sentimentale et Dalou, admirateur passionné de Pierre Dupont, récitait les « beaux bœufs blancs tachés de roux » ou l'*Aiguille* et entonnait à pleine voix et de plein cœur, en digne fils de ses parents, le refrain :

<blockquote>
Les peuples sont pour nous des frères, — des frères, des frères
Et les tyrans des ennemis.
</blockquote>

Cette influence de Pierre Dupont a du reste laissé à jamais son empreinte sur son âme profondément peuple et, si haut qu'il fût monté dans la hiérarchie sociale, il est toujours resté, dans sa vie intime et dans son intime pensée, ce qu'on pourrait appeler : un ouvrier de Pierre Dupont. En 1870, il cessa de croire que « les peuples sont pour nous des frères », et devint étroitement français, activement, vaillamment patriote « chauvin si l'on veut, » — ajoutait-il quand on le poussait ; — mais, jamais il ne cessa de préférer aux hommes les plus illustres qu'il fut appelé à cotoyer dans la vie, les simples ouvriers qui furent ses collaborateurs. Ceux-là il les aima de toute sa tendresse.

Écoutez bien comment il parle de l'un d'eux :

« 26 *octobre* 1894. — Anniversaire de la mort de mon compagnon et ami
« Louis Str... Le pauvre et cher garçon s'est asphyxié, il y a un an à cette date,
« désespéré par une maladie incurable. Je ne saurais espérer le remplacer, ni
« comme aide précieux, ni comme ami, car sa franchise était entière avec moi,
« sa droiture absolue ; quant à son dévouement il était également immense à
« mon égard et, depuis dix ans, j'en avais eu de nombreuses preuves. J'ignorais
« absolument, ainsi d'ailleurs que tous ses amis, le mal dont il était affligé aussi
« bien que la résolution qui a mis fin à sa vie. »

Mais ce ne sont point seulement les individus qu'il aimait, c'était l'espèce. Elle était sa famille sociale — et non sa classe comme lisent les politiciens de métier. — Il en était issu et la pensée d'en sortir lui fût apparue comme un abaissement. La noblesse de travail était sa noblesse propre et, encore que sans en faire parade, il y tenait comme un Montmorency tient à son blason et à ses aïeux.

Il serait téméraire de dire qu'au temps de sa jeunesse Dalou s'arrêtait longtemps à philosopher sur ces larges idées, mais il le serait infiniment moins de croire qu'elles se trouvaient en lui à l'état de germe : c'était déjà, semble-t-il, quelque chose comme ce petit duvet de verdure tendre dont se veloute la terre au début du printemps et qui, l'été venu, sera la moisson. Et, à mesure que ces idées prendront corps, elles lui inspireront, tour à tour, ses plus belles et ses plus grandes œuvres pour l'amener, comme conclusion de sa vie, à celle qui eût été la plus magistrale de toutes, si la mort n'en avait arrêté l'exécution, le *Monument aux ouvriers*.

Ce fils d'ouvrier, resté de tous temps uniquement un ouvrier, n'eut jamais dans sa jeunesse cette puérile vanité de se croire quelque chose de plus, en s'intitulant artiste. Le métier qu'il faisait alors pour vivre, n'était ni un métier d'ouvrier, ni un métier d'artiste, et, par cela même, il risquait de s'y gâcher la main. De plus, il n'en tirait qu'un très maigre profit. L'irrégularité des commandes qu'il recueillait et l'irrégularité de ses gains, avaient eu pour effet l'irrégularité de sa vie, dont, à cette lointaine époque, les détails ne seraient point tous à citer comme exemple dans les pensionnats de demoiselles, car, bien qu'issu d'une famille protestante, Dalou n'avait point, vers sa vingtième année, l'austérité que l'on attribue généralement au protestantisme. Comme érudition théologique, il s'en tenait à la phrase de la Bible où Dieu dit à Adam : « Il n'est pas bon que l'homme vive seul. »

Or il n'était pas toujours très circonspect dans le choix de sa société et, en conséquence, le plus souvent, le peu d'argent qu'il gagnait était aussi vite dépensé que reçu et les courts instants d'abondance éphémère étaient vite remplacés par de longs jours de misère noire et par l'impossibilité de couvrir les frais des travaux qu'il eût voulu faire pour donner la mesure de son talent.

D'autre part, il ne recherchait plus les succès de l'École des Beaux-Arts. Depuis 1856, date à laquelle son dossier porte une mention de figure modelée, jusqu'en 1861, il n'y avait obtenu aucune récompense. En 1861, il concourut pour le prix de Rome, en quoi il voyait uniquement un moyen d'aller étudier les maîtres et de travailler sans souci de sa vie à gagner. Il remporta alors la première médaille d'esquisse modelée et ne fut classé que le troisième au jugement définitif du concours. En 1862, il tenta encore une fois l'aventure dans un concours ayant pour sujet « Un sacrifice de bœufs ». Il y fut classé le deuxième.

A la suite de ce nouvel échec il était arrivé au bout du courage à lui nécessaire pour traiter des sujets qui ne lui rappelaient rien, et pour se plier, tant bien que mal, aux traditions chères à l'Institut, juge suprême des concours, en ce temps-là. Ne rencontrant dans ses études que déboires et se sentant incapable de gagner sa vie, au bout de son ébauchoir, il prit un parti que d'autres, plus vaniteux, eussent considéré comme une véritable déchéance. Peut-être est-ce bien avec le ressouvenir de cette épreuve et, selon toute apparence, sous l'impression de conseils qu'il venait de donner à un jeune artiste, qu'il écrivait sur son journal de 1895.

« J'ai souvent entendu dire, dans ma jeunesse, par des camarades auxquels
« on reprochait de ne rien faire pour eux : quand j'aurai 1500 francs devant
« moi et deux ou trois mois à consacrer à une étude, je tâcherai de faire une
« figure que j'exposerai, si j'en suis content. Raisonnement faux. Il faut, dans la
« jeunesse étudier, travailler pour vivre, et produire pour son art. De même dans
« l'âge mur, et dans la vieillesse; mais avec les infirmités amenées par l'âge
« en plus. La seule compensation, à ce moment, c'est l'expérience acquise dans
« son métier. Mais en revanche on a l'ardeur et la jeunesse en moins. »

Toujours est-il que, en 1862, ayant eu connaissance d'un emploi fixe chez un naturaliste-empailleur, il s'y embaucha. Là, il était sûr de gagner régulièrement ses quatre ou cinq francs chaque jour et était tenu d'arriver le matin à l'heure fixée et de ne sortir qu'après sa journée finie. Du même coup il trouvait le pain assuré et la régularité du travail reconquise. Le contact des patrons, le père et le fils, Parzudaki, tous deux gens fort distingués et des plus instruits, ne fut point assurément sans exercer une influence salutaire sur l'état de son esprit.

Mais il y eut bien plus et bien mieux, c'est en grande partie par ce stage imprévu qu'il acquit quelques-unes des qualités les plus précieuses de son talent. Sa tâche consistait à modeler des animaux de toutes sortes, et il fallait que les peaux préparées qu'on fixait au moyen d'épingles sur les moulages de ses modèles y adhérassent absolument, selon le mouvement que l'on voulait donner à chaque bête. Pour les oiseaux ou les animaux de petite taille il fallait reconstituer la forme d'après le squelette et procéder à un modelage sur le coton ou sur l'étoupe. Pour un jeune sculpteur résolu à s'instruire, il y avait là une leçon d'anatomie de tous les instants, où chaque faute se trouvait matériellement contrôlée aux yeux de quiconque avait le juste sentiment de la forme. La leçon s'étendait des grands fauves aux tout petits oiseaux en passant successivement en revue tous les quadrupèdes, tous les quadrumanes et tous les bipèdes, excepté l'homme. A chaque animal il fallait procéder à une étude nouvelle, pour lui donner avec exactitude son allure particulière et son mouvement naturel.

Là, point de fantaisie, point d'à peu près, c'était la nature elle-même qui commandait, le tout était de savoir lui obéir, et l'artiste qui, passionnément, voulait apprendre à la connaître, pouvait profiter de ses enseignements de tous les instants. Ce n'était point de l'art assurément, mais c'était une précieuse école de travail. Dalou y a acquis le don de *toujours voir les anatomies* des figures qu'il a modelées, l'habitude de prendre autant de mesures que possible et de les contrôler toutes scrupuleusement ; il y a appris à ne jamais tricher avec la vérité des formes, à concevoir par grands plans les masses principales et à les exécuter jusqu'au bout et sans en rien négliger, et aussi, à rendre en toute conscience l'aspect de la vie, aux tout petits êtres, tels que les oiseaux-mouche.

Les travaux exécutés sur ces exquises bestioles lui fournirent ce sens de la beauté des infiniment petits, qu'il retrouvera bientôt lorsqu'il exécutera pour les orfèvres des bijoux délicats, et pour des fabricants de meubles des plaquettes ou des médaillons, aujourd'hui dispersés on ne sait où et dont seuls les meubles de l'hôtel Païva conservent des exemples. Il avait annoncé sa résolution de renoncer à jamais à la sculpture et voici qu'un métier banal et presque ridicule l'y ramenait sans qu'il s'en doutât.

Le soir il allait dessiner à l'atelier Suisse. Là il se lia avec Lhermitte et avec Guillaume Regamey et prit d'eux quelques velléités de faire de la peinture ; mais comme distraction seulement.

Le dimanche, il rejoignait le plus souvent ses amis de l'École, Aubé, Barrias, Delaplanche et Nathan — un sculpteur doué qui mourut avant trente ans ; — Legrain était parfois de la partie. On allait respirer l'air pur de Meudon, et l'on devisait gaiement et passionnément des choses de l'art. On y « blaguait » même très affectueusement l'*empailleur* et ses mains noircies par le savon arsenical. Il écoutait gaiment, et s'essayait à faire de la peinture, — de la mauvaise peinture, du reste. On tâchait de lui rendre confiance en soi. Tous ces jeunes artistes, insoucieux d'un concurrent dangereux, ne consentaient point à voir leur Art perdre les belles choses que Dalou devait y apporter. Il leur résistait, il ne voulait plus d'un métier qui ne nourrit pas son homme et où il n'avait jamais connu que la souffrance des rêves irréalisables ; mais leur amicale insistance n'était pas entièrement perdue. Dans le plus grand secret, Dalou tentait, une fois encore, de voir si vraiment, comme on le lui répétait, il était capable de produire une œuvre. S'il n'en était pas content il la détruirait, si elle lui paraissait avouable, il la montrerait. Et, dans une pauvre chambre d'une vieille maison de la rue Git-le-Cœur, il exécuta une statue de grandeur naturelle. Comme il n'en était pas trop mécontent, il la montra à M. Salard son ancien condisciple de la Petite École. Celui-là, étant architecte, représentait le public éclairé. M. Salard en fut enchanté et cette première expérience engagea Dalou à avouer sa statue et à demander à ses amis leur avis très net et très franc. Tout heureux de voir que leurs remontrances avaient porté leurs fruits, ils accoururent, trouvèrent la statue très intéressante et décidèrent qu'il fallait la mouler au plus tôt et risquer son envoi au Salon. Et il en fut fait ainsi. Mais c'était moins facile à faire qu'à dire, car, — et c'est là le terrible du métier de statuaire — la glaise et les armatures, les modèles, les moulages, les transports coûtent toujours fort cher. Par bonheur, l'ouvrier de Parzudaki avait pu mettre de côté les fonds nécessaires pour offrir à l'artiste le prix du plâtre et du camionnage ; l'un des camarades se chargea d'effectuer le moulage. Et les voisins ne furent point médiocrement étonnés, lorsqu'ils virent descendre de chez « l'empailleur du troisième » un locataire de plâtre dont ils ne soupçonnaient point l'existence ; l'escalier lui-même, qui n'était pas très vaste, ne le fut pas moins de voir qu'on pût l'y faire passer et les amis le furent plus que personne en constatant que la statue était arrivée intacte au rez-de-chaussée.

Quant au propriétaire il fut tout heureux de constater que le plancher de sa masure avait pu supporter le poids de la statue de glaise, l'humidité des mouillages et les injures du plâtre. Satisfait de cette première expérience, il invita Dalou, soit à n'en plus tenter une semblable, soit à déguerpir au plus vite.

La statue fut reçue au Salon et, de plus, installée en bonne place et Dalou put voir, bien des fois, les visiteurs avisés, s'arrêtant devant son œuvre et les entendre dire ce : « Tiens ! de qui donc est-ce ça ? » qui est le plus encourageant des succès et le plus désirable aussi. Dalou n'avait pas été chercher son sujet bien loin, il l'avait trouvé à deux pas de chez lui, n'importe quel jour, sur le bord de la Seine. Le livret portait cette inoffensive mention « Le Bain ». C'était, tout simplement, un gamin d'une quinzaine d'années, qui, au sortir de l'eau, assis nu, sur une pierre, remettait sa chaussette. A la façon dont était allongée la jambe droite et arc-boutée la jambe gauche, à l'effort que faisaient les bras pour forcer l'entrée de cette malheureuse chaussette, on voyait combien ils avaient de peine à y faire entrer son pied encore mouillé. A part la chaussette, objet inconnu des grecs et des romains, et un soulier, posé sur le sol en attendant son tour d'être chaussé, la composition était d'un poncif, d'un « pompier », d'un « concours d'École » à réjouir l'excellent Lemaire et le très vénérable Jouffroy ... seulement — et là était le gros seulement — c'était pris dans la vie et c'était vivant.

Les grands critiques n'en parlèrent pas ou se contentèrent de la mentionner sans commentaire, mais elle eut les honneurs de la caricature avec cette légende pas bien méchante, parodie d'une chanson de Dejazet : « Le premier *bas* (au lieu de *pas*) se *met* (au lieu de *fait*) sans qu'on y pense » Le succès n'était assurément pas de ceux qui éveillent des espérances de gloire ; il était déjà certes de ceux qui peuvent ranimer les courages défaillants. Mais Dalou, en revoyant sa statue au Palais des Champs-Élysées, en avait aperçu tous les défauts ; il avait constaté l'insuffisance de son savoir et, plus que jamais, il s'acharna à demeurer un ouvrier et à ne plus faire de l'Art que pour son plaisir personnel.

Ses jeunes confrères avaient la résignation moins facile. Un beau jour, l'un d'eux, Legrain, débarqua rue Git-le-Cœur et, mu par une amitié qui datait du temps déjà lointain de la Petite-École, il tint, avec la franchise bourrue qui était dans sa manière habituelle, un discours à peu près ainsi conçu :

« Il me semble que tu as assez fait ton métier d'empailleur. Ça ne peut pas
« durer toujours. Ça finit par devenir bête. Quand on a ce que tu as dans le
« ventre, on ne lâche pas la sculpture. Tu sais que je travaille en ce moment,
« à force, aux ornements d'un hôtel qu'on construit dans l'avenue des Champs-
« Élysées. La propriétaire est une certaine marquise de Païva, qui sort on ne
« sait d'où, — ce qui ne nous regarde pas, — mais qui a la prétention de se
« faire construire une merveille d'art et qui a, pour y arriver, des millions à
« remuer à la pelle — ce qui commence à nous regarder — attendu que dans

« son hôtel elle veut une masse énorme de sculpture et de bonne sculpture et
« faite pour elle seule. Manguin qui est l'architecte de la chose m'a pris en
« amitié, et m'a conté ses peines ; les sculpteurs arrivés lui demandent des
« prix fous, il a tâté de plusieurs, tels Cavelier et Allasseur qui lui ont fourni
« des esquisses ridicules. Je l'ai consolé en lui disant que j'avais sous la main
« toute une bande de jeunes, capable de faire infiniment mieux, sans lui coûter,
« à beaucoup près, aussi cher. Je lui ai déjà indiqué Barrias, qui fait une statue
« de Virgile, Aubé qui en fait une de Dante, et Cugniot une de Pétrarque :
« soit trois marbres pour les niches de l'escalier. Et quel escalier ! un bloc
« d'onyx ! — Tu le vois, toute la bande est de la fête et il faut que tu aies aussi
« ta part du gâteau. Puisque tu n'as pas d'atelier tu peux commencer par
« une petite chose. Il y a justement, dans la bibliothèque, deux portes superbes
« en bois noir, moulurées en vue de recevoir des plaquettes de bronze.
« Voici les mesures des plaquettes : hauteur soixante centimètres, largeur
« vingt.

« Elles doivent représenter les Arts ; fais, à ton choix, la Peinture, l'Archi-
« tecture, la Sculpture ou la Musique, en te souvenant que Mauguin est l'homme
« du style Renaissance et que Cellini, Jean Goujon, Germain Pilon et Bernard
« Palissy sont ses dieux. Tu ne risques rien à essayer. Dans quelques jours je
« t'amènerai Manguin et, que tu le veuilles ou non, il faudra b en sacrebleu !
« que je te sorte de ton joli métier d'empailleur. »

Au jour dit, Manguin, accompagné de Legrain, arrivait rue Git-le-Cœur.
L'aspect du lieu lui inspira de prime abord une certaine défiance de l'artiste
qui se trouvait réduit à travailler là. Mais quand Dalou, de ce geste inquiet, qu'il
conserva de tout temps chaque fois qu'il découvrait un de ses travaux en
cours, eut dévoilé son petit bas-relief, Manguin, homme froid et peu compli-
menteur, poussa un cri d'admiration. Legrain, qui ne l'avait jamais vu dans un
tel état, en fut ébaubi. Bien entendu le petit bas-relief fut accepté et les trois
autres commandés sur l'heure.

Et, à l'improviste, Mauguin prononça cette phrase :

« Auriez-vous besoin d'argent ? »

Manguin offrait de l'argent ! Ça ne s'était jamais vu. Legrain ne le recon-
naissait plus. Il le regardait avec des yeux ronds.

— Cela ne fait jamais de mal, fit Dalou.

Alors, Manguin sortit de son gousset dix louis et les posa sur la table qui,
au cours de sa vie, déjà bien longue, n'en avait probablement jamais porté
autant à la fois.

Dalou les considérait d'un air digne. Legrain, interloqué, se cramponnait à la muraille.

Et c'est ainsi que Dalou renaquit à l'espoir, reprit confiance en son avenir, revint à cet art qui fut tout à la fois et le tourment et la joie de sa vie et où il s'illustra par des œuvres qui resteront au premier rang des productions de la statuaire au xixe siècle.

L'honneur de cette résurrection à laquelle la France doit l'un de ses grands artistes, appartient en propre, à l'amitié de Legrain et, quelles qu'aient été les circonstances qui ont pu rompre cette amitié, et d'où que soient venus, soit les torts, soit les malentendus, Dalou, chez qui l'idée de justice dominait toutes les autres, serait le premier à convenir qu'il était simplement et nécessairement juste que cela fût dit ici même.

CHAPITRE II

LES PREMIERS TRAVAUX DÉCORATIFS

Dalou, réconforté, exécuta avec une rapidité qui étonna même les gens les plus informés de son habilité, les quatre plaquettes commandées. Elles sont rectangulaires à la base et arrondies en demi-cercle au sommet ; elles comportent chacune une très svelte figure de femme, debout, drapée selon la pure tradition de la Renaissance et coiffée de même. La partie cintrée est occupée par une coquille de pèlerin. L'ensemble est d'un relief très doux et très bas ; les architectures, en perspective, qui forment lointain derrière les figures sont indiquées en traits simples et menus comme des intailles.

Elles figurent respectivement *la Musique*, *l'Éloquence*, *la Poésie*, *la Science*. Les attributs de chaque figure, groupés à la base de la composition, sont d'une extrême discrétion. Ces quatre figures, ainsi que l'imposait le programme de l'architecte sont bien évidemment conçues et disposées selon la formule des vieux maîtres, mais elles n'en font pas « la charge », elles ne donnent pas la désagréable impression d'un pastiche. Elles ont une physionomie propre, une modernité de sentiment, qui appartient sans conteste à leur auteur, et s'affirme le plus particulièrement dans *la Musique* et dans *l'Éloquence*. Dans *la Poésie* il y a une part plus sensible de déjà vu, et la légèreté de silhouette de *la Science* est, en certaines parties, compromise par l'excès de petits plis dont les draperies sont chiffonnées.

Ces quatre plaquettes et une statue de marbre, sont les seuls ouvrages de l'hôtel Païva portant la signature de Dalou. Elle a même été attaquée à la lime et en partie enlevée par un imbécile quelconque sur deux d'entre elles. Ceci est d'un intérêt secondaire. Dalou signait rarement ses travaux, ses carnets nous disent pourquoi :

« La meilleure façon pour un artiste de signer son travail, c'est de mettre
« le caractère de son talent dans l'œuvre qu'il fait. Cette manière d'y placer son

« nom vaut mieux que l'écriture. C'est ainsi que les hommes d'autrefois s'y pre-
« naient (12 février 1899).

Au-dessous de cette note, se trouve ajouté au crayon : « Mais c'est plus diffi-
« cile (1900) ».

Le caractère du talent de Dalou se trouve, de façon très particulière, dans le grand bas-relief ovale qui occupe le centre du plafond de la salle à manger, et cela est d'autant plus intéressant, qu'il n'est point une œuvre originale, mais la transcription, pure et simple, d'un plat de Bernard Palissy. Semblable aux belles traductions d'Amyot ou de Paul-Louis Courrier, cette Diane, au front surmonté d'un croissant d'argent, allongée sur un cerf accroupi, ajoute aux beautés dont l'a doté le glorieux potier d'autres beautés d'exécution personnelles au sculpteur qui l'a complétée en l'agrandissant. La façon dont est traité le cerf est chose tout à fait extraordinaire. C'est l'avant-garde de la sculpture de coloriste dont Dalou sera plus tard le maître incontesté.

La cheminée monumentale de la salle à manger est également l'œuvre de Dalou. Elle est supportée par deux termes qui rappellent, par leur mouvement, les cariatides du Puget, à l'Hôtel de Ville de Toulon. Ce sont deux faunes adolescents, vigoureux, mais sans redondances musculaires, dont la tête supporte le poids de l'entablement ; un bras replié vers le haut et la main passant derrière la nuque, lui vient en aide, tandis que le bras opposé épousant d'abord la ligne des côtes s'appuie sans effort sur la poitrine. La main droite de l'une des cariatides tient une flûte double et la main gauche de l'autre une flûte de Pan. Les têtes sont jeunes, l'une est coiffée de pampres, et l'autre de lierre, les masques, presque imberbes ne révèlent aucun effort, un sourire très doux les éclaire.

Entre les deux colonnes qui soutiennent le fronton s'élevant jusqu'aux voussures du plafond est placée, dans un large encadrement, une statue de marbre de grandeur naturelle : une toute jeune fille appuyée sur un genou, le bras gauche élevé et quelque peu penché en avant, le bras droit pendant. Le premier aspect de cette figure éveille le souvenir de Carpeaux. Son mouvement tient surtout du *Petit Pêcheur* et beaucoup aussi de la jeune fille, du Pavillon de Flore. On y retrouve, de même, dans l'agencement des jambes et des pieds, dans la façon dont le bras gauche est levé, dans le geste donné à la main gauche, une réminiscence très directe de la Vénus accroupie antique, sur la cuisse de laquelle le *cant* moderne aurait jeté un bout de draperie.

Mais, l'impression première ressentie à distance, se traduit, je le répète surtout ainsi : « Tiens ! un Carpeaux ! » compliment, en ce que la statue est assez gracieuse et, semble, de prime abord, assez parfaite pour être attribuée à un tel maître, reproche, en ce que l'artiste qui l'a exécutée n'a pas su y mettre le caractère de son talent. Mais quand, sur le socle on lit : J. Dalou 1864, on constate que Dalou n'avait alors que vingt-cinq ans : A cet âge-là, on imite encore. Si l'ensemble n'est pas encore personnel, les « morceaux » sont déjà, en maints endroits, reconnaissables pour qui connaît bien la « facture » de Dalou. Le modèle du torse notamment contient déjà les qualités que l'on retrouvera plus tard, muries par le savoir, fortifiées par l'expérience, dans ses maîtresses œuvres; de plus dans la conception et l'exécution de la tête très simple et vraiment délicieuse ; il n'a rien emprunté à personne autre qu'à son génie propre.

Et c'est grâce à la qualité déjà très supérieure des morceaux que cette statue, malgré son péché d'imitation, mérite de ne pas tomber dans l'oubli. Voici l'opinion que professait Dalou en pareille matière, alors qu'il était devenu un glorieux artiste :

La Poésie
Bas-relief (Hôtel Païva).

« (9 *janvier* 1896). Pour
« être durable, une œuvre d'art doit être fortement
« conçue et particulièrement belle d'exécution. La
« conception s'adresse à la foule, mais l'exécution
« aux seules personnes qui s'y connaissent, celles-ci
« sont rares. La pensée s'efface en se modifiant *mais*
« *si le morceau est beau*, lui, reste forcément. La pen-
« sée qui a présidé à l'Art égyptien, celle de l'Art
« grec aussi bien que celle de l'Art chrétien, tout cela
« est effacé, pour nous qui vivons à une époque de
« scepticisme et de transition, mais ces différentes
« civilisations nous ont laissé des monuments d'un
« art si admirable, quoique très différent, que l'ad-
« miration reste constante et s'impose certainement ».

Ce sont encore deux excellents *morceaux*, ces deux Amours qui arasent le plafond du grand salon, soutenant d'une main l'écusson, couronné aux initiales de Païva, et laissant pendre,

L'Éloquence
Bas-relief (Hôtel Païva).

du bout de l'autre, une toute fine guirlande tombant droit vers le sol. Ils sont musclés comme de petits hercules et les renflements de leur modelé s'harmonisent avec les rondes bosses, un peu lourdes des moulures et des motifs ornementaux qu'ils complètent, mais, une fois ce parti pris — ici nécessaire — de sculpture « en sacs de noix » adopté, l'anatomiste qu'est déjà Dalou exige de l'ouvrier Dalou un respect absolu, et pour ainsi dire scientifique, de la vérité des proportions. Ici déjà, on sent poindre l'artiste. Celui qui a fait cela a dû longuement observer le vol des oiseaux ; et, qui sait si les quarante oisillons que soignait sa mère n'ont pas posé pour lui, sans s'en douter et sans qu'il s'en doutât. Peut-être aussi, et toujours inconsciemment, tout en rendant l'illusion de la vie aux peaux d'oiseaux qu'il préparait rue du Bouloi, s'est-il pris à rêver à tant de figures allégoriques qu'on voit un peu partout, et dont les gestes sont si faux qu'elles tomberaient sur le plancher, si elles n'étaient attachées à la maçonnerie. Dalou a si bien appris comment les volatiles volent que, en présence de ces deux petits amours, on hésite à ouvrir les fenêtres, de peur qu'ils s'aillent percher sur les arbres des Champs-Élysées. Bien que leur auteur s'y trouve encore sous l'influence de son premier maître, ces deux petits bonshommes lui appartiennent déjà en propre..

La Science
Bas-relief (Hôtel Païva).

En étudiant les voussures du plafond du Salon, on éprouve, tout au contraire, un grand embarras. A chaque angle est placé, en écoinçon, un vaste médaillon pris dans un cartouche et gardé de droite et de gauche par des femmes assises. Il y en a donc en tout huit. Quatre sont de Dalou, quatre sont de Nathan. Aucune n'est signée et il reste à établir quelles sont et celles de l'un et celles de l'autre.

La Musique
Bas-relief (Hôtel Païva).

Là est la grande difficulté ! car ces huit figures, huit Muses, constituent un ensemble ornemental et chacun des artistes qui les ont sculptées a dû se faire le serviteur impersonnel du tout auquel il collaborait. Quand on sait par avance que la Comédie, la Poésie, la Musique et l'Histoire sont de Dalou, on y retrouve sa trace ; mais, ces huit Muses qui sont sensiblement plus grandes que nature, sont placées si haut et dans un contre-jour si défavorable que tout examen sincère est impossible. Et cela est dommage, car les photographies qui ont été faites des modèles primitifs montrent que malgré l'imitation flagrante de Jean Goujon, imposée par l'architecte il y a là des ouvrages dignes d'être pour le moins signalés. Cela reste évidemment des imitations mais on y voit que l'imitateur les a, dans une certaine mesure, pénétrées de son originalité.

Voici donc, abstraction faite d'une foule de mascarons et de menus objets de détail, les grands travaux exécutés dans l'hôtel Païva, par Dalou[1] et, si je m'y arrête, et trop longuement peut-être, c'est parce qu'ils marquent la première période de sa vie de grand travailleur et parce qu'ils ont donné la notion de son habileté et de sa fécondité. Si importants qu'ils soient, ils ne représentent en somme qu'une faible part de son œuvre d'incomparable décorateur au moment où il revint à la sculpture.

De cette même époque datent deux tombeaux. L'un se trouve au Père-La Chaise et comporte deux statues debout, simples morceaux d'école où l'imitation de la Polymnie joue le plus grand rôle. L'autre, au contraire, constitue une œuvre intéressante au premier chef par son originalité. Il se compose de deux grandes figures de *Pleureuses* sculptées en pierre placées de chaque côté de l'entrée du tombeau et d'un petit bas-relief de marbre situé sur la face antérieure de l'édicule. C'est la sépulture Moïana, au cimetière d'Auteuil, un tout petit cimetière, déclassé depuis longtemps et que fort peu d'habitants, d'Auteuil même, connaissent. Il se trouve dans une ruelle latérale de la rue Michel-Ange à son point de jonction avec le viaduc d'Auteuil. Les deux *Pleureuses* agenouillées ressemblent singulièrement par la disposition et l'esprit des draperies aux statues des *Boulonnaises,* que Dalou fera dix ans plus tard en Angleterre, et le petit bas-relief, non signé d'ailleurs (pas plus que les *Pleureuses*), pourrait être classé parmi les ouvrages de sculpture exécutés par Dalou d'après la vie moderne dans les dernières années de sa vie. Au centre de la composition une sœur de charité, d'une cinquantaine d'années, encore belle, est assise devant une table sur laquelle

---

[1] Des monographies de l'Hôtel Païva lui attribuent à tort deux figures d'homme en bronze florentin, soutenant une console en lapis lazuli. Elles ont été modelées à l'atelier Carrier-Belleuse. *Il se peut* néanmoins, que Dalou en ait réparé les pieds et les mains sur les plâtres qui ont servi à la fonte. On lui a attribué également l'ornementation d'une petite cheminée consistant en deux chimères en marbre noir et en deux anges de bronze. Il y a été totalement étranger.

repose un livre largement ouvert, le geste de sa main droite en souligne un passage, dont deux jeunes filles, debout à sa droite, suivent la lecture ou l'explication ; mais, pour un instant, la sœur se retourne pour rectifier le travail d'une jeune fille assise à sa gauche sur un escabeau, occupée à coudre une pièce de linge. Devant elle, deux petites sont assises sur des tabourets, l'une tient dans ses bras une poupée de carton de neuf sous, l'autre, plus petite encore, coiffée d'un petit bonnet rond tuyauté, a les mains jointes.

Toutes ces figures sont en costume moderne, costume de 1864 ou 1865, mais exécuté avec une telle conscience et une telle sûreté de forme que, traité comme il l'est, il semble, malgré quarante années de variation des costumes féminins, pris de la veille dans quelque ouvroir ou quelque orphelinat. Ajoutons que la composition de ce bas-relief est inspirée d'une photographie, prise à l'orphelinat Saint-Charles et qui se vendait vers 1865 au profit de cet orphelinat.

Au point de vue de l'histoire de l'œuvre de Dalou, ce petit bas-relief, œuvre charmante d'ailleurs, peut être considéré, par qui veut pénétrer jusqu'au fond de sa pensée, comme un document d'un intérêt tout à fait supérieur.

Passons rapidement devant les deux grandes cariatides qu'on voit au-dessus de l'entrée de la maison sise rue Lafayette 91, à l'angle du faubourg Poissonnière, dont Dalou disait qu'elles n'avaient qu'un seul défaut, celui d'être signées, (or, si elles ne l'étaient pas, personne ne songerait à les lui attribuer), et allons nous placer devant les deux bas-reliefs, placés aux deux côtés de la voûte d'entrée de de la maison sise 4, rue de la Paix[1]. Pour les présenter avec quelque autorité, j'emprunte au statuaire Eugène Guillaume (de l'Académie des Beaux-Arts), que ses travaux de critique artistique ont conduits à l'Académie française, un fragment d'une récente conversation, que je reconstitue de mon mieux : « Dalou je l'ai connu enfant, dès son entrée à l'École et je l'ai suivi depuis ses deux bas-reliefs de la rue de la Paix. Je ne passe jamais par la rue de la Paix sans aller les revoir une fois de plus ».

Manguin, qui les lui avait commandés, lui avait bien imposé le style de la Renaissance, mais comme ces deux ouvrages n'avaient point à s'accorder avec autre chose que les profils très simples de l'architecture, il lui avait laissé toute liberté de composition et d'exécution, pourvu qu'il remplît d'une figure unique et de style Renaissance chacun des écoinçons surmontant la voûte du porche.

Contrairement à M. Guillaume, Dalou ne passait plus jamais rue de la Paix, par crainte de revoir ces deux enfants de sa prime jeunesse. Jamais il n'en soufflait mot à personne ; ses élèves n'en soupçonnaient point l'existence. Un jour

[1] Nous reproduisons ces deux figures en frontispice, page 1.

pourtant, rentrant à l'atelier, il raconta, comme un accident désagréable qui venait de lui arriver, que, par la maladresse innocente d'un cocher, il s'était trouvé en face d'eux.

« Et ce n'est pas bon ! c'est même trop mauvais », disait-il, avec une conviction telle, que aucun de ses collaborateurs n'eut jamais l'idée d'aller vérifier son assertion.

Il est juste d'ajouter que, par l'exécution, en pierre tendre et friable, les souplesses du modèle s'étaient en partie effacées ; les nettoyages successifs ordonnés par l'édilité parisienne ont, par la suite, largement détérioré ce que les praticiens avaient su en conserver. Si ces deux bas-reliefs restent encore à la merci des intempéries et demeurent la proie des nettoyeurs ; il n'en restera plus trace dans peu d'années.

Les travaux de l'hôtel Païva, malgré la très réelle beauté de la plupart d'entre eux, donnent la sensation de ce fameux mur dont parle Victor Hugo, de ce mur derrière lequel il se passe quelque chose, et qui est déjà quelque chose. Mais qu'y voit-on ? La preuve d'un talent hors ligne y est faite, mais aucune personnalité ne s'en dégage encore.

Avec les deux bas-reliefs de la rue de la Paix il en est tout autrement ; le talent s'élargit et la personnalité se fait jour.

Quiconque a flâné dans les ateliers connaît la charge du saint Jérôme et de son rocher. Un affreux bourgeois commande à un peintre un tableau intitulé *Saint Jérôme dans son rocher* et, à chaque visite qu'il fait à l'artiste, il répète : « Je trouve ça très bien, mais j'aimerais mieux que le Saint Jérôme fût un peu plus enfoncé dans le rocher. Trop de saint Jérôme et pas assez de rocher ! »

Quand Cabrion a déjà deux ou trois fois bitumé des bouts de rocher devant les restes de son saint, sans pouvoir contenter le goût de son client, il finit par s'énerver et, convaincu de faire une bonne farce au bourgeois, il supprime entièrement son bonhomme. Puis, tout goguenard, il attend de pied ferme l'ennemi héréditaire.

Celui-ci arrive, aperçoit son tableau, s'exclame, l'admire, le paie et l'emporte. Il en est fier, il fait graver une plaque de cuivre, sur laquelle on lit le nom du peintre et la mention : *Saint Jérôme dans son rocher*. Et quand ses amis demandent où est le saint Jérôme, il leur riposte d'un air entendu : « Oh ! il est dedans, je vous l'affirme, je l'y ai vu mettre. »

Ainsi en était-il de Dalou emprisonné dans les maçonneries de l'hôtel Païva. Mais le saint Jérôme, rue de la Paix, avait fait tomber un peu du mur de la geôle où la formule exigée l'avait encore enclos et avait amené au jour un peu de son propre visage. Les passants dont les yeux savent voir par eux-mêmes, s'arrêtèrent et reconnurent dans son œuvre la marque d'un homme nouveau.

Les inventeurs et les propagandistes du *modern style* pourront, s'ils veulent, aller rue de la Paix, apprendre que leur style, malgré son orthographe anglaise, n'est pas tout à fait aussi anglais, ni même aussi moderne, qu'ils le veulent dire, et qu'il aurait, même, tout à gagner au retour vers les lignes simples et pures, chères aux maîtres impérissables de l'antiquité et à leurs continuateurs du xvie siècle.

A cette époque où Dalou exécutait les travaux de l'hôtel Païva et d'autres travaux décoratifs il gagna de l'argent et même beaucoup d'argent. Mais il ne lui tenait point aux doigts, comme on dit vulgairement, et, pour le dépenser plus vite, et ne rien perdre de ses heures de travail, il s'adjoignait des personnes de bonne volonté, qui l'aidaient à le dépenser. De la sorte, en mettant les bouchées doubles, tout disparaissait en un clin d'œil. Puis, l'escarcelle vidée, il acceptait de travailler à l'heure et à la journée dans des ateliers industriels.

Les travaux de l'hôtel Païva et, bien plus encore, les bas-reliefs de la rue de la Paix lui avaient fait, parmi ses jeunes confrères, et même parmi ses maîtres, une réputation d'artiste justifiant déjà les plus belles espérances. Aussi fût-ce un événement à l'école des Beaux-Arts lorsqu'on apprit, en 1865, qu'il venait d'y rentrer. C'était un peu de son plein gré, mais bien plus encore — et ceci est tout à leur honneur — grâce aux objurgations de ses propres concurrents. La composition du jury des concours pour le prix de Rome venait d'être changée. A l'Institut seul, avait été substituée une commission composée d'artistes dont une portion ne faisait pas partie de l'Institut — (Carpeaux était l'un de ces derniers) — et de critiques d'art ou d'amateurs de haute autorité. Dans ces conditions, Dalou tenta encore une fois l'épreuve dont, à trois ans de là, il était sorti dégoûté et découragé. La perspective de pouvoir étudier les maîtres et de travailler pour son art, sans être astreint à des besognes fastidieuses, où tout ce qu'il gagnait en habileté, il croyait le reperdre en savoir réel, l'avait décidé à concourir. Le désir aussi de mettre définitivement de l'ordre dans sa façon de vivre ne fut peut-être pas étranger à sa détermination.

Les conditions du nouveau programme fixaient la limite d'âge à vingt-cinq ans; toutefois, par une mesure transitoire, tout élève ancien de plus de vingt-cinq ans pouvait avoir le Prix s'il arrivait premier, au premier tour de scrutin, auquel cas on doublait le Prix au profit de l'élève de moins de vingt-cinq ans qui en était jugé digne.

Dalou fut admis à concourir, avec le N° 6; il monta en loge et exécuta le concours. Le sujet était *La fondation de Marseille*.

Ce fut Barrias, alors âgé de moins de vingt-cinq ans, qui fut désigné pour le

Prix. Dalou n'arrivait qu'en troisième ligne. Croisy — à qui l'on doit entre autres œuvres le monument à l'armée de la Loire et à Chanzy, qui se dresse sur la place du Marché au Mans — était classé deuxième. Carpeaux avait été l'un de ceux qui avaient le plus activement fait campagne contre le bas-relief de Dalou. Il le lui dit d'ailleurs en toute franchise et avec les raisons sincères qui avaient dicté sa ligne de conduite. Dalou ne l'en aima que mieux pour cette preuve de droiture et de probité artistique.

Le plâtre de ce concours de bas-relief a disparu, mais la photographie en

LA FONDATION DE MARSEILLE
(Concours de prix de Rome à l'École des Beaux-Arts, 1865).

existe. Grâce à l'amabilité de M. Barrias, je l'ai en ce moment sous les yeux et je constate que Carpeaux eut mille fois raison. Si l'on en excepte une figure de femme, debout, drapée à la façon des femmes de la Renaissance et qui est à la fois et charmante et d'une très bonne exécution, le reste est plutôt comique. Il y a là des Gaulois munis de fausses barbes en filasse et campés dans des postures qui semblent la « charge » du bas-relief traditionnel de l'Ecole. Il y a même dans le fond un Romain imité de la sculpture romaine de la décadence, dont la vue seule suffit à mettre en joie les ennemis de l'enseignement officiel. Et si ce bas-relief a mérité la troisième place, il donne une triste idée de celui qui a été classé après lui. Que Dalou ait fait cela, n'est rien moins étonnant, il a voulu parler un langage auquel il ne comprenait rien et il a produit quelque chose de très curieux à force de ridicule.

LES PREMIERS TRAVAUX DÉCORATIFS

Au début de l'année scolaire 1866, Dalou réintégra l'Ecole et une fois de plus il manifesta son intention de participer à l'épreuve d'admission au concours.

Du titre de Grand Prix de Rome, il n'avait cure que pour les avantages matériels qu'il pouvait lui procurer, dans le présent et dans l'avenir; il avait déjà et ne le cachait point, sur l'institution elle-même qui fonctionne à la Villa Médicis, des opinions que l'âge n'a pas modifiées. Témoin cette note qui date de 1896 :

« 30 *novembre*, 1896. Deux dames américaines sont venues, réclamant ma
« signature sur un Livre d'Or et mes vœux pour un Institut américain, qu'elles
« ont, paraît-il, l'intention de fonder à Paris. En somme, il s'agirait d'un prix
« de Paris, pendant du prix de Rome, que nous autres français décernons
« stupidement chaque année. Grand merci. Assez d'imbécilités comme cela!
« J'ai nettement refusé l'honneur qu'on prétendait me faire. Ces dames en
« étaient stupéfaites. Elles ont de grands noms, les uns que je vénère, les autres
« que je méprise; peu importe. Si je n'avais écouté que ma vanité, certes
« j'aurais signé; mais, fort heureusement, mes convictions ont parlé plus haut
« et je me suis abstenu, j'en ai quelque fierté, je l'avoue. »

Aux abords de la date des épreuves d'admission, les camarades de Dalou, étonnés de ne le plus voir, depuis quelque temps reparaître à l'Ecole, allèrent le trouver pour avoir l'explication de son abstention. Il leur dit :

« Décidément je ne me présenterai pas, et cela, pour cette bonne raison que
« le Prix ne peut être décerné qu'à un célibataire..... encore l'une des beautés
« du règlement... et que, tel que vous me voyez, je vais me marier ».

Dalou marié! Voilà qui était difficile à imaginer! Tout son passé de jeune homme protestait contre une telle hypothèse. Dalou, marié! tranquille, rangé, père de famille peut-être! Quelle perspective imprévue, insolite même! On crut à un emballement passager, on lui fit même de la morale, on plaida la cause de son Prix. Il finirait bien par le décrocher, que diable! Le laisserait-on se mettre la corde au cou? lui permettrait-on de s'enfouir une deuxième fois?

Mais lui, devant l'assaut de ses amis, il n'avait qu'un sourire tranquille et que s'il avait été l'homme des phrases sonores, il aurait pu traduire par :

« Allez mes braves gens, je me moque de conquérir ni votre fameux Prix de
« Rome, ni rien d'autre au monde, ma conquête vaut mieux que tous vos Prix
« de Rome et que Rome elle-même par dessus le marché ».

Ainsi pensait-il à cette heure, et telle fut désormais et demeura à toute heure sa conviction la plus profonde et telle devint la fondamentale vérité de toute sa vie.

CHAPITRE III

MARIAGE — TRAVAUX D'ORFÈVRERIE — NOUVEAUX TRAVAUX DÉCORATIFS
LA GUERRE — LA COMMUNE

Étant empailleur, Dalou avait eu pour camarade d'atelier un jeune peintre du nom de Élie Maillard à qui la nature avait dévolu le don de ne pouvoir jamais apprendre ni à peindre ni à dessiner. Au demeurant, pas très intelligent, mais pourtant pas plus bête que beaucoup d'autres. Bon, franc, droit et d'une honnêteté scrupuleuse, Maillard s'était embauché chez Parzudaki pour y gagner sa vie et il y employait ses talents de peintre à colorier les yeux de verre des animaux de toutes plumes et de tous poils et à restituer aux tarses, aux pattes et aux becs des oiseaux exotiques, la vivacité de leurs couleurs éteintes.

Il ne *renonçait* pas plus d'ailleurs que le Delobelle d'Alphonse Daudet et les dimanches et jours de fêtes il barbouillait des toiles. Il avait même un atelier, vous entendez bien, un vrai atelier, dans le quartier du Val-de-Grâce.

Sa sœur, Mme Vuillier, tenait une maison meublée, sise à quelques pas de la rue Gît-le-Cœur, dans une de ces exquises petites rues du vieux Paris, la rue Larrey, qui commençait et finissait par de vieilles maisons ornées de fines tourelles du xve ou du xvie siècle. Le percement de la rue Danton l'a fait disparaître.

Comme elle était de beaucoup plus âgée que son frère Élie, Mme Vuillier le regardait un peu comme l'un de ses enfants et, par ricochet, sa fille aînée le considérait comme son grand frère et comme son bon camarade, car, lorsqu'elle était petite fille, il l'avait promenée dans les musées et partout où il y avait de belles œuvres à contempler, jouissant de la voir, d'instinct, courir droit aux plus belles; petit à petit, à mesure qu'elle prenait des années il avait devisé avec elle de toutes choses de ces Arts qu'il aima tant et qui le lui rendirent si mal; par elle il se consolait de l'isolement intellectuel où il se trouvait parmi les siens. Il avait l'illusion de l'avoir créée, il la regardait comme une élève, vite devenue de tout supérieure à son maître. Et il en était d'autant plus fier qu'il la voyait étendre son intelligence et son jugement dans le domaine des Idées et des Lettres, bien au delà de ce que lui-même en pouvait embrasser. Et cela tout bonnement, sans qu'il y parût en aucune façon, et tout en ne perdant rien de cette attitude de bonne ouvrière honnête et nativement distinguée, qu'elle conserva toute sa vie.

La famille Vuillier n'était aucunement riche et la jeune Irma, — la vérité historique m'oblige à avouer ce prénom, qui n'a rien d'aristocratique — avait été, fort jeune, retirée de pension, pour être placée dans un atelier de couture tenu par la sœur cadette de sa mère, femme très douce qui l'aimait avec d'autant plus de tendresse que la maman Vuillier avait toujours été plutôt rude ; tout en soignant son apprentissage, elle ne l'empêchait point de s'instruire sans cesse. La fillette lut et étudia tout ce que lui permettait la modicité de ses ressources. Le don que lui avait fait la seule nature de comprendre et d'admirer à plein cœur tout ce qui est le Beau et le Bien se développa rapidement dans son esprit largement compréhensif, vierge de toutes conventions intellectuelles et de tout préjugé artistique.

Ses parents, estimant sans doute qu'il est bon que chacun, garçon ou fille, ait, et le plus tôt possible, son initiative propre, lui laissaient toute liberté de diriger à sa guise les débuts de sa vie et, comme elle se croyait du goût pour le théâtre, ils lui permirent sans difficulté d'aller au Conservatoire, où se trouvait déjà, dans la classe de violon, une de ses cousines, qui épousa vers cette époque le célèbre violoniste White. Pendant quelques mois, elle suivit la classe de Samson. L'empêcher de faire ce qu'elle voulait n'eût pas été d'ailleurs très commode, car, si jeune qu'elle fût, elle était déjà armée d'une volonté et d'une fermeté invincibles. Cette entière indépendance qu'on lui laissait, pouvait n'être pas sans danger pour une fillette, assurément fort jolie, mais ayant plus de charme encore que de beauté. Tout à la fois très rieuse et très sérieuse, enjouée sans ombre de coquetterie, ignorante des hypocrisies qu'on enseigne aux belles demoiselles, elle avait l'art de tout dire et celui de tout entendre ; sans rien perdre de sa grâce, elle avait celui de se faire respecter de tous partout où elle passait ; point ne lui était besoin de prendre des airs de colombe effarouchée, le sourire malicieux et fin de ses grands yeux, la simplicité, la droiture, l'honnêteté de son regard y suffisaient.

Si vous voulez connaître son allure, son geste et son visage, vingt statuettes de Dalou vous les montreront, et quant à son visage, vous le retrouverez toujours et partout, non seulement dans les œuvres achevées de Dalou, mais encore dans toutes ses esquisses et jusque, et surtout, dans toutes les ébauches les plus sommaires. Dès que ses doigts indiquaient une tête, dès que la pointe de son ébauchoir en dessinait les traits sommaires, c'était toujours ce même visage qui réapparaissait. Du jour où il le vit, il devint sa signature, sa vraie signature.

Peu importe par quel concours de circonstances Elie Maillard alla pour la première fois avec Dalou rue Larrey, toujours est-il que, du jour où celui-ci y mit le pied pour la première fois, il n'eut plus de plus chère pensée que d'y revenir.

Là se trouvait le type de la beauté vivante qu'il avait en vain tenté de réaliser dans ses premières œuvres ; leur comparaison avec celles qui les ont suivies est même infiniment curieuse au point de vue de la psychologie artistique.

En écoutant Mlle Vuillier il reconnut en elle une pure fille de Molière, qui aurait eu, tout à la fois, la candeur de l'Agnès de l'*Ecole des Femmes* et la sûre raison de l'Henriette des *Femmes savantes*, jointes au franc-parler de Dorine et à la gaîté de Marinette.

Et il n'eut plus dès lors d'autre ambition que de se rendre digne d'elle, de lui plaire et de l'épouser.

Il ne rompit pas seulement avec l'Ecole des Beaux-Arts, il envisagea par avance ses devoirs à venir et s'y consacra sans plus tarder ; il abandonna ses travaux d'artiste, d'un gain irrégulier et trop souvent aléatoire et, tel il avait vu son père, ouvrier gantier, travailler pour élever sa famille, tel il voulut à son tour, ouvrier sculpteur, travailler pour fonder la sienne. Puis, tout en gagnant de quoi vivre, il s'efforcerait de trouver le temps de travailler pour lui-même, sans autre préoccupation que de s'instruire et de mettre au jour quelque œuvre, exécutée à l'abri de toute préoccupation autre que celle de réaliser ses conceptions du mieux qu'il pourrait, et dans la forme que bon lui semblerait.

Il n'en était plus réduit, comme quatre ans auparavant, à chercher un emploi quelconque. Par ses récents travaux il avait acquis dans le monde des industries d'art une brillante réputation. Par l'ornementation de meubles exécutée pour l'hôtel Païva il avait même déjà fait ses preuves d'une habileté et d'un talent incomparables. Six figurines et huit petits bas-reliefs de bronze exécutés par lui et enchâssés dans un meuble d'ébène de style Renaissance, dessiné par Manguin, étaient déjà cités comme des chefs-d'œuvre du genre.

Aussi fut-il accueilli à bras ouverts lorsqu'il vint s'offrir aux frères Fannière, des orfèvres célèbres, et justement célèbres, vers la fin du second empire ; ils n'étaient point seulement des commerçants, ils étaient surtout des hommes d'un goût très sûr et très étendu, l'un des frères était un ciseleur hors ligne et les plâtres de certains portraits, traités en grandes médailles, signés par l'autre frère, sont d'un mérite peu commun.

Dalou fut engagé par eux, au taux courant des autres ouvriers modeleurs de la maison, c'est-à-dire à 1 fr. 50 de l'heure et se mit à la besogne avec la plus régulière assiduité.

Enfin, le 3 juillet 1866, par devant le maire du VIe arrondissement, Jules-Aimé Dalou épousa Irma-Pauline Vuillier, née le 28 février 1848.

Jusqu'à ce moment Dalou n'était qu'un sculpteur de beaucoup de talent : à partir de ce moment il allait devenir un grand artiste. L'influence de cette femme sur toute la carrière de son mari fut et demeura, du premier au dernier jour, absolument décisive. Les gens qui croiraient l'avoir le mieux connue s'en sont à peine doutés, car nulle ne fut ni plus effacée ni d'une modestie plus naturelle. Lorsque son mari causait de choses d'art avec des camarades, elle se contentait d'écouter, sans se mêler activement à la conversation ; directement à son mari, elle donnait son avis, mais elle ne le donnait le plus souvent que lorsqu'il le lui demandait ; alors elle l'exprimait, avec une franchise sans réserve ni réticence, avec une certaine dureté même, si elle pensait que l'artiste se laissait aller à composer des œuvres qui ne fussent point d'ordre supérieur. Et quel qu'en pût être le succès de public, et si lucratif qu'il pût être, elle était alors implacable.

Un exemple entre autres :

A Londres, il avait fait, avec beaucoup de soins et beaucoup d'efforts, un grand groupe intitulé « Cache-Cache » qui, répondant au goût anglais, pouvait rapporter beaucoup d'argent — et en rapporta en effet beaucoup. Elle arrive à l'atelier et le regarde.

— « Eh bien ? lui demande-t-il un peu inquiet.

— « Eh bien, fit-elle, Carrier Belleuse a beaucoup de talent, je te l'accorde, « mais, quand on est assez fort pour marcher tout seul, on ne se met pas dans « les souliers de Carrier Belleuse. »

Dans les sept années de carnets de Dalou, les impressions de sa vie intime sont d'une extrême rareté. Voici à peu près toutes celles qui se rapportent à sa femme :

« (3 *juillet* 1895). Aujourd'hui, *vingt-neuvième* anniversaire de mon mariage. « Quoique d'humeur un peu chagrine, je dois dire que j'ai eu toutes les chances « en épousant la charmante femme que j'ai depuis ce temps et qui m'a servi, « par la rigidité et la droiture de son caractère, de soutien, de tuteur, si l'on « peut dire ainsi, comme à une frêle plante. »

« (27 *février* 1897). Fêté l'anniversaire de ma femme, qui tombe demain. « Que de douces émotions, de souvenirs affectueux et reconnaissants m'assail-

« lent chaque année à pareille date. La pauvre âme m'a sacrifié sa vie ! »

Voici une note qui montre que, entre ces deux êtres très supérieurs, également nerveux, dont l'un sans cesse torturé par la souffrance n'était pas toujours maître de sa patience, et qui tous deux, étaient incapables de souplesse, il y eut parfois — et les ménages les plus unis en sont tous plus ou moins là, — des moments pénibles. Mais écoutez la voix dont Dalou en parle, seul à seul avec lui-même, et pour son seul souvenir :

« (29 *janvier* 1895). Hier soir je me suis querellé avec ma femme, hélas !
« Je dois avoir tort car elle est une vive intelligence au service d'un grand
« cœur. C'est un caractère d'une droiture inflexible. Je regrette sincèrement de
« lui être si inférieur. Elle doit beaucoup souffrir vraiment, j'en ai le reflet ;
« c'est tout naturel... Je suis triste bien que cela soit terminé. Cette nuit, nous
« avons peu dormi l'un et l'autre. Avec cela que depuis quelques jours, par
« ces maudits temps de neige, je me sens moins bien, quelques douleurs sont
« revenues. »

Voici, à quelques jours de là, une note où Dalou semble avoir fait son examen de conscience. Et il écrit cette intime confession :

« (17 *mars* 1895). Pour vivre heureux et rendre heureux ses proches, mieux
« vaut, à mon avis, un bon caractère que du génie ou même une nature dévouée. »

Mais revenons aux premières années de cette vie nouvelle de Dalou.

Après quelques journées passées à courir et à rire dans la forêt de Fontainebleau, le jeune ménage s'installa dans un petit appartement de deux ou trois pièces au quatrième étage d'une maison très propre, maison d'ouvriers, rue du Cherche-Midi, 102. Chaque matin Dalou, à l'heure réglementaire, arrivait à l'atelier de Fannière, qui se trouvait rue de Vaugirard, à quelques centaines de mètres de son logis. Durant tout le jour il y exécutait, en cire, des modèles, pour la plupart tout petits et, parfois si petits, qu'il fallait souvent les reprendre à la pointe sur les moulages de plâtre, besogne ingrate et singulièrement difficile. Quand, plus tard, ses élèves ou ses aides manquaient de ces soins infinis qu'il estimait hautement, il leur racontait volontiers comment il avait, pour les frères Fannière, fait tenir sur une garde d'épée, ou de couteau de chasse, toute une scène de chasse, méticuleusement modelée et dont les personnages mesuraient tout au plus deux centimètres de hauteur.

Il fit de la sorte d'ailleurs, toute une suite de figures pour décorer, en or et en argent, toute une série de garnitures d'épées, de dagues, de couteaux et de canons de fusil ; tout cela avait été commandé aux frères Fannière par un armurier qui s'y ruina et dont les précieuses marchandises furent liquidées.

MARIAGE — TRAVAUX D'ORFÈVRERIE

Les modèles les plus divers, dont les figures étaient exécutées par Dalou, pour les frères Fannière s'appliquaient à toutes les formes de l'orfèvrerie artistique et, s'il faut en croire le témoignage des ornemanistes qui y ont collaboré, il s'en trouvait qui n'étaient point indignes de comparaison avec certains bijoux des plus belles époques de l'orfèvrerie ancienne. On est obligé de les croire sur

TRIRÈME EXÉCUTÉE CHEZ FANNIÈRE
(Le génie et la sirène ne sont pas de Dalou).

parole, car après la mort du dernier survivant des Fannière leur maison d'orfèvrerie disparut et les modèles de tout ce qui la constituait fut vendu à l'encan ; les photographies des pièces les plus intéressantes qui y avaient été fabriquées ont également sombré dans ce naufrage. Trois d'entre ces pièces sont restées connues : l'une est une grande pendule en lapis lazuli ayant la forme d'un vase sur les anses duquel sont assises deux femmes représentant l'une le *Chant*, l'autre la *Musique*, elles sont de Dalou. Un *génie des Arts* qui la surmonte est de Lafrance. Elle avait été faite pour Mme Blanc la propriétaire des jeux de Monaco.

Une autre pendule, en lapis lazuli également en forme de vase comportait deux uniques figures faites par Dalou, elles sont analogues aux Jean Goujon du Louvre et symbolisent : celle de droite la Sculpture, celle de gauche la Peinture. Cette pendule, dans son ensemble, est un objet de toute première beauté. Elle eut un succès exceptionnel à l'Exposition universelle de 1867. La troisième et la plus importante de ces pièces est une trirème commandée par l'impératrice Eugénie, et par elle offerte à Ferdinand de Lesseps, à l'occasion de l'inauguration du canal de Suez. Cette trirème, œuvre de Fannière et du groupe de ses ornemanistes est supportée par des sirènes qui ne sont pas de Dalou, mais flanquée de femmes, allégories de la Méditerrannée et de la mer Rouge qui sont de lui, de même qu'à la proue, une Victoire sonnant de la trompette.

Les figurines ornant les menus objets, flambeaux, bijoux, coupes, gobelets, hanaps, et tant d'autres, des sortes les plus diverses, sont légion, tout specimen en serait à jamais perdu si le hasard — à supposer que ce soit le hasard seul — n'avait fait survivre le croquis original d'une monture d'éventail que Dalou avait eu l'intention de faire, et sans doute pour l'offrir à sa jeune femme, si l'on en juge par le monogramme I. D. qui s'y trouve inscrit dans un cartouche. Il y a plus, le croquis de l'éventail lui-même qui a été composé par Dalou. Le tout est dessiné à la plume sur papier calque et d'une indication plutôt sommaire ; le manche comporte une petite figure de femme portant sur la tête un panier de fleurs et un écusson orné de deux petits amours. L'arrangement en est agréable. L'éventail lui-même comporte un sujet mythologique d'une composition assez vague, imitée de Boucher.

Les travaux d'orfèvrerie auxquels Dalou s'adonna de 1866 à 1870 lui constituaient le salaire fixe et assuré ; il était parvenu à faire porter le prix à 2 francs à l'heure, tant pour lui-même que pour ses camarades, ornemanistes ou sculpteurs, parmi lesquels, on compta, par intermittences Delaplanche et, occasionnellement, à ce qu'on m'a affirmé du moins, Rodin. Dalou ne se confina point exclusivement dans ces petits ouvrages où il eût fini par perdre la main aux œuvres de large envergure.

Il se trouva justement que dans la cour du 102 de la rue du Cherche-Midi, existaient les ateliers d'un grand décorateur M. Lefebvre, Dalou y vint travailler, — toujours à tant de l'heure, — tantôt à un ouvrage, tantôt à un autre. Fallait-il une figure humaine ou quelque type d'animaux naturels ou chimériques, on demandait à Dalou de les faire. Il les installait, la plupart du temps, à même l'ornementation en cours. C'est ainsi que sur une grande porte xviii° siècle, se trouve, emmanché dans des rinceaux, un masque de vieillard à longue barbe, tout à fait admirable et deux têtes de bélier. Dans un cartel de 1^m,20 de haut, de style Louis XIV, il y a un Soleil à figure de femme d'une rare beauté et deux statues d'enfant, un garçon et une fille de demi-grandeur nature dont l'une surtout, — (la petite fille), — est d'une grâce exquise et d'une exécution de premier ordre. Tout ceci si excellent que ce soit, d'ailleurs, n'est pas très personnel.

A signaler, de la même époque, neuf médaillons en ovale très coquets et très soignés, têtes de femmes représentant les neuf Muses, qu'on appliquait, et qu'on applique encore, dans les panneaux xviiie siècle.

Mais voici maintenant, après les petites statues, les grandes. Les deux importantes figures allégoriques placées au fronton de la préfecture de Tulle ont été faites par Dalou à l'atelier de M. Lefebvre.

Elles flanquent, de droite et de gauche, l'horloge du pavillon central, assises chacune sur une console, en arc de cercle. L'une symbolise l'Agriculture, portant la corne d'abondance, l'autre l'Industrie, armée d'un marteau. Celle-ci est coiffée d'une couronne à tourelles, l'autre d'épis ; toutes deux sont entièrement drapées, dans la manière de la Renaissance, les bras seuls sont nus, ainsi qu'une partie de la jambe droite de l'Agriculture. Ces deux grandes statues, d'ailleurs, ne se distinguent de tant d'autres analogues, que par des beautés d'exécution qui, en majeure partie, échappent à la vue là-haut où elles sont placées.

Par ailleurs, Dalou a exécuté, non plus une ou deux figures, mais la décoration tout entière de la façade du célèbre hôtel Menier, au Parc Monceau. Il n'est guère de Parisien, curieux des beautés de la rue, qui ne connaisse cette admirable façade, il n'en est aucun — et moi le premier — qui ait été jusqu'ici avisé du nom de son auteur. La tête de Mercure qui orne la clef de voûte de la porte principale, les deux lions qui soutiennent le balcon de la fenêtre qui la domine, le groupe de chevaux marins qui sort du fronton, dont cette large baie est coiffée, sont de Dalou. De lui aussi, la tête entourée de roseaux qui en orne le comble. Les masques de faune placés au-dessus des baies latérales d'entrée, les huit masques de femmes qui se trouvent au-dessus des croisées latérales du premier étage et à toutes celles de l'étage supérieur sont du même auteur.

A l'époque où il produisait cette façade, M. Lefebvre avait fait exécuter par Dalou les modèles de quatre cariatides : les quatre parties du monde : L'Europe, portant le sceptre, le livre et le marteau, l'Asie aux yeux allongés et nonchalants, aux pommettes écartées, un turban sur la tête et des perles au front, au col et aux bras, vêtue de la robe à palmettes et portant d'un geste assoupli le chasse-mouche de plumes. L'Afrique aux cheveux crépus, aux lèvres charnues, au nez épaté, le buste moulé dans une étoffe unie et la peau de lion tombant des reins. L'Amérique, à la face anguleuse, et coiffée de la couronne de plumes. Ces quatre fort belles cariatides étaient destinées à l'hôtel d'un riche propriétaire, — que je me dispenserai de nommer. Il les trouva si belles, que pour parer au seul inconvénient que son amour-propre y trouvait, à l'absence de notoriété de leur auteur, il les fit *copier littéralement* par un sculpteur, très médaillé, très décoré, très officiel, qui consentit à cette indélicate besogne. Je ne relaterai ici que ses initiales, V. D. Son nom a été donné à une des rues de Paris. Les cariatides signées de son nom sont encore là où il les a fait exécuter par ses praticiens et les modèles de Dalou ainsi que les feuilles de paie de M. Lefebvre père sont encore dans des archives à Arcueil pour prouver la paternité de Dalou. M. Lefebvre, qui étant la droiture même, n'admettait point ce genre de mauvaise farce — pour ne rien dire de plus — voulut d'abord faire un procès mais, après intervention amicale de Barbedienne, il y eut arrangement amiable.

L'AFRIQUE

A l'achèvement de l'hôtel Menier, il fut fait, par Dalou, une grande médaille commémorative, mesurant soixante centimètres de diamètre. Au centre, un cartouche porte le plan de l'hôtel ; à droite de ce cartouche, et s'y appuyant, une figure nue symbolise les Arts ; tandis que, à gauche, une figure habillée, qui s'appuie également, représente la Fortune. Divers ornements et attributs accessoires complètent cette composition, qui vaut surtout par la merveilleuse exécution des deux figures. Cette médaille fut fondue, à un seul exemplaire, en argent, et à un très petit nombre d'exemplaires, en bronze, l'exemplaire en argent appartient à M. Menier, et les exemplaires en bronze aux deux ou trois principaux collaborateurs de l'édifice, parmi lesquels M. Lefebvre. Le modèle, retouché sur le plâtre par Dalou a été religieusement conservé par M. Paul Lefebvre fils. Dans ce même atelier de la rue du Cherche-Midi, Dalou a exécuté, en ronde-bosse trois dessus de porte qui se trouvent placés dans des niches carrées, très profondes, à droite et à gauche de la porte centrale du grand salon de l'hôtel André, rue Matignon, (acquis il y a quelques années par l'ingénieur Eiffel). Les deux se faisant pendant et qui sont la répétition ou du moins l'analogue l'un de l'autre, comportent, au centre, un vase ornemental, à droite et à gauche duquel, reliés par un jeu de lignes de rinceaux, sont assis deux enfants. Ce sont deux merveilles. Mais la véritable merveille est le groupe central. Sur des nuages, dépassant un peu la moulure de la porte, un enfant attentif joue de la flûte, tandis qu'un autre placé à sa droite tient la musique et écoute; au fond, le soleil émerge des nuages en un pétillement de rayons. Je ne crains pas de le dire, on aurait peine à trouver, parmi les chefs-d'œuvre de l'art décoratif du xviie et du xviiie siècle, rien qui puisse être qualifié de supérieur à ce petit groupe. Ajoutons que M. Paul Lefebvre, et par piété filiale, et par admiration pour Dalou, a offert à la Ville de Paris, de lui donner gratuitement, pour être placés dans l'un de ses musées, les modèles ou les moulages de toutes les œuvres que Dalou a exécutées à la demande de son père. Les dessus de porte ont été modelés, non sur une selle à l'atelier de l'artiste, mais en leur place définitive. On avait bâti une niche en charpente entourée de ses moulures, on y montait des pains de terre glaise et Dalou exécutait son travail à la hauteur où le groupe devait être placé.

Ces travaux de décoration furent pour Dalou une école précieuse entre toutes; il y acquit la qualité maîtresse de ses grandes compositions en y apprenant ce que les sculpteurs savent le plus rarement, c'est-à-dire l'art de mettre toutes leurs figures et tous leurs ornements à leur échelle juste; il y acquit l'habitude de voir les monuments dans leur totalité, c'est-à-dire comme des conceptions d'un seul tenant et contraints à une tenue unique. Quand il entreprit l'exécution formidable de son monument de la place de la Nation, et quand il fit le monument d'Alphand, et, toujours lorsqu'il s'attaqua à de grands ensembles, il se rappela ces leçons et voulut traiter ses conceptions d'ensemble d'un seul coup d'œil, dût-il, après cela, si les difficultés de détails l'y forçaient, les recommencer totalement, en subordonnant désormais, chaque partie à l'accomplissement du tout. Il voulait les posséder d'abord, il les exécutait ensuite.

L'ASIE

M. de la Palisse, qui, à tort, passe pour un imbécile, parce qu'il dit de trop claires vérités, expliquerait son cas en disant que s'il fit de la sculpture décora tive prestigieuse c'est parce qu'il avait été et était resté un maître-ouvrier décorateur. La décoration pour lui restait le but, et la sculpture était le moyen. La statue était subordonnée au groupe et le groupe était aux ordres de la composition d'ensemble.

Il s'en fallait de beaucoup que l'abondance régnât chez Dalou, mais on y vivait si modestement, avec tant de soins et tant d'ordre que, bientôt, on y eut quelque argent d'avance et que, tout doucement, la somme grossit assez pour qu'il fût possible de louer un petit atelier, voisin de celui de M. Lefebvre. Là, Dalou commença à travailler pour lui-même, sans autre but que de mettre au jour une œuvre qui lui plût et dont il se croirait suffisamment satisfait. Ce travail d'artiste fut la récompense et la joie de son travail d'ouvrier. Là il accumulait les esquisses et les projets, les étudiait à fond, se préparant pour le jour prochain où il serait assez riche pour les réaliser en leur forme définitive.

Celui qui a dit que toutes les grandes pensées viennent du cœur a énoncé une vérité qui peut être vraie dans le domaine des spéculations philosophiques, mais qui n'est qu'une parcelle de la vérité, en art, et j'entends par art : la littérature d'art, la poésie, le théâtre, le roman, l'histoire même, aussi bien que les arts plastiques. En art, toutes les pensées vibrantes et pénétrantes, toutes, grandes et petites, viennent du cœur. Qu'on les habille comme on voudra, soit de la beauté du nu, soit de l'agrément du costume, tant qu'elles ne sont pas issues d'une émotion, elles ne seront pas viables. Qu'elles naissent de la pitié, de l'amour, de l'enthousiasme, de la haine, peu importe. Si le cœur n'a pas vibré, si, ce que j'oserais appeler le battement de cœur de la pensée n'a pas été la force, la lumière et la chaleur qui ont engendré l'œuvre, la forme n'en sera jamais ni vibrante, ni vivante. Les anciens traduisaient cela par la fable de Galatée.

Dalou qui n'avait pas de plus grande joie que de détruire tous ses dessins et ses croquis n'a jamais eu le courage de détruire un petit calepin de deux sous, où, en de très petits dessins à la plume, qui sont d'une naïveté et d'une chasteté délicate et semblent tracés par la main d'un jeune enfant, il a noté des souvenirs de son traditionnel voyage à Fontainebleau et des premiers jours de son mariage. Ce calepin, je viens de le regarder une dernière fois et je viens de le brûler. C'était mon droit et c'était mon devoir. C'est dans ce calepin que j'ai trouvé le secret de la première œuvre où la personnalité de Dalou s'est affirmée visiblement pour tous, bien que, enveloppée dans la formule mythologique de *l'Amour et Psyché*.

Dans un carton, presque seul parmi des gravures sans intérêt, Dalou avait

Dessus de porte, exécuté pour l'hôtel André en 1868.

également laissé la vie sauve à un tout petit dessin — également à la plume — représentant une jeune femme assise, vêtue d'un peignoir à 19 fr. 95 du Bon Marché, et occupée à confectionner quelque vêtement, — probablement ceux de l'enfant attendu, et qui allait apporter un nouveau lien d'amour dans la maison ; c'est un de ces dessins dénués de caractère, dénués de proportion, dénués de tout et comme nous en avons tous fait quand nous avions dix ans ; sa puérilité même l'imprègne d'une touchante poésie.

Dalou avait longuement regardé sa femme, dont il admirait la haute intelligence, remplissant en toute simplicité son rôle de bonne ménagère, et cette contemplation attendrie lui avait dicté son premier chef-d'œuvre La Brodeuse. Elle lui avait donné sa formule définitive.

Dans la Brodeuse, statue moderne, prise telle quelle dans la vie courante, elle est plus neuve que dans l'Amour et Psyché, groupe de figures nues, mais ces deux ouvrages, considérés l'un auprès de l'autre, affirment, d'ores et déjà, dans leur tout, la note générale du talent de Dalou et la doctrine d'art qu'il adopta définitivement depuis lors. Il l'a d'ailleurs résumée en ces termes :

30 *janvier* 1895. — « En art, se spécialiser est un véritable contresens vis-
« à-vis de la nature qui est multiple. Les vrais grands maîtres se sont efforcés
« de la rendre sous tous ses aspects, et ils y ont réussi ; donc à mes yeux, l'al-
« ternance du nu et des draperies s'impose : ne faire que l'un ou l'autre est une
« preuve de faiblesse, de plus la chose est insipide en soi. »

Les dimanches et les jours de fête étaient réservés à l'exécution des travaux personnels. Il était d'ailleurs devenu difficile de distraire aucune part du temps réservé aux besognes du gagne-pain, car une fillette était née qui allait créer de nouveaux devoirs et de nouvelles charges. Elle était arrivée beaucoup plus tôt qu'on ne l'attendait, et, à la suite d'une chute qu'avait faite la mère, un jour qu'elle courait, en véritable gamine qu'elle était encore. Le médecin avait déclaré que la venue d'un autre enfant pourrait lui être fatale. La petiote était donc destinée à rester l'enfant unique, mais hélas! cette enfant unique était venue au monde dans un état de santé déplorable, et qui nécessitait des soins de tous les instants. On l'aima d'autant plus qu'elle était plus fragile, mais la douleur de la voir souffrir, ouvrit au cœur de ses parents une plaie profonde et qui jamais ne s'est fermée. Lisez plutôt ceci qui est écrit le 14 mai 1894 :

« Anniversaire de la naissance de ma fille. Il y a aujour-
« d'hui 27 ans! La destinée a été pour elle et pour nous
« bien cruelle! »

Quand Dalou revenait de chez son orfèvre ou de chez ses décorateurs il revoyait avec une émotion chaque fois renaissante cette mère, choyant, berçant, allaitant cette enfant, et, contre tout espoir, luttant de toute la force de sa tendresse pour créer à nouveau en elle tout ce que la cruelle nature y avait laissé d'incomplet.

Croquis de Dalou
d'après son « Amour et Psyché » (ouvrage disparu).

Et c'est du spectacle de cette maternité qu'il a tiré quelques-uns de ses chefs-d'œuvre les plus puissants par leur simplicité, les plus éclatants par leur originalité! En fit-il les esquisses à Paris? Je n'en ai quant à moi aucun souvenir. A la suite des événements de 1870 ses esquisses ont dû être en majeure partie éparpillées ou cassées; peu importe d'ailleurs. Ce qu'il a conçu alors, il l'a, peu après, exécuté en Angleterre. Et cela a été, en premier lieu, la *Paysanne française allaitant son enfant*, puis la *Boulonnaise allaitant son enfant*, puis la *Berceuse* et vingt autres œuvres, redisant cette même scène ou en dérivant. Elles placent leur auteur de plain-pied, à côté des maîtres bourguignons qui ont magnifié l'église de Brou et la cathédrale de Burgos. Malheureusement elles sont inconnues du public, étant toutes restées en Angleterre dans des galeries particulières et sur divers points du Royaume-Uni.

Ce ne fut que pour le Salon de 1869 seulement que Dalou fut en mesure d'exposer son groupe de l'*Amour et Psyché*. La banalité du sujet ne l'avait point arrêté, elle n'empêcha pas qu'il fut très remarqué. Il se garda, du reste, de tout temps de ce danger qu'il appelait la *banalophobie*.

« Quelle que soit la valeur d'une idée, l'exécution seule la met en lumière et
« la consacre, a-t-il écrit en son carnet de 1896, on en peut gâcher une admi-
« rable comme en faire valoir une banale ».

Plusieurs journaux en parlèrent et notamment dans son article du 6 juin 1869, Théophile Gautier en rendit compte en ces termes :

« L'*Amour et Psyché* de M. Dalon (*sic*) forment un groupe d'une grâce
« exquise. Le jeune dieu tient, assise sur ses genoux, Psyché, qu'il enlace du
« bras et qui se laisse aller doucement à cette étreinte, tout en rejetant un peu
« en arrière, comme pour éviter le baiser, sa tête charmante dont les paupières
« se baissent. L'artiste a exprimé avec une suavité naïve les formes jeunes,
« presque enfantines encore, de ce groupe idéal de l'amour embrassant l'âme ».

Et puisque Théophile Gautier parle ici de la grâce, voici comment Dalou la concevait et la définissait :

« La grâce, c'est l'absence d'effort ainsi que d'affectation. En deux mots : le
« naturel ».

En 1871, le plâtre de l'*Amour et Psyché* existait encore à l'atelier de la rue de Vaugirard. Étant en Angleterre, Dalou a donné ordre de le détruire. Il n'en reste plus d'autre trace qu'un médiocre dessin de Dalou fait de mémoire pour une revue artistique qui se publiait en Suisse.

Cédant aux instances du décorateur Lefebvre, son patron, son voisin et son ami, il consentit, non sans peine, à envoyer au Salon de 1870 *La Brodeuse* dont il se déclarait trop peu satisfait.

La Brodeuse fit grande sensation. Ce n'étaient plus seulement les artistes et les connaisseurs qui s'arrêtaient devant cette statue de grandeur nature, c'était également le vrai public, succès rare pour un sculpteur. On faisait cercle autour d'elle pour la voir sous tous ses aspects, on se baissait pour lire le nom de l'artiste écrit sur le socle. Son succès fut tel que l'État en fit l'achat et en commanda le marbre.

Les critiques d'art, peu nombreux alors, lui consacrèrent tous une part de leurs articles. Obligé de ménager la place dans son feuilleton, toujours plus chargé qu'il ne l'eût voulu, Théophile Gautier en parlait en ces termes, le 8 août 1870.

« *La Brodeuse* de M. Dalou est une statue charmante, de la plus gracieuse
« réalité. Ce n'est rien qu'une pauvre fille qui brode, la tête doucement inclinée
« vers son ouvrage, mais elle a, dans la naïveté de son attitude, dans la candeur

« de ses traits, dans la chasteté de ses formes une séduction pénétrante ».

Avec l'unanime suffrage des connaisseurs, et du grand « tout le monde », commençait la célébrité. L'achat par l'État permettait d'entrevoir le moment prochain, où les commandes fourniraient à Dalou la facilité de vivre de son art.

La statue ne fut point rapportée rue de Vaugirard, elle alla directement chez le praticien qui devait l'ébaucher dans le bloc de marbre, déjà livré par l'administration des Beaux-Arts. Dalou avait l'espoir de la produire à nouveau, éclairée par la beauté du marbre. Il se réjouissait surtout d'en pouvoir corriger les imperfections qu'il y trouvait encore très nombreuses.

Le sort en décida autrement. La guerre venait d'éclater. Le 10 août c'était Reischoffen, le 4 septembre c'était la chute de l'Empire, c'était la défaite, c'était l'invasion et c'étaient dès lors de nouveaux devoirs qui s'imposaient à tous.

Les industries de luxe avaient disparu instantanément, un artiste ne pouvait songer à trouver aucun travail rémunérateur, ni à plus forte raison à s'engager dans des dépenses telles qu'en comportent la mise au point et la pratique d'une statue aussi importante que l'était *La Brodeuse*.

Modèle et marbre furent donc provisoirement abandonnés, en attendant des jours meilleurs. Ce provisoire devait durer près de dix ans.

Ce fut seulement en 1880, lorsque Dalou revint d'Angleterre, que l'exécution en marbre de *La Brodeuse* fut reprise. Mais au cours de ces dix années, écoulées dans un travail de tous les instants, Dalou avait fait des progrès tels qu'il ne pouvait sans impatience regarder cette œuvre où les inexpériences de sa jeunesse lui semblaient des défauts intolérables. Tant qu'il crut pouvoir les « rattraper » dans le marbre il patienta, mais, un jour, il désespéra d'y arriver et, en trois coups de massette, il fit sauter la tête et abattit les deux bras ; puis, sans plus tarder, sa massette s'abattit sur le modèle de plâtre et, en quelques instants, il n'en resta plus rien que des gravois jonchant le sol.

Et il ne resterait plus rien de *La Brodeuse* sans deux circonstances tout à fait fortuites :

Tout d'abord, en janvier 1871, comme les obus tombaient rue Mayet et rue du Cherche-Midi, l'esquisse en fut recueillie, malgré Dalou, par un ami qui, ayant offert l'hospitalité aux Dalou, les avait aidés dans leur petit déménagement. Et quand, après le retour d'Angleterre, l'ami en question voulut la lui rendre ; il s'y refusa objectant qu'il désirait ne pas même la revoir. C'était trop mauvais disait-il. Heureux incident sans lequel cette dernière trace de la Brodeuse eût été également détruite. Et, ensuite, — deuxième circonstance, — M. Legrain, ayant obtenu de Dalou, lorsqu'il venait d'arriver à Londres, l'autorisation d'éditer en bronze *La Brodeuse* en avait fait faire deux réductions remarquables. La plus grande servit à fondre un modèle en bronze qui fut admirablement ciselé. L'autre existe encore à l'état de modèle tout prêt à être remis au fondeur. La vue de ces deux reproductions rend plus cruel encore le souvenir de la destruction de l'œuvre originale.

Dalou, enfant de Paris, portait en soi ce que Michelet appelle « l'âme de

La Brodeuse.

Paris ». Pour Paris qui depuis tant d'années n'avait cessé de manifester sa haine du régime impérial, l'avènement de la République avait été une grande joie, et aussi, une grande espérance. La première République avait vaincu l'Europe entière, la troisième saurait bien chasser l'Allemagne seule du territoire par elle envahi. Après quoi la République Française, crainte et respectée, fière du devoir accompli, reprendrait son œuvre de sagesse, de travail et de justice. Ainsi rêvait le peuple de Paris; ainsi rêvait Dalou, républicain d'origine, fils de républicains irréductibles, mari d'une femme passionnément et résolument républicaine.

Sous le coup de cette première impression et pour célébrer l'avènement de la République il en fit un petit buste allégorique.

Le buste une fois terminé, Dalou le fit mouler et ne s'en occupa plus aucunement. Les événements se précipitèrent, Dalou alla habiter l'Angleterre et il abandonna ce buste entre les mains d'un praticien dépositaire de *La Brodeuse* et de diverses autres ouvrages. Par quel concours de circonstances, ce modèle arriva en la possession de l'Association ouvrière des Sculpteurs-Mouleurs, peu importe ; toujours est-il qu'il lui fut remis comme étant certainement de Dalou. Mais il n'était point signé et le directeur de l'association des Sculpteurs-Mouleurs, M. Carlier, tout en étant convaincu de son authenticité, eût été désireux de la voir confirmée par Dalou lui-même. Il en remit plusieurs exemplaires dans les bureaux de l'Hôtel de Ville de Paris, où il pensait que Dalou aurait lieu d'aller. L'un des chefs du service des Beaux-Arts, M. Maillard, le fit placer sur la cheminée de son cabinet. Là Dalou, après hésitation, la reconnut. Et comme M. Maillard en vantait les qualités, il lui répondit « Oui... c'est un péché de jeunesse. » Péché de jeunesse ou non, c'est un péché des plus avouables. On peut lui reprocher une insuffisance de modelé, mais ce qu'on ne peut lui contester c'est la vigueur de l'allure. Aujourd'hui, l'authenticité de ce buste est matériellement établie par la note inscrite sur le journal de Dalou à la date du 26 janvier 1895, relatant la scène de sa reconnaissance.

« J'ai également vu Brown (le chef du service des Beaux-Arts) et Maillard, « dans le bureau duquel, chose inattendue, j'ai retrouvé une tête de République, « faite au commencement de la guerre de 1870, de septembre à octobre et que « je n'avais pas revue depuis cette époque. Je ne savais si c'était bien la « mienne, cependant cela me rappelait celle que j'avais faite à ce moment. « Enfin j'ai été fixé. C'était bien un enfant de moi. »

D'autres travaux de Dalou durant le siège de Paris ou la période de la Commune, on ne trouve aucune indication.

Au moment du siège il avait environ trente-deux ans, il était marié et père de famille et se trouvait compris dans la catégorie des hommes qui n'étaient astreints qu'au service intérieur de Paris. Il en était même dispensé de droit, ayant été réformé lors de son tirage au sort : « Pieds plats » dit son certificat de libération. Et, en effet, il ne pouvait marcher un peu longtemps sinon dans des chaussures munies d'un ressort. En outre, l'état général de sa santé avait toujours été, et était encore plutôt précaire.

Mais peu lui importait. Malgré sa situation de famille, malgré sa santé, il s'engagea dans les bataillons de marche et il alla se battre, laissant derrière lui, une femme et une enfant qu'il adorait et pour qui ce serait la misère s'il était tué ou seulement estropié.

Ce qu'il fit, des milliers et des milliers d'autres l'ont fait comme lui, naturellement et sans en reparler jamais ; et, après plus de trente ans, je ne puis jamais voir passer devant moi l'image de l'un de ces héros ignorés de tous et d'eux-mêmes sans la saluer respectueusement. Et je ne me lasserai jamais de redire mon admiration pour ces milliers et ces milliers de femmes du siège de Paris qui, sans pain, sans feu à la maison, sans une goutte de lait à donner à leurs enfants, incertaines du présent, ayant tout à craindre de l'avenir, ont toujours été les premières à montrer à leurs maris le chemin du devoir et celui du danger et leur ont dit : Va.

Pour la généralité de ces masses profondes du peuple en armes, enthousiastes et dévouées, le : « sachons vaincre ou sachons mourir » du *Chant du départ* ne fut point un simple refrain ; ce fut un dogme. Ce fut un serment. On l'a bien vu à Champigny, on l'a vu mieux encore à Buzenval. Elle ne demandait qu'à marcher, coûte que coûte, elle ne demandait qu'à croire en ses chefs. Mais eux, habitués par leur éducation, à l'idée d'une armée de métier, ayant, par leur origine, par leurs relations, par les calomnies sans cesse entendues, les idées les plus erronées et les plus incomplètes sur l'esprit de la démocratie parisienne, ils étaient hors d'état de croire en elle. Son manque de tenue et son esprit frondeur leur en cachaient les qualités solides.

Pour ces masses populaires, tout l'art de la guerre tenait dans ces mots : « On ne se rend pas. » et elles ne voulaient pas se rendre. Et elles réclamaient la guerre à outrance et on les en raillait. On les appelait les : « à outrance. » A Bordeaux, Gambetta et Chanzy pensaient comme elles ; Faidherbe à Lille ; Sadi-Carnot au Havre, pensaient de même. Tous ces hommes n'étaient point les « fous furieux » que l'on a dit. Furieux, sans doute, fous non pas. L'érudition historique des Parisiens n'allait pas au delà de la Révolution française, mais ils puisaient là tous leurs enseignements. Ces chants guerriers étaient tout leur catéchisme et, là où leurs pères avaient passé, ils entendaient passer à leur tour. Telle que, en 1830, Auguste Barbier l'avait décrite, telle en 1871, partout où elle le put...

La grande populace et la sainte canaille
Se ruait à l'immortalité.

Et quand elle sentit que les chefs s'apprêtaient à capituler, elle s'organisa pour leur forcer la main, et les obliger à la conduire, en dépit de tout, à la bataille et à poursuivre jusqu'au bout la lutte, — fut-ce contre l'impossible — ou, sinon, à les contraindre à laisser la place à d'autres qui auraient l'audace de la continuer. De cette organisation naquit la Fédération de la Garde nationale.

Des délégués — simples soldats, ou officiers — furent désignés pour grouper tous les bataillons résolus à poursuivre la guerre à outrance, et résolus également à ne pas permettre que, comme en 1830, ni comme après 1848, on escamotât ou étranglât la République. Dalou, simple soldat, fut l'un des délégués de son bataillon. Sous la pression de cette organisation les chefs décidèrent de livrer la bataille de Buzenval. Ce jour-là ils purent voir quels trésors de courage et de *discipline au feu*, la seule vraie, la plus nécessaire des disciplines, ils avaient dédaignés et gâchés. Mais il était trop tard pour l'apprendre. Et quand, quelques jours plus tard, on comprit que cette bataille n'avait été livrée que « pour donner satisfaction à l'opinion publique » — ainsi que l'ont avoué, ceux-là même qui l'ont ordonnée, n'ignorant pas, eux, que fût-elle gagnée, il n'y aurait plus eu un morceau de pain à donner aux combattants pour poursuivre leur victoire, — quand le peuple de Paris, ravagé par le froid, par la faim, par la fièvre, reçut l'ordre de mettre bas les armes, alors il ressentit un déchirement terrible, et fut pris d'une haine violente contre les hommes dont l'insuffisance et le dédain pour lui l'avaient conduit au désastre.

Je ne me suis déjà que trop longuement étendu ici sur ces faits historiques et je croirais hors de propos d'y rappeler l'hostilité manifestée par l'Assemblée de Bordeaux à tous les représentants de l'idée républicaine, non plus que ses premières tentatives de restauration monarchique, s'il n'était indispensable de montrer comment Dalou se trouva naturellement mêlé à des événements politiques où le portaient ses idées et ses convictions ardentes. Or ceci est d'importance capitale, au point de vue de la compréhension de son œuvre, puisque c'est de ces convictions que vint l'inspiration, la sincérité : donc, la puissance personnelle des ouvrages qui établirent définitivement sa réputation :

Le groupe monumental, *Le Triomphe de la République*, le grand haut-relief de *La Fraternité*, le haut-relief *Mirabeau répondant à Dreux-Brézé* et tant d'autres ouvrages de moindre envergure, le projet de *Monument aux ouvriers* sont nés de la même pensée et de la même passion, républicaine et démocratique.

Ouvrier de race, travaillant et vivant en ouvrier, il se trouva, comme n'importe quel autre ouvrier, emporté dans la tourmente, par le mouvement de colère et de défense qui remuait jusqu'au fond la foule de la population républicaine, énergiquement résolue à ne pas se laisser arracher la République.

Il n'eut point à porter les armes et n'exerça, dans le gouvernement de la Commune, aucune fonction politique. Son rôle y fut exclusivement artistique.

En ce temps bizarre, la mode était aux *fédérations*, on se fédérait à propos de tout et à propos de rien. Sous l'inspiration de Gustave Courbet, *une fédération des artistes* avait été créée. Elle comprenait les peintres, les sculpteurs, les architectes, les musiciens qui s'étaient mis en révolte contre le poncif et le convenu. N'en faisait point partie qui voulait, mais en revanche la Fédération s'honorait de compter parmi ses membres des Maîtres qui avaient opéré une révolution dans leur art tels que par exemple Corot, qui n'en fit partie que nominalement. La *fédération des artistes* n'était au fond qu'un conseil supérieur des Beaux-Arts, *in partibus infidelium*, où l'esprit d'initiative personnelle remplaçait l'esprit de tradition et, sur l'avis de Courbet, le gouvernement de l'Hôtel de Ville lui avait délégué le pouvoir de désigner les citoyens, républicains éprouvés, qui devaient être investis de fonctions dans le domaine de l'Art. Elle n'avait point réclamé pour lieu de ses séances, l'un des salons luxueux de nos palais nationaux ; elle les tenait très démocratiquement rue des Poitevins, dans la salle à manger de la pension Laveur, établissement des plus modestes en son genre, où se sont attablés tant de générations d'étudiants, durant toute la seconde moitié du xixe siècle. C'est là que fut décrétée la nomination du caricaturiste André Gill, comme conservateur du musée du Luxembourg et celles des peintres Oudinot et Jules Héreau, et du sculpteur Jules Dalou, comme conservateurs du musée du Louvre. Le premier soin de ces farouches révolutionnaires fut de conserver, auprès d'eux, l'ancien conservateur Barbey de Jouy. Si, au cours de tant d'incidents terribles et fous, qui surgirent en avril et mai 1871, le Louvre et le Luxembourg demeurèrent à l'abri de toute atteinte, l'honneur en revient aux quatre braves artistes qui les firent respecter. Cela ne fut pas toujours sans peine. De temps en temps des énergumènes se présentaient déclarant avoir entendu que des fusils et des munitions étaient cachés dans les caves. Dalou les promenait à travers tous les sous-sols, leur affirmant qu'il n'y avait rien d'insolite dans le Palais, et, comme ils avaient confiance en lui, ils ne tentaient aucune de ces perquisitions qui étaient la monomanie courante du moment et pouvaient amener des dégâts ou des vols.

Ces services rendus ont coûté bien des ennuis ultérieurs au pauvre André Gill et à Oudinot ; ils ont valu à Jules Héreau et à Dalou une condamnation aux travaux forcés à perpétuité ; par contumace heureusement.

Lorsque vint l'incendie des Tuileries, Dalou qui n'avait cessé d'habiter son petit logis de la rue Mayet, vint en hâte prendre son poste au Louvre. Mme Dalou l'y accompagna et quand les troupes de Versailles arrivèrent, ils en sortirent accompagnés de M. Barbey de Jouy et sous sa sauvegarde. Dalou, contre qui existait un mandat d'amener, se cacha chez un ami d'abord, puis chez ses sœurs rue Vivienne, 8, et si la police ne l'a point trouvé là, c'est, ou qu'elle était bien mal faite, ou qu'elle y mit beaucoup de complaisance. Cette dernière hypothèse semble la plus vraie.

On a souvent raconté que Dalou s'était sauvé sous un faux nom et avec un faux passeport, et je l'ai moi-même si bien cru que jamais l'idée ne m'est venue de lui parler de ce départ et pour cause, ayant en personne remis à ses sœurs mon propre passeport, daté de Bruxelles fin mai 1871.

J'ai su depuis, qu'il avait eu un deuxième passeport daté de Londres, celui de son ami d'enfance, du plus aimé de ses amis, le peintre Alphonse Legros, habitant Londres depuis 1863. Legros n'est pas seulement le peintre émérite, le dessinateur impeccable, l'aquafortiste hors de pair dont nous admirons tous les dessins et les eaux-fortes au musée du Luxembourg, il est de plus, — ce qui est inconnu en France, — un sculpteur de premier ordre. Le musée de South Kensington possède de lui un petit torse de femme, digne de prendre place parmi les antiquités grecques. Il avait été le camarade de Dalou à la Petite École et par un autre camarade de la Petite École, Guillaume Regamey, — mort hélas à trente ans, en pleine puissance de son superbe talent, — il avait fait savoir à Dalou que la place était toute prête chez lui pour le recevoir, lui et sa famille. Le difficile était d'y arriver. Dalou, pour cela, n'eut besoin d'user d'aucun subterfuge. La vérité est plus simple et plus étonnante, elle prouve autant que faire se peut que la police du gouvernement de Thiers elle-même a voulu laisser Dalou partir sans encombre.

Elle lui a en effet délivré un passeport (Registre 10, n° 2042) à son nom :
« Monsieur Dalou Aimé-Jules, accompagné de sa femme née Vuillier, 23 ans,
« et de sa fille 4 ans, natif de Paris, sculpteur, demeurant à Paris, rue
« Vivienne, 8 — (ceci est son adresse chez ses sœurs) — allant à Londres ».

Et puisque j'ai, jusqu'ici, négligé de donner le signalement de Dalou, j'éprouve un malin plaisir à le copier textuellement sur ce fameux passeport :
« « *Age*, 32 ans ; *taille*, 1^m,70, *cheveux* bruns, *front* haut, bombé, *sourcils*
« bruns, *yeux* bleus, *nez* long, busqué, *bouche* moyenne, *barbe* blonde, *menton*
« long, *visage* ovale, *teint* mat ; *signes particuliers*, cicatrice au menton, à droite. »

Au bas de ce signalement, sous la mention : signature du porteur, on lit : J. Dalou. Le tracé de cette signature est curieux par des déformations de lettres et un supplément de paraphe qui révèlent l'état d'âme de Dalou à cette heure tragique de sa vie.

Le passeport est signé : « Pour le général Valentin délégué aux fonctions

DÉPART POUR LONDRES

de préfet de police, le chef de division Lecour » en date du 6 juillet 1871. Il est visé au dos, et de la même date par le ministère des Affaires étrangères.

Dalou a donc dans la journée du 6 juillet 1871, et bien que sous le coup d'un mandat d'amener, circulé librement, à travers Paris, au vu et au su de la préfecture de police, couvert par elle.

Le matin il était allé déjeuner avec Mme Dalou chez le décorateur Lefebvre, rue Blomet, c'est-à-dire bien loin de la rue Vivienne. Au cours du déjeuner, où l'on avait parlé de la vie de transes où l'on était depuis six semaines, M. Lefebvre père avait émis cette opinion que le mieux serait de payer d'audace et de profiter du moment où l'autorité s'occupait surtout de rechercher les hommes ayant joué un rôle politique et militaire. Il conseilla à Dalou et à sa femme de se mettre en toilette, aussi correcte et élégante que possible, et d'aller droit à la préfecture demander un passeport. D'accord avec sa femme, Dalou accepta ce conseil. Elle, cependant, prit un revolver chargé, le mit dans sa poche et annonça que si on arrêtait son mari, elle brûlerait la cervelle à celui qui l'arrêterait. Ceux qui l'ont bien connue, ne douteront point qu'elle eût fait comme elle avait dit. Heureusement le coup d'audace réussit sans aucune difficulté.

Le soir même, accompagné de sa femme et de sa fillette, Dalou prit le chemin de l'Angleterre. Mais, quand arrivé sur le bateau, il entendit le gendarme réclamer les passeports de chaque passager, et quand il lui eut remis le sien, il eut, en attendant qu'il lui fût rendu, un quart d'heure d'angoisses terribles, lorsque le gendarme vint rapporter les passeports en faisant l'appel de chacun de leurs propriétaires, le cœur lui battit à tout rompre jusqu'à ce qu'il eût entendu appeler son nom et repris possession du précieux exeat. A ses côtés, tenant sa fillette entre ses bras, sa toute jeune femme, dominant son émotion, attendait, en apparence inébranlable, ou la catastrophe finale ou le définitif salut. Et la contagion de ce courage lui fit affronter l'épreuve commune sans qu'une imprudence en compromît le succès.

Inutile de dire quel bien-être ils éprouvèrent lorsqu'ils eurent franchi la jetée.

Quelques heures plus tard, Dalou était à Londres. Legros, ce grand artiste et ce grand cœur, l'attendait à la gare. Il se jeta à son cou, l'embrassa comme un frère retrouvé et, tout heureux, l'emporta dans sa maison.

CHAPITRE IV

SÉJOUR EN ANGLETERRE

Voici donc Dalou et les siens enfin en sûreté à Londres, dans la très modeste demeure de Legros, le voici aimé, choyé, reconforté, rentré dans la vie calme et respirant cette atmosphère d'art, qu'il n'a point rencontrée durant les onze mois de fièvre par où il vient de passer. Son grand souci est, maintenant, de trouver du travail; et il y a urgence extrême. Pour toute fortune la petite famille ne possède que les quelques vêtements et le peu de linge qui a pu tenir dans les malles. D'espèces sonnantes il n'en existe point : un ou deux louis tout au plus.

Le long chômage par où l'on vient de passer a vidé, sou à sou, la cassette où depuis des années, par des miracles d'économie s'était, sou à sou, constitué un petit trésor de réserve, d'autant plus complètement épuisé que, souvent en ces temps de misère universelle, on est venu en aide à de plus malheureux que soi.

Trouver du travail est toujours difficile pour un inconnu arrivé à l'improviste en pays étranger; mais combien plus difficile encore, lorsque, ignorant jusqu'au premier mot de la langue du pays, il est hors d'état de comprendre et de s'expliquer.

Grâce au dévouement, à la situation, aux relations personnelles de Legros, Dalou put trouver à s'embaucher comme ouvrier praticien. Il avait l'habitude de manier le ciseau et la masse pour parfaire le travail des praticiens de métier, mais il y était infiniment moins adroit qu'eux, lorsqu'il s'agissait de la part de travail de dégrossissement qui leur incombe d'ordinaire. Le voici néanmoins occupé à tailler dans le marbre les copies d'œuvres qu'il trouvait médiocres ou pires, et tout heureux de s'en tirer mieux encore qu'il ne l'espérait. Mais hélas un beau jour qu'il travaillait, chez un sculpteur anglais sans aucun talent, à un buste à peu près terminé, son outil, — mal conduit assurément, — fit un faux mouvement, glissa et trois perles d'un collier sautèrent. Accident irréparable, buste à refaire, marbre perdu et le reste. Confusion de l'auteur de l'accident, légitime fureur du patron et, en fin de compte, renvoi immédiat de Dalou pour cause d'incapacité. Il fallait trouver autre chose et il y avait urgence à le trouver.

Après deux mois passés chez Legros, Dalou put, avec l'aide pécuniaire de Legros s'installer dans un logement composé de deux chambrettes. Là, il com-

Buste d'Alphonse Legros

mença une statuette de femme d'environ 60 à 70 centimètres, debout, très droite, l'ovale du masque cerné par un capuchon qui lui couvrait toute la tête, enveloppée dans une grande mante boulonaise et tenant, d'une main son livre d'heures et de l'autre un rameau de buis bénit, en partie appuyé sur le plat du livre. Il verrait bien ensuite ce qu'il en pourrait faire. Un matin, à la première heure, il entendit frapper à sa porte : c'était Legros qui, n'ayant pas dormi de la nuit, arrivait, dès l'aube, impatient d'apporter une bonne nouvelle : « Voilà ! j'ai une commande pour toi, il s'agit de deux statues à exécuter en marbre, « la *Poésie* et la *Musique*. Ça te va-t-il. Ce serait payé 400 livres ».

Vous avez déjà deviné la réponse et jugé de la joie que causa cette commande; mais le plus joyeux peut-être était le brave Legros.

Le lendemain était assuré. Mais le jour même ne l'était pas encore. Ce fut cette fois aussi Legros qui eut le bonheur d'y parer.

Il avait pour élève le comte Carlisle, très ardent socialiste, quoique pair d'Angleterre, il l'avait mis en relations avec Dalou, dont les idées politiques concordaient, sur une foule de points avec les siennes, et, comme Dalou était un causeur plein de finesse et de charme, lord Carlisle avait pris plaisir à le rencontrer, aussi, quand la *Boulonaise au rameau* fut, terminée, Legros n'eut-il aucune peine à emmener le noble lord pour la voir dans le logis du sculpteur pauvre, et il ne lui fallut aucune dépense d'éloquence pour l'amener à l'acheter.

Le prix en fut de 40 livres. Un billet de mille francs! C'était la fortune.

Si grand que soit le charme de la *Boulonaise au Rameau* elle est loin de valoir les grandes et admirables sœurs que lui donna Dalou par la suite. Les draperies n'y ont point encore leur souplesse réelle. Ce ne sont plus déjà celles qu'on fait poser dans les écoles, indifféremment avec des linges, soit qu'il s'agisse de velours, soit qu'il s'agisse de toile, mais elles n'ont pas encore cette onctueuse abondance qu'elles auront plus tard, elles sont encore grêles et conventionnelles. Celles qui tombent perpendiculairement sur le bas des jambes, sont encore inspirées de l'antique Polymnie, celles qui tombent directement de l'épaule droite évoquent le souvenir de la toge de quelque César, et, dans les plis que forme le bras gauche en retenant le pan de la mante, on peut, avec un peu de malveillance, retrouver quelque veuve romaine portant l'urne cinéraire de son époux. Il y a, entre celle-ci et celles qui apparaîtront dans peu d'années, la même différence qu'entre l'art romain et l'art grec de la bonne époque; mais cette petite figure est le point de départ de toutes les autres, et aussi, et surtout, de toute une forme d'art, où Dalou va se montrer personnel et sans rival, sans équivalent, même successeur direct des maîtres sculpteurs *français* des débuts du xvie siècle, tels que Michel Colombe, Guillaume Juste et Jean Juste.

Et comme, le jour qui suivit la visite du comte Carlisle, Dalou avait invité un de ses camarades de jeunesse Lantéri, arrivé à Londres depuis peu, — un sculpteur français, un bourguignon, en dépit de l'orthographe italienne de son nom, — celui-ci s'étonnait de la splendeur relative, mais inaccoutumée, du repas, Dalou lui fit part de l'aubaine de la veille et dit : « Si vous étiez venu hier ici, il n'y avait rien du tout. »

Nanti de ces premiers mille francs Dalou put louer un atelier et établir les deux statues commandées.

SÉJOUR EN ANGLETERRE

En même temps, il faisait une étude de buste, d'après un modèle italien : « *Carmela*. » Les deux statues et *Carmela* furent admises à l'exposition de la « Royal Academy ». Elles n'y furent d'ailleurs guère remarquées et, d'après le souvenir de juges compétents, elles n'avaient, malgré la maîtrise de leur exécution, rien de très remarquable.

Dès le commencement de 1872, Dalou commença, comme on dit vulgairement, à voir clair dans ses affaires et il engagea l'ornemaniste Édouard Lindeneher, avec qui il s'était lié de la plus vive amitié au cours des années passées en commun dans l'atelier de Fannière, et qui avait su, chose difficile, conquérir l'estime et la sympathie de Mme Dalou, il engagea, dis-je, son ami Édouard à venir, lui aussi, tenter en Angleterre, une fortune meilleure que celle qu'il pouvait espérer de l'atelier Fannière. Et il lui écrivit :

Islep Street Kentish town N. W., 19 février 1872.

« …. de plus je ne crois pas que Paris soit agréable à habiter. Les discussions
« seules et les souvenirs suffisent, ce me semble, pour en rendre le séjour insup-
« portable. Ici notre position semble vouloir s'améliorer et, pour peu que la
« guerre n'ait pas lieu avec l'Amérique, je crois que j'y pourrai faire mes affaires
« assez bien.

A moins d'un an de là, il insistait encore pour que Édouard le rejoignît et il lui rendait compte de sa situation, en ces termes :

9 janvier 1873.

« …. les affaires sont en bonne voie pour moi certes, mais ça n'empêche pas
« qu'il y a du tirage, ce qui fait négliger les amis parfois, et qu'il faut *crisper* dur.
« Heureusement, ici loin d'être des hommes rejetés, honnis, vilipendés, les Anglais
« nous reçoivent à bras ouverts, et cela dans la classe la plus riche, noblesse
« ou bourgeoisie. On nous considère comme des hommes politiques, et tout ce
« qui découle, comme conséquences, des événements politiques leur semble tout
« naturel, aussi se plaisent-ils beaucoup à nous faire raconter les détails que l'on
« peut connaître. Et j'en puis parler savamment, je t'assure, car je suis reçu
« dans quelques-unes des maisons les plus riches et de la plus ancienne
« noblesse. Ce n'est pas très amusant toujours, mais ça prouve qu'on ne me
« regarde pas comme un gredin et, l'an dernier, à l'exposition de l'Académie,
« loin de faire comme ce vaniteux de Meissonier et ses confrères, à propos de

« Courbet, on m'a fait une place superbe ; et ils savaient qui j'étais, je l'ai su
« depuis. Il ne faut donc désespérer de rien.

« La grande question pour moi est de parler anglais, c'est le plus dur à mon
« âge. On n'apprend pas facilement une langue si difficile ; j'espère y arriver,
« mais il me faut du courage, et bébé en sait déjà plus long que moi, elle qui n'a
« que cinq ans et demie. Du reste cela ne gêne pas trop les relations, car, moins
« bêtes que les Français, de ce côté, presque tous les gens un peu à leur aise,
« parlent français ; quant aux plus riches ils parlent français, allemand, ita-
« lien, etc. C'est épatant ! Enfin, je crois que je gagnerai des sous tout de même
« dans ce pays, et j'en aurais déjà de côté s'il ne nous avait pas fallu racheter
« presque tout, comme après un incendie, sans compter tout l'arriéré de l'année
« de déveine que nous avons passée... »

Les commandes en effet commençaient à devenir intéressantes et lucratives.

Le premier buste qui fut commandé à Dalou, fut celui d'une fillette de dix ans environ Mlle Dorothey Heseltine (depuis lors vicomtesse Cantelupe), fille d'un amateur émérite, dont la maison peut rivaliser avec bien des musées d'État. Cette terre cuite, de grandeur nature, soutient fort honorablement le voisinage des chefs-d'œuvre dont elle est entourée. L'enfant d'ailleurs était des plus jolis avec une mine éveillée et malicieuse. Son portrait est trop vivant pour n'être pas ressemblant. Puis ce fut le comte Carlisle mis en goût par sa *Boulonaise au Rameau*, dont ses amis lui faisaient les plus vifs compliments, qui voulut avoir son buste.

Après lui, vint lady Carlisle, qui, plus socialiste encore que son mari, eut plaisir à donner de nombreuses séances de pose et de causerie à Dalou. Cette fois ce n'est plus un buste qu'il fit, ce fut une petite statue pied et ce fut aussi l'une de ses œuvres les plus originales et les plus vibrantes.

Lady Carlisle est assise sur un petit fauteuil Louis XVI, vêtue d'une robe unie aux plis très amples et très sobres, les deux pieds posés sur un tabouret relèvent, à angles presque droits, la ligne qui va des genoux à la hanche. Le corsage, légèrement échancré à la base du cou, et bordé d'une petite frise tuyautée, a des manches, très vastes du haut et s'amincissant pour se fermer, aux poignets. Les bras repliés l'un sur l'autre, le droit apportant sa main sur la ceinture et le gauche, appuyé du coude sur la main droite, allant porter sa main au départ de l'épaule opposée, produisent des plis d'un dessin superbe. La tête s'élève droit, à peine inclinée vers la gauche, les yeux très grands et très réfléchis regardent loin et haut, ils pensent sans affectation ; le front est d'une courbe large, deux bandeaux plats, qui cachent le haut de chaque oreille, le couvrent en grande partie.

L'ensemble du masque est mâle, sans dureté, la résolution y est inscrite par la forme du nez, long, robuste, planté fermement, elle est tempérée par la bonté que semble révéler la bouche, aux lèvres pleines et intelligentes, et par le dessin adouci de l'ovale du menton. L'ensemble donne l'impression bien moins d'une statue que d'une personne, aperçue et entendue déjà dans la vie et qu'on aurait plaisir à revoir et à entendre encore.

STATUETTE DE LADY CARLISLE

Vers cette même époque, Dalou fit une statuette dans le genre de sa *Brodeuse* mais, cette fois tenant un enfant qui riait un peu. Cette statuette d'une grâce un peu artificielle, plut facilement et trouva vite un acquéreur. Qu'est-elle devenue? On l'ignore, mais les vrais artistes qui l'ont vue se consolent volontiers de ne la point retrouver.

C'est de cette même période que date une *Baigneuse* — (terre-cuite) — appartenant à M. Heseltine. Du bout d'une draperie qui, passant sur la cuisse droite vient rejoindre le socle, en rompant le vide produit par l'écartement des genoux, elle s'essuie de la main droite, la jambe droite ; l'autre main qui s'y appuie soutient le torse penché en avant. Cette *Baigneuse*, qui à première surprise ne manque pas de charme, ne me produit pas l'effet d'une des plus heureuses compositions de Dalou. Pourquoi cette femme, qui sort de l'eau, est-elle si savamment et si correctement coiffée, pourquoi ce large peigne est-il planté si droit, mordant le flot assagi de la masse des cheveux ? On se prend à chercher le bonnet de caoutchouc, qui a si bien protégé ce bel édifice capillaire. Cette baigneuse sort d'une baignoire, c'est évident, mais pourquoi a-t-elle fait venir le coiffeur avant son bain ? Et pourquoi, aussi, puisqu'elle est occupée à essuyer son mollet droit s'acharne-t-elle à regarder en haut, du côté opposé et les paupières mi-baissées ? N'aurait-elle pas, par hasard, honte de son excessive ressemblance avec la *Baigneuse* de Falconet.

Tout au contraire, Madame la *Baigneuse*, c'est vous qui avez le droit de vous plaindre. Votre auteur, il est vrai, vous a faite charmante, et il n'est point un morceau de vous-même qu'il n'ait pétri avec le plus sûr de son savoir, avec son plus grand amour de la perfection. De quelque côté qu'on vous regarde on voit que vous êtes sortie des mains d'un maître. Mais de quel maître ? Voilà ce qu'on ne peut dire à première vue. Ceci n'est point votre péché, c'est le sien. Péché d'imitation, le pire de ceux que puisse commettre un véritable artiste. Enfant de deux pères, vous n'avez de Falconet que ses défauts ; toutes vos qualités vous viennent de Dalou. Mais, avant de trop vous plaindre, écoutez bien cette leçon :

« Qu'un homme, même grand artiste, peut donc avoir de fâcheuses influences sur son époque ! En ce moment tout le monde veut imiter Rodin et, comme, lorsqu'on suit quelqu'un, on ne voit que son dos, c'est-à-dire son revers, il en est ici de même, personne ne voit les qualités, chacun n'est saisi que par les côtés plutôt grotesques de cet homme de valeur. »

Celui qui parlait ainsi des imitateurs d'un maître était lui-même un maître. Il s'appelait Jules Dalou.

Il ne faudrait point ni que votre modestie s'offensât, ni que votre vanité se trouvât flattée de l'importante place qu'occupe ici votre personne minime, parmi l'innombrable peuple de statues et de monuments énormes qui composent l'œuvre de Dalou.

Vous y représentez une crise qu'il traversait au temps de votre naissance. Le succès, fait par le public anglais à ce qu'il croit être l'art gracieux, l'avait à son insu, influencé, non qu'il fût hanté par un sentiment intéressé, — toute idée d'argent lui fut de tous temps inconnue, — mais parce qu'il en trouvait l'expression souvent délicieuse, chez les Maîtres français du xviiie siècle. Et, lancé, à faux, dans cette voie, il s'amouracha de Falconet.

Un jour que son ami Lantéri avait l'occasion de passer devant la boutique d'un mouleur, Dalou le pria de lui acheter une épreuve de la *Baigneuse* et Lantéri, en rentrant, vint la lui remettre à sa maison d'habitation.

Mais, quand Mme Dalou aperçut ce plâtre, elle s'écria : « Qui est-ce qui a apporté cette horreur là ici ? »

Et, comme son mari prenait la défense de la statuette, elle commença à la critiquer pièce à pièce, à en faire voir toutes les mièvreries, tout le convenu, tout le lâché dans l'exécution, qui, — malgré ses qualités particulières — en font une œuvre de second ordre : donc une mauvaise tradition et un dangereux exemple. Puis tirant d'une collection d'images la *Suzanne* de Rembrandt : « Si je voulais concevoir une *Baigneuse*, voilà ce que j'aimerais à regarder. »

Dalou, à cette heure, avait besoin d'être réconforté, et remis sur la route où son originalité s'était déjà si brillamment affirmée. « Frêle plante, » comme il l'expliqua, plus tard, il avait besoin que « son soutien, son tuteur » l'étayât et l'aidât à se tenir droit dans les hautes sphères d'art où sa nature lui permettait de triompher. Il était dans un état de doute et de découragement profond, que les souffrances physiques rendaient plus pénible encore. On en trouve la confession dans une lettre à Edouard Lindencher, datée de la gentille maison de Chelsea où il commençait à s'installer confortablement.

Trafalgar Square Fulham Road S. W., 18 Mai 1874.

« ... J'ai encore été bien long à t'écrire, cette fois, la faute en est à la santé
« et à l'ennui. J'ai d'abord travaillé comme un nègre toute l'année dernière, et
« cela sans rien produire ; j'ai perdu trois mois sur une chose que j'ai flanquée
« au baquet, puis, d'autres mois encore, à faire fausse route sur une autre chose
« qui est toute à reprendre et, enfin ; de mal en pis, je n'ai pu terminer mon
« marbre pour l'Académie, et il ne l'est pas encore. Tout cela m'a découragé
« et donné de la méfiance vis-à-vis de moi-même. De plus, voilà des semaines
« que je traîne et suis obligé de me droguer. Je ne sais ce que j'ai dans le ventre
« et je crains bien que le médecin n'en sache pas davantage... »

Suivent détails de santé lamentables.

Ce qu'il ne racontait point, dans cette lettre, c'est l'aventure plutôt comique qui lui était advenue, mais qui, étant donné son invraisemblable modestie et le perpétuel doute où il était de la valeur de ses travaux, avait dû le peiner et le troubler sérieusement.

N'ayant aucune œuvre importante prête pour l'envoi à l'exposition de la Royal Academy, il avait fait le buste d'un jeune garçon, fils d'un praticien nommé Glassby. Ce même Glassby, sculpteur par circonstance, et dénué de tout talent et de tout savoir, avait de son côté fait en même temps, le buste du même gamin, et l'avait envoyé à la Royal Academy. Les membres de l'Academy ne voulant point mettre dans leur Salon deux bustes d'un même individu, exécuté par deux artistes différents, choisirent celui qui, probablement, leur parut le meilleur... Et ce fut celui de Dalou qu'ils refusèrent. Cet échec le troubla.

On ne peut que, sous réserve d'erreur, dire quelle était cette chose que Dalou a « flanquée au baquet » après trois mois de travail, ni quelle est cette autre autre chose, sur laquelle durant d'autres mois, il a fait « fausse route », et qui, en mai 1874, était « toute à reprendre ».

Les œuvres de Dalou, terminées et mises au baquet sont si nombreuses que, à moins de rétablir la date précise de leur destruction, il n'est guère possible de les indiquer, et même, en ce cas, leur nombre rend la confusion des souvenirs inévitable. Tout semble montrer, cependant, que, dans la lettre citée de mai 1874, il s'agirait de l'un ou l'autre des trois groupes, tous trois plus grands que nature dont voici l'indication sommaire :

Une baigneuse nue, assise, et dont une négresse essuie les jambes, réminiscence évidente de cette *Suzanne*, de Rembrandt, que Mme Dalou avait mise face à face avec la *Baigneuse* de Falconet. Cette œuvre nouvelle, devenue personnelle par l'originalité de sa composition et par ses exceptionnelles qualités d'exécution, n'en restait pas moins une imitation.

On est en droit d'admettre que, la voyant telle, Dalou ne la considéra plus que comme une bonne étude utile à son instruction, et non plus comme un travail digne de rester l'œuvre d'un artiste, à qui il était interdit de marcher sciemment « dans les souliers » de personne, pas plus dans ceux de Rembrandt que dans ceux de Carrier-Belleuse.

Le deuxième groupe achevé et détruit comportait une Madone, assise, la jambe droite portée en arrière, un enfant, les pieds posés sur sa cuisse gauche et qu'elle soutient de son bras gauche, tandis que, lui, appuie sa petite tête sur la poitrine de sa divine mère. Au pied de celle-ci un autre enfant debout, saint Jean si l'on veut, regarde en même temps, et la Madone et l'enfant qu'elle porte.

Suivant sa coutume, Dalou avait fait complètement le nu de ce groupe et il était, selon le témoignage de ses amis, Alphonse Legros et Lantéri, tout à fait hors ligne. Puis il mannequina les draperies, les chercha, les rechercha encore, les fit et les défit vingt fois, s'y fatigua, s'y énerva, ne trouvant jamais qu'elles étaient ce qu'il avait rêvé. Et en un jour de final découragement il détruisit complètement le tout.

De ces deux groupes, personne n'a plus souvenir d'avoir rien revu, ni l'ébauche, ni l'esquisse, pas même le moindre bout de croquis de la *Baigneuse*. Quant à la Madone, la seule trace qu'on en retrouve est un tout petit bout de croquis, lequel n'est guère compréhensible que pour qui possède déjà la description de la *Madone*, ce croquis informe devient néanmoins fort intéressant, lorsqu'on constate qu'il contient en germe, l'idée du groupe de *La Charité* actuellement édifié à Londres près la Banque d'Angleterre.

Le troisième grand groupe était intitulé : soit, *Junon allaitant Hercule*, soit, *La Voie lactée*. La fable mythologique nous raconte que Junon, par jalousie et par esprit de vengeance, avait glissé dans le berceau d'Hercule deux serpents, Hercule, nouveau-né, les étouffa de ses mains. Junon, prise de remords, voulut allaiter l'enfant qu'elle avait tenté de faire mourir, afin que de son lait elle le rendît immortel. Or Junon ayant laissé tomber de son sein quelques gouttes de lait, elles s'épandirent sur le ciel et semèrent dans la nuit la voie lactée.

C'est de cette légende divinement humaine, de la femme, deux fois créatrice de l'enfant, lui donnant le meilleur de son âme et le plus pur de son sang, mystère suprême de la vie, œuvre d'amour et de lumière, que Dalou tira l'idée première de son groupe.

Junon, fortement musclée, le torse nu, les jambes accusant à travers les draperies, leurs formes pleines et vigoureuses, était assise sur un siège fait de nuages amoncelés. D'un de ses pieds, porté en arrière, elle s'arcboutait pour faire saillir en avant le haut de son corps, et amener à son sein gonflé de lait, la bouche du petit Hercule qu'elle tenait enlacé dans son bras. Ses doigts, tels ceux de la Vierge au coussin vert, de Solari, en pressaient l'extrémité pour qu'en jaillît plus vite et plus abondant, le breuvage créateur. Du bras qui le soutient, elle enveloppait l'enfant aux muscles saillants, le pressant contre elle avec ce geste d'amour que, depuis la création, les mères et les nourrices résument ainsi : « Tiens petit ! tiens, prends-en tant que tu pourras ! » Et le visage de la terrible Junon s'éclairait d'une tendresse profonde.

Ce groupe, qui mesurait près de deux mètres de haut, était terminé et prêt à livrer au mouleur, quand Dalou le mit au baquet, sans en laisser intact un seul fragment. M. Lantéri, qui y avait aidé Dalou dans l'exécution de quelques détails, et M. Legros qui l'a vu terminé, affirment qu'il était d'une incomparable beauté.

L'esquisse seule avait été épargnée, elle avait été rapportée à Paris, et y avait échappé aux hécatombes qui accompagnaient chaque déménagement ou chaque remaniement d'atelier; elle avait survécu jusqu'en 1894. A cette date, Dalou, ayant pris, impasse du Maine, un deuxième atelier, procéda au transfert de ce qui se trouvait dans le premier. Là, sur une tablette fixée à trois mètres du sol, se trouvaient une multitude d'esquisses et de modèles. Il était fort embarrassé de tout loger dans l'atelier nouveau et avait déjà parlé de faire de la place, de déblayer. Ses ouvriers savaient ce que cela signifiait, aussi s'empressèrent-ils de monter à l'échelle pour sauver le plus de choses possible des menaces de mort que Dalou avait proférées contre elles. Mais lui, ne se contenta point de cela. Il grimpa à l'échelle et de là-haut jeta à terre tout ce qu'il croyait indigne de survivre. Il rencontra l'esquisse de Junon, et d'un coup d'œil il la condamna. Juge et bourreau, il la lança de trois mètres de haut sur le sol, où elle vint se briser; et lorsque son travail d'iconoclaste fut achevé, il descendit de son échelle, prit un marteau, et acheva ce que la hauteur de la chute n'avait pas détruit. Bientôt, de l'esquisse de la *Junon*, — une terre cuite admirable, très finie, très poussée et, n'y eût-il que cela, d'une valeur marchande considérable, — il ne resta plus qu'un tas de miettes rouges.

FAC-SIMILE DU CROQUIS DE LA JUNON ALLAITANT HERCULE

Il a subsisté néanmoins deux choses où les policiers et les archéologues verraient les traces de ce groupe. C'est, d'abord le plâtre d'une petite étude de femme dont le mouvement est exactement celui de la *Junon*. La tête et le bas des jambes manquent. C'est, ensuite, un pauvre chiffon de papier, un feuillet blanc, un dos de lettre, encore marqué des plis de sa mise sous enveloppe et sur lequel est jeté le croquis d'ensemble de cette Junon faisant le geste d'allaiter Hercule.

Ce croquis, très sommaire, mais très puissant, nous donne la clef de la pensée et de l'état d'âme de Dalou, à cette heure décisive de sa carrière où il détruisait successivement, après des mois d'études, de soins et d'efforts heureux, tant d'œuvres terminées, et, paraît-il, admirables. Cet état d'âme, une photographie de la *Paysanne française allaitant son enfant*, en dévoile le secret tout entier.

En la comparant au croquis de la *Junon*, on constate l'identité des deux compositions. Même jambe gauche, placée en arrière, même mouvement des doigts sur le sein droit, même attitude générale de tendresse et de sollicitude. Mais, cette fois, la femme n'est plus assise sur des nuages, elle l'est sur un vulgaire panier d'osier, et de la façon la plus simple du monde. Le haut du corps ne se porte plus en avant, comme celui de Junon, d'un geste violent et qui, en obligeant les reins à se creuser, arrondissait la ligne du ventre. Il avance de même, mais par un mouvement très doux et qui laisse sa liberté et son naturel à tout le reste du corps; si bien que la jambe droite qui, dans la posture conventionnelle de Junon, venait en avant, est maintenant

LA PAYSANNE FRANÇAISE
(Terre cuite, hauteur 2 mètres.)

perpendiculaire au sol; la tête de Junon se tenait presque droite, celle de la *Paysanne* est penchée en avant et la tendresse de son regard enveloppe la figure du nourrisson; on croit voir passer, en foule, les baisers sur ses lèvres. Le mouvement des bras de *Junon*, et celui des bras de la *Paysanne* sont analogues, mais les bras de la déesse, si beaux qu'ils soient, semblent nés d'une conception de la forme, où se marieraient la tradition d'abondance de Jordaens et la tradition de vigueur de Michel-Ange ; les bras de la paysanne sont tout bonnement les vrais bras d'une paysanne, aux muscles virilisés par le labeur des champs, durcis par le hâle et par le soleil ; les quelques traits qui indiquent les mains de la déesse dans le croquis qui, seul, subsiste d'elle, les font pressentir élégantes et impersonnelles, avec des attaches souples mais neutres ; les poignets de la Paysanne sont fortifiés par le travail rude, ses mains sont devenues robustes et larges ; la droite couvre tout entier le dos de l'enfant qui tète, et le revers du pouce sert d'appui à sa nuque. Hercule était nu, l'enfantelet, assis sur la cuisse droite de la solide campagnarde, est pris dans un maillot, dont les langes ouverts laissent passer ses jambes gracieuses et ses pieds mignons, tout heureux d'étendre leurs petits doigts à l'air et à la lumière.

Si, donc, on compare dans leur ensemble le nu de la Junon et celui de la Paysanne, on constate leur quasi-identité ; mais, à l'examen des différences existant entre ces deux ouvrages, on découvre le motif vrai de la sévérité de Dalou pour sa *Junon*. Si belle qu'elle pût être, elle n'était qu'une œuvre de convention. Dalou, tout en s'y acharnant, sentait vaguement qu'elle n'aurait jamais ces belles qualités de sincérité, de loyauté et de vérité qui étaient l'essence même de sa nature intime et de sa personnalité artistique. A cette heure, il cherchait vainement sa route et, de là, ce grand découragement dont il faisait entendre l'écho affaibli dans sa lettre à son ami Edouard. Comment il trouva la solution du problème et d'où elle lui vint, nous le savons aujourd'hui.

Sur la photographie de la *Paysanne*, la seule des photographies des œuvres de Dalou à laquelle il ait été fait chez lui les honneurs d'un cadre modeste, et qui d'ailleurs, ne fut jamais accroché — on lit cette dédicace : « *A celle qui a inspiré cette statue. J. Dalou.* »

Celle qui avait été l'inspiratrice de la *Brodeuse*, celle qui, selon toute apparence, avait inspiré l'idée vivante de la petite *Boulonaise au rameau*, sculptée dans la pauvre chambre meublée de leur premier logis à Londres, celle-là avait fait sentir à son mari, que, en sculpture comme en tout, le chemin le plus droit est toujours le meilleur, et que pour exprimer la poésie de la femme fécondant l'enfant par le don de tout son être, le moyen le plus sûr, là comme partout, est dans la naïve et directe sincérité. A quoi bon recourir à Junon, qu'il faut supposer, quand la première femme venue, appuyant son enfant sur son sein, fera revivre en vous l'émotion, qui seule engendre les chefs-d'œuvre. A l'artiste incombe le soin de choisir parmi tant d'exemples, fournis par la vie elle-même, celui qui, par sa forme symbolisera le plus profondément l'idée générique de son œuvre et transmettra, le plus sûrement, l'émotion qu'il y aura enfermée. A lui incombera le soin d'accomplir cette forme en toute perfection, dans sa plus pénétrante harmonie, et de réaliser cette unité du Beau et du Vrai qui est la cause finale de tous les Arts.

Et c'est ainsi que, tout au contraire des contes féeriques, où les bergères sont changées en déesses, l'impérieuse Junon fut transformée en simple paysanne.

Sa belle chevelure est maintenant tenue prisonnière d'un vaste mouchoir, qui avance sur le front et l'auréole, tout en projetant sur ses yeux, une ombre, qui les enveloppe d'une mystérieuse douceur.

En rejoignant la nuque, il couvre les oreilles et se dessine en deux bandeaux plats qui font penser à ceux dont les primitifs coiffaient leurs vierges, puis il se prolonge en arrière, en un flot sobre et droit de plis, se terminant en pointe. Sur le torse de ce qui fut la Junon, il y a maintenant une chemisette de bonne toile largement ouverte et montrant les attaches gracieuses et vigoureuses du cou, et la saine blancheur de la poitrine, le sein que l'enfant tète, seul est nu ; la menotte du petit glouton cherche l'autre sein, sous le pan de chemisette qui le recouvre. Des épaules de Junon partent maintenant deux courtes manches descendant jusqu'au bas de la saignée et d'où sortent, avec des coudes marqués de gracieuses fossettes, une paire de beaux bras, qui viennent du travail et qui dans un instant vont retourner au travail ; un tablier modelé obliquement par l'écartement des genoux couvre tout le devant de la jupe ample, toute unie, froncée à la ceinture, et qui tombe en quelques plis droits sur les pieds chaussés de sabots ; l'extrémité des langes ouverts de l'enfant, descendant en plis perpendiculaires, cachent, en partie, le panier à légumes retourné qui sert de siège à la femme et équilibrent le jeu de lignes des draperies. Et si maintenant, par la pensée nous plaçons, côte à côte, parmi les sculptures grecques du Louvre ou du British Museum, la mythologique Junon posée sur son nuage et la vulgaire fille de nos champs, assise sur son panier d'osier, c'est la paysanne et non pas la déesse qui a l'air d'un antique. Et la raison en est facile à établir :

On s'est beaucoup moqué de Ponson du Terrail qui faisait dire à l'un de ses personnages du XIIe siècle : « Nous autres gentils hommes du Moyen Age ». Et pourquoi se gaudir de l'auteur de *Rocambole*, en un temps où une foule d'hommes très distingués ont des façons d'entendre Phidias et Praxitèle, qu'il serait difficile de traduire autrement que Ponson le fit pour ses gentilshommes. Phidias et Praxitèle n'étaient pas des antiques. Ils en sont devenus. C'étaient de bonnes gens, comme vous et moi, qui disaient ce qu'ils croyaient en faisant ce qu'ils voyaient. Toute leur esthétique tenait en trois mots ; croire, voir et dire ; ils travaillaient d'après la vie telle qu'ils la trouvaient autour d'eux. Ils faisaient : *moderne*, donc vivant. Et c'est pour cela que leur œuvre est restée vivante.

Les mois de travail passés sur la *Junon* n'avaient point en somme été perdus, ils avaient servi à l'étude préparatoire de *la Paysanne*.

« Apprendre sa leçon avant de la réciter en public » a écrit Dalou dans son journal : c'est par la Junon qu'il avait appris sa leçon, et si bien, que en six semaines, *la Paysanne* se trouva entièrement achevée, et avec les menus soins sur lesquels Dalou ne transigeait jamais.

Il était d'ailleurs matériellement impossible de prolonger le travail, car la statue, destinée à être cuite, n'était soutenue par aucune armature et, comme elle était de grandeur un peu supérieure à la nature, elle risquait à chaque instant de s'écrouler.

Le transport au four du cuiseur et la cuisson, eux aussi, n'étaient point sans donner de justes craintes. Enfin, tout se passa pour le mieux, et la Royal Academy la reçut avec enthousiasme.

Dalou n'a jamais reparlé sans une nouvelle émotion de la largeur d'idée, de la bienveillance désintéressée et fraternelle avec lesquelles lui, réfugié politique, artiste pauvre et inconnu, il a été accueilli, choyé, encouragé par ses confrères anglais; pour *la Paysanne*, notamment, ils disposèrent une place spéciale afin de la montrer seule et dans toute sa beauté; Dalou avait gardé de cela, et de tant d'autres choses semblables, un souvenir de reconnaissance attendri et, s'il avait été homme à croire que l'attitude des Anglais envers lui eût un intérêt quelconque pour ses compatriotes, il se fût fait un devoir de la proclamer devant le public, comme il ne cessait de le redire à tout venant dans sa vie privée.

Rien ne saurait donner une idée du succès qu'obtint *la Paysanne* ; ceux qui y ont assisté n'en peuvent citer l'équivalent.

Le public s'écrasait pour la voir, les plus riches amateurs se succédaient pour l'acheter à tout prix; le duc de Westminster en offrait n'importe quelle somme. Mais elle était déjà vendue à Sir Coutts Lindsey. Il l'avait payée 300 guinées, soit environ 7 800 francs. Dès lors ce fut parmi les plus riches amateurs à qui obtiendrait de Dalou la promesse d'une statue ou d'une statuette.

Le duc de Westminster, amené par le comte Carlisle, arriva sans délai chez Dalou, il aperçut en cours d'exécution *La Berceuse*, plus connue aujourd'hui en Angleterre sous le titre de *Rocking Chair* et, d'avance, il la retint et en commanda le marbre.

Le sujet de la *Berceuse* n'était pas plus compliqué que celui de la *Paysanne* et la donnée d'Art en était la même.

C'est tout bonnement, une très jeune femme aux formes à la fois nettes et pleines, moulées dans une robe toute unie, à manches plates bordées d'un tout petit ruché, qui, les mains jointes et les bras disposés en berceau, endort un tout petit

La « Rocking Chair »

enfant posé sur son genou, les langes ouverts, longs et pendants et dont la tête repose nichée au creux de l'épaule de sa maman. Elle chantonne la bouche à peine entr'ouverte. A déchiffrer le pli de ses lèvres, comme le font les sourds, on y lit : « *Dodo l'enfant do* ».

Et c'est tout. La tête est celle dont Dalou s'est inspiré dans la plupart de ses chefs-d'œuvre, mais, cette fois, c'est plutôt un portrait qu'une interprétation.

De cette même époque date une statuette, disparue ou détruite, due à la même inspiration que la *Brodeuse* et qui était intitulée l'*Aiguille*, en souvenir de la chanson de Pierre Dupont : « L'Aiguille » que Dalou chantait souvent et toujours avec une nouvelle émotion. C'était une ouvrière moderne, occupée à faire passer son fil dans le trou d'une aiguille. Elle avait été terminée, elle a disparu, a été mise au baquet, — ce qui est le plus probable, — ou enfouie dans quelque collection particulière. Tout ce qui en peut fournir la trace a été pulvérisé par le marteau de son auteur. A peine peut-on, d'après des débris de vagues dessins, supposer, mais sans contrôle sérieux, la forme de sa composition.

Dalou ne se laissait point griser par ses succès ; il en était troublé, inquiet même, il en avait plutôt peur ; il se demandait s'il n'était vraiment que l'homme de ces intimités et si jamais il oserait entreprendre, quelqu'un de ces fiers monuments, sans cesse par lui rêvés, et où il aurait le pouvoir de livrer sa pensée à la foule. Non point qu'il eût la moindre gourmandise de gloire, pas même de publicité, — jamais homme n'a autant méprisé ni autant fui la réclame, — mais parce qu'il avait l'amour infini de la foule prise, dans son grand tout, et l'ambition suprême de lui donner, un jour, quelques parcelles du bonheur que versent sur elle, intarissablement, les œuvres des Maîtres.

Ce sentiment perce dans les lettres où il envoie à de très rares amis intimes des photographies de ses ouvrages les plus admirés à Londres :

Londres, 8 août 1874.

« Je profite de l'occasion de Maillard, (l'oncle Elie) allant à Paris, pour t'en-
« voyer quelques photographies. Peut-être cela t'intéressera-il de savoir ce que
« je fais ; ça t'en donnera une vague idée. Ce n'est pas bien brillant, c'est tout
« ce que je peux faire. Il faut avoir le courage de sa petitesse et de sa laideur,
« puisqu'il est impossible de se refaire ; quand on peut vivre de ses petits pro-
« duits, c'est déjà beaucoup. Ma foi, puisque ça se vend, je ne me plains pas. »

Pour quiconque connaît celui qui en ses temps de pauvreté, disait :

« Je sais bien que j'ai quelquefois tort, mais je ne peux pas sentir une guinée
« dans ma poche, sans la dépenser en frais de modèles » il y a un gros soupir dans ce : « Je ne me plains pas. »

Pour se consoler, et aussi pour se chercher, Dalou accumulait projets sur projets, esquisses sur esquisses, faisait, défaisait, refaisait de petites figures nues profondément étudiées et achevées, que le plus souvent il laissait sécher et s'effriter sans même en prendre un moulage. Très rarement il les faisait cuire, plus rarement encore il les livrait au public. Il y eut là des « morceaux » de tout premier ordre, mais il ne les considérait que comme de simples exercices exécutés pour lui-même, pour son seul plaisir et pour son instruction.

Mais voici que, alors qu'il s'y complaisait, un bruit de voiture, roulant dans Glebe Place, — rue courte et silencieuse où se trouvait son atelier, — l'interrompait en lui annonçant que l'heure du pensum était venue. Une dame de la *gentry* entrait pour lui donner une séance de pose de sa statuette. Charmante, peut-être, la dame, mais habillée à la mode du jour, avec des frisettes sur le front, et un peu tout autour de la tête, des boucles courtes savamment échafaudées par sa caméristc ou par son coiffeur, le cou enfermé dans la haute collerette, imposée à la mode par les goûts où les nécessités de la princesse de Galles, et souligné par une grosse broche ronde, aux bords découpés en étoile, comme une croix de commandeur du Nicham Iftikar, des manches plates où se perdait le dessin des bras et enfin, sur les reins, un gros pouf, dressé en queue de coq, se tordant au haut d'une première jupe, bordée d'un tuyauté aplati et symétrique, posée, en biais, sur une autre jupe unie, taillée en façon de cloche. La dame s'asseyait sur une petite chaise Louis XVI, à dossier droit, et il fallait trouver dans cette attitude, tout au plus bonne pour un photographe, des silhouettes intéressantes et tirer de ces inventions de couturière des draperies statuaires. La difficulté devenait amusante par son excès même, mais elle demeurait décourageante par l'inutilité de l'effort, car, fut-elle vaincue au delà de tout espoir, comme elle le fut dans la statuette de la dame dont il vient d'être ici donné une indication sommaire, rien ne pouvait faire qu'elle fût rien de plus qu'une aimable figurine où, seule, la tête fine et parlante donnait une sensation d'art.

Ce n'est point l'inutile effort qui était pénible à Dalou, car, à se colleter avec l'impossible, il acquerrait une science plus profonde de son métier ; sa torture était de ne pouvoir, la leçon une fois prise, en remercier le modèle et mettre au baquet cet objet que la cliente considérait comme une œuvre et que l'artiste ne regardait que comme une expérience instructive mais avortée.

Lantéri qui, habitant l'Angleterre, n'est guère connu en France et n'est pas moins un artiste du plus grand talent, — et pour vous en convaincre il vous suffira d'aller voir au Musée du Luxembourg l'admirable buste du paysan qui porte sa signature, — Lantéri, dis-je, qui assistait Dalou dans ses travaux avec une affection et un désintéressement absolus, et avec une touchante modestie, arriva un matin Glebe Place et trouva tombée, écrasée sur le sol, une statuette de femme, à la coiffure compliquée, un portrait, debout en robe moderne, l'éternelle ruche plate bordant le corsage uni et légèrement décolleté ; les éternelles manches plates ne laissant rien subsister de la forme des bras, et la longue double jupe tirée en avant par la main droite, sur laquelle l'autre main s'appuie, geste qui produisait une multitude de plis, plus étonnants d'exécution les uns que les autres, mais se superposant sans produire cette harmonie générale des masses et des lignes sans laquelle une draperie, en peinture ou en sculpture, ne sera jamais qu'un chiffon mis à la torture.

Dalou avait passé sur cette statuette un temps incroyable, étant surtout donné sa « patte » exceptionnelle, il y avait peiné, et aussi ragé, terriblement. Le modèle qui devait partir en voyage, ce même matin, avait donné, la veille, sa dernière séance de pose et le cuiseur devait enlever la terre incontinent.

Lantéri court à Trafalgar square ; il entre en coup de vent et conte l'accident :

« La statuette de Mlle de Rothschild est tombée. Ce n'est plus qu'une bouillie « informe. Mlle de Rothschild, part tout à l'heure et elle compte sur sa statuette « que pensez-vous faire ? »

« Eh bien, mon ami, riposta Dalou, rendez-moi le service de sauter dans un « cab et d'aller faire part de l'accident à Mlle de Rothschild, en lui disant que je « me mets à sa disposition pour de nouvelles séances dès son retour de voyage. »

Ainsi fut fait. Et Lantéri revint avec un chèque de cent livres sterling que venait de lui remettre Mlle de Rothschild.

« Rapportez vite ça ! je vous en prie, s'écria Dalou, en voyant le chèque, « rapportez vite ça !. La statuette n'était pas tombée du tout. C'est moi qui l'ai « jetée par terre. Ce bibelot me dégoûtait ».

Mlle de Rothschild, aujourd'hui duchesse de Grammont, a sans doute ignoré la vérité sur l'accident advenu à sa statuette, qui n'a fait que subir le sort commun à tant d'autres œuvres du même maître.

De la même façon, il a détruit le buste terminé de sa propre enfant ; de la même façon, il a détruit une statue à mi-corps de son ami le plus aimé Alphonse Legros. Le maître y tenait d'une main sa palette, et de l'autre dardait son pinceau ; la tête se redressait, avec ce mouvement de recul particulier au peintre qui hésite avant de poser une touche. Dans un accès d'excessive sévérité contre lui-même, Dalou l'avait jetée bas. Le hasard de la chute fit que le haut du buste fût épargné et, sans doute à l'insu de Dalou, Lantéri le tira du baquet, où il attendait le chiffonnier. Aujourd'hui la ville de Dijon, patrie de Legros, s'en enorgueillit comme de l'un des joyaux de son musée, l'un des plus beaux de France.

Il serait difficile de retrouver tous les bustes que Dalou a laissés en Angleterre, celui de M. Pointer, directeur des musées nationaux, celui de Mme Pointer, celui de sir Edg. Boehme, baronet, sculpteur, membre du Royal Académy, celui du grand peintre, sir Leighton et aussi, tant d'autres dont la nomenclature serait fastidieuse, et la description plus fastidieuse encore. Il en est quelques-uns qu'on regrette plus particulièrement de ne pouvoir reconstituer avec des mots, entre autres celui de M. Howard, le béret posé sur l'oreille, la tête s'élevant dans un mouvement simple et fier. Il est d'une intensité de vie surprenante, et, de même, deux bustes d'enfant, un garçonnet à figure large et volontaire et une fillette jolie, dont les yeux vivants vous poursuivent. Il est pourtant un buste, le portrait de Mme Gwene, dont la magistrale beauté vaut qu'on s'y arrête particulièrement. Le modèle paraît avoir dépassé la quarantaine, les cheveux abon-

Buste de Mrs Gwene (Terre cuite).

dants se partagent sur le front en deux larges bandeaux et, passant au-dessus de l'oreille se groupent en masses lourdes et souples tout autour de la nuque, les traits du visage, le dessin de l'encolure, sont d'une régularité parfaite, les plis tracés par l'âge, et l'épaississement qui commence à paraître loin d'en alourdir les formes en adoucissent l'harmonie. Le corsage échancré largement, et barré à la naissance des seins, par une chemisette, laisse voir la carnation robuste du cou et de la poitrine. Et cette fois la fameuse, l'inévitable ruche, se chiffonne à loisir, capricieusement. Les plis serrés de la chemisette, un bout de mantille jetée sur l'épaule, la coloration de la partie du corsage qu'elle ne couvre pas, toutes ces choses font valoir l'éclat des chairs et l'humaine beauté du visage. En vérité, je vous le dis, c'est là un des très beaux morceaux de sculpture de notre temps.

Un petit buste, qui ne le cède en rien, à celui de Mme Gwene est une étude, faite d'après la sœur cadette de Mme Dalou et qu'on pourrait intituler : *Candeur*.

« CANDEUR » BUSTE (Terre cuite).

C'est une simple tête de jeune fille de seize à dix-sept ans, tête fine et candide, avec un petit air d'étonnement naïf. Le front est large et peu élevé, les cheveux sont relevés à la chinoise, le cou est d'un dessin rond et tout juvénile, le corps ne comporte qu'un tout petit fragment de dos, d'épaules et de poitrine. Ce buste est, selon toute probabilité, le seul de tous les bustes de femmes, faits par Dalou à Londres, qui ait traversé le détroit. Ses plus intimes amis eux-mêmes n'en avaient nulle connaissance et quand, après sa mort, ses exécuteurs testamentaires le découvrirent à l'atelier derrière une foule de plâtres divers, et lorsqu'on l'eut débarrassé du vieux journal dans lequel il était enveloppé ils eurent, tous ensemble, un cri d'admiration. Les plus délicieux bustes de jeunes filles du XVIIIe siècle ne leur semblèrent pas supérieurs à celui-là. Et cette perfection, la conscience d'artiste de Dalou ne l'avait pas encore trouvée suffisante, et il avait caché cette étude pour que nul ne la vît, il l'avait même enveloppée afin de ne plus la voir lui-même, il ne l'avait conservée que comme souvenir d'une enfant qu'il avait aimée et choyée et qu'il avait vue, toute jeune femme, toute jeune mère, mourir longuement dans la douleur, sans répit, le sourire aux lèvres.

Ni le succès, ni l'affluence des commandes ne donnaient à Dalou, la satisfaction rêvée. Tout cela l'empêchait de travailler et il en souffrait profondément. Certes, dans cette poussée de commandes du public riche, il lui eût été facile de gagner de l'argent, mais il était un terrible original, sa probité ne lui permettait point de demander un haut prix d'œuvres, qu'en son âme et conscience, il jugeait ne pas valoir grand chose. Le jour où il avait abattu la statuette de Mlle de Rothschild, cela avait été avec le sentiment de ne pas commettre une indélicatesse en recevant 2 500 francs pour une chose qu'il n'estimait point les valoir. Parvenu à l'apogée de sa réputation, il conserva intacts ces scrupules, presque toujours excessifs, et même à cette époque, il ne faisait payer que de 4 000 francs et, par exception, 5 000 francs, ses bustes en marbre les plus importants, ce qui, après déduction du carrare et des journées de praticiens, lui laissait à peine un billet de 1 000 francs pour payer son travail et le temps des séances de pose, qu'il prodiguait par vingtaines.

L'idéale organisation de sa vie à Londres, eût comporté une fonction rapportant un salaire fixe, capable d'assurer, pour la plus grande partie, la vie matérielle et des travaux de commande suffisants pour lui laisser, sans préjudice pour les siens, assez de ces livres sterling qu'il ne pouvait sentir dans sa poche sans les dépenser en études, en essais et en modèles. Son rêve était alors et, fut de tous temps, de faire payer par les travaux qu'il exécuterait pour autrui, ceux qu'il tenterait pour son intime satisfaction. Mais, pour un étranger ignorant la langue du pays, ambitionner une fonction ne pouvait être que chimérique.

Plus d'une fois, Dalou en avait causé avec Legros, comme on devise de toutes choses quelconques, qui ne se réaliseront jamais, et Legros s'était ingénié, à part soi, à trouver la solution du problème, selon toute apparence insoluble. « Et « pourquoi, insoluble? finit-il par conclure, puisque moi, Français, n'ayant « jamais pu apprendre l'anglais, je suis professeur de dessin au Sled-School, « pourquoi Dalou, qui ne le sait guère plus mal que moi, ne le serait-il pas de « sculpture dans une autre grande école, au Royal College of Art de South « Kensington, par exemple. La place est occupée, c'est vrai, mais qui sait? on « trouvera peut-être un joint. Essayons. Pour une fois, dans ma vie, soyons « diplomate et attaquons la place par en-dessous. Si ça réussit tant mieux, si « ça rate personne, pas même Dalou, ne saura rien de ma machination astu- « cieuse et machiavélique. » Et, enchanté de son idée, Legros invita son ami à venir assister à son cours de Sled School.

Tous deux avaient conservé, en fait d'enseignement de l'Art, les traditions de Lecoq de Boisbaudran, leur premier maître, au temps où, tout jeunes garçons ils travaillaient côte à côte sur les bancs de la Petite École, et Dalou eut plaisir à aller voir comment, à son tour Legros, les appliquait, ayant sur Lecoq de Boisbaudran, cet avantage énorme de pouvoir joindre l'exemple aux conseils et d'être capable de tracer devant ses élèves ces dessins d'une impeccable perfection, que la postérité placera côte à côte avec ceux d'Ingres.

Quand il arriva dans la classe de la Sled-School, Dalou y trouva une selle et de la terre. Legros l'invita à modeler une tête devant ses élèves, pour leur démontrer la façon de l'établir, il le fit très volontiers et les élèves furent enchantés. Cet exemple d'une leçon par la démonstration réelle et telle que, en sa prime jeunesse, Dalou en avait journellement reçu de Carpeaux s'ébruita vite. M. Pointer, directeur des Ecoles d'Art de Londres, en fut très frappé et voulut en causer avec Legros. C'était là que l'ami Legros voulait l'amener. « Si un artiste « du savoir, de la notoriété et de la valeur de Dalou, voulait bien donner, d'une « façon suivie, au Royal College of Art, de semblables leçons, opinait M. Pointer, « ce serait un grand bienfait pour l'enseignement de la sculpture en Angleterre, « mais y consentirait-il ? » La chose, en outre, se compliquait de deux grosses difficultés matérielles. Le professeur titulaire du Royal College of Art, homme de talent médiocre, mais en possession des droits acquis, ne pouvait être congédié sans motif sérieux et pouvait, moins encore, être remplacé par un étranger ; d'autre part, on ne pouvait guère, sans froisser son amour-propre, offrir à un artiste hors de pair, tel que Dalou, le titre d'adjoint à un professeur sans importance. La question d'amour-propre fut vite tranchée, grâce au dédain absolu que Dalou avait de tous les titres et, le gouvernement anglais, ayant doublé le budget de la chaire de sculpture, le vieux professeur conserva son poste, son rang et ses appointements, et Dalou, nommé professeur adjoint, commença à donner son enseignement, tandis que son chef officiel se confinait, le plus spécialement, dans les besognes administratives de sa charge.

Pendant plus de cinq années, Dalou produisit ses *démonstrations*, au College of Art, devant de nombreux élèves. Comme il savait fort peu parler anglais et n'osait guère s'y risquer, ses leçons ressemblaient bien plus à des pantomimes qu'à des cours ; ses gestes étaient appuyés de perpétuels : « You do so » et, quand il lui était impossible d'éviter toute explication verbale un peu étendue, son éloquence en la langue de Shakespeare devenait analogue à celle que nous appelons, de ce coté-ci de la Manche, le langage petit nègre.

Tout cela n'empêcha point que ces leçons lui fussent un repos et un plaisir. Eternellement écolier, il en profitait pour apprendre à nouveau ce qu'il aurait pu oublier de son métier, il eut la satisfaction de faire quelques très bons élèves, parmi lesquels on doit citer, en première ligne, M. Alfred Drury qui le rejoignit plus tard à Paris et l'aida, dans divers ouvrages, entre autres le bas-relief de Mirabeau. Le professorat au Royal College of Art assurait à l'artiste un revenu fixe de trois cents livres sterling, pour deux leçons par semaine.

Et pour la première fois de sa vie, le nouveau professeur décida que de même que ses collègues, il prendrait des vacances et ferait un voyage. Décision mémorable, et qui ne fut prise qu'après de longues hésitations, et sous l'empire de raisons diverses, qu'on trouve indiquées dans une lettre à Edouard Lindeneher, où, après des détails, formulés en badinant, sur le mauvais état de santé de son scripteur et sur ce qu'il s'imagine être l'effet de l'âge — (il avait alors trente-cinq ans) — et la fatigue résultant d'un travail incessant, toujours en lutte contre des forces minées par la maladie, on lit :

27 juillet 1873, 25, Trafalgar Square Fulham Road S. W.

« Rien de nouveau si ce n'est que j'espère faire un petit voyage en Belgique,
« dans quelque temps et que notre pauvre Irma a en ce moment une bronchite
« assez forte, mais j'espère que ce sera peu de chose et que le voyage lui fera
« du bien aussi. La cuisine doit être bonne par là. Ostende doit donner des
« huîtres si l'histoire n'est pas une blague. Nous verrons Ostende ou plutôt un
« village à côté, puis Anvers, Bruges, un tout petit peu de Bruxelles. Histoire
« de voir la mer, de se retrouver un peu et de parler *français*. Quelle belle
« langue ; mon cher ! — savez-vous, une fois, — quand il y a quatre ans qu'on
« vit au milieu d'un tas d'Iroquois qui *speak* au lieu de parler, ça commence à
« faire le compte. Ainsi j'espère que nous allons tous guérir, au plus vite,
« n'est-ce pas ?

A part la fuite à Londres, qu'on ne saurait qualifier de voyage d'agrément, ce voyage en Belgique fut le seul qu'entreprit Dalou dans tout le cours de sa vie. On en parla toujours chez lui comme d'une partie de plaisir, d'autant plus inoubliable, qu'elle fut la seule que jamais Dalou se soit offerte.

A son retour, il écrit à l'ami Edouard :

23 novembre 1875, 25, Trafalgar Square Fulham Road S. W.

« Tes lettres me parviennent seulement à mon retour de Belgique où nous
« sommes allés faire un voyage de quelques semaines...

« Ce voyage ne m'a pas fait mal, loin de là ; Irma aussi s'en trouve bien. Ce
« fut pour nous une grande distraction, chose énorme, depuis quatre ans et
« demie que nous vivons dans cet aquarium brumeux qui s'appelle Londres.
« Que de belles choses à voir ! Il faut aller là pour juger Rubens que nous ne
« pouvons connaître à Paris, surtout depuis qu'il a été si bien restauré. »

Ce court séjour en Belgique eut sur l'œuvre de Dalou une influence décisive. La vue des Rubens l'avait jeté dans des extases folles. Désormais il ne va plus rêver que compositions énormes, éclatantes de couleur, de mouvement, de santé, de force ou de gaîté et, par un travail de longue incubation et d'études acharnées, il se préparera à accomplir bientôt, ces œuvres maîtresses qui s'appelleront *Le Triomphe de la République*, *La Fraternité*, *Le Silène*, *La Bacchanale* du fleuriste de la Ville de Paris.

C'est sur cette composition qu'il fit, d'une façon anonyme, impersonnelle, presque secrète, son premier essai de cette formule d'art vers laquelle tendraient à l'avenir ses plus grands efforts. Un ciseleur français, échoué à Londres, on ne sait comment, était venu lui demander de lui prêter assistance. Dalou reprit, pour un moment, le métier qu'il avait fait chez les frères Fannière et, voulant rendre service à ce pauvre diable, il exécuta, pour un fond de coupe, le modèle en cire d'une première version de la Bacchanale. Cette Bacchanale, qu'il recommença et modifia à plusieurs reprises, à Londres d'abord, à Paris ensuite, n'était pour lui qu'un acheminement vers le but auquel il tendait. A côté de l'influence de Rubens, et la complétant en la faisant entrer dans le domaine de la sculpture, le génie propre de Dalou fut pour ainsi dire fécondé par celui d'un très grand sculpteur français, à peu près inconnu en France, Roubillac, dont les œuvres abondent à Londres ; on peut citer parmi les principales, dans l'abbaye de Westminster le monument de John, duc d'Argyll, daté de 1762 et dont le modèle en terre cuite, méticuleusement achevé, figure au South Kensington Muséum. Le haut-relief superbe qui orne la base de « The Monument » dans la Cité, à côté de London Bridge, est également de lui. Si Roubillac, ce maître français, hors ligne, est ignoré en France, il faut dire à la décharge des Français qu'il a passé toute sa vie en Angleterre [1].

D'ailleurs, tout en préparant dans son esprit l'œuvre à venir, Dalou continuait à édifier « ses petits produits » en y mettant plus que jamais toute sa passion et toute son inébranlable conscience. Car si l'émotion violente ressentie à la vue des œuvres de Rubens avait élargi ses vues, elle n'avait point effacé l'admiration haute et austère qu'il avait ressentie devant les Rembrandt, les Terburg, les Holbein, les Teniers même. Là, mieux que nulle part, il avait senti qu'il n'y a ni grand, ni petit art et qu'il n'est si infime chose qui ne contienne en soi le Beau tout entier.

Ces quelques semaines passées dans un pays où il entendait parler sa langue maternelle l'avaient rajeuni et retrempé ; sa santé s'était un peu rétablie, et c'est du meilleur cœur qu'il reprit ses travaux à terminer et attaqua des œuvres nouvelles.

---

[1]. Il a été publié une *Vie et Ouvrages de L. F. Roubillac*, par M. Le Roy de Sainte-Croix, Paris, 1882. On ne peut que regretter que cet ouvrage, très intéressant en soi d'ailleurs, manque de reproduction des œuvres du Maître.

Des petits croquis, peu intéressants par eux-mêmes, du reste, trouvés sur un petit calepin acheté en Belgique, donnent à penser que ce pourrait bien être dans une des nombreuses églises de Bruges que Dalou rencontra l'idée du groupe qui fut exposé en 1876 au Salon de la Royal Academy.

Enveloppées de la mante aux vastes plis, qui est la même, chez les béguines de Bruges et chez nos boulonaises, deux femmes, assises côte à côte, sur un banc de bois, à dossier, à peine incliné, sont en prière, ce sont la mère et la fille : leurs deux visages semblent copiés l'un sur l'autre. La fille, dont une capuche enveloppe toute la tête et ne laisse voir qu'un bout de masque, un peu du front, un peu des joues, un rien du menton, de grands yeux aux paupières baissées et une bouche aux lèvres recueillies, est d'une jeunesse, d'une virginité exquises. Assise très droit, sérieuse, réfléchie, sans rien penser au delà de sa prière, elle lit, et ses deux mains, longues et fines, entre lesquelles s'ouvre largement son missel, sont les seules parties de sa personne que son manteau ne cache pas. Épaule contre épaule, la mère prie, assise aux côtés de sa fille, mais elle n'a pas de livre. Elle n'en a plus besoin, hélas ! Sa prière, elle l'a tant dite et redite sans cesse, qu'elle sort d'elle-même de ses lèvres. Sur son visage, que limite un haut bonnet taillé en chaperon de faucon, dans ses yeux aux paupières baissées, dans la maigreur de ses joues, dans le pincement de sa bouche, dans la dureté de ligne de son menton, dans la ligne des sourcils, où les heures douloureuses ont laissé leur empreinte, dans l'harmonie douloureuse de toute la face, dans l'inclinaison inconsciente de la tête, qui conserve la volonté de se tenir encore droite, dans la façon dont s'oublie et se laisse aller le corps, inconsciemment appuyé au dossier du banc ; dans l'abandon des mains, l'une tenant l'autre, lasses, appuyées machinalement sur les genoux, dans tout cela, il y a un : « A quoi bon ? » de découragement et un : « Qui sait ? » de suprême désespérance qu'on entend soupirer dans tout son être.

Entre cette enfant de seize ans et cette femme encore jeune, et que les épreuves ont déjà si durement marquées, entre ces deux êtres que la nature semble avoir dessinés, trait pour trait, semblables l'un à l'autre, on croit voir le fantôme de quelque douleur commune, qui les tient serrées l'une contre l'autre ; et, dans l'épreuve, leur donne une âme commune. Mais comme on sent bien que, pour la jeune, l'amour viendra qui emportera et effacera tout cela en un jour, tandis que pour l'autre, ineffaçablement marquée par la douleur, tout est fini pour jamais.

Dans les quinze ou vingt châteaux qu'il a rempli de merveilles d'art, le duc de Westminster, qui a le bonheur de posséder ce groupe, aurait peine à rien trouver qui lui soit de beaucoup supérieur, ni comme intensité de sentiment, ni comme beauté d'exécution. Hormis les masques et les mains, tout y est draperies, mais, si le malheur voulait qu'un jour les têtes disparussent, les deux corps drapés supporteraient encore le voisinage des fragments d'antiques les plus admirés.

La Liseuse (Terre cuite, grandeur nature).

Autant il était difficile et cruel pour Dalou, de faire des statues de personnes indifférentes, inconnues de lui, dont il ignorait l'esprit et le caractère, et qui lui arrivaient vêtues, selon leur goût, ou leur absence de goût, et toutes sans aucun sens artistique, autant il était heureux de prendre, à même la vie, à même sa propre vie, des statuettes modernes, mondaines même.

Chez soi, à tout instant, il trouvait mille sujets de statues d'une intimité et d'une grâce naturelles, simples et élégantes sans apprêt. Là une femme à qui toute prétention et toute coquetterie étaient inconnues, et qui voyait avec lui la créature d'art née de son geste, savait la revivre pour qu'il la transformât en une statue. Et comme elle était une grande liseuse devant l'Éternel, son mari l'a maintes fois représentée lisant.

Dans une petite terre cuite, on la voit sur un fauteuil bas, vêtue d'un peignoir très ample, légèrement étendue et s'oubliant dans sa lecture. Dans une autre, plus importante, on la voyait habillée de même, elle était allongée de côté sur un canapé, appuyée sur son coude, et la main soutenant la tête ; mais cette statuette a été détruite par l'artiste. Il n'en reste d'autre vestige qu'une série de petits croquis à la mine de plomb, mesurant une douzaine de centimètres sur six environ. L'un d'eux présente ceci d'intéressant qu'il est, — tout petit et sommaire qu'il soit — l'unique portrait réel de Mme Dalou qui existe. Il ne se trouve pas même d'elle une photographie, et son visage répété presque dans toutes les statues de son mari, ne s'y rencontre qu'à l'état d'interprétation. Dans une troisième statuette de *Liseuse*, d'environ demi-grandeur naturelle : elle est assise sur une chaise à dossier droit, drapée de ce même peignoir, dont les manches larges laissent voir ses bras, nus jusqu'au coude ; la tête est penchée vers le livre auquel le haut du bras gauche tient lieu de pupitre. Elle sourit de la bouche et des yeux, elle se retient encore, mais, pour un peu, elle va partir d'un grand éclat de rire. Que lit-elle? quel est celui de ses auteurs familiers qu'elle relit, en ce moment. Est-ce son grand ami Rabelais, est-ce Montaigne, est-ce Swift, est-ce Shakespeare? Est-ce quelque bonne traduction d'Aristophane?. On voudrait bien le savoir, car la physionomie est empreinte de cette lumière dont seules, les œuvres maîtresses éclairent les visages. Ce n'est pas seulement la tête qui lit, c'est l'être tout entier ; regardez plutôt en suivant la ligne allongée de la jambe gauche que soutient le genou droit, le bout de ce pied, spirituel comme le pied de Déjazet, et chaussé d'une fine pantoufle Louis XV, et vous y devinerez encore la sensation de la lecture faite.

L'énorme différence existant entre ces portraits-ci et les portraits de commande, vient beaucoup aussi de ce que dans ceux-ci l'artiste (selon sa définition à laquelle il faut toujours en revenir), a pu apprendre sa leçon avant de la réciter en public. Et pour apprendre sa leçon, et de si peu d'importance qu'ait été aucune de ses figures, Dalou en fit toujours le nu. Il le faisait poser par un modèle de profession, choisi selon les formes générales du sujet et placé d'après le mouvement de l'esquisse. Et alors seulement, il l'habillait d'après l'étude du modèle habillé. Proposer cette méthode de travail à de pudiques anglaises était impossible, les portraicturer d'après leur nudité, même supposée, ne pouvait être seulement mis en question. Cette méthode de travail n'était point à employer vis-à-vis de femmes à qui leur éducation n'a point appris la chasteté de la nature libérée de tous voiles. Tandis que, pour des ouvrages comme la *Liseuse*, elle apparaissait telle qu'elle est, comme la plus nécessaire de toutes et la seule logique. Le mot même de modèle, qui n'a, en français, ni masculin, ni féminin, — puisqu'on dit : *un* modèle homme ou *un* modèle femme, — en résume bien clairement la supérieure impersonnalité.

Il n'est pas impossible, et certains indices, — très vagues d'ailleurs — le laissent à supposer, que pour le petit modèle des études préparatoires de l'une, au moins, de ces *Liseuses*, le modèle habillé a dû — telle la princesse Borghèse devant le Titien, — suppléant à l'insuffisance des modèles de profession, *donner* au sculpteur le mouvement de « l'ensemble ».

C'était aussi de l'interprétation de deux portraits pris dans la vie intime de l'artiste que se composait le groupe de la *Leçon de lecture* :

Elle n'y met point de mauvais vouloir cette fillette aux cheveux blonds, coupés au ras du front et tombant en masses ondulées jusqu'aux épaules; elle est posée un peu obliquement, debout, entre les genoux de sa maman et tient d'une main le livre, où son autre main s'appuie, pour en suivre les lignes : sa petite tête penchée est sérieuse assurément, mais on voit quand même que l'enfant n'attend que la minute, où le bras qui lui enserre la taille se dégagera, la laissera reprendre les danses et les chants interrompus et jouer à la petite maman en donnant à son tour, à la poupée qui dort, là-bas, dans sa boîte de carton, une leçon de lecture, où, très amicalement, je lui conseille de ne pas broncher.

Le visage de la jeune mère, que couronne une abondante chevelure relevée sur le front et rassemblée sans apprêt sur l'occiput, en de larges torsades, prises dans un peigne uni, en forme de croissant renversé, est attentif; incliné vers le livre, il paraît satisfait : la leçon doit être bonne. Elle va pouvoir, dans peu d'instants, ouvrir la cage et rendre la volée à sa chère petite prisonnière. Jusque-là, la joue appuyée en caresse, sur la chevelure de l'enfant, le torse penché en avant, la main droite soutenant, par le haut, le volume, dont le pied pose sur la ceinture de la petite, elle est toute à son œuvre maternelle. Mais tout ceci n'est point dit par le détail en manière d'anecdote, c'est dit, tout au contraire, ainsi qu'en des figures nues, par la sobriété et la sincérité de la forme seule, qui, seule donne en sculpture, et seule peut y donner l'impression et le sentiment suprêmes de la vie.

La femme porte, elle aussi, l'inévitable robe plate, mais, au bord du corsage, entr'ouvert pour dégager l'encolure, la ruche, l'inévitable ruche de l'époque, habilement chiffonnée, est de dimensions discrètes ; elle serpente sans effort de lignes, et son feston qui colore la partie supérieure du buste, détruit la sécheresse de tout le reste. Le pli du bras, à l'épaule, et la posture inclinée de l'ensemble du torse, produisent ou justifient les toute fines ondulations de l'étoffe du corsage qui l'avivent, tels des faux traits dans un dessin de maître. Les manches plates sont aussi là, mais pour le grand chagrin des couturières et des snobs, celles-là laissent pressentir les fossettes des coudes et la courbe pleine de l'avant-bras. La ruche — toujours elle! — entoure le poignet comme un bracelet finement travaillé et son jeu de petites ombres, s'amuse dans l'ombre portée du buste, adoucit la transition de la lumière tombant en plein sur la main et sur la jupe. C'est bien encore la fameuse jupe plate, mais, assise d'angle sur un élégant et large tabouret carré, la femme l'a rassemblée et, de toute son ampleur, ramenée sur un seul côté, et elle retombe, du milieu des reins jusque sur le sol, en quatre maîtres plis, dans l'esprit de Watteau, qui drapés presque parallèlement d'abord, s'inclinent et s'élargissent pour venir s'étaler et se rompre dans toute leur ampleur sur le socle. Leur masse sert de base au plan large, presque uni, qui apparaît dans sa surface générale en triangle, limité par la ligne droite, qui va de la hanche au genou et par celle qui retombe à peu près perpendiculaire, du genou pour couvrir le pied. Autant le costume de la mère est sobre de jeux de lumière, autant, et bien qu'avec une infinie douceur de ton, celui de l'enfant est chaud de couleur. Ses manches larges, attachées au poignet, présentent des spirales de plis, disposés en volutes, les épaulettes et l'empiècement brodés du tablier, les mille plis qui partent de cet empiècement, et ceux que, depuis la ceinture, le poids du livre forme sur le tablier, accrochent la lumière et la fondent dans des tonalités blondes, qui se marient aux tonalités blondes de la chevelure crêpelée et s'irradient sur l'ensemble.

Ce groupe, d'un sentiment si pénétrant, appartient à la série des œuvres que Dalou a détruites après les avoir complètement achevées. Autant qu'on peut le voir, par la photographie qui en reste le seul vestige, l'exécution, qui eût contenté tout autre, ne pouvait pas ne point échapper à l'intraitable volonté de perfection de son auteur. Détruit ou non il présente au point de vue de l'évolution des idées de Dalou, à cette époque, un intérêt de tout premier ordre. Il fournit l'indice de sa préoccupation du moment, qui semble avoir été de faire parler à la sculpture le langage de la peinture et, particulièrement de celle des peintres coloristes. A ce moment, il n'en est encore qu'à Watteau, à Chardin et aux peintres d'intimités hollandais, mais il est en marche vers la pléiade des peintres aux compositions énormes, éblouissantes, dont Rubens est le type formel.

A cette époque, il cherchait la voie par où la sculpture pourrait les joindre, il avait trouvé le point de jonction dans les œuvres de Roubillac et il s'était « emballé » à fond sur Roubillac, il avait trouvé dans les monuments, de toute beauté dont son compatriote a doté l'Angleterre la trace bonne à suivre pour s'en rapprocher.

Et au demeurant, il ne s'est point trompé quant à lui-même, puisque en suivant cette trace il a produit ce monument de la place de la Nation et le haut relief de *La Fraternité* et le *Silène*, ces trois chefs-d'œuvre, où il a atteint ce résultat de rester personnel en dépit d'inspirations extérieures à sa nature originelle.

Cette *Leçon de lecture* disparue était donc intéressante à signaler et à analyser comme indice de la lutte qui se livrait dans la conscience de Dalou, entre l'art qu'il avait jusqu'alors pratiqué et celui vers lequel il croyait l'heure venue de se tourner. Il était alors en butte à ces angoisses, enfouies dans les profondeurs de l'âme des vrais artistes, et qu'ils n'analysent pas toujours eux-mêmes, entraînés qu'ils sont par l'attrait de leur pensée renouvelée.

Cet état d'esprit ne produit que trop souvent un état d'énervement, qui se répercute sur tout, autour d'eux, et n'a que trop souvent un écho dans leur existence particulière.

Ce petit groupe marque aussi la date d'une étape cruelle de la vie de Dalou, et la plus douloureuse épreuve qu'il ait traversée.

En effet, lorsque vint le moment d'achever définitivement ce groupe de la *Leçon de lecture*, les deux modèles tant aimés n'étaient plus sous ses yeux.

Un matin, de l'hiver 1876-1877, Mme Dalou était débarquée à Paris, avec sa fillette malade, plus terriblement atteinte que jamais. Le climat de France, lui serait meilleur, disait-on, et les médecins français trouveraient ce que ceux d'Angleterre n'avaient pu trouver. C'est tout ce qu'on avait à connaître sur cette résolution inattendue et ainsi expliquée, sans qu'il y fût question de retour en Angleterre. Sur la recommandation d'un ami commun, le docteur Cadet-Gassicourt, avec le dévouement et le désintéressement qui lui étaient familiers, fit un véritable miracle et, l'intelligence et le dévouement maternels aidant, en quelques mois l'enfant fut, sinon guérie, du moins rendue à la vie.

La santé de l'enfant avait été donnée comme raison d'être du voyage, et voilà que maintenant qu'elle semblait en état de revenir à Londres, dans le home confortable de Trafalgar square, sa mère et elle, restaient indéfiniment à Paris, la mère travaillant dans les conditions les plus modestes. Ceci étant, on est autorisé à admettre qu'il y eut par ailleurs quelqu'une de ces raisons du cœur que la raison ne connaît pas.

Mais, de ce qui s'était passé dans la petite maison de Chelsea, jamais ni de l'une ni de l'autre part, jamais on n'en fit rien connaître, ni alors, ni plus tard. Ce fut très probablement une de ces scènes sottement banales qui commencent par un gigot brûlé ou mal cuit et qui, un mot provoquant l'autre, finissent par l'écroulement de deux existences. L'incident suivit de près un court séjour de Dalou en Écosse où il était allé pour achever des travaux chez des amateurs, et il se pourrait que le débat fût né d'une interprétation fâcheuse donnée à ce voyage — et bien à tort, j'en ai reçu l'assurance formelle. Peut-être cette interprétation fâcheuse a-t-elle eu pour point de départ quelque incident du passé, quelque égratignure d'ébauchoir, pour ne pas dire de canif, que des demi-mots, entendus de ci et de là, donnent à supposer, sans qu'on puisse rien affirmer. Ceci, alors, aurait fait croire à cela. Ce n'est pas l'impossible.

Toujours est-il que l'injure, pour imaginaire qu'elle fût, n'en était pas moins de celles que ne pouvait rapidement oublier « l'inflexible droiture » de Mme Dalou, pour reprendre la définition que Dalou lui-même nous a donnée de son caractère, et elle restait là où sa dignité lui disait de rester, quelque tristesse qu'elle en pût ressentir.

Quand, aux heures de repos, de rêve et bonne causerie, Dalou rentrait au logis vide et lorsque sortant, de ce logis où plus rien de ce qui était toute sa vie ne le saluait au départ, il abordait son travail, c'était dans un état d'âme navrant.

Une petite note écrite sur le journal de 1897, à propos de on ne sait quelle bouderie passagère, nous en donne une idée infiniment affaiblie.

20 *mars* 1897. — « La femme est un être assez compliqué, du moins pour
« moi. Quand la mienne change d'humeur à mon égard et devient, sans que j'y
« comprenne rien, muette pour moi, cela me plonge dans un découragement si
« profond que le dégoût de la vie m'atteint absolument, ainsi que de tout ce qui
« pourrait m'y rattacher. Mon affection, seule, exceptée cependant. »

Dégoûté de tout dans la vie il poursuivait presque machinalement son œuvre. Et, puisque les *Boulonaises* plaisaient au public il se mit à faire des *Boulonaises*, sans plus avoir le courage de chercher au delà. Il en fit successivement trois.

L'une, n'est que la reprise de la *Paysanne*, comme elle allaitant son enfant. Mais là, plus de trouvaille, comme celle de ce panier servant de siège, c'est la pierre banale de toutes les statues assises selon la convention classique qui le remplace ; le bonnet couvrant les oreilles et les joues jusqu'aux pommettes ne laisse voir de ses cheveux qu'un commencement de bandeaux séparés par une raie droite. Les deux pans de l'ample rotonde à capuchon se rejoignent sur le genou où l'avant-bras droit retient leur chute et de là retombent en une cascade de plis amples et lourds, souples, arrondis à mi-chute. L'enfant est abrité comme dans un nid, par l'un d'eux qui couvre à demi son corps nu, sans que rien fasse comprendre le pourquoi de cette nudité. C'est assurément, dans son ensemble un fort beau morceau de sculpture, et de la plus belle coloration, mais il y manque cette belle sincérité, cette antique simplicité, qui est la marque des chefs-d'œuvre. Le visage à l'ovale allongé de la femme est des plus doux, mais il reste le visage d'un modèle et non celui d'une des filles de nos côtes de France. Ni dans les yeux abaissés vers l'enfant, ni sur les lèvres closes, ni dans le mouvement d'ensemble de la femme, on ne sent, ni le don tout entier de soi, ni les effluves de tendresse maternelle qui constituent l'inoubliable beauté de la *Paysanne*. Un envieux, et un jaloux pourrait, grossissant son injustice et sa méchanceté, dire que la *Paysanne* est l'idéale personnification de l'amour maternel et que la *Boulonaise* est un peu « nourrice sur lieu ». Dalou a refait cette figure, à Paris, en 1894, et l'a améliorée et retournée en modifiant sensiblement le mouvement et quelques détails.

Le succès de cette statuette à l'exposition de 1877 de la Royal Academy fut des plus vifs (quoiqu'incomparable à celui de la *Paysanne*). Les membres de cette illustre compagnie traitant son auteur avec une faveur spéciale lui avaient fait une place à part dans leur *Lecture Room*.

Et, à quelques mois de là, comme elle préparait les envois à l'Exposition universelle de Paris, où Dalou, condamné par coutumace, ne pouvait envoyer ses ouvrages sans risquer de les voir mis sous séquestre, son président l'illustre peintre, sir Leighton vint offrir à Dalou une place parmi les exposants anglais.

Là, sous le pavillon britannique, ses œuvres seraient insaisissables. Profondément ému par cet acte de gracieuse fraternité, Dalou avoua le grand crève-cœur qu'il avait de sentir ses travaux ignorés des artistes et du public français, et répondit, en dernier ressort, que, Français, il ne rentrerait jamais en France que sous pavillon français.

Les deux autres *Boulonaises* que fit Dalou en ces heures de découragement, sont, d'abord, une jeune fille, cousine un peu trop germaine de celle que nous avons déjà vue assise aux côtés de sa mère, dans le recueillement d'un deuil commun. Mais ici son banc n'est même pas transformé en tabouret ; une pierre, la lamentable pierre, lui sert de siège ; son capuchon rabattu montre sa tête à l'ovale long, qui n'est autre que celle de sa précédente compatriote allaitant un enfant, ses yeux baissés suivent le mouvement de ses mains jointes égrenant un chapelet, dont le geste entr'ouvre la mante ramenée sur les genoux et qui tombe en plis droits jusqu'aux pieds, joints talon contre talon.

Le même modèle a posé la troisième de ces statuettes similaires. Celle-ci est agenouillée les mains jointes, sur le sol rocheux ; sa mante suivant, droit, les contours de son dos, vient s'étaler sur la roche en longs plis obliques et qui traînent comme ceux d'un manteau de cour, elle tombe devant elle en plis perpendiculaires. Mais si la profondeur de son chagrin fait fléchir en Dalou la volonté d'invention, elle ne diminue en rien ses infinis scrupules de bon ouvrier et, dans ces trois statuettes, il met sans compter, toute sa conscience et tout son savoir ; il s'y console de la faiblesse de l'invention par l'étude approfondie et la pleine beauté du morceau. Et par cela ces statues restent des œuvres supérieures et demeureront dignes de lui. Il est curieux de mettre en parallèle la petite *Boulonaise au Rameau* et ces trois figures nouvelles. On peut, de la sorte, constater les extraordinaires progrès d'exécution accomplis par l'artiste, en ces quelques années de séjour en Angleterre.

A part Legros et Lantéri dont le cœur et l'esprit lui étaient une seconde patrie, tout lui semblait l'exil, en ce qu'il a de plus dur. En vain les plus hauts personnages lui donnaient-ils des témoignages d'estime et d'admiration, et se disputaient-ils le plaisir de le connaître et de le recevoir, il se dérobait autant qu'il le pouvait à toute invitation et se confinait de son mieux dans son travail : quoi que l'on fît autour de lui et quoi qu'il fît lui-même, il demeurait l'âme meurtrie et il souffrait d'autant plus qu'il avait la fierté de taire la profondeur de sa peine.

Un réconfort lui vint un jour, qui, pour un temps, lui fit grand bien. Une troupe d'acteurs parmi lesquels se trouvait Cornaglia, son ami d'enfance, et, comme Legros et comme Guillaume Regamey, son camarade de la Petite École, et, en ce temps lointain, son camarade préféré. Il les aimait bien, Legros et Lantéri, mais ils ne venaient pas de là-bas et ils ne retourneraient pas là-bas ; ils n'avaient pas en eux un peu de l'atmosphère du pays, et ils n'allaient pas revenir au pays, y rapportant un souffle de son âme, il n'y avait pas en eux ce je ne sais quoi que Victor Hugo a senti dans l'exil :

> Oiseaux qui passez nos chaumières,
> Vents qui passez, nos sœurs, nos mères
> Sont là-bas pleurant nuit et jour,
> Oiseaux, contez-leur nos misères.
> O Vents, portez-leur notre amour.

Et tant que dura la saison théâtrale, il eut auprès de lui Cornaglia, l'un des êtres qui l'ont le plus tendrement et le plus naïvement aimé et auquel il rendit bien toute son affection. Céline Chaumont faisait partie de la troupe, il lui offrit de faire son buste. Le séjour de quelques semaines de Cornaglia à Londres lui fut un soulagement : puis vint l'heure de la séparation. Il reconduisit les comédiens jusqu'à Douvres, et, quand il leur eut, longtemps, longtemps, envoyé des signes d'adieu, et, quand le navire eut doublé la jetée, il se sentit plus que jamais seul, perdu dans la foule.

Alors la mer lui apparut comme une immense larme qui le séparait de tout ce qu'il aimait au monde. Et il se prit à sangloter comme un petit enfant.

CHAPITRE V

RETOUR EN FRANCE

Tout au fond d'un tiroir, dans une armoire dont Dalou seul eut la clef et que seul il ouvrit, une enveloppe a été retrouvée où étaient écrits ces mots : *Lettre dictée par sa mère à Georgette. — Relique.*

On ne peut l'ouvrir qu'avec d'infinies précautions cette pauvre lettre ; elle a dû être tant de fois prise et reprise, dans le portefeuille, jamais quitté, et qui tenait chaud à la place, là où il appuyait, elle a été si souvent pliée et dépliée, lue et relue, que les plis en tombent en charpie et que le papier en semble usé par les regards qui l'ont tant de fois parcouru et caressé :

« 11 *avril*. — Cher petit père. Donne vite la volée à tous nos pauvres baisers
« qui ont dû faire un si grand voyage, pour te trouver ; ils étaient si impatients
« d'être vers toi, les bavards, que peut-être ils ont trouvé un moyen de s'échapper
« malgré les fleurs qui devaient te les porter, tout parfumés. Nous avions dû les
« tant serrer pour les faire tenir tous dans cette petite boîte, qu'ils doivent avoir
« bien mauvaise mine. Accueille-les bien tout de même ; tu verras qu'ils sont de
« gentils messagers. — Tiens, cette petite violette en a fait cacher trois dans son
« cœur ; fais-les vite sortir de leur cachette ; qu'ils te disent que nous t'aimons
« bien et que nous aurions bien voulu te les porter nous-mêmes.

« Georgette. »

Ainsi que sa Junon allaitant Hercule, en laissant choir dans la nuit une goutte de son lait divin y épandit une douce lumière faite de milliards d'étoiles, de même, Dalou vit, s'évadant de chaque fleur de ce bouquet, et de chaque syllabe de cette lettre, les baisers venus de là-bas, s'envoler comme un essaim de lucioles et envelopper d'une écharpe lumineuse la nuit de son double exil.

Depuis longtemps, en France et en Angleterre, des efforts avaient été faits par des personnages politiques et par des hommes d'État importants des deux pays, pour que la condamnation de Dalou fut revisée et annulée. Même à l'ambassade française on lui affirmait que, puisqu'il refusait de demander, ni de laisser demander une grâce, qui lui serait accordée sur l'heure, il lui suffirait de venir se présenter devant le Conseil de guerre, pour que son acquittement fut prononcé et que ce serait, lui promettait-on, une simple question de formalité. Lui n'avait pas confiance en une telle aventure. Dans une lettre, que j'ai bien malheureusement égarée, répondant à quelques mots où je traitais sans beaucoup plus de confiance que lui, ce sujet, il me disait à peu près ceci : « les tailleurs d'ici « m'habillent bien mal, mais j'aime encore mieux leurs affreuses jaquettes « qu'une casaque de forçat. »

Son collègue du Louvre, son ami Jules Héreau, qui tenta l'expérience, dans des conditions analogues, ne fut nullement acquitté, sa condamnation par contumace, aux travaux forcés, fut simplement transformée en *deux ans de prison* pour usurpation de fonctions civiles. Le coup fut trop rude pour le pauvre Héreau, — un peintre dont les toiles, hélas trop rares, honorent nos musées, — sa santé déjà très éprouvée n'y put pas résister, et il mourut peu de mois plus tard, gracié c'est vrai, mais tué par ce jugement du Conseil de guerre de Paris, car Mac-Mahon, tant que dura sa présidence ne laissa pas arracher à l'autorité militaire, une juridiction, qui était, en fait réel, l'imitation aggravée des Cours prévôtales de 1815 ou des Commisions mixtes de 1852.

Dalou, maintenant, plus que jamais, aspirait au retour, et ça avait été le sujet de bien des causeries à cœur grand ouvert avec Cornaglia qui, lui, en faisait sa pensée constante. Une correspondance s'établit entre les deux amis, où tout d'abord, il n'était guère autrement parlé de retour, et Dalou prit plaisir à tenir Cornaglia au courant de ses pensées les plus intimes et à lui parler de ses travaux. Il lui écrivait :

« 217. *Glèbe-Place*, 6 *avril* 1878. — Peut-être voudrais-tu savoir ce que je « fais, tu vois, j'avoue ma fatuité. Eh bien, je termine le groupe de la Reine. Tu « verras cela bientôt par la photographie. Je fais le buste d'un vieux monsieur « très laid, et, enfin toutes les inepties que mon agréable métier comporte. Je « n'ai rien envoyé cette année pour l'exposition anglaise. J'aurai le groupe « composé pour la Reine dans une galerie privée. »

Puisque nous avons ici, de la main de Dalou, l'indication de ses travaux à cette date, jetons-y un coup d'œil : Le vieux monsieur très laid, était, sauf erreur, un médecin allemand, décédé quelques années plus tard, et dont le buste a passé entre les mains d'héritiers inconnus. Il n'en existe pas de photographies.

Quant aux « petites inepties que l'agréable métier comporte », il n'est pas téméraire d'y comprendre un groupe que Dalou n'a pas pu détruire, par cette raison, qu'il était vendu à Lord Northbrook. Ineptie est dur; Dalou seul pouvait le qualifier ainsi ; erreur suffirait, et, pour rester dans la vérité historique, accident serait le terme juste.

En s'amusant les doigts, en rêvassant, en cherchant cet « autre chose » qu'il cherchait sans cesse, Dalou avait fait une ébauche d'un petit groupe en costume moderne où jouaient un grand et un petit enfant, puis, la chose « ne venant pas » ainsi, il avait retourné son idée de diverses façons et avait abouti au jeu de cache-cache.

Au milieu, un fût de bouleau dont la cime et les basses branches ont dû être arrachées par un dur coup de vent, un peu de lierre grimpe au pied. A droite se trouve une fille d'une douzaine d'années, vêtue d'une chemise, retenue par une cordelette, à la ceinture, et qui, de ses bras nus et infléchis comme pour une révérence, en tire l'étoffe un peu en arrière, découvrant ainsi les jambes nues jusqu'à mi-hauteur du mollet. Bien entendu les pieds sont nus. La tête inclinée vers la droite rit, d'un rire que l'on peut, à la rigueur, taxer d'artificiel et qui découvre toutes les dents, expression suprême du rire selon la méthode des lithographes allemands et même anglais. Le mouvement de sa tête et de son cou fait pencher la chemise de gauche à droite et découvre l'épaule droite et le côté droit du dos, l'épaule opposée et la partie opposée du dos restent couvertes. De l'autre côté du fût de bouleau, un enfant de quatre ou cinq ans, entièrement nu, sort de la cachette que formait l'épaisseur de l'arbre et rit, en regardant par en dessous, la grande fille qui est à l'opposé, sa sœur selon toute probabilité. L'arbre est planté droit sur un socle rond, en forme de champignon de modiste. Les pieds de la grande fille y posent, au ras du contour et un peu en pente.

Si l'on ne craignait de contrister lord Northbrook, on lui dirait que, pour la gloire de Dalou, il devrait faire casser ce marbre — car la chose, et c'est là le pire — a été exécutée en marbre.

Il est juste d'ajouter que durant longtemps Dalou n'eut pas la juste notion de l'étendue de son erreur. Ce groupe fut pour lui l'enfant mal venu auquel on s'attache, en raison directe de la peine qu'il vous a coûtée, car jamais peut-être aucun de ses ouvrages ne lui demanda tant d'efforts et de recherches. Il ne parvenait point à établir le mouvement juste, et personne n'arrivait à le lui poser.

En désespoir de cause, il dit un jour à Lantéri qui travaillait auprès de lui dans son atelier, par une chaleur sénégalienne : « Rendez-moi un service, posez-le moi ce satané mouvement. »

Et voilà le brave ami qui se déshabille et dans le costume de l'Hassan de Musset essaie de donner la pose. — Mais ça ne va pas encore.

Alors Dalou, à son tour, retire souliers et chaussettes, culotte et chemise, et voilà nos deux hommes vêtus comme des antiques, — sans draperies, — qui s'escriment, essaient des pas et des poses, dans l'atelier, où par bonne chance le soleil permettait ce retour à la seule nature. Et, pendant des heures, les deux amis, vêtus à la mode du père Adam, posaient ou modelaient tour à tour. Et ils ne parvenaient à rien faire de bon.

Ni l'un ni l'autre ne s'avisèrent de cette idée bien simple, que l'esprit du mouvement devait être faux, puisque des artistes de leur valeur et de leur savoir ne pouvaient le retrouver dans la nature. Cette vérité, Lantéri l'eût dite carrément à Dalou s'il s'en était aperçu, car son admiration pour l'ami et le maître, n'allait point sans cette franchise absolue, qui est la forme la plus élevée du respect. Mais, ni l'un ni l'autre, ne voyait plus clair dans ce travail où Dalou s'était enfoncé jusqu'à s'y perdre, jouissant de chaque difficulté nouvelle comme d'une nouvelle leçon, qui l'acheminait vers le but par lui

GROUPE DE LA REINE D'ANGLETERRE.

rêvé, et qui était de faire naître sur l'argile pétrie toutes les vibrations de toutes les couleurs. À ce point de vue, le groupe de *Cache-cache* représente un tour de force tout à fait extraordinaire. Le fût de bouleau, notamment, offre des variétés de blanc et de gris et des reflets de satin d'une finesse et d'une vérité de ton qu'on ne saurait imaginer comme chose qu'on pût tirer du plâtre ou du marbre.

Arrivons au *groupe de la Reine* dont parlait la lettre à Cornaglia.

Les plus grands seigneurs s'offraient des œuvres de Dalou, et se montraient flattés de le connaître et de le faire connaître; c'est ainsi que notamment le duc de Westminster amena chez l'illustre et fidèle communard, le tzarewitch

Alexandre. Seule la famille royale ne possédait rien de lui. La reine Victoria, dépêcha auprès de Dalou, sa fille, la princesse Louise, aujourd'hui duchesse d'Argyll, sculpteur amateur, non sans quelque mérite, la seule artiste de l'une des familles régnantes, la moins artiste de l'Europe.

La reine désirait placer dans sa chapelle privée de Frogmore, près Windsor, un monument dédié à la mémoire de ses petits-enfants morts en bas âge. La princesse Louise s'entretint avec Dalou du désir de son auguste mère et s'entendit avec lui sur la façon de le réaliser, pour le mieux ; puis, soit qu'elle le sentît triste, soit qu'elle se plût à la conversation de ce charmeur qu'était Dalou, soit qu'elle trouvât profit et plaisir à le regarder travailler, elle vint à plusieurs reprises — que la sœur du roi Édouard VII excuse la justesse de l'expression — s'installer « en bon camarade » auprès de lui, dans l'atelier, propre, austère sommairement meublé de Glèbe-Place.

Et ici, qu'une parenthèse soit permise, pour montrer jusqu'à quel point Dalou était peu courtisan. Peu de temps après son retour à Paris, Gustave Doré passa chez lui, et ne le rencontrant pas y laissa une carte portant ces mots :

« Cher Monsieur, je suis venu pour m'enquérir du numéro de votre maison,
« votre adresse m'ayant été demandée, aujourd'hui, par la princesse Louise qui
« désire visiter votre atelier. La princesse est descendue hôtel Westminster
« 11, rue de la Paix et ne reste à Paris que jusqu'à mardi. »

Bien à vous,

G. D.

Dalou répondit, avec toute la courtoisie possible, qu'il était retenu à son appartement par une indisposition qui ne lui permettait pas d'en descendre. C'était la vérité, mais le bobo très sérieux qu'il avait au pied, n'était point si dangereux que, tout autre que lui, ne se fût laissé aller à risquer de le forcer, ne fût-ce que par crainte de déplaire à une royale visiteuse, dont les familières causeries lui avaient laissé les souvenirs les plus sympathiques.

De ces causeries était née l'esquisse d'un groupe composé d'un ange assis, aux ailes étalées, tenant dans ses bras trois petits nouveau-nés couchés là, dans un mouvement de gerbe fraîchement fauchée, tandis que, entre les deux genoux, et s'appuyant, de chaque bras, sur chacun d'eux, un autre enfant nu, aux formes pleines, un peu moins petit, la tête maladivement inclinée se tenait debout. Un autre du même âge, et non moins robuste d'aspect, tout en fléchissant sur ses petites jambes cherchait sous les draperies un abri contre je ne sais quel ennemi invisible. Le corps de l'ange n'est point celui d'une créature émaciée et immatérielle, mais, tout au contraire, celui d'une femme construite comme les belles filles du pays de Flandre, aux chairs saines et pleines, à la peau fine et blanche. Sa tête est penchée en arrière, avec une légère inclinaison vers la gauche, éclairée d'extase elle se tourne vers le ciel que ses yeux implorent dans

BUSTE D'UN DES ENFANTS DU GROUPE DE LA REINE

un regard douloureux baigné de ferventes prières. Ce mouvement et cette tête, cette disposition spéciale des cheveux coupés assez courts sont les seuls spécimens de ce genre qui se rencontrent dans tout l'œuvre de Dalou. Ils ont quelque chose d'anecdotique, ils ont surtout, — comment dirais-je bien, — *un accent anglais*, qui révèle une influence extérieure à la personnalité si profondément française de leur auteur. La disposition des ailes donne aussi, dans une certaine mesure, une impression analogue, mais là, on sent que la forme générale du groupe est imposée par celle de la niche où il sera placé. C'est à sa place qu'il serait bon de le voir; mais la chapelle de Frogmore est absolument privée et seuls les hôtes de la maison royale y ont accès, et il se peut, que là, les observations ici formulées sur le vu de l'esquisse cessent d'être justes en face de l'œuvre achevée. Dalou qui jamais ne parlait des œuvres dont il n'était point à peu près satisfait, parlait de temps à autre de celle-ci et Mme Dalou, dont l'opinion toujours sévèrement établie, faisait autorité pour lui, estimait le groupe de la reine Victoria l'une des très bonnes productions de son mari.

Un buste d'enfant, étude de l'un des enfants du groupe a été repris par Dalou et il en a fait une terre cuite, puis un marbre tout à fait admirable qui donnent l'idée de l'exécution du groupe de la Reine.

Il existe également une terre cuite, qui ne peut être qu'un premier projet de l'ange, et avec un seul enfant, petit ouvrage très achevé et qui, comparé à l'ange du groupe de la Reine confirme l'hypothèse d'une influence extérieure, celle de la princesse Louise sans doute, dans l'exécution de celui-ci.

Le groupe de la Reine fut le dernier grand travail de Dalou qui resta en Angleterre sans que le public français le pût connaître.

Cet ouvrage marque tout à la fois et le réveil du courage de Dalou et son premier pas définitif et vraiment heureux vers cette grande sculpture décorative aux vigoureuses colorations où bientôt il allait s'affirmer comme un maître à la fois très puissant et très pondéré.

Vers la même époque où il faisait le groupe de la Reine, il exécutait, sur commande d'un architecte, un groupe considérable de *La Charité* destiné à l'une des places publiques de Londres. Ce groupe était, à peu près, à la *Madone* qu'il avait autrefois détruite, ce que la *Paysanne* avait été à la *Junon*, c'est-à-dire un retour vers l'interprétation directe de la nature.

Comme la *Madone*, la *Charité* est assise, le pied droit repoussé en arrière et, debout devant elle, un enfant nu la regarde et regarde en même temps l'enfant qu'elle porte ; mais, celui-ci, cette fois n'est point dressé sur sa cuisse et, si elle le soutient de même du bras gauche, c'est pour lui donner le sein, qu'il tète avec béatitude, et, en même temps, d'un geste et d'un regard tendres elle enveloppe l'autre enfant, dont la main s'appuie sur son genou. Elle est coiffée bas sur le front et les cheveux, groupés en arrière en lourdes torsades. Pour vêtement, elle porte la chemisette aux manches plates retroussées et la jupe vulgaire des femmes d'aujourd'hui ; l'enfant qui tète a le corps pris aux reins par un maillot. Le tout forme un ensemble où la vie moderne et l'antique convention sculpturale se marient harmonieusement, donnant, du même coup, le sentiment de la réalité et la sensation de la forme idéalisée.

Ce groupe très important avait été exécuté en marbre et placé au Royal Exchange Yard (dans la Cité). Mais, l'intempérie du climat londonien l'ayant gravement altéré, il en fut fait après diverses réparations une reproduction en bronze qui fut mise à la place du marbre et abritée par un auvent.

Dalou avait rapporté une esquisse en terre cuite de ce groupe, achevée comme certains Clodion, et, jusqu'en 1894, il l'avait conservée. En un jour de rangement il allait la mettre en menus morceaux, quand la bonne chance voulut que son ami Bertault arrivât et obtînt de lui donner asile, sous condition comme toujours que Dalou ne la reverrait plus [1].

Sur ce même thème, Dalou avait exécuté à Paris un groupe analogue, et dont la tradition n'est pas tout à fait précise. Non seulement ce groupe avait été achevé et moulé, mais encore, le Maître, trouvant dans son atelier le bloc de marbre restant de la destruction de la *Brodeuse*, et encore haut de près de 1^m,50, décida de l'utiliser pour cette œuvre nouvelle. La mise au point fut donc faite, la pratique largement avancée, et il y avait déjà pour plus de deux mille francs de frais de praticiens payés sur ce marbre, lorsque Dalou, le revoyant, lui fit subir le même sort qu'à la *Brodeuse*. Il détruisit, de même, le modèle en plâtre et n'en conserva que le

Esquisse terre cuite de la Charité.

plâtre de l'enfant debout, qui existe encore et sur l'épaule duquel repose un fragment de poignet et une main.

Entre temps, Cornaglia avait eu une lettre de Dalou où il lui disait avoir

---

[1] C'est la reproduction de cette esquisse que nous donnons ici, de préférence au monument de Londres, que les réparations faites au marbre et sa transformation en un bronze, ont considérablement dénaturé. De plus, cette reproduction d'une esquisse donnera au lecteur un échantillon de ce que Dalou mettait en miettes.

reçu une missive, lui promettant la prochaine arrivée de sa fille, mais de sa fille seulement. Et il lui avouait toute son angoisse. Elle seule lui reviendrait-elle ?

Enfin le jour attendu arriva : la mère accompagnait l'enfant. Il était fini pour lui, le temps de trop rudes épreuves. La vie était rentrée dans la maison, avec les danses et les chansons de l'enfant, avec le charme, l'infini dévoument, l'esprit cultivé, clair et droit de la femme, toujours sincère, et parfois jusqu'à la dureté, grave, s'il le fallait, et se dilatant souvent en de larges gaîtés, l'âme vibrant partout en pleine lumière.

Des deux patries perdues l'une était retrouvée, mais l'autre manquait encore à Dalou. Et combien il lui était plus que jamais âpre le besoin de la revoir !

L'aventure du 16 mai était finie. Soutenu par tout le parti républicain, le ministère Dufaure tenait tête au Maréchal, les amis de Dalou pouvaient tenter, plus utilement que par le passé, d'obtenir son retour ; chacun s'y employait de son mieux. C'était l'avocat Liouville, c'était le Dr Cadet Gassicourt, c'étaient vingt autres parmi lesquels notamment, à l'instigation de son ami intime Coquelin, Gambetta, à qui sa lutte contre le 16 mai et contre le Maréchal avait créé une situation, qui semblait toute-puissante ; c'était le grand politicien anglais Charles Dilke. Mais, étant donné le refus formel de toute demande de grâce, directe ou indirecte, l'affaire se compliquait de difficultés pratiques, dont la plus grosse venait des scrupules de juristes du président du Conseil et aussi de l'impossibilité où l'on serait de faire comprendre à Mac-Mahon la situation, toute spéciale de l'impétrant et, donc, de lui faire signer un papier quelconque qui la trancherait.

Cornaglia, qui avait obtenu le concours de Coquelin auprès de Gambetta, suivait de près toutes les chances de réussite qui pouvaient venir de ce côté-là, et il tenait sommairement son ami au courant de ses démarches. Dalou, peu instruit des dessous réels de la politique du Maréchal et de ce qu'il gardait encore de son pouvoir personnel, jugeait alors un peu durement le grand citoyen doublé d'un artiste avisé, à la gloire duquel il érigea par la suite, et en toute sincérité, un superbe monument.

217, Glèbe-Place, jeudi 29 août 1878.

« ... Mon bon ami, puisque tu veux bien être assez aimable pour aller voir
« Coquelin et tâcher, *si possible*, de savoir quelle fut la réponse de Gambetta (s'il
« en fit une), ce dont je doute, eh bien, je t'en serai très reconnaissant. Voici
« mes raisons. Elles sont *entre nous :* 1° je savais d'avance que toutes démarches
« seraient infructueuses et j'étais convaincu que ce maître opportuniste ne trou-

« verait pas opportun même de me répondre. — Excuse-moi si je blesse tes
« sentiments à son égard. — J'ignore absolument ce que tu penses en politique
« et si tu as quelque considération pour certains hommes de ce monde. Quant
« à moi, ma profession de foi est tout entière dans ce vers de Musset :

>Je ne fais pas grand cas des hommes politiques.

« Or donc, je suis au regret d'avoir consenti à cette dernière démarche.
« Je pensais voir Ch. Dilke dimanche dernier, je ne l'ai pas vu, mais comme il
« va partir pour la France, dans quelques jours, je serai obligé, avant son départ,
« de traiter cette question avec lui; Gambetta avait fait cette réponse à sa
« demande de s'occuper de mon affaire : « Eh bien, dites-lui qu'il m'écrive ».
« Or je ne veux justement pas écrire. D'ailleurs, écrire quoi ? Une lettre de
« sollicitation ? Une demande de grâce ? Enfin quoi ? Voilà ce qu'il n'a pas dit
« et ce qu'on ne peut spécifier. Cette eau bénite de cour est trop claire. Non,
« bien loin d'employer de nouvelles influences, j'en veux finir avec toutes ces
« balançoires. Crois bien que, néanmoins, je suis très reconnaissant à tous ceux
« qui auraient voulu m'ouvrir les portes de France ; mais ce sont toujours ceux
« qui ne peuvent pas ces choses qui les désirent.

« Ainsi, vois cela ; tu as toute ma confiance. Si tu peux avoir les papiers que
« j'ai eu le tort d'envoyer, brûle-les. Remercie Coquelin pour moi. Et puis, que
« personne ne se dérange plus ; ce sera mieux.

« Je travaille à force et prépare pour les années qui vont suivre force bonnes
« choses (s'il est possible). Ça fait que le jour où les portes forcées par l'opi-
« nion publique — cette grande enfonceuse de portes — s'ouvriront d'elles-
« mêmes, j'aurai quelque chose de tout prêt pour le Salon de cette année-là.

« J'ai quelques travaux et jouis du charme de la vie de famille et de tra-
« vailleur, avec grande joie. Je suis honteux de me dire heureux à côté de toi,
« mon pauvre ami, mais la malchance dure depuis si longtemps dans tes
« affaires, qu'elle doit se lasser, et bientôt tu auras de meilleures nouvelles à
« me donner, j'en suis convaincu.

« Je t'envoie mes amitiés bien sincères. »

Dalou, en effet, depuis que sa vie s'était retrouvée, avait accumulé projets
sur projets. En cette fin d'année 1878, il eut une de ces poussées de puissantes
trouvailles, qui demeurent uniques dans la vie des grands artistes. D'un coup,
il dégagea cette nouvelle forme de son art, qu'il cherchait avec tant de peine

depuis plus de deux années et elle lui apparut enfin en pleine lumière. Comme en un coup de génie, et en quelques mois, il composa et esquissa, l'une chassant l'autre, ces œuvres de vie et de joie qui furent le *Silène*, la *Bacchanale*, et ce prodigieux haut-relief de la *Fraternité*, qui semble avoir été inspiré par le récit de l'inoubliable journée d'ouverture de l'Exposition universelle de 1878.

Injuste et ingrat envers lui-même, il ne compta plus comme des œuvres dignes de son ambition, ces merveilleuses statues, petites et grandes, qu'il avait semées de-ci et de-là dans les collections des grands personnages anglais.

Dans son for intérieur, il les regarda désormais comme des péchés véniels qu'il était satisfait de savoir ignorés en France, car jamais, à aucune exposition, il n'en montra nul spécimen à ses compatriotes. Ce fut seulement dans les dernières années de sa vie, qu'il leur rendit un commencement de justice et qu'il en voulut reprendre la tradition agrandie.

Pour le moment, il ne rêvait que monuments énormes, dont la pensée, la forme et la couleur élèverait l'esprit et réjouirait les yeux du peuple.

Et ce peuple, qu'il aimait d'un amour à la fois exalté et raisonné, ce peuple dont il était fier d'être l'un des atomes, il le savait n'exister pour lui qu'en France seulement, et nulle part hors de France. Il avait cherché à le retrouver en Angleterre et n'y était point parvenu. Et ça avait été pour son âme un exil de plus.

Pendant qu'il s'occupait d'installer le groupe de la chapelle de Frogmore, la reine Victoria avait voulu l'avoir pour hôte à Windsor, et, de toutes parts il recevait les témoignages d'admiration les plus touchants, et dont il garda toujours le souvenir ému, mais, incapable qu'il était d'un mouvement de vanité, rien ne pouvait atténuer en lui le chagrin de ne pouvoir reprendre sa place parmi ce peuple de France dont il était.

Le 16 janvier 1879, le cabinet Dufaure apportait aux Chambres, une déclaration, annonçant le dépôt d'un projet de loi qui, contrairement au principe général du Droit criminel, étendrait aux contumax le droit de grâce.

En pratique, ce que Dufaure proposait ainsi, ressemblait à l'amnistie, mais ce n'était point l'amnistie. Le parti républicain l'avait déjà vainement demandée réelle et complète, la presse républicaine la demanda plus activement que jamais. L'ami Édouard Lindencher en écrivit à Dalou, qui lui répondit :

25, Trafalgar Square, Chelsea S. W., 27 janvier 1879.

« A l'amnistie, mon pauvre ami, je n'y crois pas et je ne l'ai jamais espérée
« pour ma part ; les hommes d'ailleurs s'amnistient peu, pour ne pas dire point

« du tout, et l'on en veut d'autant plus au prochain que ses torts proviennent
« des nôtres, si tort il y a…, si tort il y a… (tu connais l'air !) Il n'y a pas,
« comme tu le vois, de déception pour moi, je voudrais bien pourtant aller
« là-bas pour me retremper de temps en temps, car la vie que je mène ici est
« bien dure, je te le promets. C'est quelque chose comme l'exil et la prison
« ensemble ; une chose trop difficile à expliquer par lettre. J'y renonce. Seule-
« ment, si tu veux me faire un grand plaisir garde tout cela pour toi. Les amis
« n'ont pas besoin de rien savoir ; les choses se répètent et beaucoup trop de
« gens en seraient heureux. A part cela, la santé est assez bonne, Irma se porte
« aussi bien que peut se porter quelqu'un qui souffre presque continuellement,
« tantôt de rhumatismes, tantôt de maux d'estomac. Georgette est grandie et
« n'a plus de crises, à condition de ne rien apprendre du tout, ce qui est assez
« triste. Les affaires pécuniaires sont passables, quant aux satisfactions de
« toute autre sorte, je puis, sans exagérer, dire qu'elles sont absolument nulles.
« Si, dans mon métier, je m'efforce de faire de mon mieux, c'est pour moi seul,
« comme un acteur qui réciterait un monologue devant les banquettes d'une
« salle complètement vide et, j'ajouterai, peu éclairée si tu veux faire la part
« du brouillard qui s'interpose, à chaque instant, entre le soleil et Londres. Tu
« n'as pas l'air de te réjouir beaucoup, mon pauvre Edouard. Je te souhaite un
« gros lot puisque tu reposes ton espoir là-dessus ; mais, comme tu dis, c'est
« bien chanceux. »

Le jour même où cette lettre arrivait à Londres, le 28 janvier, Mac-Mahon refusait de signer un décret, nommant de nouveaux commandants de corps d'armée en remplacement de ceux qui étaient arrivés au terme fixé par la loi. Placé dans une situation inquiétante, par suite de sa participation au 16 mai, dont les ministres allaient probablement être mis en accusation, et en présence d'une loi d'amnistie à laquelle, si elle était votée, il refuserait, coûte que coûte son contreseing, il se servit de ce prétexte pour abandonner le pouvoir. Le 30, il adressait aux Chambres son message de démission.

Ce même jour Dalou écrivait à Cornaglia :

Glèbe-Place, Chelsea SW. — 30 janvier 79.

« A l'heure où je t'écris, mon vieux Cornaglia, vous avez peut-être un nou-
« veau président de la République. Car ce matin les journaux anglais disaient
« que la crise devait se dénouer aujourd'hui. Il est vrai que ce n'est pas une

« raison pour que cela arrive. Ce serait pourtant bien à souhaiter pour le bien
« du pays, je crois. J'ajouterai que si le maréchal s'en allait je ne mouillerais
« pas beaucoup de mouchoirs. Pour le bien qu'il m'a fait personnellement, tu
« comprendras que mes regrets ne soient pas des plus profonds. Quoi qu'il en
« soit si ça pouvait au moins changer nos situations à tous deux j'en serais
« bien heureux. Et le seul moyen serait que tu le remplaces ; ça te ferait ton
« engagement désiré dans la capitale (rôles marqués) puis, comme j'espère que
« tu m'inviterais à venir prendre un de ces matins une tasse de café à l'Elysée,
« nous aurions le plaisir de crier : Vive la République ! en duo quand viendrait
« la fine champagne. Ne vas pas m'en vouloir de plaisanter un peu, il y a si
« longtemps que nous échangeons des lettres peu joyeuses, qu'il faut me passer
« cet instant d'humour (pour parler *presque* anglais).

« Maintenant, soyons sérieux. Je vais te parler à cœur ouvert. Je t'assure
« que je trouve bien charmant de ta part, le bon vouloir que tu mets à t'occuper
« de moi pour ma rentrée, mais, sincèrement, je voudrais que tu n'en fisses
« rien. Cela, d'abord, ne peut que te donner de l'ennui, du découragement ; mais
« là n'est pas encore la question. Le grave est que *cela ne peut réussir, je t'assure*.
« Les renseignements précis que j'ai là-dessus le prouvent surabondamment. Il
« faut tout attendre d'une amnistie, partielle ou complète. Mais pas de
« démarches *Quelles qu'elles soient il faut demander sa grâce* directement, ou par
« un parent, ce qui est la même chose exactement. Or les démarches, déjà faites
« pour moi, n'ont eu pour résultat que de montrer que je refusais absolument
« l'un de ces deux moyens, ce qui m'a fait plus de mal que de bien, car le peu
« de dignité qu'un homme possède en lui, ne compte à notre époque, et sur-
« tout dans ce cas, que comme une mauvaise note. D'ailleurs la grâce ne rend
« pas les droits civils et politiques. C'est une farce lugubre et cruelle tout sim-
« plement. L'on reste sous l'action de la police. C'est monstrueux, voici mon
« opinion. Je t'en prie ne te blesse pas de ce que j'écris là ; ce serait d'ailleurs
« prendre les choses au rebours, car tu sais que je ne puis être que touché de
« ce que ton amitié fait et désire faire pour moi, seulement, le passé l'a prouvé
« déjà plusieurs fois, c'est faire fausse route. La seule, la vraie, c'est la grande
« route, c'est l'amnistie. Il n'y en a pas d'autre.

« Tu connais mon opinion sur un certain nombre de proscrits, et ma conduite
« vis-à-vis d'eux, depuis que j'ai pu apprendre à les connaître, en fait suffisam-
« ment foi, néanmoins cela n'ébranle nullement ma conviction sur la mesure
« à prendre. Pour quelques gens tarés de plus ou de moins le péril n'est pas
« énorme. Quel est le parti qui n'en compte pas des milliers ?... »

Le 31 janvier Grévy était élu président de la République et, le cabinet Waddington, formé le 4 février, apportait en février même, un projet de loi qui accordait, de droit, le bénéfice de l'amnistie aux condamnés qui auraient été graciés par le Pouvoir exécutif. Malgré les objurgations de M. Ribot, la Chambre vota la loi et le Sénat, transformé par de récentes élections, le ratifia à son tour avec une majorité importante. Restait à savoir si cette grâce aussitôt transformée en amnistie, nécessiterait une demande du condamné ou de sa famille. Une pareille demande, Dalou ne la ferait point et ne la tolérerait de personne, mais il ne poussait point l'intransigeance jusqu'à interdire à ses amis des démarches personnelles, ni jusqu'à leur interdire de mettre en mouvement les influences dont ils pouvaient tirer parti, Cornaglia, pour sa part, revit Coquelin, qui lui-même revit Gambetta, devenu président de la Chambre, et il suivit de près la marche des événements et tint Dalou au courant de ce qu'il apprenait. Le 5 mai, Dalou lui répondait :

Glèb-Pelace, Chelsea, 5 mai 1879.

« Mon cher Ami.

« Je m'apprêtais à t'écrire quand ta lettre m'est parvenue ce matin. Le temps
« me durait d'avoir de tes nouvelles, tout en comprenant qu'il t'était difficile de
« m'en faire parvenir plus tôt, au milieu des préoccupations qui ont dû t'accabler
« et des ennuis qui t'affligent. Juge de ma joie en reconnaissant ton écriture !...

« Je voudrais pouvoir te dire combien j'ai été touché d'apprendre que tu
« avais été au ministère, et cela, à la veille de ton départ alors que tu étais
« ennuyé pour toi-même...

« Jusqu'à présent je n'ai aucune nouvelle de cette affaire excepté ce que tu
« en sais toi-même. S'il arrivait du nouveau je t'en informerais *tout de suite*...

« Encore un mot du bas-relief. Ils l'ont placé, comme je m'y attendais, de leur
« mieux, mais leur mieux laisse à désirer, je trouve. Je suis satisfait, mais c'est
« tout, je ne suis pas le seul, mais nous ne sommes pas nombreux. J'y comptais.
« Ça a l'air d'un lancier parmi les dragons. Là, bien vrai, ça ne parle pas la
« langue du pays et je m'en accuse. C'est la France qu'il me faut et nous ver-
« rons bien si ça ne vient pas de ce coup-ci.

« Tu verras bien que je finirai tout de même par enfoncer la porte un de ces
« jours, avec mon ébauchoir.

« Allons, encore quelques mauvais jours à passer tous deux, mon pauvre
« ami, et puis, tu verras que nous nous retrouverons tous deux à Paris, dans les
« bras de l'un de l'autre, toi avec un bon engagement, comme tu le désires, moi

« avec une commande de la Ville. Un beau rôle à créer, une statue intéressante à
« faire, il n'en faut pas plus pour que deux réputations s'établissent en un même
« jour. Courage et espoir. Voilà le mot d'ordre que nous devons prendre. La qua-
« rantaine n'est pas la vieillesse après tout ! Nous avons au moins vingt ans de
« vie et de santé devant nous. Tant de noms illustres ont dû attendre et souffrir
« si longtemps.

« Au revoir, ami... »

Le bas-relief, dont avait parlé Dalou dans une lettre précédente, et dont il reparlait dans celle-ci, pourrait plus exactement être qualifié de haut-relief car les personnages du premier plan y avancent en ronde-bosse très accentuée. Ce « lancier parmi les dragons » était de forme absolument circulaire cerné par un encadrement hexagonal plat, et mesurait plus de 2 mètres de diamètre. Deux faunes nus, l'un avec sa fine barbe en bouc, l'autre imberbe et deux femmes nues s'y esclaffent. Le faune barbu s'amuse à arroser du jus d'une poignée de raisin, l'une des femmes qui semble être tombée sur le sol, vaincue par le fou-rire. Appuyant ses deux mains sur les épaules de celle-ci, l'autre femme, tout en gaîté, l'empêche de se relever cependant qu'au fond le jeune faune imberbe, aux cheveux bouclés, brodés de lierre, apparaît le visage amusé de l'amusement des autres. Toutes ces figures nues sont d'un savoir inouï, mais fatigant à l'œil, on pourrait même dire exagéré, car en art, le savoir doit rester le serviteur de l'inspiration. Là où il la domine il la fausse. Cet ouvrage avait été exécuté en quelques semaines et il se ressentait de la hâte de son exécution ; il se ressentait surtout de l'habitude que Dalou avait prise, en modelant les figures de démonstration qu'il pétrissait devant ses élèves du College of Art, de donner la prépondérance à la connaissance complète et absolue des anatomies. C'était la première fois que, depuis huit ans qu'il exposait à Londres, Dalou exhibait des figures nues, et il ne fut pas long à voir que la race anglo-saxonne n'a pas le sens artistique nécessaire pour en comprendre ni les beautés chères aux fils des Grecs et des Latins, ni ces bonnes grosses farces de vignerons, heureux de la belle vendange, qui faisaient partie de la religion des anciens et sont demeurées traditionnelles en tous les pays où, dans le rougeoiment des soirs d'automne, après la besogne faite, garçons et filles bras dessus, bras dessous, s'en reviennent en donnant de la voix parmi les festons des pampres que leurs mains ont dépouillés de leurs trésors de chaleur, de force et de gaîté. Ces bonnes grosses bêtises, écloses sous le soleil, ne pouvaient émouvoir, si compréhensifs qu'ils fussent, les fils d'un pays de brume, chez qui les raisins viennent tout coupés, et dans des boîtes et le vin tout cacheté dans des bouteilles.

En France on l'eût comprise cette Bacchanale. Là seulement Dalou pourrait trouver un public capable de jouir des œuvres qu'il voulait réaliser et que maintenant, — cette *Bacchanale* le lui prouvait, — il était prêt à mener à bonne fin.

La *Bacchanale* fut par la suite placée au South Kensington Museum. Elle s'y trouve appendue au mur du grand escalier, et tellement à contre-jour, qu'il n'est guère possible de la bien voir. Le public anglais n'en a pas compris toute la valeur. Dalou, d'ailleurs la reprit à pied-d'œuvre, par la suite, en diminua la dimension, en simplifia les anatomies qu'il jugea trop fortement marquées et en fit la petite fontaine du *Fleuriste* de la Ville de Paris, où nous l'étudierons bientôt pour y trouver un exemple de la marche ininterrompue du Maître vers la plus grande perfection.

Quelle ne fut point sa joie, et combien fut heureuse toute sa maisonnée, lorsqu'au matin du 16 mai 1879 une lettre de Cornaglia lui annonçait, comme nouvelle certaine, la grâce que jusqu'au bout il n'avait pas consenti à demander. Mais il doute encore et il lui répond :

Glèbe-Place, Chelsea. — 10 mai 1879.

« Tu n'es pas seulement le premier, mais le seul à m'annoncer cette bonne
« nouvelle. Je n'ai rien reçu de qui que ce soit. Sitôt que je pourrai avoir la con-
« firmation de ce que tu me dis-là, j'écrirai à Coquelin. Je crois bien faire en
« attendant un peu. Si cela est exact, peut-être partirai-je mardi soir pour Paris,
« mais n'y pourrai rester plus d'une semaine, car il me faut être à mon poste de
« professeur la semaine suivante. Crois que si cela est, je suis bien heureux de
« le tenir de toi d'abord. Cela me consolerait un peu, si cela est possible, du
« chagrin que j'aurai, moi aussi, en pensant que je ne pourrai t'embrasser
« là-bas. Qui sait ? peut-être pourrais-je aller jusqu'à Lyon pour quelques jours
« et nous nous rattraperons alors. Mais cela est soumis à bien des choses ; et
« d'abord, à cette grâce.

Officiellement informé le 20 mai au soir, il prend le premier train et, le 21, au débotté jette en hâte à son ami ce petit billet, écrit au crayon, qui montre bien son ahurissement :

« Mon cher ami, j'arrive à Paris aujourd'hui même, ayant reçu hier soir la
« bonne nouvelle que tu m'as envoyée l'autre jour. Je pense voir Coquelin et
« Céline Chaumont, quel dommage que tu ne sois pas là !! Je ne serai ici que

« six ou huit jours. Je loge près de mon beau-père, Hôtel de la Côte-d'Or, rue
« Mazarine.

« Excuse-moi de ne t'en dire davantage aujourd'hui, je ne sais où donner
« de la tête et trouve tout si étrange !

« Crois-moi toujours ton vieil ami,

J. DALOU. »

Il ne resta que deux ou trois jours à Paris. Ponctuellement, à l'heure dite, il se retrouva au Royal College of Art pour y faire son cours. Puis, sans perdre une seconde, il reprit la tâche qu'il s'était assignée depuis quelques semaines et à laquelle il se donnait tout entier, dans le secret le plus absolu.

Une délibération du Conseil municipal de Paris en date du 18 mars 1879 avait résolu qu'une « statue monumentale de la République, debout et suivant le type traditionnel », serait érigée sur la place du Château-d'Eau. Elle aurait 7 mètres de hauteur et « son piédestal pourrait être accompagné de figures allégoriques ou symboliques ». A cet effet, un concours était ouvert entre tous les sculpteurs français, concours à deux degrés, comportant des épreuves distinctes et que jugeraient un seul et même jury. A la première épreuve il aurait à juger les esquisses, établies au dixième d'exécution et à en choisir trois parmi lesquelles, après exécution au dixième, serait en dernier ressort désigné l'ouvrage définitivement adopté. — Tel était, au résumé, la formule du programme officiel.

As-tu vu des anges ? disait Gustave Courbet à un camarade qui faisait des tableaux mystiques : Non. Eh bien ! puisque tu n'as pas vu des anges ne fais pas des anges ! Et Courbet disait là une profonde vérité.

Tous les maîtres du passé, qu'emplissait la foi naïve, avaient vu des anges, ils les avaient vus en toute sincérité ; et, comme eux, de nos jours, Flandrin en a vus et c'est uniquement pour cela que tous et lui-même ont laissé des créatures angéliques. Murillo, qui n'y croyait guère ne fit que des humains ailés ; le vieux Buonarotti fit des madones parce qu'il avait vu Vittoria Colona, et ne modela ni ne peignit jamais de séraphins, parce que l'indépendance rude de sa pensée ne lui en montrait point.

Courbet n'eût pas demandé à Dalou s'il avait *vu* la République. Depuis sa petite enfance, Dalou l'avait vue et n'avait cessé de la voir. Aussi le programme proposé par le Conseil municipal de Paris lui était-il apparu comme un appel à un acte de foi et, de toute la ferveur de son esprit, il s'était mis à en chercher la plus éclatante personnification.

Il s'en faut de tout que Dalou ait été un simple énergumène; il était enthousiaste, passionné, facile à « l'emballement », c'est évident, mais ses emballements avaient pour point de départ la générosité et le désintéressement de sa raison. Pour lui, la République n'était pas une entité vague ; un idéal nébuleux ; c'était l'avènement de la paix, de la concorde et de l'abondance par la Justice et par le Travail. Telle était sa pensée tout entière.

Et cette pensée, il l'inscrivit simplement, telle quelle, dans sa première ébauche.

De cette toute petite ébauche, il subsiste encore toute la partie où l'on voit, attelé de deux lions, un char dont, à droite, un forgeron, représentant le Travail, et, à gauche, une figure allégorique, représentant la Justice, poussent les roues ; une femme coiffée du bonnet phrygien qui, d'un geste des bras montre la route, est allongée sur l'un des lions et guide la marche du char. C'est là tout ce qui a survécu de la première idée de Dalou. Ce qu'il y avait sur le char, je l'ignore et n'ai pu le savoir. Telle quelle, et si incomplète qu'elle soit, cette ébauche, bien qu'à peine indiquée, n'en demeure pas moins exquise.

Elle est aujourd'hui soigneusement recueillie à Londres dans la collection Heseltine. Quel que fût le reste de cette composition, elle avait le défaut capital de n'être point conforme au programme, qui exigeait une figure de la République *debout sur un socle*. Dalou s'en aperçut, ou on lui en fit la remarque, et il lui fallut trouver une esquisse nouvelle.

Pendant quelques jours, il y renonça et abandonna tout projet de risquer une somme énorme d'efforts et de temps et, de plus, une lourde dépense, dans les aléas d'un concours. Puis, il se reprit et, partant de la même donnée, il établit une ébauche nouvelle, où la République se tenait debout et formant le sommet d'une pyramide à large base, occupée par le char et les lions, flanquée de deux figures principales : le Travail et la Justice, et suivie d'une troisième grande figure, l'Abondance.

Mais, cela trouvé, et lorsqu'il vit s'accumuler les difficultés d'exécution de toutes sortes, il eut des crises de doute et, pour peu, il se fût arrêté en chemin. Il se demanda s'il avait bien le droit d'imposer aux siens les risques d'une telle aventure, et s'il n'abusait pas de la foi et du dévouement de celle qui, sans cesse, relevait son courage.

Déjà il avait parlé de ce concours à son ami Cornaglia, et maintenant, il lui confessait son trouble et laissait deviner ses scrupules intimes :

50, Glèbe-Place, Chelsea. — 17 juillet 1879.

« Aurais-tu résolu de ne plus m'écrire, vilain paresseux, ou bien penses-tu
« que tes lettres me sont moins agréables et nécessaires qu'autrefois, songe
« donc qu'ici, à part ma femme et ma fille, je n'ai guère âme qui vive à qui
« parler. C'est-à-dire, en dehors de ma famille, pas un ami intime, je vais finir
« par croire qu'il t'est arrivé malheur ou bien que tu ne t'ennuies qu'à moitié là
« où tu es. Ceci s'appelle une scène, mais ça n'est pas sérieux. Le vrai est que je
« voudrais bien savoir comment vous vous portez toi et ta famille à laquelle tu
« voudras bien faire mes amitiés et savoir aussi ce que tu fais et penses.

« Trouves-tu mon idée de concours ridicule, crois-tu que j'ai tort de me fourrer
« dans cette affaire? Je me le dis quelquefois, dans mes moments de décourage-
« ment. J'ai envie de tout lâcher, puis l'enthousiasme me revient et je repioche
« de plus belle. Je me dis aussi que j'ai été trop loin déjà pour reculer ; je me
« dois à mes premiers efforts et à mes premières dépenses.

« Ça ne fait rien, dis-moi ton avis tout de même. Si je ne voulais l'avoir et
« ne me croyais pas de force à entendre la vérité, je ne te le demanderais pas.
« J'ai été tenté par l'envie de montrer quelque chose de sérieusement fait et
« d'une certaine originalité, trop peut-être, (pour un concours surtout) plutôt que
« par l'espoir de la réussite, car je n'ose y penser, ce serait trop beau d'en finir
« d'un coup avec l'obscurité, l'ennui et l'éloignement. Cependant, moi qui abhorre
« le jeu et les loteries, j'ai placé tant d'efforts sur celle-là (car un concours
« n'est, pour moi, que cela au fond). Il faut bien avouer que l'espérance de tran-
« cher le nœud gordien qui m'attache au sol anglais est là pour quelque chose. »

. . . .

« Écris-moi vite ou je te croirai soudoyé par la réaction.

A toi bien affectueusement. »

« J.-D. »

Ces mots « pas un ami intime à qui parler » semblent montrer que Legros lui-
même ne fut point non plus que Lantéri tenu au courant du projet de concours ;
une seule personne avait été mise dans le secret, c'était Édouard Lindencher,
à qui Dalou avait, à Paris, éventuellement demandé de venir l'aider dans le
travail d'ornemaniste que son groupe comporterait et, depuis bientôt deux mois
qu'il était de retour, il ne lui avait pas encore écrit pour lui reparler de ses projets. Enfin, le jour même où il vient de confesser ouvertement ses hésitations à

Cornaglia, il détaille à Édouard les difficultés techniques auxquelles il se heurte et qu'il a le sentiment de ne point vaincre entièrement; il laisse sous-entendre son hésitation à pousser l'expérience jusqu'au bout.

25, Trafalgar square, Chelsea S. W. — 17 juillet 1879.

« Tu dois terriblement m'en vouloir de mon silence, mon pauvre ami, je me
« reconnais bien coupable, en effet, mais vois-tu, je rentre le soir tellement las,
« après une longue journée de travail, que je n'ai plus la force d'écrire après
« mon dîner, qui se termine le plus souvent à neuf heures, tellement je reviens
« tard à la maison.

« Mais ce n'est pas tout. Tu vas être encore bien plus fâché contre moi quand
« je t'aurai dit que cette lettre n'est pas ce que tu attendais, après nos conver-
« sations à Paris. J'ai, à mon retour, commencé ce dont je t'avais parlé : l'es-
« quisse en question, j'ai volé chaque jour le plus d'heures que j'ai pu à mes
« travaux commandés, ce dont je me blâme; mais c'était plus fort que moi. D'un
« autre côté, je n'ai peut-être pas eu tort, si je veux arriver à temps. C'est vrai-
« ment un gros travail, plus j'avance, plus je m'en aperçois. Seulement, dès le
« début, je me heurte à une difficulté insurmontable, celle de faire des figures
« sans déterminer le piédestal, pour les écartements, et pour les hauteurs. Enfin
« pour moi tout cela était l'impossible. Dans mon impatience, j'ai dû chercher
« tout seul et, tant bien que mal, plutôt mal que bien, j'ai trouvé. Il l'a bien
« fallu. Tu riras certainement quand tu verras cela, mais que voulais-tu que je
« fasse? Cela me prive de quelque chose de vraiment bien et du plaisir de
« t'avoir avec nous ici, à moins que tu n'aies un congé à prendre, auquel cas,
« Irma et moi nous serions très heureux, tu n'en peux douter, mais je n'ose et
« ne peux, tu dois le comprendre, te faire finir mes ornements, ma prétention
« ne va pas jusque-là. Toi même tu m'enverrais au diable probablement. En
« tous cas, ceci n'est qu'une esquisse et, si le bonheur voulait que ça réussisse,
« il faudrait bien alors te dévouer pour étudier et exécuter la chose en grand.
« Voilà le crime avoué. Il m'en a coûté, car j'ai peur de t'avoir dérangé dans les
« plans de tes travaux, sans compter la joie que tu t'étais promise tout comme
« nous. Je voudrais que tu m'écrives bien vite à ce propos et que tu me dises
« bien franchement ce que tu en penses.

« ..... Si tu pouvais prendre quelques jours de vacances, encore une fois,
« cela nous rendrait *très heureux*, en même temps que tes critiques me ren-
« draient le plus grand service.

« N'en parle toujours pas, je t'en prie, et crois-nous affectueusement à toi. »

Édouard Lindencher eût été aussi, *très heureux* de passer quelque temps auprès du grand artiste, qu'il aima comme un frère et, de la fraternelle affection duquel il ressent quelque fierté ; il s'en était fait d'avance une fête et d'autant plus grande qu'il est, avec Cornaglia, Lanteri, et, plus tard, Auguste Becker et par ailleurs, très peu d'autres, un des rares amis de Dalou, qui ait su conquérir cette amitié, si peu commune, si solide et si charmante de Mme Dalou, en l'absence de laquelle nul ne l'a jamais connue ou n'a jamais su d'elle que les très réels défauts de ses incomparables qualités.

Il obtient un congé de ses patrons, car il était encore chez les frères Fannière, accepte l'hospitalité de la petite maison de Trafalgar Square et annonce sa prochaine venue.

A cette heure, Dalou a repris courage ; il augure heureusement de l'aide morale et des bons avis pratiques qui vont lui arriver, il voit maintenant plus clair dans sa besogne. — Et il écrit :

25, Trafalgar square, Chelsea. — 28 juillet 1879.

« Mon cher Édouard,

« Encore deux mots en hâte ; je crains vraiment beaucoup que mes lettres
« ne t'aient affligé. En somme le mal est moins grand que tu ne le penses peut-
« être. Une fois ici, tu jugeras mieux la situation et feras ce que tu voudras. Puisque
« tu ne m'en veux pas, c'est le principal et, puisque tu comprends aussi qu'il m'a
« fallu m'y mettre comme j'ai pu, dans l'isolement où je me trouve ici, tu vas
« m'être d'un grand, d'un très grand secours et si tu consens à y mettre la patte
« ce sera ton affaire. Donc, tu vois, tout n'est pas perdu, tu vas te moins pro-
« mener que tu ne le voudrais peut-être.

« Voilà qui est entendu, tu ne m'accableras pas trop de reproches, à ton
« arrivée, qui sera prochaine nous l'espérons. Avertis-nous toujours n'est-ce
« pas ? Puis, si tu veux être bien aimable, tu m'apporteras, si ce n'est pas abuser,
« une paire de *gros sabots sans bride;* le sabot du palefrenier, quoi ! Grands j'al-
« lais dire à y mettre nos deux pieds, non, mieux que cela, ceux d'une anglaise
« par exemple. Puis, si tu as des renseignements sur l'olivier, apporte-les, ça ne
« sera pas de trop. Si même tu peux en mettre un tout entier dans ton chapeau
« ça nous sera utile car nous aurons largement à en user.

« Avant de signer il faut que je lâche encore une bombe. La chose est dans

« une tendance Louis XIV !!! style que je vénère par-dessus tout, mais que tu
« n'aimes guère, s'il m'en souvient bien. Ça ne fait rien, ne va pas pour cela
« t'arrêter en route et défaire ta valise. A bientôt.

« Nos amitiés bien sincères à tous deux. »

Édouard arriva bientôt, avec la paire de gros sabots sans bride, destinée aux pieds du forgeron et avec les échantillons les plus divers de toutes les variétés d'oliviers. Il fut enthousiasmé à la vue de l'œuvre commencée et, comme le délai d'envoi approchait et, comme aussi, Dalou, là comme partout, voulait que son projet fût poussé jusqu'au bout, avec la plus scrupuleuse conscience, il le seconda de tous ses instants, si bien que, au lieu des vacances projetées, Édouard trouva à Londres la plus terrible bordée de travail qu'il ait jamais connue. C'était chose fatigante de travailler avec Dalou ; il était toujours à la tâche dès l'aube et ne s'arrêtait qu'à la nuit tombée ; les journées d'été étaient terriblement laborieuses. Maintenant il les prolongeait, il revenait le soir pour faire, à la lumière, les parties qui pouvaient être traitées à la clarté des lampes.

Malgré son bon vouloir l'ornemaniste ne pouvait suivre le sculpteur dans sa poussée de travail et, quand il s'était couché le soir fort tard, il arrivait à l'atelier longtemps après son chef de file bien que, pourtant, à une heure avouablement matinale.

Vers la mi-septembre les mouleurs purent prendre possession du groupe. Mais pour que son transport en France s'effectuât sans accident, il fallut le sectionner en de nombreux morceaux qu'on dut, à grand soin, emballer dans vingt caisses. Elles furent adressées à Paris, avenue de Châtillon, et, là durant près d'une quinzaine, il fut procédé au travail de repérage et d'assemblage des coutures et, pour unifier le tout, on y passa une couche de couleur d'ocre jaune. Ce fut donc contraint par les circonstances, et nullement en vue de se singulariser, que Dalou exposa à la salle Melpomène, une esquisse, dont le plâtre n'était pas blanc comme celui de toutes les autres, qui faites à Paris avaient pu être apportées directement et d'une seule pièce.

Jamais on ne vit une telle profusion de concurrents, quelques-uns, notamment Gautherin et Allasseur avaient envoyé deux exquisses différentes, l'École des Beaux-Arts en avait reçu en tout quatre-vingt-trois ; la salle Melpomène ne suffisant pas à les contenir, tout le rez-de-chaussée du Palais leur avait été consacré. Sur une telle quantité, il y en avait beaucoup de ridicules, de médiocres, de banales et de « pompier », cela va sans dire, mais le nombre des ouvrages remarquables était supérieur à la moyenne habituelle des concours. Au milieu de tout cela le groupe de Dalou éclatait de puissance, d'originalité. Pour tous les artistes ce fut un étonnement et un éblouissement.

Le public, plus nombreux qu'il ne le fut jamais en pareille occurence, faisait cercle autour de cette chose inattendue, les amateurs s'envoyaient, les uns les autres, au quai Malaquais pour la voir. On entendait bien parmi les propos des oracles du Beau et des douaniers de la saine Tradition, cette critique : « Ce n'est pas de la sculpture, c'est de la peinture » et, à l'appui de cela, de brillantes théories, dont Rubens faisait les plus grands frais, les beaux parleurs de l'esthétique qui se piquaient de savoir leur Rubens par cœur, étalaient à bon compte leur érudition : « Le char traîné par des lions ? Rubens ! les roues du char, l'étole des lions, la corne d'abondance, la boule du monde, les traînes des draperies et jusqu'à la main de justice, Rubens ! toujours Rubens ! » « Tarte à la crème ! » eût riposté le rire de Molière. « On est tou.. ou.. jours l'en.. en.. fant de quelqu'un » eût bégayé Bridoison. Les gens qui n'avaient à défendre ni leurs théories ni leurs situations, admiraient bien haut et sans chercher plus loin, comme d'honnêtes gens mis en présence d'une admirable chose.

Le succès de public et le succès d'artistes avait été énorme et quasiment unanime, il restait maintenant à savoir quelle serait la décision du jury chargé de désigner les trois esquisses parmi lesquelles serait choisi, à la deuxième épreuve, l'ouvrage acquis par la Ville.

Le jury se réunit le 14 octobre, il était composé de quatorze membres[1].

Au début de la séance, Castagnary lui proposa de renoncer à la faculté de rechercher trois esquisses entre lesquelles aurait lieu, après exécution, le concours final, et de décerner immédiatement le prix à l'esquisse de Dalou. Personne n'ayant appuyé sa motion, elle se trouva immédiatement écartée. Après une discussion assez confuse la majorité du Jury décida de reléguer au second plan les qualités d'ensemble des projets et de se conformer à la lettre du programme qui disait qu'elle avait à juger « une statue monumentale de la République. »

[1] Il nous a paru curieux de conserver la liste de ce Jury, auquel Paris doit le copieux édifice qui sévit sur la place de la République. Il était ainsi composé :

MM. Hérold, sénateur, préfet de la Seine, président; Mathurin Moreau, *statuaire*, vice-président; Alphand, inspecteur général des ponts et chaussées, directeur des travaux de Paris; Castagnary (*critique d'art*), conseiller d'Etat; Cavelier (*statuaire*), membre de l'Institut; Chapu (*statuaire*); Collin, membre du conseil municipal; Guillaume (*statuaire*), membre de l'Institut; Jobbé Duval (*peintre*), membre du Conseil municipal; Laurent-Pichat, sénateur; Ulysse Parent (*peintre*), membre du Conseil municipal; Schœnewerk (*statuaire*); Vaudremer (*architecte*), membre de l'Institut; Michaux, chef de la division des Beaux-Arts, secrétaire.

En conséquence il fut entendu, en principe, que la statue de la République serait envisagée séparément sans tenir compte de la valeur que l'entourage pouvait lui donner. Malgré cette simplification, plus spécieuse et plus administra-

Le « Triomphe de la République », modèle (au dixième de 1879
(Appartient au Musée de la Ville de Paris.)

tive qu'artistique, dix tours de scrutin furent nécessaires pour aboutir à une solution. Si secret que fut le vote, il a été facile par la suite, de constater, d'après l'attitude prise au cours des délibérations par les sculpteurs faisant partie du jury, qu'ils ne cessèrent de voter contre le projet de Dalou; un seul,

M. Eugène Guillaume, selon une version très autorisée, aurait fait exception.

Plusieurs des juges donnèrent pour raison d'éliminer Dalou, que son projet ne correspondait point aux termes précis du programme et que la forme un peu ovale de son socle ne concordait point avec celle de la place à laquelle le monument était destiné. Argument bizarre : cette place est ovale.

Au dixième tour enfin les trois esquisses appelées à prendre part au concours définitif furent celles de M. Morice, de M. Soitoux et l'une de celles de M. Gautherin.

Puis le jury vota des mentions à décerner à six des candidats malheureux. Là, Dalou n'arriva que le *deuxième* sur la liste avec 10 voix sur 14. D'après des indices, plus que sérieux, on a peu de chance de se tromper en supposant que les quatre votants opposés furent trois sculpteurs et un architecte. Alors, comme à l'épreuve principale, Cavelier n'avait cessé de faire vigoureusement campagne contre l'esquisse du jeune artiste que Manguin, jadis, lui avait préféré pour l'exécution des travaux de l'hôtel Païva.

A la suite de ce scrutin M. Jobbé-Duval, peintre, conseiller municipal émit le vœu que le monument de Dalou fut acquis par la Ville et placé sur une des promenades publiques de Paris. Hérold, revendiqua, comme préfet de la Seine, la priorité de la proposition, regrettant que M. Jobbé-Duval l'eût privé du plaisir de soumettre le premier ce vœu à l'assemblée. La proposition de Hérold fut ratifiée par la majorité. Le rapport rédigé par M. Vaudremer architecte fait mention de cet incident, et ajoute :

« Nous n'avons pas non plus à éveiller de la part du Conseil municipal des
« sympathies que nous savons acquises à l'avance. »

Dalou n'avait que faire de la mention purement honorifique, qui n'avait pas même l'avantage accessoire de le rembourser des frais très considérables que lui avait occasionnés son esquisse et le vœu proposé par Hérold et par Jobbé-Duval était chose bien vague. La solution en était bien aléatoire, et serait bien lointaine sans nul doute. Tel était le désastreux résultat des délibérations, qui décidaient du sort d'une œuvre dont Dalou était, chose presque unique dans sa carrière, et c'était là une chose plus rare encore, resta satisfait et qu'il rêvait d'exécuter colossale et parfaite. L'éclatant succès qu'il avait obtenu devant le public et devant les artistes désintéressés, avait transformé en quasi-certitude cet espoir de la réussite dont il écrivait auparavant à Cornaglia. « Je n'ose y penser, ce serait trop beau d'en finir d'un coup avec l'obscurité, l'ennui, l'éloignement. » Et, après avoir vu se transformer en quasi-certitude, « l'espérance de trancher le nœud gordien qui l'attachait au sol anglais » il allait se voir forcé de reprendre, pour longtemps encore, selon toute apparence, le chemin de l'Angleterre.

Anxieux, il attendait le verdict dans un café situé non loin de l'École et, quand les camarades qui s'étaient chargés de le lui apporter le connurent, ils jugèrent, par le chagrin qu'il leur causait, de la dureté du coup qu'il porterait à leur ami. Lequel d'entre eux aurait le courage de se charger d'une aussi douloureuse mission ? On délibéra. Ce fut le camarade de la Petite École, celui de tous, qui souffrait le plus vivement de ce désastre, mais celui aussi qui se sentait le plus près de son cœur et partant le plus capable de consolation, ce fut son vieil ami de toujours, le bon Aubé, qui se sacrifia et accepta la tâche de porter ce coup.

Le lendemain 15 octobre, Dalou reprenait la route de l'Angleterre et, dès le 16, il écrivait à Édouard Lindencher.

Londres!!! 25, Trafalgar square, Chelsea. — 16 octobre 1879.

« A peine t'avais-je serré la main, mon cher ami, que je me retrouvai déjà
« en Angleterre. Sept insulaires autour de moi ! et les mots anglais de se croiser.
« En veux-tu ? en voilà. En voilà, n'en veux-tu pas ? C'est la même chose. Après
« un léger tribu payé à la mer (histoire de n'en pas perdre l'habitude) j'abordai
« cette île, que j'aspire tant à laisser pour tout de bon, je retrouvai mon monde
« en bonne santé, Dieu merci, etc. »

Il n'avait pas eu besoin « d'enfoncer la porte avec son ébauchoir » ; un instant, il avait cru que, d'un coup d'ébauchoir, il l'avait ouverte à toute volée devant lui ; l'opinion publique avait salué son entrée de ses vivats et voilà pourtant qu'il lui fallait sortir une fois de plus de cette France, où son vœu le plus cher était de revenir à jamais. Un seul espoir lui restait. La proposition Hérold-Jobbé Duval. Mais quand aurait-elle une suite ? Les choses administratives finissent-elles jamais par aboutir ?

Quelle ne fut point sa surprise, lorsque, à peine réinstallé, il reçut une lettre officielle qui l'appelait à Paris. Il y accourut et c'est, cette fois, dans une lettre à Cornaglia, datée de Paris qu'il rend compte des événements.

76, rue Mazarine. — 24 octobre 1879.

« Mon vieil Ami,

« Si je ne te connaissais si bien, je penserais que tu dois être bien fâché contre
« moi pour t'avoir laissé si longtemps sans nouvelles.

« Mais si tu savais combien j'ai été tiraillé pendant ces quelques jours d'ex-
« position ! J'ai dû repartir à Londres après l'insuccès final. Question d'intérêts.
« Enfin j'ai été rappelé ici par une lettre de la Préfecture de la Seine, section
« des Beaux-Arts, pour une communication et une demande de renseignements
« relativement à mon projet de monument. Il s'exécutera, paraît-il, sur une
« autre place : le Trône ou la place de l'Alma, dit-on. N'importe, on me demande
« un devis approximatif ; enfin les choses les plus élogieuses m'ont été dites de
« la part du préfet, qui a voulu se réserver pour lui-même de faire la proposition
« au Conseil municipal. Cela est donc en bon chemin. Cette fois j'ai voulu profiter
« des quatre ou cinq jours que j'ai à passer ici pour rendre une visite à ton père
« et à ta sœur, e les ai vus aujourd'hui avec un grand plaisir.

« *Quoiqu'il arrive* je reviendrai à Paris, les premiers jours de 1880, j'ai déjà
« un grand atelier Chaussée du Maine ; j'entre en jouissance le 1er janvier.

« C'est donc enfin une réalité que ce retour. Au printemps, nous serons
« réunis et je suis convaincu que ta rentrée à toi aussi sera belle et que tes
« efforts et tes succès, là-bas, ne seront pas perdus.

« Ma prédiction sera donc ainsi réalisée : un bon engagement et une bonne
commande.

« A bientôt mon vieux. »

CHAPITRE VI

LES MONUMENTS DE LA VILLE DE PARIS

Au cours de ses conférences avec Hérold, Dalou avait dû établir le devis sur lequel le préfet baserait sa proposition au Conseil municipal.

Encore que le groupe de la place de la Nation ait été popularisé par des millions d'images de toute nature, ce premier devis ne sera que plus facilement appréciable, si l'on a sous les yeux le croquis du projet, rédigé à l'appui du rapport d'Ulysse Parent, en vue de renseigner sommairement le Conseil municipal, au moment où il allait être appelé à en voter l'acquisition.

« Sur un char traîné par deux lions et guidé par le génie de la Liberté, tenant un
« flambeau à la main, se dresse la République, debout, dans une attitude de triomphe,
« de commandement et de protection; elle s'appuie sur le faisceau de la Loi. A ses
« côtés, à droite et à gauche du char, deux autres figures, le Travail et la Justice,
« *poussent à la roue;* la première, sous les traits d'un ouvrier, le torse nu, le mar-
« teau sur l'épaule, le tablier de cuir aux flancs, les sabots aux pieds; la seconde,
« sous la forme d'une femme richement drapée. La Paix, portant les attributs de
« l'Abondance, marche derrière le char et sème sur son passage des fleurs et répand
« des fruits. Des enfants, symbolisant l'Instruction, l'Équité, la Richesse, etc., con-
« courent à l'aspect décoratif de cette grande composition. »

Les cinq grandes figures devaient avoir non plus 3 mètres comme l'indiquait l'esquisse primitive, mais $3^m 50$ de hauteur, et les lions, les enfants, le char et les accessoires, auraient naturellement les dimensions proportionnelles à cette donnée. La hauteur totale du monument, base non comprise et socle non compris, devait être de dix mètres environ.

Dalou évaluait le prix total de la sculpture à 70 000 francs, se décomposant comme suit :

5 figures, 40 000 francs; 5 enfants, 15 000 francs; 2 lions, 6 000 francs; char et ornements, 9 000 francs.

Dans son calcul, il avait fait entrer les frais d'échafaudages, de montage, d'armatures gigantesques, de terre, de modèles, d'aides, les achats ou les locations d'accessoires les plus variés, les frais de moulage et, aussi, le coût de la formidable machinerie qu'il faudrait établir pour le déplacement des masses, à faire virer, en tous sens, malgré l'énormité de leur poids, de même que la consolidation du terrain qui devrait supporter une telle charge.

Il avait tout réduit au minimum de ce que l'ordre et l'économie les plus stricts pouvaient atteindre. Dans son calcul, il n'avait négligé qu'un seul facteur, le salaire de son temps, de son talent et de sa fatigue. L'idée ne semble pas lui être venue de faire entrer en ligne de compte la valeur de ses travaux préparatoires pourtant si longs et si coûteux.

Ceci était chez lui plus qu'un système, c'était un état d'âme dominant, une sorte de piété artistique. Il ne comprenait point qu'on pût faire de l'Art pour gagner de l'argent; il ne pensait à gagner de l'argent que pour pouvoir faire de l'Art. Toute autre conception du rôle de l'artiste le jeta, de tous temps, dans de grands étonnements.

Témoin cette note qu'il écrivait en 1897 à la suite d'une visite d'Antonin Mercié.

« (11 mai). Dans l'après-midi, Mercié est venu à l'atelier. Au cours de sa
« visite, un mot caractéristique et charmant lui est venu : « — Mais vous savez
« combien ce travail est payé ? » me dit-il, parlant d'un monument dont il doit
« faire le pendant. Il y trouvait trop de besogne ! »

Compter ou épargner son temps et sa peine lui semblait chose ridicule et voisine de la bassesse.

En son for intérieur il avait considéré le travail de son grand monument comme une joie qui le paierait de ses efforts. Il eût pensé se faire payer deux fois s'il avait tenté d'en tirer profit. Partant de ce raisonnement, il avait fait son devis en conséquence. Ses ressources, venues d'autre part, se chargeraient du reste; le public anglais, en effet, lui demandait force répétitions de ses figurines. Les moules à bon creux de presque toutes existaient et servaient à en faire des estampages, qu'il reprenait et perfectionnait avant de les envoyer à la cuisson. Cela lui constituait un joli revenu qui, joint à sa place de professeur et à ses commandes d'œuvres nouvelles lui fournissait les éléments d'une aisance, assez large pour pourvoir au train très modeste de sa maison, se créer une réserve raisonnable et payer le déficit éventuel de ses grands travaux.

Il rentra à Londres avec le souci de terminer au plus vite les ouvrages de commande en cours, de n'en point accepter d'autres et la volonté de préparer pour les premiers jours de 1880 son retour définitif à Paris.

D'ici là le Conseil municipal de Paris aurait répondu par oui ou par non à la proposition du Préfet. Une réponse négative n'était guère à craindre. Quoi qu'il advînt, il s'était formellement promis de rentrer en France au début de janvier 1880 ; mais il avait compté sans la folle du logis. A peine eut-il remis le pied à son atelier, qu'elle le replaça en face de ses projets d'œuvres personnelles et lui fit oublier tous ses beaux serments.

Dans une de ses dernières lettres datées de Londres il s'en confesse à Cornaglia.

50, Glèbe-Place, Chelsea (2 avril 1880).

« Mon cher ami. Je me réjouis de penser que te voilà à Paris près des tiens
« et que si tu dois t'absenter, du moins, ce ne sera que momentanément. Nous
« nous verrons bientôt, car j'espère être là-bas dans une quinzaine de jours. Je
« suis retenu à mon grand regret en Angleterre, par deux petits marbres à
« terminer. Je m'y ennuie fortement, mais ne me plains pas, car c'est ma faute.
« Si au lieu de vouloir exposer à toute force, — ce que néanmoins je ne puis
« arriver à faire, — je m'étais occupé simplement de finir les travaux en train,
« comme je le devais, je me serais moins fatigué, j'aurais moins dépensé d'argent
« et tout serait fait aujourd'hui, je pourrais partir et être à Paris ce soir. Il n'en
« est rien et cela, je le répète, par ma faute. J'enrage bien, je te le promets, et
« cependant je suis certain qu'à la prochaine occasion je referai une nouvelle
« boulette de ce genre. Qui a bu boira.

« J'ai bien regretté de t'avoir inquiété par ma dernière lettre ; la situation s'est
« depuis beaucoup améliorée, je rentrerai à Paris dans des conditions de fortune
« passables, c'est-à-dire, pouvant m'installer convenablement et attendre quelque
« temps les travaux qui viendront, je l'espère.

« Mais nous causerons bientôt de vive voix, excuse-moi donc de ne pas t'en
« dire plus long ici. »

A peu de jours de cette lettre, en effet, Dalou quittait Londres et venait demeurer pour toujours à Paris. L'installation convenable qui allait remplacer la confortable petite maison de Trafalgar Square était un appartement d'un loyer de 1 400 francs, sis à quelques mètres de l'atelier, 22, avenue du Maine, au quatrième étage et composé de cinq petites pièces, d'une cuisine et de débarras. Fort peu de gros objets avaient été rapportés de Londres ; le mobilier complété et reconstitué se composait : d'une salle à manger Henri II, en noyer, d'une chambre d'enfant en bois laqué, d'un salon aux petits fauteuils et au petit canapé recouverts de granité à ramages clairs, orné d'une gentille petite commode Louis XV, formant entre-deux de fenêtres; la chambre à coucher était de bon noyer ciré, solidement établi, et complétée par un ou deux fauteuils crapauds, plus quelques chaises volantes; enfin, sur la partie arrière de l'appartement, dans une très petite pièce, chambre de bonne par destination, un lit, des chaises, et une vaste toilette en pitchpin verni.

Dans son ensemble ce petit appartement présentait l'exemple accompli du style que les archéologues des temps futurs seront en droit d'appeler : « le style faubourg Saint-Antoine. » A part quelques gravures anciennes, deux ou trois eaux-fortes de l'ami Bracquemond, deux tableaux de Legros et quelques petits souvenirs de peintres amis, il n'y avait rien qui marquât dans la maison la trace d'un artiste quelconque. On s'y serait plutôt cru chez quelque petit fabricant en voie de réussite ou chez quelque contremaître de grande fabrique.

Le seul luxe qu'on y trouvât était un luxe de soin, d'ordre, de propreté à rendre jalouses toutes les Hollandaises.

En toutes saisons, il y avait dans le salon, des fleurs et des livres.

L'installation, faite en attendant les événements, devait être provisoire, mais, telle elle fut établie en 1880, et telle était encore en 1902 au jour de mort de Dalou[1].

Hérold, sans doute pour ne pas avoir l'air de blâmer la commission, dont il était le président et qui avait éliminé le projet de Dalou, n'avait présenté sa demande au Conseil municipal, qu'après le jugement définitif du concours, lequel avait été retardé jusqu'au 3 mai 1880.

Pendant ce laps de temps, Dalou s'était préoccupé de la perfection de la fonte et avait estimé que son groupe serait plus beau si les figures, au lieu de $3^m 50$, avaient 4 mètres. Malgré cette augmentation de un septième, il ne demandait rien de plus, pour prix de son modèle, que les mêmes 70 000 francs calculés (et comment?) pour les dimensions primitivement adoptées.

Enfin le Conseil municipal statuait, le 29 juin 1880 en ces termes :

La ville de Paris fait acquisition, pour la somme de 70.000 francs, du groupe de M. Jules Dalou, dont l'esquisse a figuré à l'exposition du concours d'une statue monumentale de la République.

Ce groupe sera fondu en bronze, les figures principales mesurant 4 mètres de

---

[1]. On se rendra compte de la simplicité de cet intérieur, quand on saura que, en ajoutant au prix des meubles meublants, vendus aux enchères, après la mort de Dalou, la valeur de ceux qui furent conservés par sa fille ou donnés par elle, en souvenirs, aux collaborateurs de l'artiste, on n'atteignit point le chiffre de 2 000 francs. En un temps où les artistes arrivés ont des domiciles de fermiers généraux, ce détail semble intéressant à conserver.

hauteur, sauf modification qui serait apportée à ces proportions, si l'expérience le commandait.

Une somme de 140 000 francs sera affectée à la fonte, qui sera surveillée par M. Dalou. Il choisira le fondeur et s'entendra avec lui pour tous les détails relatifs à l'exécution du bronze.

Pour faire face à la dépense totale de 210 000 francs nécessitée par le prix du modèle, soit 70 000 francs et celui de la fonte, soit 140 000 francs, il sera prélevé annuellement une somme de 50 000 francs au chapitre des Beaux-Arts, sur les budgets de 1880, 1881, 1882, 1883 et 1884.

Le reliquat de ces sommes, soit 40 000 francs, sera applicable à la construction du piédestal, au transport et à la mise en place.

Le groupe de M. Dalou sera érigé au centre de la place du Trône; la face du monument sera tournée dans la direction du faubourg Saint-Antoine.

La place du Trône sera dénommée dès lors : PLACE DE LA NATION.

Tous les détails des documents ici cités ont chacun son importance au point de vue de l'historique du monument de la Place de la Nation.

Maintenant, le monument n'avait plus (toujours base non comprise) dix mètres de hauteur, il en avait près de onze, et aucun atelier n'était assez grand pour lui fournir ni la hauteur ni le recul indispensables.

Le Préfet de la Seine avisa Dalou qu'il allait faire établir, dans un terrain appartenant à la Ville, un bâtiment, de construction légère assez vaste pour qu'il y pût édifier son œuvre.

En attendant que cet atelier fût prêt, Dalou retourna chez les ornemanistes et, comme avant 1870, redevint simple ouvrier; il fit chez eux « pour gagner sa vie », des travaux variés, dont d'aucuns, pour oubliés ou ignorés qu'ils soient, peuvent compter en bonne place dans son œuvre. J'y reviendrai en temps et lieu.

Le bâtiment, élevé par la ville de Paris, était situé rue Montessuy, près du Champ-de-Mars, à côté de l'endroit où se dresse la haute tour polychrome, carrée et à girouette bizarre qui orne les bâtiments annexes et les écuries des magasins du Louvre. Les travaux en furent conduits par l'ancien membre de la Commune, Arnold, qui était employé à l'agence de M. Bouvard, architecte de la Ville. C'était une façon de hangar en planches jointes par des lamelles de bois, et couvert d'un énorme vitrage ; pour parquet, il avait le sol tel quel. On y cuisait en été, tandis que, en hiver, il était impossible de songer à s'y réchauffer ; lors des grandes averses ou lors des dégels, il y pleuvait par endroits. Deux marches taillées en pleine terre, à la bêche, et soutenues par des piquets de bois, y donnaient accès par une porte large, haute, flottant sur ses gonds et fermée par une clavette grinçante. La longueur atteignait environ 30 mètres, et la largeur à peu près 25, la hauteur était de 15 mètres. Cela ressemblait, dans son tout, à un manège où l'on aurait oublié de niveler convenablement le sol.

Près d'une petite porte, au fond, était installé un lit pour le veilleur de nuit. C'était, avec un placard en bois blanc, le seul meuble de tout l'établissement.

Du jour où il vit que la hauteur de l'atelier lui permettait de monter son groupe presque jusqu'à 15 mètres, et que le recul fourni par sa largeur et par sa profondeur y suffisaient amplement, Dalou fut hanté par l'idée de donner à ses figures non plus 4 mètres, mais 4^m,50, si bien que le groupe aurait maintenant 22 mètres de long sur 8 de large et plus de 12 de hauteur.

Il céda d'autant plus facilement à cette obsession que Mme Dalou l'approuvait, estimant que le suprême devoir de chacun est de donner à tous, le maximum de ses forces et de ses talents. Pourvu qu'elle pût équilibrer son petit budget, dût-elle le réduire encore, peu lui importait le reste. Le reste était le superflu et, selon son opinion et ses principes arrêtés, le superflu n'était rien moins qu'un droit.

Il fit donc des démarches à la Ville pour obtenir les autorisations nécessaires et il les obtint.

Inutile d'ajouter que, malgré cette augmentation, de moitié sur les prévisions de 1879, il ne demanda pas un centime au delà des 70 000 francs de son premier devis.

Sur la partie du sol, consolidée par une maçonnerie assez forte pour ne point fléchir sous le poids de la masse de terre et de l'édifice formé par les armatures de fer qui lui servait d'appui de toutes parts, on établit quatre paires de rails posés en croix et, sur chaque paire de rails, de puissants wagonnets destinés à recevoir, chacun un groupe, savoir : celui d'avant, le groupe des deux lions et de la figure de la Liberté, ceux de droite et de gauche, respectivement, le groupe de la *Justice* et celui du *Travail*, le groupe d'arrière enfin, la figure de l'*Abondance* et ses accessoires. Au centre, une charpente fixe supportait le corps principal du char, la boule et la République ; mais, par une construction en sapines puissantes, il avait été installé au milieu de la boule sur laquelle repose la statue de la République, une plaque tournante, qui permettait de faire évoluer, — de même que la Giralda de Séville, — sans grand effort, cette énorme masse de glaise.

Les serruriers, les forgerons et les charpentiers d'abord, eurent à dresser l'édifice de fer et de bois qui devait servir de carcasse au monument, et cela d'après une maquette construite par le maître.

Étant donné les dangers d'écroulement résultant de l'unité du groupe, de la diversité des résistances imposée par la variété de ses formes, et de l'absence totale de point d'appui étranger, cette maquette avait nécessité un véritable travail d'ingénieur compliqué et, d'autant plus étonnant, qu'il était le fait d'un homme sorti, à treize ans, de l'école primaire.

Enfin, au mois d'avril 1881, après que les ouvriers et les manœuvres eurent établi les grandes masses, Dalou se mit à la besogne.

Dans mes souvenirs, déjà lointains, ce n'est jamais sans émotion que je revois, devant cette ébauche gigantesque, ce petit homme maigre, chétif, malingre même, se tenant très droit, avec des gestes de tête, tout à la fois brusques et réfléchis, des plissements de sourcils qui dessinaient sur son front une résille de petites rides très fines, cependant que le regard de ses yeux bleus restait fixé dans un sentiment inquiet de recherche, et que sa mâchoire inférieure avançait avec un mouvement de volonté et faisait saillir plus osseuses encore ses pommettes fortes et accentuées, où seule, dans son teint mat, une légère coloration rose apparaissait. Le nez long, mince, légèrement aquilain, la chevelure et la barbe d'un châtain clair, peu fournies, frisant légèrement l'une et l'autre, et taillés court toutes deux, complétaient cette curieuse physionomie, où pas un atome de prétention ni de pose ne pouvait être découvert.

Tel j'ai vu Dalou en ces heures-là, tel je le reverrai toute ma vie. Et quand il m'apparaît à nouveau, monté dans les échafaudages, à quarante pieds du sol, étranger à tout ce qui ne se passait point là-haut, étranger à soi-même, et paraissant plus petit et plus grêle encore, à côté de l'énorme et robuste figure debout de la République, au geste majestueux, que vivifiait sa main longue aux doigts nettement détachés, grêles, vigoureux et mobiles, aux phalanges accentuées, modelées en corde à nœuds ; alors, machinalement, je me prends à réciter, tout haut, cette belle *Terza Rima* de Gautier :

> Quand Michel-Ange eut peint la Chapelle Sixtine,
> Et que de l'échafaud sublime et radieux,
> Il fut redescendu dans la cité latine,
>
> Il ne pouvait baisser ni les bras, ni les yeux,
> Ses pieds ne savaient plus comment marcher sur terre
> Il avait oublié le monde dans les cieux [1].

Dalou avait voulu que son monument fût, de prime abord, monté et massé de la base au sommet. Il tenait à pouvoir se rendre un compte absolu de la grande silhouette de son œuvre, sous tous ses aspects, afin d'en bien posséder

---

[1] Théophile Gautier, Poésies complètes, *Terza Rima*, t. 1. p. 309.

le tout, d'en harmoniser sûrement les parties et de parer aux surprises que le décuplement du modèle pourrait apporter.

En vain des hommes d'expérience lui avaient exposé les dangers d'une pareille marche de travail, et montré les déboires qu'on en devait attendre ; il était demeuré inébranlable.

Dès lors, sous sa surveillance, et avec l'aide de manœuvres chargés des travaux de force, des modeleurs couvrirent les armatures et, le compas à la main, procédèrent à la copie de l'esquisse dix fois augmentée, c'est-à-dire centuplée au cubage. Ce serait manquer à la tradition et à la mémoire de Dalou, que ne pas citer les noms des hommes qui l'aidèrent dans ce travail, de l'énorme étendue duquel on ne se rend compte qu'en regardant le monument. Il fut d'abord dirigé, en l'absence du maître, par un praticien du nom de Rubin, aidé par un autre praticien nommé Simon, qui lui succéda totalement, ensuite vint un ornemaniste, Louis Strait, qui s'occupa de la partie purement ornementale et en qui le maître avait une confiance entièrement justifiée, qui se transforma, rapidement, en affection profonde. Ce fut Louis Strait qui refit, en 1884, le montage du monument, quand Dalou le recommença. Il eut dans cette œuvre, pour collaborateur, à partir de 1885, un jeune praticien, M. Auguste Becker, à qui Dalou voua par la suite une affection paternelle.

Le labeur attentif et consciencieux de ces auxiliaires, lui laissa la liberté de temps et d'esprit qui lui a permis de conduire parallèlement à l'exécution du *Triomphe de la République* les monuments et les statues qu'il a produits de 1881 à 1889.

Quand les aides de Dalou eurent, mesure pour mesure, et point pour point, géométriquement, reproduit l'esquisse au dixième d'exécution, et telle qu'elle avait figuré à la salle Melpomène, — abstraction faite du socle et de son ornementation lourde, désormais abandonnés, — Dalou se mit en peine de modeler chaque partie.

Mais, le travail qui avait décuplé mathématiquement l'esquisse en avait non moins mathématiquement décuplé les fautes de proportions. D'abord sur le groupe du Forgeron, puis sur celui de l'Abondance et sur celui des lions, l'artiste s'efforça de rétablir les proportions justes, mais, après avoir achevé le premier de ces groupes, mené déjà loin le deuxième et vainement essayé de réaliser celui de la Justice, il constata l'impossibilité d'arriver à rien de parfait. Sur le groupe des lions seul, le travail ne fut pas intégralement inutile.

Alors il prit le parti *de tout recommencer*. Et il recommença tout à pied d'œuvre. Il s'isola dans un atelier, boulevard Garibaldi, et là, avec des minuties de mesurage extraordinaires il établit, et cette fois, une par une, au sixième d'exécution d'après le modèle vivant, d'abord nu, puis, drapé, chacun des cinq personnages principaux et chacun des cinq enfants qui figurent dans son groupe.

Les lions constituaient la partie la moins imparfaite de l'esquisse venue de Londres. Ils y avaient été faits d'après des croquis pris, à de nombreuses reprises, au *Zoological Garden*, Dalou y allait le soir, avec sa femme et sa fille, et, pendant que l'enfant s'amusait à regarder les grosses bêtes, lui, guettait leurs mouvements et les notait. C'est ainsi qu'il avait saisi le dressement de tête fier et superbe du lion de droite et le mouvement adorablement câlin du jeune lion de gauche frottant son mufle contre le timon.

Au moment où « la nature » donna ce mouvement de douce béatitude, Dalou enthousiasmé, saisissant son album, s'était écrié :

« — Ah, s'il pouvait garder la pose! »

Et Mme Dalou, non moins enthousiasmée que lui, par le sentiment exquis de ce geste qu'il fallait ne pas laisser perdre, riposta tranquillement.

— Tu vas voir, il ne bougera pas!

Et, avec une simplicité telle, que nul n'eut la sensation d'une imprudence, elle passa son bras à travers les barreaux de la cage, enfonça sa main dans la crinière du fauve et lui gratta le front, comme s'il n'eût été qu'un vulgaire chat. Le « tout jeune petit lion si gentil », (comme, tout en riant de cette bonne plaisanterie, elle l'appelait, par la suite,) parut enchanté. Et il « garda la pose ».

Et voici le secret de cette merveille qu'est le lion au mufle abaissé du char de la République. Ni Barye malgré tout son génie, ni M. Gardet malgré tout son talent, si savant et si vivant, ni aucun animalier quelconque n'a rendu l'intimité et la douceur du lion comme Dalou les a rendus là.

Quand, au moment de l'exécution du grand modèle, il eut constaté les imperfections du petit, le dompteur Pezons le mit à même de les rectifier, dans sa ménagerie, soit d'après les études qu'il lui laissait faire d'après ses lions, soit d'après des squelettes qu'il lui prêtait. Pezons poussa l'amabilité jusqu'à lui offrir une lionne qui venait de mourir et qui lui servit à faire, en hâte (à cause de la rapidité de la décomposition), deux très belles études, savoir : la tête et une patte, qui ont échappé aux massacres habituels de leur auteur. La tête est un plâtre, la patte une terre cuite.

L'attelage du char fut le premier terminé, et, en présence de la menace d'écroulement, il fallut le mouler sans retard. Il resta dans sa prison de plâtre pendant plusieurs années. Le Génie de la Liberté, couchée sur l'un des lions, s'y trouva enfermé aussi jusqu'à la ceinture; le haut du corps, au contraire fut laissé en glaise, Dalou n'en était pas content, il n'arrivait point à en améliorer la draperie, trop massive selon lui, dans l'esquisse. Il voulait tantôt la refaire, et tantôt la supprimer totalement. Malgré des mouillages réguliers toute cette partie du Génie finit par tomber en morceaux informes.

A tout faire en grand et à tout refaire en petit Dalou dépensait un temps énorme et des sommes telles que, au début de 1885, l'épuisement de ses crédits était proche, alors qu'il était encore loin d'avoir achevé son travail.

Un simple fait donnera une idée des frais accessoires qui dévoraient, au jour le jour, une large part du budget. Une personne était chargée de l'arrosage des terres et, en outre, en hiver, de veiller au chauffage de jour et de nuit, pour éviter les gelées. A elle seule cette dépense de mouillage et de chauffage s'était, factures en main, élevée de 1881 à 1885 à plus de 6 500 francs.

Par lettre du 18 avril 1885, Dalou avertit le Préfet de la Seine de l'impossibilité où il allait se trouver de continuer son travail sans un supplément de crédits. Le Conseil municipal fut saisi de la question.

En date du 3 août 1885, M. Hattat, conseiller municipal, présenta un rapport sur cette affaire. Le sculpteur avait touché 60 000 francs d'avances successives et, en plus, fait, de ses deniers, près de 4 000 francs de dépenses M. Hattat s'appuyait sur le rapport d'une commission spéciale chargée, par arrêté préfectoral du 20 mai, de constater l'état réel des choses. Elle avait trouvé « une comptabilité régulièrement tenue » par l'artiste qui justifiait de 63 896 fr. 75 de dépenses faites et avancées par lui. Il avait fourni à l'appui de ses comptes, (écrit le chef de la comptabilité et du contrôle des travaux d'architecture, secrétaire de cette commission spéciale) : « non seulement les mémoires et factures des diverses fournitures, mais encore, la presque totalité des notes acquittées remontant, pour la plupart, à une époque déjà éloignée ».

Ceci dit, pour donner une idée du rigoureux esprit d'ordre de Dalou, et pour montrer que c'est en parfaite connaissance de cause qu'il avait négligé de tenir aucun compte du prix de son travail personnel ; les frais de ses études supplémentaires, n'étaient pas relevés. L'artiste estimait à 40 000 francs au delà du chiffre primitif, la somme qui lui resterait à dépenser. La commission jugea que 30 000 francs suffisaient. Dans son rapport, M. Hattat expliquait que la faute du mécompte survenu ne pouvait être imputée à l'auteur du devis de 1879, mais qu'elle était la conséquence des changements qui s'étaient produits depuis lors et qu'il était impossible de prévoir dans un travail d'une importance sans précédents.

« Vous remarquerez, poursuivait le rapporteur, que l'allocation supplémentaire de 30 000 francs ne laisse aucun bénéfice à l'artiste pour le temps consacré par lui à son œuvre et qu'on ne peut évaluer à moins de quatre années ».

Et le rapporteur formulait que, si l'artiste devait, dans une certaine mesure, porter le poids de l'erreur commise par lui, dans l'estimation, il serait injuste de le laisser sans aucune rémunération. Il proposait en conséquence de lui allouer, *après achèvement complet* du monument, et *sur avis favorable* de l'administration, une *indemnité* de 20 000 francs, en compensation de son travail.

M. Hattat en l'estimant à « au moins quatre années », était dans l'erreur, car, en plus des quatre années écoulées, Dalou travailla près de quatre autres années encore sur le groupe de la Place de la Nation. Il ne faudrait cependant pas se hâter de jeter le blâme sur ceux qui ont proposé le chiffre dérisoire de cette indemnité, éventuelle et lointaine. Tout au contraire. Ils l'ont fait de leur initiative personnelle, par un sentiment d'équité, et de leur mieux, eu égard aux finances municipales dont ils étaient les défenseurs attitrés. Dalou ne leur avait pas même demandé une somme quelconque pour prix de ses peines. La seule chose qu'il avait demandée, c'était que son monument fût fondu à cire perdue. La somme de 140 000 francs, prévue pour le modèle primitif, aux figures de $3^m,50$, en eût soldé les frais, mais, après les augmentations successives qu'il avait subies, il n'était plus possible de songer à s'en tenir à ce chiffre. Seule la fonte de fer cuivré permettait de rester dans la limite de la dépense votée ; seulement, avec elle, toutes les finesses de l'œuvre se seraient trouvées alourdies et empâtées, détruites.

Le préfet, s'appuyant sur les estimations des divers grands fondeurs de Paris, demanda un supplément de crédit de 110 000 francs, qui permettrait d'adopter la fonte en bronze ordinaire et proposa de traiter avec la maison Thiébaut.

Dalou n'aimait point la fonte au sable, procédé industriel fécond en imprévu, où les scories des jets du métal et les défauts du moule doivent être réparés par des ciseleurs qui, devenus dès lors des intermédiaires entre l'artiste et la forme définitive de son œuvre y laissent la trace de leurs négligences ou de leurs excès de zèle. Si fidèle et si intelligente qu'elle soit, leur interprétation ne peut reconstituer, avec justesse, les insaisissables vibrations de plans qui sont, en sculpture, le principal secret de la coloration ; fatalement l'inévitable brutalité du moulage au sable et de la coulée de métal en fusion les font en grande partie disparaître. Dans le procédé de la cire perdue, qui fut celui des maîtres florentins et des grands sculpteurs du temps de Louis XIV et de Louis XV, nulle main étrangère ne participe au travail de l'artiste. Telle il aura poussé jusqu'au bout, son œuvre, et telle elle devra sortir intacte et parfaite du moule.

En théorie, la fonte à cire perdue est une opération des plus simples, mais, en pratique, elle est d'une difficulté telle que, depuis un siècle et demi, on y avait à peu près totalement renoncé, sauf, et exceptionnellement, pour les pièces de peu de volume.

Jusque vers 1880, les moyens pratiques d'application de cette fonte, à des pièces quelque peu volumineuses étaient absolument abandonnés et considérés comme introuvables, lorsqu'un ouvrier fondeur, M. Bingen, pauvrement installé dans une baraque en planches, rue des Plantes, à Montrouge, parvint à produire diverses fontes d'importance relativement considérable et qui étaient de la plus rare perfection. Dalou les vit, et M. Bingen se déclarant capable de fondre de même les figures de 4^m,50, Dalou « s'emballa » d'autant plus passionnément, que le cas personnel de cet ouvrier était celui que, dans ses pensées d'universelle justice, il rêvait pour tous les ouvriers.

Mais il n'était point homme à se contenter d'une affirmation aussi grave sans la contrôler. Or, M. Bingen voulait bien promettre la réussite, mais, en inventeur prudent, il refusait de révéler ses moyens d'y parvenir. Dalou, qui, hanté par ses idées de fonte à cire perdue, avait déjà tenté quelques investigations, résolut d'en étudier à fond le problème, non pour supplanter Bingen, mais pour pouvoir, ainsi que c'était son droit, désigner à l'administration de la Ville, l'homme qui devrait être chargé d'effectuer la fonte de son monument, et, ainsi que son devoir de conscience l'exigeait, ne le lui désigner qu'en connaissance de cause.

Une telle étude lui eût demandé un temps qu'il pouvait difficilement sacrifier et un travail d'érudit, dont il n'était pas coutumier. Mme Dalou s'en chargea et fit si bien, que, partant d'ouvrages du xviie et du xviiie siècle [1], et remontant aux

---

[1] 1° *Description de ce qui a été pratiqué pour fondre en bronze, d'un seul jet, la figure équestre de Louis XIV élevée par la Ville de Paris sur la place de Louis-le-Grand (place des Victoires) en 1699, enrichi de planches en taille douce par le sieur Boffrand architecte du roy et de son Académie royale, premier ingénieur et inspecteur général des ponts et chaussées du royaume.*
Paris, Guillaume Cavelier père, rue Saint-Jacques, au Lys d'or, 1743, in-folio.

2° *Description des travaux qui ont précédé, accompagné et suivi la fonte en bronze, d'un seul jet, de la statue équestre de Louis XV, dressé sur les Mémoires de M. Lempereur ancien échevin, par M. Mariette, honoraire-amateur de l'Académie royale de peinture et de sculpture.*
Paris, à l'imprimerie de P.-G. Lemercier, 1768, in-folio.

Ces deux superbes ouvrages contiennent, outre la description technique de toutes les opérations de la fonte à cire perdue, des planches de la plus grande beauté et de la plus méticuleuse précision représentant toutes les opérations des fondeurs et les appareils employés par eux, ainsi que l'image de leur travail, à chaque étape de son achèvement.

sources, elle parvint à reconstituer toute la technique de la fonte à cire perdue à grande échelle; abstraction faite du tour de main, que Bingen possédait, sans conteste au plus rare degré.

A partir de là, Dalou put, sans scrupule et sans arrière pensée, répondre devant l'administration de la Ville de Paris et devant la commission du Conseil municipal, de la réussite de la fonte de son monument, telle qu'il la demandait.

L'aventure était si grosse que, l'administration, prévoyant des déboires, conseilla la fonte au sable, et que la commission refusa de se prononcer en faveur du procédé Bingen, laissant au Conseil le soin et la responsabilité de trancher la question.

Elle lui proposait seulement d'accepter l'offre que lui avait faite M. Bingen d'exécuter, à cire perdue, à ses risques et périls, la fonte d'une des figures de 4^m, 50 et de surseoir à statuer sur la question de fonte, jusqu'à ce que les résultats du travail de M. Bingen aient pu être appréciés. Son devis total aboutissait au même chiffre que celui de la fonte au sable de la maison Thiébaut, soit 260 000 francs. Des devis d'exécution en cuivre repoussé (230 000 francs), et en fer cuivré (140 000 francs), — procédés tout à fait insuffisants, — avaient été écartés *de plano*.

Les propositions relatives aux suppléments de crédit accordés à Dalou et à l'augmentation de crédit pour la fonte furent votées sans discussion.

Par les pièces annexées au Rapport le Conseil était informé de l'état d'avancement des travaux, à la mi-juillet 1885. Et il était celui-ci : toutes les statues étaient refaites, nues et drapées, au sixième d'exécution, les lions et le bas du Génie étaient dans le plâtre, une partie des ornements du char était achevée, le grand modèle nu de la *Justice* était terminé et ses draperies étaient en cours d'exécution, assez avancée pour qu'on pût être certain de pouvoir la mouler très prochainement. Bingen devait faire, et fit en effet, son essai sur cette grande figure. L'enfant qui accompagne la *Justice* n'était que massé. Du *Forgeron* il ne restait plus rien, et rien de plus ne subsistait de l'enfant portant des attributs de travail, sinon des restes de terre desséchée et sans forme. Quant au groupe de derrière : l'*Abondance* et les trois enfants qui l'accompagnent, ce n'était plus qu'une véritable forêt de ferrailles entrecroisées. Enfin, la statue de la République était achevée, et prête à mouler. Elle le fut en effet, mais Dalou, mal satisfait de l'effet de la robe, la recommença par la suite, totalement, d'abord au sixième avec parties remodelées en cire très dure. Puis, en 1887, il la sculpta à nouveau, tout entière, dans une sorte de mannequin de plâtre, monté sur des armatures de bois et de treillage et modelé au *maigre*, c'est-à-dire de façon à pouvoir ajouter des épaisseurs de plâtre dit *plâtre à la main*, auxquelles on donnait leur forme définitive, à coups d'outil, comme on eût fait dans de la pierre. Le maître s'était laissé persuader que le travail, ainsi conduit, serait moins long que le recommencement de tout le modelage en terre, mais il vit bientôt que, mené de la sorte, il aboutissait à des difficultés terribles. Il avait fallu dresser le mannequin dans un échafaudage de 4 mètres de haut, dont les incessantes montées et descentes lui causaient une énorme fatigue; le réseau des échelles et des madriers lui cachaient l'ensemble de sa statue. Il la continua néanmoins, de la sorte, quoique fort troublé par ses doutes sur ce qu'il produisait ainsi. Il fut récompensé de ses peines le jour où, tout étant fini, il aperçut sa statue, au sommet de l'édifice mis en place. Ce lui fut une surprise. Pour une des rares fois de sa vie, il fut satisfait de son ouvrage. A tailler ainsi, presque à coups de hache, dans le bloc d'où il tirait cette statue il s'était trouvé l'établir par grands plans et augmenter l'effet de puissance, de simplicité et de grâce virile qu'elle produit à la hauteur où elle est placée.

Semblable à l'esquisse de 1879, la *République* terminée et abandonnée, avait le corps tant soit peu incliné en arrière et légèrement infléchi vers la droite. Elle était amplement vêtue d'une longue robe tombant jusqu'aux chevilles, qu'elle couvrait à peu près totalement, les pieds nus avaient un geste de marche ferme et fière. Attachée à l'épaule droite, la robe couvrait la partie droite du buste, les plis de la jupe épousaient le mouvement des hanches et celui de toute la jambe gauche, cependant que, dans sa partie opposée, le vent la faisait flotter en arrière et vers la droite. Une lourde pièce d'étoffe retenue par le bras droit, qu'elle recouvrait jusques et au delà du coude, formait une sorte de manteau très abondamment drapé; elle se développait derrière le dos, avec une courbure de voile enflée par la bonne brise, puis, reprenant la ligne générale du corps et venant se placer entre lui et le faisceau que tient le bras gauche, elle se terminait par un éboulis de plis, débordant sur la boule qui surmonte le char. A la hauteur de la hanche, elle était rejointe par le nœud en choux et par la chute copieuse d'une écharpe très large qui, de droite à gauche, barrait le buste dont elle ne laissait de nu que la partie gauche. Le bras gauche, également nu, était étendu vers le faisceau où s'y appuyait la paume de la main, les doigts repliés pour le soutenir.

Tous ces fouillis de plis, dont plus d'un avait été composé par la nécessité de « boucher des trous » avait été conçu dans une « idée de couleur ».

Pour qu'elle dominât, comme elle le devait, l'effet de l'ensemble, il fallait que la statue de la République fût, et à beaucoup près, plus attirante à l'œil que toutes les figures de tous les groupes réunies. Or, il lui était impossible de lutter d'éclat avec toute la partie basse du monument. Sa chaude coloration amoindrissait la simplicité lumineuse de celle-ci et était éteinte par elle.

C'est ce que vit Dalou à ce moment. Le : « Ça ne va pas comme cela », qui dit tout en pareil cas, fut son seul raisonnement. Son génie trouva le reste. La leçon lui profita d'ailleurs et, désormais, nous ne le verrons plus se laisser maîtriser par « l'idée de couleur » jusqu'au point de lui sacrifier « l'idée de ligne ».

Cette critique, applicable à son esquisse de 1879, et qu'il sentit plus tard applicable à certaines parties importantes de son monument définitif, il l'a résumée en cette réflexion.

« (24 *mai* 1894). — En sculpture on se trompe en voulant trop regarder et
« s'inspirer des peintres coloristes, qui ne dessinaient pas ou dessinaient insuffi-
« samment. La sculpture (un dessin sur toutes les faces) n'a pas grand chose
« de commun avec la coloration; elle a sa coloration propre, qui tient surtout
« du dessin; le modelé se produisant par les contours. Mieux vaut donc regar-
« der et s'inspirer *d'abord de la nature* et ensuite des maîtres comme Raphaël,
« Ingres, etc. »

Dès qu'il eut vu le défaut de son esquisse, et sans autrement s'égarer dans les théories, il se retourna vers la nature, vers Raphaël, vers Ingres, vers les antiques surtout, et il accumula les petites maquettes pour arriver à une esquisse nouvelle.

Maquette n'est, somme toute, pas le mot juste, car chacune de ces statuettes était poussée comme si elle avait été destinée à survivre définitivement. Le moulage d'une de ces études de nu, étude d'essai, non utilisée, a été retrouvée. Il est un « morceau » d'une telle beauté et si complètement terminé qu'il a suffi de le prendre tel quel pour en faire le modèle d'un bronze. Dans le nouveau type de la *République* le mouvement général du corps devint droit, la tête droite, regarda simplement devant elle; le grand manteau fut complètement abandonné et le bras droit, dès lors entièrement dégagé de son poids, s'allongea sans effort, la main étendue en un geste d'apaisement et de sereine tranquillité. Cette fois, l'écharpe traditionnelle était légère et partait du haut du bras gauche, qu'elle couvrait à peine, sans le charger; elle venait se nouer sur la hanche, un peu en arrière, en amincissant rapidement ses lignes et en laissant flotter derrière elle deux bouts légers, sans tordions ni gros nœud. Par ainsi, toute la partie droite du buste se trouvait comporter un morceau de nu, dont les lignes pures formaient un tout homogène avec la simplicité du mouvement du bras droit. Le haut de la robe couvrait le sein gauche, découvrait le sein droit, et, soutenu par l'écharpe, se groupait à la ceinture, en plis retombants, des plus légers. Quant à la jupe, moulant tout le reste du corps, elle prenait désormais par la simplicité de son allure, par la sobriété de ses plis, par sa légère envolée en arrière, des airs de parenté avec celle de la Victoire aptère.

L'UNE DES ÉTUDES DE NU DE LA STATUE DE LA RÉPUBLIQUE (hauteur 45 cent.).

L'impression de sobre et majestueuse grandeur de cette statue se trouvait encore accentuée par la chaleur de ton du char, des lions, et des groupes qu'elle dominait ; elle en faisait, à son tour, valoir plus vivement l'éclat et le mouvement.

Ce même parti pris de simplifier fut apporté au nouveau modèle du *Forgeron* et de l'*Abondance*.

Pour le premier, il suffit de rectifier ce qu'avait de tourmenté et de déchiqueté le tablier de cuir, et d'équilibrer ce qui restait de conventionnel dans certains renflements des muscles : simples détails.

Pour l'*Abondance*, la modification fut complète. Dans l'esquisse elle est habillée d'une sorte de robe qui couvre, en écharpe, la moitié du torse, et enveloppe complètement, jusqu'aux talons, tout le reste du corps, sauf la jambe droite que dégage tout entière un joli refendu. Dans les cheveux est tressée une couronne de pampres et d'épis. Prise séparément, c'est une figure exquise, un peu plus Louis XV que Louis XIV ; ainsi vêtue, et portant couchée sur son bras gauche replié, une très grande gerbe de fleurs et de fruits que sa main droite, sème dans l'espace, elle a la grâce de Flore et la succulence de Pomone, mais il lui manque la robustesse de Cérès. Enfin, et surtout, vues sous certains angles, les draperies qui l'enveloppent tout entière, de dos, forment avec celles du manteau de la *Justice*, qui l'avoisine, un bloc ou, pour parler vulgairement, un paquet de plis, où la silhouette de l'une et l'autre se confondent en s'alourdissant réciproquement. Longtemps Dalou chercha à parer à ce défaut, qu'il n'aurait pas vu aussi clairement si le montage — malencontreux mais nécessaire — du groupe complet ne le lui avait sûrement montré ; et, en dernier lieu, il se décida à laisser cette figure entièrement nue, sans couronne dans les cheveux, portant la gerbe sur le bras et semant les fleurs et les fruits derrière elle, comme dans l'esquisse de 1879. Mais il voulut que la nudité de cette statue fût d'une beauté parfaite et il y parvint au delà de toute espérance.

Et l'harmonie générale du monument se trouva ainsi réglée : en avant le *Génie de la Liberté* et l'*Abondance* figures nues ; à droite et à gauche le *Forgeron* et la *Justice* vêtus de costumes modernes ; au sommet la *République* drapée selon l'éternelle tradition de l'antiquité. Toutes se profilent librement, toutes contribuent sans partage, au groupement d'ensemble dont elles sont la pensée maîtresse.

Le groupe du *Forgeron* et celui de l'*Abondance*, remontés à nouveau en glaise fraîche, sur leurs armatures vidées et mises au point, d'après les nouveaux modèles au sixième, furent définitivement modelés sans incidents notables. Bien entendu — et comme dans tout le reste d'ailleurs — par mesure de sûreté contre les fautes de ses statuettes nues et de ses statuettes habillées, établies au sixième, Dalou en refaisant, en grand, le nu d'après le modèle, homme, femme ou enfant, et, étant donné l'impossibilité d'un chauffage suffisant, il ne pouvait prendre séance que pendant la belle saison. De là des retards.

Et pourtant les modèles au sixième étaient autant d'œuvres entièrement achevées. Le moulage des figures nues n'a pas été fait. Elles étaient arrivées à un tel degré d'achèvement que le mouleur Bertault, par pure amitié, avait offert à Dalou de les mouler gratuitement, pour qu'elles ne fussent point perdues; Dalou lui avait répondu que c'étaient des petits riens, qui n'en valaient pas la peine. Quant aux figures vêtues qui étaient indispensables comme modèles d'exécution, il fallut bien les mouler, mais, par la suite, leur auteur les a réduites, une à une en poussière. Le *Forgeron* cependant a survécu et par l'effet du hasard. Au moment où Dalou levait le marteau sur lui, un de ses élèves, M. Biaggi arriva, supplia si bien le Maître de l'épargner qu'il finit par arracher à son impatience cette exclamation :

« Eh bien soit! mais emportez-là et que je ne la voie plus ».

M. Biaggi ne se le fit pas dire deux fois. Ces actes de barbarie, ces fureurs d'iconoclaste, devant lesquelles l'esprit de ceux qui en ont été témoins, se révolte, comme au souvenir d'un acte de sauvagerie, avaient leur excuse dans l'amour de la perfection et dans l'insatiable scrupule d'artiste qui dominait Dalou.

Loin de penser que chacun de ses coups de pouce avait un intérêt quelconque pour autrui, il croyait que les études qu'il faisait pour son instruction personnelle devaient n'avoir de valeur et d'intérêt que pour lui seul. Montrer au public ses tentatives et ses essais lui semblait un acte d'impudeur.

Combien pourtant serait-il intéressant de pouvoir placer, à côté de l'esquisse de 1879, chacune de ses figures, agrandie et menée à son plus haut degré de précision et de perfection. Que de belles choses disparues! quelle admirable leçon de travail, de conscience, de courage, les jeunes artistes de l'avenir eussent trouvée là! Et combien eût été plus grand l'enseignement si, à côté de ces statuettes complètes, mesurant debout 75 centimètres, on avait placé les études de morceaux de plus grande taille, faits pour préparer ces statuettes elles-mêmes.

De toutes ces études il n'en reste plus — à part la petite figure nue de la *République* — qu'une seule et encore n'est-ce qu'un fragment de figure de femme, coupé au niveau des genoux, à la base du cou, et à l'attache des bras. Souvent j'avais aperçu ce plâtre, et chaque fois je me demandais, agacé de ne pouvoir d'abord ni m'en souvenir, ni le deviner, d'où provenait ce moulage. Cela ressemblait à un antique, mais ce n'en était sûrement pas un ; ce n'était pas non plus un fragment de la Renaissance. Avec le temps, je m'étais habitué à le regarder, sans chercher à faire le savant et, chaque fois, je me reprenais à l'admirer encore. Ce fut seulement après la mort de Dalou que j'appris que ce fragment n'était pas autre chose qu'une des études faites pour le torse de l'*Abondance*. Il est d'une beauté telle que, après la mort de Dalou, l'un des plus célèbres fabricants de bronzes de Paris, et des plus commerçants, aussitôt qu'il l'eut aperçu, demanda à l'éditer, se déclarant certain de le vendre, sans difficulté, concurremment avec les fragments d'antiques.

Quand on calcule le travail accompli sur le groupe de la Place de la Nation, on est étonné, non point qu'il se fût accompli en huit années, mais bien, qu'il n'eût pas fallu plus de huit ans pour le terminer.

Récapitulons. — Il se décompose ainsi :

1° L'esquisse au dixième d'exécution,

2° L'ébauche complète et la première exécution d'une grande partie du modèle a 22 mètres de long sur 12 de haut et 8 de large ; — travail qui fut en presque totalité abandonné,

3° L'établissement à nouveau du nu de chacune des dix statues au sixième d'exécution (soit 0,75 debout pour les adultes),

4° Les mêmes figures habillées,

5° L'exécution définitive du grand modèle à pleine dimension,

6° Les modèles nus et habillés de la République recommencée,

7° La sculpture à même le bloc de plâtre de cette statue de 4^m,50,

8° Les reprises et recommencements des lions, du char, des ornements, des attributs.

Le tout augmenté par les difficultés résultant des séchages, des écroulements partiels, des retards imposés par la rigueur du froid,

FRAGMENT D'UNE DES ÉTUDES DE NU DE « L'ABONDANCE »
(Hauteur de ce fragment, 40 cent.).

par les dégels, et par toutes les intempéries dont le hangar gigantesque ne pouvait garantir les terres.

Le mouleur Bertault que Dalou tenait pour un véritable maître en son métier, que seul il honora de sa pleine confiance et pour qui il conserva jusqu'à sa dernière heure une affection profonde, mit sous le plâtre le dernier morceau en 1888.

Le Conseil municipal tenant l'œuvre pour terminée voulut qu'elle figurât, fût-ce provisoirement, à la Place de la Nation, durant l'Exposition universelle de 1889 ; mais Dalou s'y refusait. Il n'admettait pas son travail comme réellement achevé.

La sculpture, traitée en vue de la fonte en bronze, ne pouvant rendre en plâtre qu'un effet imparfait et, à plus forte raison, si elle l'était en vue du bronze à cire perdue, où l'artiste refait sur la cire un travail de perfectionnement nouveau, il lui répugnait absolument d'exposer son travail sous une forme insuffisante et incomplète. Peu lui importait l'immense succès, dont tous lui répondaient en toute certitude, si le succès n'était point d'accord avec sa conscience d'artiste.

Alphand assiégea à son tour Dalou, fit appel à l'amitié et à l'estime qui les liaient l'un à l'autre, il fit valoir le chagrin qu'il aurait, personnellement, à ce que l'Exposition dont il était le créateur, ne bénéficiât point d'un tel travail. Il arrivait à ébranler l'artiste, mais non à le décider.

Une circonstance accessoire finit par lui enlever des mains, son œuvre qu'il rêvait de compléter encore. La coalition politique qui, ayant pour chef ou pour agent le général Boulanger, avait durant des années, et à plusieurs reprises, mis la République à deux doigts de sa perte et, bien que la bataille semblât gagnée, le parti républicain sentait encore la nécessité de s'affirmer par des manifestations, qui montreraient à tous sa volonté de se défendre contre toute reprise d'attaque et d'affirmer au grand jour son autorité, devant tous ceux de ses serviteurs qui auraient tendance à la méconnaître ou à la mépriser. Il pensa que l'inauguration solennelle d'un monument colossal, élevé au triomphe de la République, serait une cérémonie nettement significative. Alors, on fit valoir à Dalou qu'une telle journée était nécessaire et que, par conséquent, il devait sacrifier ses scrupules d'artiste, à son devoir de républicain. Il céda, mais après qu'il eût été entendu que son modèle de plâtre serait recouvert d'une couleur simulant le bronze.

Ceci nécessitait une opération infiniment plus difficile qu'on ne l'imagine au premier abord. Il fallait inventer un mode de peinture qui n'attaquât point le plâtre, fut assez fort pour ne point se délaver rapidement, et fût d'une fluidité assez parfaite pour ne point engorger ou encrasser les modelés. Il fallait aussi qu'il eut la sûreté de tenue, nécessaire pour donner à ce bloc colossal des tons homogènes et la couleur juste, qui lui était nécessaire ; il fallait, en outre, que sa composition chimique ne pût pas, par la suite, nuire au travail du fondeur. Enfin, il était de toute nécessité que la dépense, en tous cas très importante, occasionnée par cette masse de peinture ne fût pas trop lourde pour le budget de la Ville.

On ignorerait qui s'était chargé des recherches qui amenèrent la solution de ce problème, si l'on n'avait découvert, mêlé à des liasses de paperasses de ménage, un cahier, écrit de la main de Mme Dalou, où sont relevés, d'après divers ouvrages scientifiques ou techniques, tous les procédés et toutes les recettes de la patine des plâtres.

LE « TRIOMPHE DE LA RÉPUBLIQUE »
(Modèle en plâtre inauguré en 1889.)

Enfin le 20 septembre 1889 le monument se dressait dans son entier, enveloppé d'une couche de couleur qui simulait passablement le bronze.

L'inauguration eut lieu avec la plus grande pompe, Carnot présidait la cérémonie et remit à Dalou la croix d'officier de la Légion d'honneur, une délégation de tous les régiments de la garnison de Paris défila autour du monument, il y eut une fête populaire, le soir tout autour du monument, cependant qu'à l'Hôtel de Ville, il y avait une grande réception. Ce 20 septembre 1889 demeura l'une des journées mémorables de l'histoire de Paris.

Mais Dalou n'était point arrivé au bout de ses peines. L'ère des difficultés pénibles allait commencer, tout au contraire, et durer pendant sept années, avec les luttes qu'il fallut soutenir contre l'apathie et le mauvais vouloir (pour ne pas dire plus), du fondeur.

On se souvient que, par sa décision du 6 août 1885, le Conseil municipal avait accepté l'offre, à lui faite par M. Bingen, de fondre, à cire perdue, à titre d'expérience et à ses risques et périls, l'une des grandes statues. En 1887 Bingen avait fondu le haut et la jupe de la *Justice*, et la 5ᵉ commission du Conseil (Beaux-Arts), par l'organe de son rapporteur, M. Voisin, déclarait que les résultats obtenus par M. Bingen « avaient dépassé toutes ses espérances et mis fin à toutes ses craintes ». Elle allait jusqu'à établir, entre l'abnégation de M. Bingen et celle de Bernard Palissy, un parallèle que la suite n'a pas ratifié.

Conformément à ce rapport le Conseil délibéra que les offres de fonte de M. Bingen seraient définitivement acceptées et vota la dépense totale du prix de fonte fixée à 250 000 francs.

Lorsque l'ensemble du monument fut érigé en plâtre peint en 1889, M. Bingen n'avait encore terminé que cette seule figure la *Justice*, et, pour qu'il pût exécuter la suite de son travail, il fallut en transporter les diverses parties au fur et à mesure dans son atelier. C'était un spectacle vraiment lamentable que celui de ce monument superbe, amputé de toutes parts, et dont les gigantesques restes, sans cohésions entre eux, se dressaient, crevassés et décolorés par la pluie. A mesure que se poursuivait cette décomposition, l'épave devenait de plus en plus informe et de plus en plus lugubre, et, quand au bout de quatre ou cinq années, le dernier morceau eût disparu, ne laissant voir qu'un socle malpropre, baignant dans de l'eau sale, ce fut pour le public un véritable soulagement.

En 1885 M. Bingen avait affirmé que, après un délai de dix-huit mois, nécessaire pour s'outiller, il lui suffirait de moins de deux ans pour livrer sa fonte complètement achevée, c'est-à-dire un délai total de trois ans et demi. Son engagement portait qu'il livrerait le groupe terminé le 1ᵉʳ juillet 1889, au plus tard. Or en 1895, neuf ans après avoir pris possession de la *Justice*, plus de six ans après l'achèvement définitif du modèle complet, il n'avait encore fondu, outre la *Justice* que : 1° le torse du *Forgeron*; 2° l'enfant qui marche devant le *Forgeron*; — 3° un enfant portant la corne d'abondance à côté de l'*Abondance*, et 4° un mascaron placé sous le timon du char et les deux guirlandes de laurier qui l'accompagnent. Enfin quelques cires avaient été faites, entre autres celle du bas du corps du forgeron, que Dalou avait retouchées, mais Bingen ne les avait pas fondues; il les avait abandonnées dans la fosse de fonte. Tout le reste, sauf le groupe des lions et la partie du char qui les avoisine, existait à l'état de moules à bon creux, de taille formidable, abandonnés dans une cour, où la pluie, pour la plus grande joie des gamins du voisinage, les transformait en autant de petits bassins, dans lesquels ils faisaient naviguer des petits bateaux.

Au train dont allaient les choses, le modèle étant ravagé par les averses et par les transports, les moules étant en détresse, les cires refaites étant inutilement enfouies, il devenait évident que le monument serait détruit avant d'être terminé.

Mais le difficile était d'arracher à M. Bingen le travail, dont tous les éléments demeuraient entre ses mains et dont il était, en quelque sorte, en possession d'état en vertu de la délibération du Conseil.

Il y avait là un état de choses dont tout autre que Dalou eût été profondément désespéré et découragé. Il en souffrait vivement et le manque de parole auquel il se sentait lié par le choix qu'il avait fait accepter par le Conseil municipal ajoutait à sa souffrance. Il lui était surtout infiniment pénible de ne pouvoir se rendre définitivement compte de son travail.

Il acceptait la situation avec une mélancolie résignée. L'administration de la Ville, de son côté, était exaspérée par les incessantes demandes d'avances de M. Bingen et par le piteux état d'avancement de son travail, mais elle était fort embarrassée par les influences que M. Bingen avait su se ménager au sein du Conseil. Là, on le posait, selon les termes même du rapport Voisin, comme : « un enthousiaste, un convaincu, il est de ceux qui vont jusqu'à brûler leur « dernière ressource, pour accomplir leur œuvre. » Grâce au mystère dont il s'entourait, tel qu'un alchimiste faisant son grand'œuvre, les membres le plus spécialement ouvriers du conseil l'appuyaient, comme un ouvrier hors ligne, — ce qu'il était d'ailleurs — auquel on doit toutes les complaisances et toutes les indulgences, et, grâce à ses relations parmi ceux-ci, il était parvenu à s'entourer d'une sorte d'auréole d'inventeur génial. Son secret n'était pourtant guère indéchiffrable, il résidait surtout dans l'habileté de l'exécutant, et, de l'avis de Dalou lui-même, tout autre pouvait y parvenir.

« J'ai eu, écrit-il sur son carnet, le 14 décembre 1896, la visite de Joseph
« l'ancien homme de peine de Bingen, qui fait maintenant chez l'américain
« Barthlett de la fonte à cire perdue et la réussit paraît-il admirablement. Cela
« ne me surprend pas beaucoup, son ex-patron faisant de cela un grand mys-

« tère que j'ai trouvé toujours absurde ; mais il le fallait bien, sans cela plus de
« grand homme et plus de..... pression !! »

Pour déposséder M. Bingen du travail qu'il ne voulait ni finir ni lâcher, et,
par conséquent, pour sauver son monument de la place de la Nation, il fallait
que l'administration fît une sorte de petit coup d'État. Le chef du service des
Beaux-Arts de la ville, Armand Renaud, malade et timoré, ne l'avait pas osé.
A son décès, son successeur M. Ralph Brown tenta bravement la bataille.

Sur ses instances, le préfet le chargea de constituer une commission, à
laquelle on demanderait l'autorisation de prendre une décision énergique. Très
habilement, il la composa des propres tenants de M. Bingen. Elle convoqua
Dalou, qui le relate ainsi :

« (15 *mars* 1895). — L'après-midi commission à l'Hôtel de Ville, première
« réunion pour l'affaire Bingen, relative au monument de la place de la Nation
« dont la fonte est commencée depuis le mois de juillet 1885, c'est-à-dire
« bientôt dix ans ! »

« D'importantes décisions ont été prises. Il s'agit d'en finir et de confier ce
« travail à un autre fondeur plus diligent, ce qui n'est pas difficile, mais,
« malheureusement, modèle et moules sont très compromis. Voici une fonte
« que ce triste personnage a sollicitée tant qu'il a pu et dont, depuis fort
« longtemps, il ne s'occupe nullement. Depuis 1889 il a fondu un enfant, il en
« a raté un autre ; c'est tout. »

Après examen de toutes les pièces, la commission déclara qu'il y avait lieu
de considérer le contrat Bingen comme nul, pour cause d'inexécution grave et,
après qu'elle eut reçu le consentement de Dalou à l'achèvement de son
groupe par la fonte au sable, elle laissa le préfet maître de toutes diligences pour
faire terminer le travail par le fondeur Thiébault, la fonte du monument primitivement proposé par lui, en 1885, devant être exécutée suivant le mode dit
fonte Keller.

Le préfet prit aux termes de la délibération du Conseil « toutes mesures
légales » nécessaires, fit pratiquer chez Bingen la saisie conservatoire de toutes les
pièces fondues, des moules et des modèles du monument. M. Bertault en fut
nommé séquestre, par ordonnance du tribunal. Un avoué, au nom de M. Bingen,
proposa de résilier amiablement le contrat, moyennant 8 000 francs, La Ville
accepta « pour éviter toute difficulté ultérieure. »

L'ensemble des dépenses restant à faire pour cette fonte s'élevait à
224 100 francs, que M. Ralph Brown dut couvrir en grapillant dans tous les
crédits disponibles de son service.

Le mouleur Bertault reçut mission de prendre possession, au nom de la Ville de Paris, de tout ce qui se trouvait chez M. Bingen.

Le 20 mai 1895 tout était en bonne voie et Dalou notait :

« Je suis allé à la Ville, où j'ai vu Brown ; vu Thiébault, Bertault et Maillard « (alors conservateur des magasins d'Auteuil) pour l'affaire de Bingen. En voilà « un qui pourra se vanter d'avoir dérangé du monde pour lui et pour rien. »

Quand on eut pris possession de ce qui croupissait à l'atelier de la rue des Plantes, et lorsqu'on l'eût transporté à Auteuil, dans la cour de l'annexe de la Ville, on constata que tout était dans un tel état de délabrement, qu'il y faudrait faire des travaux de réfection énormes.

La Ville, qui, en demandant l'inauguration de 1889, avait transformé la marche du travail, s'estima responsable des dépenses, que cette circonstance avait rendues inévitables et Dalou fût convoqué au cabinet du chef du service des Beaux-Arts pour en fournir l'estimation. Il demanda pour la réfection totale du monument, huit mille francs.

« Eh bien riposta M. Brown, je vous en offre dix mille et j'estime que vous « n'aurez rien de trop. »

Il ne se trompait point. Du relevé de la comptabilité, parfaitement tenue, des seules journées d'ouvriers payées par Dalou pour ce travail, il résulte qu'il y a dépensé exactement 10 462 francs. Dans ce chiffre ne sont portés, ni ses faux frais, ni ses voitures, ni les nombreuses journées de travail et de fatigue personnels qu'il a consacrées à ces retouches. Quelques-unes furent des travaux entièrement nouveaux, telle, entre les principales, et celle-ci, d'une importance très considérable, la reconstitution complète de la draperie du *Génie* de la Liberté « que j'avais supprimée par fatigue et par inexpérience, lors de l'exécution (avant 1889) et que, aujourd'hui, je rétablis » (Carnet *17 novembre 1896*)[1].

Longtemps, il hésita à rendre à la statue de l'*Abondance* un vêtement analogue à celui de la première esquisse, mais infiniment simplifié, il fit à cet effet des recherches, dont quelques bouts de croquis ont survécu, mais il finit par se ranger aux avis de ceux qui l'engageaient à laisser, en arrière du groupe une figure nue, comme contrepoids de la figure nue du génie qui est en tête.

Il avait fallu tout le dévouement, toute la profonde amitié de M. Bertault, pour mener jusqu'au bout la corvée qu'il avait acceptée. Il avait fallu la science exceptionnelle qu'il a de son métier pour tirer bon parti de ce qu'il avait retrouvé chez M. Bingen. Pour juger d'un tel travail, il ne faut jamais perdre de

---

[1] Cette draperie qui n'était point comprise dans le devis du fondeur, a donné lieu, pour son exécution en bronze, à un supplément de dépense de 10 000 francs à la charge de la Ville.

vue que chacun des moules était lui-même un monument fragile, et d'un volume et d'un poids, tels qu'il ne pouvait être remué qu'au moyen de manœuvres de force. De plus que M. Bertault dut descendre dans la fosse, pour y mouler sur la cire retouchée le bas du *Forgeron*, qu'on ne pouvait remonter sans compromettre la cire. Les moules faits par M. Bingen furent suffisants pour mouler à nouveau l'*Abondance* et quatre des statues d'enfants ; (la cinquième, l'enfant qui accompagne le *Forgeron* avait été fondu à cire perdue).

Dans ce qui subsistait du modèle, la partie supérieure du char, le haut du génie de la *Liberté* et de la *République*, non encore moulés par Bingen étaient à l'état de modèle, assez peu détériorés pour pouvoir être mis en état de réparation définitive sans recourir à un nouveau moulage, ils le furent totalement, les pattes des lions, jugées par Dalou trop lourdes de forme, furent par lui reprises à fond après de nouvelles études.

Le travail de réfection dura de février 1896 à fin août 1897. Faute d'atelier assez grand, il s'effectuait à l'établissement municipal d'Auteuil, soit sous un hangar, soit en plein vent dans la cour. Outre Dalou, qui y venait surveiller et conseiller ses hommes et y prenait part personnellement, il occupa quatre ou cinq hommes. L'ami Édouard Lindeneher, pour sa seule part, passa treize mois à la réfection de la partie ornementale. Le maître exigeait que tout cela, aussi bien dans les parties apparentes que dans celles qui pouvaient se trouver masquées, fût traité par Edouard, comme, jadis, l'était l'orfèvrerie de chez Fannière. Le travail lui semblait toujours trop lâché ; il s'emportait contre un tel abandon. « Fais-moi ça sec ! sec ! sec ! c'est trop épais ! Ça doit être léger. Du zinc ! du zinc ! du zinc ! » clamait-il, en appuyant chaque mot d'un geste nerveux. L'apparente inutilité d'un travail que personne ne verrait, et la valeur du temps qu'il payait de ses deniers, ne lui étaient de rien, car il savait que la sécheresse de certains groupes d'ornements devait donner plus de souplesse à la coloration de tout le reste. Son idée, qui paraissait être d'un maniaque de perfection des détails, était d'un artiste, voyant largement les besoins supérieurs de l'ensemble. Ces détails qu'on ne peut voir sans traverser le bassin, au centre duquel s'élève le monument, sont d'un fini tel, qu'un bijoutier en pourrait reproduire, sans retouches, tous les rinceaux, toutes les passementeries, toutes les feuilles, toutes les fleurs.

Au fur et à mesure de la mise en état de perfection du modèle, la maison Thiébault en opérait la fonte au sable. Elle s'était donné à tâche de la rendre si parfaite qu'on ne pourrait la distinguer des parties fondues à cire perdue, et, en réalité, à la distance où le spectateur se trouve actuellement du groupe, il ne perçoit les différences que là où il en est préalablement averti. Est-il besoin d'ajouter que Dalou a surveillé de très près cette fonte. Les ouvriers de l'atelier Thiébault ne le voyaient jamais arriver sans appréhension, car, ni là, ni ailleurs, il faut bien le reconnaître, il n'était, comme on dit vulgairement, très commode lorsqu'il s'agissait de son travail, et les contrariétés et les colères même que lui occasionnaient les fautes de ses ouvriers, fautes nées souvent du désir de trop bien faire, augmentaient encore sa fatigue et aggravaient son terrible état de santé.

Il faudrait suivre, au jour le jour, la lutte que Dalou soutint contre la maladie au cours des dix-huit mois durant lesquels il accomplit par pure conscience de grand artiste, et à travers tant d'autres travaux, cet énorme travail de réfection de son groupe. L'état de santé de l'année 1896 fut relativement tolérable, celui de 1897 fut loin d'être satisfaisant et en voici un exemple :

« (30 *janvier* 1897). J'ai souffert assez fortement de la cuisse droite ; ce matin « je me trouve repris des mêmes symptômes, à peu près, que j'ai éprouvés « déjà en 1893 lors de la maladie que j'ai eue à cette date. Douleurs angoissantes « près du cœur, affaiblissement général ; tout cela s'accentuant dans la marche « ainsi qu'au plus léger effort. Cela m'inquiète un peu, car j'ai peur de me « retrouver pris comme il y a quatre ans. Je suis dans l'impossibilité de travailler « assidûment. »

Enfin, le 20 juin 1899 la fonte du monument se trouvait achevée et de juin à août le montage s'en effectuait sur la Place de la Nation.

Mais, à cette heure même, après vingt ans de luttes et de travaux Dalou ne pouvait se sentir assuré que son *Triomphe de la République* resterait là où on venait de le placer, ni même si son érection serait achevée.

En ces dernières années du xixe siècle en effet, la République elle-même, subissait un assaut des partis adverses, qui surpassait en habileté, en tactique, en audace et en violence le Seize Mai et le Boulangisme. Jamais, même à ces époques, elle n'avait été plus près de sombrer aux mains de ses adversaires. Les mêmes hommes, des mêmes partis, augmentés de nouvelles recrues, renforcés par une organisation habile et discrète, reprenaient parallèlement, par des voies différentes mais analogues, la même attaque qu'en 1889 et d'analogues confusions se reproduisaient au sein du parti républicain.

A l'automne 1899, pas plus qu'en septembre 1889, la bataille n'était gagnée par le parti républicain. Le Conseil municipal de 1899 résolut de faire comme celui de 1889, en pareille occurrence, une manifestation politique de première importance à l'occasion de l'inauguration du monument de la place de la Nation.

Déjà, à quelques semaines de là, le peuple de Paris, spontanément, s'était soulevé pour imposer, même par la force, le respect dû au président de la République, représentant de la loi républicaine, à des gens qui l'avaient injurié et avaient tenté de le frapper. Cette fois le Conseil municipal de Paris l'inviterait à venir, en masses profondes, montrer sa force et affirmer sa résolution, de faire respecter la République et de la défendre coûte que coûte contre les imitateurs des Muscadins, fauteurs de la contre-révolution, de quelque surnom qu'ils voulussent bien se parer.

Les organisations ouvrières et syndicales de Paris, et celles aussi de plusieurs départements, les sociétés de libre pensée, les loges maçonniques, les diverses ligues républicaines de toutes nuances, soit de Paris, soit de province répondirent en foule à l'appel du Conseil. De même, les maires et adjoints de la plupart des grandes villes de France. Le gouvernement décida qu'il se joindrait au Conseil municipal et M. Loubet annonça qu'il présiderait la cérémonie.

Par suite de circonstances d'ordre divers, et notamment, d'ordre politique, la date de la fête fut reculée jusqu'au 19 novembre 1899.

Jamais journée ne ressembla autant aux grandes journées de la période révolutionnaire, seulement, cette fois, elle eut pour ceux qui y prenaient part, un aspect de joie et de réconfort civique ; cette fois le Peuple était descendu dans la rue, non pour renverser le gouvernement, mais pour affirmer sa volonté de le défendre. Ce fut, avec toutes les apparences extérieures d'une insurrection, exactement le contraire d'une insurrection. Le Conseil municipal de Paris, accompagné des représentants de diverses municipalités de France et des représentants des deux Chambres était parti, en cortège, de l'Hôtel de Ville, montant le faubourg Saint-Antoine au milieu des acclamations de la foule.

Peu après l'installation du cortège, M. Brown, le visage tout heureux, vint et me dit : « Nous avons reçu hier soir la décision par laquelle Dalou va recevoir « la cravate de commandeur. Il avait insisté pour qu'on ne la demandât pas, « disant que cela en priverait tout autre bien plus que lui... Mais il l'aura tout « de même. »

Dalou, qui se tenait au troisième ou quatrième rang des banquettes, derrière sa femme et sa fille, m'avait dit, un instant auparavant, comme je lui parlais de l'éventualité de cette promotion : « Oh ! pourvu qu'on me laisse tranquille avec ma femme et mon enfant, c'est tout ce que je demande ».

Mais, dès l'arrivée du Président de la République, accompagné des ministres, quelqu'un vint chercher Dalou, dans son petit coin, et le prier de se rendre auprès de M. Loubet. Il lui fallut bien s'exécuter.

La cérémonie débuta par un discours de M. de Selves, préfet de la Seine, qui rappela l'historique du monument et prononça l'éloge de la Révolution française, puis, M. Lucipia formula la pensée qui avait amené le Conseil à organiser la « Fête du Triomphe », ainsi fut surnommée dans le langage courant du jour cette grandiose manifestation. S'adressant à M. Loubet il le remercia d'avoir bien voulu présider la cérémonie. Puis, s'adressant à l'assistance, et après avoir rappelé à grands traits l'histoire de ce faubourg Saint-Antoine du haut duquel, pour ainsi dire, il parlait, il arriva rapidement à parler du monument et de son auteur.

« Que signifie le magnifique monument, le plus beau de ce siècle, que nous
« inaugurons ?

« Qu'a voulu dire l'artiste qui l'a conçu et lui a donné sa forme définitive ?

« Son ardent amour de la République est trop connu, — il l'a prouvé par des œuvres
« et par des actes, — pour que je puisse craindre d'être accusé de trahison en tra-
« duisant sa pensée.

« Dalou a voulu dire que le triomphe de la République assurera la glorification
« éclatante du travail, qui n'est pas un châtiment, comme l'enseignent certaines
« philosophies atrophiantes.

« Les travailleurs qui sont là, escortant le char de la République, disent que le
« travail sera attrayant, fécondant, lorsque chacun aura la certitude de recevoir, sans
« contestation, la part qui lui est équitablement due.

« Ne fallait-il pas, lorsque les ennemis de la République, jetant bas les masques,
« faisaient appel à un roi ou à un césar du cadre de disponibilité, venir dire que le
« peuple n'a oublié ni les 18 brumaire, ni les 2 décembre dont on le menace ? »

Lorsque le discours de M. Lucipia fut achevé, M. Loubet, se tournant vers Dalou, lui adressa les paroles suivantes :

« Mon cher maître,

« Il y a dix ans, M. Carnot, Président de la République, vous décernait, ici
« même, la croix d'officier de la Légion d'honneur.

« Je suis heureux de vous conférer aujourd'hui le grade de commandeur et
« de récompenser ainsi l'artiste de génie qui a conçu et exécuté le monument
« que nous venons d'inaugurer pour la glorification de la République. »

Puis il lui donna l'accolade et se mit en quête de lui attacher au cou la cravate rouge.

A ce moment Dalou, — qui, pourtant, était un modèle de tact et de bienséance, — laissa échapper le fond de sa pensée : « Ah ! non, pas ça, Monsieur le Président, je vous en prie, je vais être ridicule ! ».

Après avoir répondu d'un merci, aux félicitations qui l'entouraient, puis, s'être retiré à l'écart et fait enlever au plus vite sa cravate, il revint vers « sa femme et son enfant » et assista, confondu dans la foule des spectateurs, au défilé des associations et des corporations, précédées de bannières pour la plupart rouges, où se trouvaient inscrits leurs noms et qui, se répétant par milliers flottaient dans l'interminable profondeur des larges avenues aboutissant à la place.

Tour à tour, passaient les ouvriers de tous les corps de métier, chacun présentant à l'observateur aux yeux affinés, la caractéristique de son humanité professionnelle ; quelques groupes avaient conservé les vêtements de leur travail ou portaient comme attribut les outils de leur labeur journalier.

En passant devant l'estrade, tous saluaient le monument, du geste et de la bannière. Et il défila ainsi, peut-être, deux cent mille ouvriers et ouvrières. Dalou était profondément remué par ce spectacle. Il voyait comme dans la « Grande Revue » de Raffet, passer, sans fin, devant ses yeux cette armée du travail dont il se sentait l'un des soldats passionnément dévoué. L'ouvrier, qui était tout son être moral, toute sa raison de vivre, frémissait devant cet océan de puissance ouvrière. Il voyait s'agiter devant lui, dans la réalité vivante des hommes, le plus colossal rêve d'artiste qu'il eût jamais conçu. Il sentait que ce rêve était l'expression d'une vérité et d'une réalité éternelles et qu'il allait pouvoir enfin réaliser ce monument sans équivalent, en aucun temps, qui depuis dix ans s'édifiait dans son esprit, et pour lequel depuis dix ans, il avait accumulé, sans trêve, étude sur étude, travaux sur travaux, son *Monument aux ouvriers* qui était, depuis plus de deux années, en bonne voie d'exécution.

Pendant près de trois heures, ayant perdu le sentiment de sa fatigue et de sa faiblesse, il resta debout dans la foule, sans aucun souvenir, ni de son œuvre d'hier, ni de l'apothéose de l'instant présent, fouillant des yeux ces masses, sans cesse renouvelées, sans cesse, y cherchant le caractère typique de chaque sorte de travailleurs, apercevant sans cesse des hommes, devant lesquels il proférait des : « Est-il beau ! celui-là » et qu'il eût voulu appeler à pleine voix pour les prier de lui servir de modèles.

Le jour baissant, et le froid gagnant, il lui fallut s'arracher à ce spectacle d'enthousiaste admiration ; il descendit de l'estrade, tout voûté, soutenu par Mme Dalou, qui elle-même, était déjà gravement atteinte de la maladie qui ne devait plus lui laisser que quelques mois de vie.

Il traversa, inconnu, les rangs, sans trêve renouvelés, du peuple qui s'avançait en chantant et contournait, telle une houle, au flanc d'une falaise, le monument colossal. D'un pas traînant, il marchait courbé, rapetissé par la fatigue.

A cet instant où je le voyais passer à côté de son œuvre de géant, j'eus la sensation de voir, très grand, très grand, ce tout petit homme, tout émacié et très frêle, qui avait enfanté cette prestigieuse montagne de bronze.

J'accompagnais, pour ma part, leur fille, qui eût difficilement pu aller seule à travers la foule, lorsque, tout à coup, au coin d'une avenue, nous vîmes déboucher un jeune homme qui courait en criant : Vive Déroulède ! Dalou se redresse, Mme Dalou retrouve ses forces, et les voilà tous deux, comme une paire de gavroches, courant après le jeune homme, le harcelant, le poursuivant.

L'aventure tourna bien, le jeune homme ayant pris la fuite ; mais j'ai toujours regretté qu'on n'eût pas eu l'occasion de les conduire tous deux au poste, lui avec sa croix de commandeur dans sa pelisse.

Mon Dieu ! qu'on se serait donc amusé chez le commissaire ! et quelle jolie leçon de simplicité, les vaniteux auraient trouvée le lendemain matin dans leur journal !

Dans le carnet de notes de Dalou la journée du 19 novembre ne porte que ces mots : « Fête place de la Nation ». Il a coupé avec des ciseaux le reste de la page. Il y avait là une quinzaine ou une vingtaine de petites lignes où, peut-être, on eût trouvé son impression intime. Mais à la date du 3 novembre on trouve dans une note relative au *Monument aux morts* de Bartholomé, la trace d'une inquiétude, que le caractère politique de son monument, ouvertement républicain, a dû faire, maintes fois, naître dans son esprit. La voici :

« Nous sommes allés ma femme et moi, voir le *Monument aux morts* par
« Bartholomé. L'impression est grande et imposante. C'est très beau, complété,
« amoureusement caressé ; cela restera comme une des plus belles choses qui
« soient. D'ailleurs, à l'abri des passions humaines, des fluctuations politiques,
« ce beau morceau a toutes les chances de durée. La stupidité seule saurait l'at-
« teindre. »

J'allais oublier un détail. On a demandé à Dalou, quatre monstres qui devaient orner la grande vasque, au milieu de laquelle son monument est placé, presque au ras de l'eau. Il en a fait une ébauche ; qui tient de l'alligator et de la chimère japonaise, mais, à la suite de l'inauguration et sur son propre avis, le projet fut abandonné.

Tel est, dans son ensemble, l'historique du monument de la place de la Nation. Et, si quelqu'un pense qu'il a été, ici, trop longuement développé, que celui-là veuille bien se rappeler qu'il contient en soi toute la maturité de vie d'un homme de génie.

L'accomplissement de ce monument a occupé son auteur pendant plus de vingt années — de quarante à soixante ans. — Il a été, sans comparaison possible avec rien, le plus grand effort d'art de tout le xixe siècle; et peut-être d'aucune époque. Avec la fontaine de Carpeaux, — avant ou après selon les opinions de chacun, — le monument de la place de la Nation est la plus belle œuvre de statuaire qui soit sur une place publique de Paris, et l'un des plus grandioses, en tous cas du monde entier. On peut même ajouter, incidemment, qu'il est le plus colossal échantillon existant de l'industrie du bronze d'art.

L'histoire de ce monument est donc un feuillet de l'histoire artistique de Paris. La grande ville y a sa part de gloire, pour la hauteur de vue et la persévérance avec lesquelles ses représentants l'ont compris, l'ont aimé, l'ont voulu et ont toujours largement consenti les sacrifices qu'il imposait à ses budgets.

En quittant la place de la Nation, le 19 novembre 1899, Dalou ne s'est pas même retourné pour revoir son ouvrage. Il est mort sans l'avoir jamais revu.

LE BAS-RELIEF DE « LA FRATERNITÉ »

Vous n'avez pas oublié le temps où Dalou, jeune et menant tant soit peu la vie de Bohême, aimait à mêler aux chansons des cabarets où il rejoignait ses camarades son refrain préféré : « Les peuples sont pour nous des frères »

Ce refrain où se trouvait écrit, son suprême idéal d'universelle solidarité devint le thème du grand bas-relief la *Fraternité*, que d'aucuns, parmi les artistes et certains hommes dont l'avis fait autorité en matière d'art, préfèrent à son monument de la place de la Nation.

L'inspiration lui en vint à l'heure où il voulait « enfoncer avec son ébauchoir » les portes de sa patrie. Elle date de l'époque où l'Exposition universelle de 1878, où le renouveau prodigieux de la République française, par le travail et par la paix, lui rendit son rang dans le monde.

Là, où sept ans plutôt s'étalait le triomphe de la force et de la haine, on rencontrait maintenant, réunis dans une même religion du travail, les hommes de toutes races et de tous pays. La gloire de créer répliquait au souvenir de la gloire de détruire. L'invasion aimante et féconde de la paix avait succédé à l'invasion haineuse et destructive de la guerre. Exilé, isolé, il voulut apporter sa note, parmi les chants de fraternité que son imagination lui faisait entendre et, dans le langage de son art, en un magnifique poème de marbre, proclamer le bonheur qu'il en éprouvait.

Alors, dans son atelier du Glèbe-Place, il en fit une première esquisse, poussée jusqu'au bout. De celle-ci il ne subsiste plus qu'une partie, celle du bas, sauvée du massacre final par la piété presque filiale et par l'admiration profonde et franche du plus aimé des élèves de Dalou, M. Auguste Becker. Une deuxième esquisse, terminée comme le sont les terres cuites de Clodion, a été sauvée par Mᵐᵉ Dalou qui l'avait accrochée, comme en un lieu d'asile, aux murs de sa propre chambre. Elle diffère assez sensiblement de l'œuvre définitive.

Contrairement au *Triomphe de la République*, ce bas-relief n'a pas d'histoire. Il a été exécuté en 1882 dans l'atelier du boulevard Garibaldi, a été exposé au Salon de 1883 et acheté en 1883 par la Ville de Paris, qui en a, en même temps, commandé l'exécution en marbre. Au Salon de 1883, il a, conjointement au *Mirabeau répondant à Dreux-Brézé*, valu à Dalou la médaille d'honneur et a partagé avec celui-ci un immense succès d'admiration du grand public et des artistes.

Il mesure 2ᵐ,75 de large sur 5 mètres de hauteur. Il est inscrit dans un cadre de moulures plates, rectangulaires et dont le sommet, flanqué d'écoinçons, forme une arcade peu profonde. A premier aspect, il donne la sensation de la conception d'un des grands peintres coloristes de l'époque de Rubens, et il ramène aussi la pensée vers les grands bas-reliefs allégoriques de la fin du xvɪɪᵉ siècle et du début du xvɪɪɪᵉ. Pour quiconque a vu en Angleterre ceux de Roubillac, la parenté avec l'œuvre de ce maître est facile à reconstituer. Il y a mieux : l'attitude de l'un des personnages principaux paraît, quoique très différent d'ailleurs, une réminiscence directe d'un des personnages secondaires du très beau haut-relief de Roubillac placé à la base de la colonne appelée « The Monument » qui se dresse dans la Cité, à Londres, tout auprès du London bridge. Mais, tout ceci étant dit à titre de simple rapprochement, il n'en reste pas moins que le bas-relief la *Fraternité* est une de ces œuvres portant au plus haut point l'empreinte de l'originalité de Dalou. Son nom n'y fût-il jamais écrit nulle part, ni dans le plâtre, ni dans le marbre, sa signature n'en serait pas moins complète. Ce n'est pas seulement l'exécution, c'est encore, et surtout, la composition qui appartiennent à lui seul et à nul autre.

On peut, pour en faciliter l'analyse, et en mieux suivre ensuite le mouvement d'ensemble, la diviser en deux masses principales : d'une part, au sommet, trois figures allégoriques et idéales de femmes et une gerbe de fleurs où se suspendent deux enfants envolés, d'autre part, à la base, tout un peuple d'hommes, de femmes, d'enfants aux types d'une réalité toute moderne, les uns nus, les autres vêtus d'habillements modernes.

Ici, occupant le milieu de la composition, deux hommes nus, élancés l'un vers l'autre, se donnent un vigoureux baiser de mâle fraternité ; celui de gauche tient, serrée dans ses deux mains, la main gauche de l'autre, dont la droite le tient à l'épaule. Derrière celui-ci, un petit enfant qui, de sa bouche ouverte et riante, l'appelle, est juché sur le bras d'une femme aux formes puissantes, vêtue d'une ample draperie formant robe, et qui se baisse pour retenir un autre petit enfant, vu de dos, actionné à prendre un gros tambour roulant à terre et le disputant à une toute petite fille, dont on voit la moitié du masque seulement ; elle pleure pour l'avoir aussi sans doute. Un peu en arrière, dans le vide limité par la courbure des reins de l'homme et le bras levé de l'enfant qui le hèle, apparaît un visage de femme qui rit de la malice éveillée et de la grâce du petit bonhomme.

Derrière cette tête, dans un faible lointain, on aperçoit le visage d'un homme déjà âgé, chauve et la barbe courte, le col nu, l'épaule revêtue d'une blouse, ou d'une chemise ouverte à la poitrine, et, à ses côtés, plus loin encore, le front intelligent et les cheveux relevés d'un autre homme, puis, enfin, le corps à demi-perdu dans la ligne du cadre et dans les plis de la robe de la femme du premier plan, un homme au type sémitique, vêtu d'un caftan et coiffé du mince turban syriaque. Sur le sol les instruments et les hochets de la guerre, cuirasse, casque, clairon, tambour, pistolet, sabretache, épaulettes, pompons, bâton de commandement, sabre, lance, fusil, traînent abandonnés. A l'angle gauche, un gaillard, musclé en athlète, et les bras vigoureusement tendus, un genou en terre, appuie, de l'autre genou, sur le plat d'un large glaive qu'il ploie et qu'il va briser. Et derrière cet homme, dont le corps plié n'occupe qu'une faible hauteur et, derrière aussi, le groupe médial apparaissent trois autres hommes debout, tenant des hampes de drapeaux qu'ils élèvent vers le groupe des trois femmes. C'est d'abord un ouvrier, de type septentrional, à la barbe en fer à cheval, c'est, un peu en arrière, un nègre, dont la chevelure laineuse, le nez épaté et la bouche lippue apparaissent seuls, c'est enfin un homme solide ceint du tablier de cuir des ouvriers du fer, le torse moulé dans une sorte de gilet de flanelle, ou de tricot léger, les bras entièrement nus et dégagés, dont l'un soulève un drapeau, tandis que l'autre, accompagnant le mouvement de la tête, tournée vers les camarades, dont on sent la présence dans le lointain, leur fait signe d'accourir. Les hampes et les fers des drapeaux montent en gerbe, vers le groupe des trois femmes allégoriques, qui se penchent et étendent leurs mains pour les recevoir.

A droite, c'est la *Liberté* coiffée du bonnet phrygien, presque debout, la jambe gauche en raccourci, portée en arrière, l'autre jambe pendant au contraire dans toute sa longueur avec un geste d'envolée. Sa main droite tient une palme. A côté d'elle l'*Égalité* apparaît, spécifiée par une équerre de maçon posée sur sa tête comme, sur un chignon un peigne, et par la main de justice qu'elle porte couchée sur son bras droit. On ne voit de son corps que la partie droite, et jusqu'à la ceinture seulement. La troisième figure est allongée tout entière, vers le bas et dans la direction diagonale de l'encadrement. Elle est vue de dos, les reins cambrés, le pied droit élevé vers le haut du cadre; la jambe droite à peine pliée apparaît tout entière et l'autre jambe au contraire, vue en raccourci, ne laisse voir que l'envers de la cheville et la plante du pied. De ses deux bras allongés, dont le droit seul est visible, elle entoure la gerbe de drapeaux qui monte vers elle. Elle ne porte aucun attribut, si ce n'est des brindilles de lierre, qui s'attachent parmi sa chevelure : c'est la *Fraternité*. Au-dessous d'elle, et épousant la courbe de son corps, une volumineuse gerbe de fleurs comble l'espace libre. Des enfants, tels des oiseaux dans un buisson, tâchent à s'y suspendre, et paraissent entraînés par son poids. Sur la droite, la partie de la gerbe des drapeaux déjà bottelée, retombe en direction perpendiculaire, modulée par un jeu savant de plis. Du côté opposé, des drapeaux nouvellement apportés flottent encore et emplissent de leurs draperies l'espace qui sépare les figures du haut, la guirlande et les enfants du groupe des deux hommes s'étreignant.

La ligne générale qui relie ces deux groupes de figures, balance sa courbure, avec des inflexions de fumée soulevée par la brise et montant vers le ciel, elle part du haut du cadre avec le pied de la Fraternité, suit les ondulations de son corps penché, se développe dans les volutes des drapeaux flottants, vient rejoindre l'épaule de l'homme debout de toute sa hauteur et aboutit à sa jambe repliée en arrière. Elle traverse de part en part la composition, elle y inscrit une volute dont le talon de cet homme est la base et l'orteil de la *Fraternité*, la cime, elle complète la ligne d'ensemble, qui, partant du sommet et, évoluant à travers leurs plis habilement chiffonnés des drapeaux, la rejoint et l'équilibre.

Et ainsi le bas-relief forme, du sommet à la base, un tout homogène et inséparable. Tout là-haut, derrière la *Liberté*, l'*Égalité*, la *Fraternité*, les rayons du soleil, sobrement indiqués, mettent une lumière d'aurore naissante, parmi la masse moutonnante des nuages, où s'appuient, et la *Fraternité*, et la guirlande de fleurs, et les enfants qui s'y jouent.

Et c'est bien, comme il l'avait voulu, un poème qu'il a écrit, par le mouvement et la forme, sur cette grande tablette de pierre et comme la transcription de ces vers du poète :

> L'animal est heureux, l'enfant rit, l'oiseau monte,
> Tout respire l'amour, la force et la santé.

La perfection du « morceau » n'étonnera plus personne lorsqu'on saura jusqu'où Dalou a poussé l'excès de conscience. Il a fait au sixième et en ronde-bosse complète des modèles des figures, dont le bas-relief ne montre naturellement qu'une face partielle. Les statuettes, en terre cuite de la *Fraternité* et de l'*Égalité*, hautes de 35 centimètres sont encore là, achevées et poussées jusqu'au dernier degré du scrupule pour en affirmer le témoignage.

Le modèle en plâtre de ce bas-relief a été, avec l'autorisation de Dalou, — qui en a choisi la place et réglé l'encadrement —, placé à la mairie du X⁰ arrondissement (faubourg Saint-Denis), quant au marbre il était resté au magasin d'Auteuil, inachevé par un détail accessoire, purement matériel.

Après la mort de Dalou, il a été décidé par le service des Beaux-Arts de la Ville de Paris, qu'il serait placé au Petit-Palais des Champs-Élysées, aussitôt que le travail de raccord, des deux blocs qui le composent aurait pu être exécuté par le praticien du maître, investi de sa plus entière confiance.

LA FONTAINE DU FLEURISTE

Dans l'établissement horticole, qualifié *Fleuriste* de la Ville de Paris, où ne pénètrent que de rares élus, se trouve une fontaine ornée d'un grand haut-relief sculpté par Dalou. Ce n'est pas autre chose qu'une reprise entièrement modifiée du bas-relief qui, exposé en 1879 à la Royal Academy de Londres, y avait eu, selon la lettre de Dalou à Cornaglia, « l'air d'un lancier parmi les dragons » et qui est actuellement placé au South Kensington Museum, à contre-jour au mur d'un escalier.

On n'a pas oublié la Genèse de cet ouvrage conçu dans une heure de joie, exécuté d'une haleine, exposé, sitôt fini. Dalou avait été vivement peiné de son insuccès, et, — fait unique dans sa carrière —, il n'avait pas aperçu alors les défauts les plus visibles de son œuvre, défauts de composition où des fouillis de draperies chiffonnées, bouillonnées même, bouchent des vides pour le plaisir de les boucher, défauts d'exécution, par une accentuation excessive des anatomies, qui va jusqu'à donner au personnage principal un faux air d'écorché.

Tous ces défauts, et d'autres encore, il les vit plus tard et résolut de reprendre l'inspiration exquise de son premier essai et d'en faire une œuvre digne d'elle et qui traduirait l'expression de bonheur et de gaieté, d'où elle était née.

Dans le même cadre, absolument circulaire, cerné par le même encadrement hexagonal, il plaça les mêmes personnages, seulement, cette fois, il fit avancer le cadre, afin de pouvoir traiter son sujet en ronde-bosse presque totale. Au fond de cette sorte de cuve ronde à bords plats, il n'y a plus ni draperies, ni feuillages ; un plan neutre, terrain ou roche, y est indiqué, juste assez pour y répandre une coloration discrète, claire et douce, sur laquelle les personnages se détacheront en pleine vigueur.

De même que dans le haut-relief du South Kensington Museum, dans cette nouvelle version de la même donnée, un homme est agenouillé et écrase une

HAUT-RELIEF DE LA FONTAINE DU « FLEURISTE » DE LA VILLE DE PARIS

poignée de raisin sur la face rieuse d'une femme, qu'une autre femme empêche de se relever. Dans le fond, apparaît, de même, un homme, mis en gaîté par la scène.

Cette fois, il n'est plus besoin d'appuyer bien fort sur l'épaule de la femme étendue à terre, elle rit si bien et de tout son corps, et avec un tel abandon de soi, que, même si on la lâchait, elle n'aurait pas la force de se relever. D'une main faible elle se cramponne au sol pour ne pas s'y effondrer complètement, tandis que, d'un bras, amolli par le rire, elle repousse à l'épaule l'homme qui écrase sur elle la poignée de raisin et, que, d'un pied, appuyé sur sa cuisse, elle essaye aussi d'éloigner. Mais elle n'en a pas la force, et lui, — qui n'est plus un faune, mais un humain vulgaire, — s'avance vers elle. Et, plus elle se défend, et plus il semble l'inonder du jus de Bacchus. La femme placée derrière elle ne la maintient que juste assez pour la pouvoir maintenir encore si, tout à l'heure, le fou rire se calmant, elle retrouvait la force de se remettre debout. Et puis, elle-même ne peut pas appuyer bien fort ; elle s'amuse trop.....

Enfin, dans le fond, un homme accourt aux cris de la joyeuse victime ; s'il est un peu au regret de n'être pas de la fête, il n'en rit pas moins comme un heureux qu'il est. Il tient encore à la main un gobelet qui donne à supposer qu'il a, pour venir, quitté quelque bon piot à humer, devant lequel il a laissé les camarades, qui, tout à l'heure, à leur tour, vont bien se gaudir de la bonne grosse farce de vignerons en gaîté qu'il leur contera.

Et les quatre personnages sont solides, bien en chair, la peau fine et sensible. Cette fois « le morceau » n'a plus comme en 1879 l'air d'une de ces savantes « démonstrations » que Dalou modelait devant les élèves du Royal College of Art. On a bien devant soi des êtres vivants et agissants.

Dalou avait refait cette « Bacchanale » pour son instruction et pour sa satisfaction personnelle. Il l'avait exposée au Salon du Champ de Mars en 1891. C'est là que la commission d'achat de la Ville de Paris vint la choisir et en acquit le modèle et son exécution, moyennant la somme de 16 000 francs, fourniture de la pierre comprise.

Il rentra enchanté à l'atelier et annonça la bonne nouvelle à son fidèle Auguste Becker. Celui-ci lui répondit alors, que la Ville avait fixé un prix insuffisant :

— Vous êtes comme ma femme, vous, riposta Dalou, vous trouvez que ce n'est jamais bien payé !

Et, après que Becker lui eut démontré, chiffres en mains, que la pierre, les praticiens et le reste absorberaient le plus clair de la somme reçue, il se fâcha presque :

— Avec tous vos calculs, il n'y aurait plus de plaisir à faire de la sculpture !

Non seulement Dalou fit exécuter et acheva de ses mains le médaillon de la fontaine de pierre du *Fleuriste* de la Ville de Paris, mais il refit plus tard pour lui-même, et aussi parfaitement achevé que ce médaillon, un nouveau haut-relief de ce même sujet. Une réduction de celui-ci en fut faite qu'il retouchait encore au moment où la maladie l'arracha pour jamais à ses travaux.

LE MONUMENT DE JEAN LECLAIRE

Vers la fin de 1894 ou au début de 1895, M. Formigé, l'éminent architecte, qui a été le collaborateur de Dalou dans la presque totalité de ses derniers travaux, vint lui proposer de composer un monument, qui devait être élevé par souscription de ses ouvriers, à un entrepreneur de peinture en bâtiment du nom de Jean Leclaire, créateur d'un mode de participation aux bénéfices, grâce auquel, chacun de ses collaborateurs était devenu son associé et avait acquis une situation, matériellement et moralement, de beaucoup supérieure à celle des ouvriers employés partout ailleurs dans la peinture en bâtiment.

A premier aspect la proposition ne lui plut guère. Il ne voyait nullement comment il pourrait personnifier, ni la Peinture en bâtiment, ni même la Participation aux bénéfices. Cela n'éveillait en lui aucune idée sculpturale et, loin de là. M. Formigé l'engagea à réfléchir avant de répondre définitivement : non. Des brochures, relatant la vie et l'œuvre de Jean Leclaire lui furent remises, qu'il lut avec intérêt, et il se prit d'affection pour « ce brave homme » comme il qualifie Jean Leclaire dans ses notes.

Et, petit à petit, l'idée se fit dans son esprit ; très nette et très simple.

Le symbole de la Peinture en bâtiment, trouva-t-il, ce sera tout bonnement, un peintre en bâtiment.

La forme de sa longue blouse n'est pas si loin de celle de l'antique peplum, pour qu'on n'en doive pouvoir tirer parti. Quant au symbole de la Participation aux bénéfices, c'est-à-dire du partage fraternel, entre celui qui centralise le travail et chacun de ceux qui y concourent, Jean Leclaire lui-même pourrait le représenter, en personne, sur un monument, tout aussi bien qu'il l'avait, durant sa carrière, représentée en pratique, parmi ceux-là mêmes qui voulaient glorifier sa mémoire.

Et l'esquisse fut trouvée : Un peintre en bâtiment, en habits de travail, longue blouse et bonnet de toile, le pied gauche posé sur le sol, franchit de la jambe droite le premier degré d'un escalier ; du degré supérieur, le bon Jean Leclaire, en redingote, et tel qu'il fut dans la réalité, lui tend la main et le soutient pour l'aider à s'élever plus haut. Les attributs, sans aucune prétention à la haute philosophie, sont, d'abord, sur le premier degré, une éponge, de grosses brosses à peindre, rondes ou plates, une raclette triangulaire, une tête de balai de colleur de papier, de même que, à la main du peintre, un camion ou seau à peinture, avec son pinceau planté dedans.

Ayant trouvé cela, Dalou s'y mit avec d'autant plus d'entrain qu'il y rencontrait l'occasion d'une étude utile à son *Monument aux ouvriers*.

Le 13 mars 1895 le comité Jean Leclaire, se rendait impasse du Maine et l'esquisse était : « reçue avec félicitations et remerciements » écrit Dalou.

Ces quatre mots ont besoin d'être expliqués : Chaque fois que Dalou devait recevoir un comité, ou même de simples particuliers qui auraient à accepter une de ses esquisses, il était nerveux et anxieux jusqu'à leur arrivée et, toujours, il découvrait son ouvrage, du même geste gêné et inquiet qu'il avait eu jadis dans sa chambrette de la rue Gît-le-Cœur, quand Manguin vint voir son premier petit bas-relief destiné à l'hôtel Païva.

Le 11 avril 1896. Son carnet porte : « Visite du comité du monument « Leclaire. Satisfaction générale. En somme excellente journée pour moi ; le « matin la satisfaction unanime du comité Leclaire, à déjeuner des bouquets, « des huîtres, des baisers, c'était ma fête, je n'y pensais guère, etc... »

Telle était, en deux lignes, en sa toute intime naïveté, la modestie de Dalou et tel est, d'un trait, le tableau de sa vie d'ouvrier. Vous avez lu : « des huîtres » gros événement ! On a fait des frais pour le jour de sa fête, on a acheté des huîtres !

Mais s'il était ménager de ses deniers lorsqu'il s'agissait de son bien-être, il ne l'était point lorsqu'il s'agissait des moindres détails, dont sa conscience d'artiste lui imposait la sincérité.

Voici par exemple une note qui donne un échantillon de ses scrupules :

« (26 *mars* 1896). — Je suis allé ce matin acheter une redingote (sur mesure) « à mon modèle en vue de la statue de Leclaire. Je l'aurai mardi matin. Elle « me coûtera 75 francs. »

Il promit l'inauguration pour le printemps 1896, et il tint parole malgré son déplorable état de santé.

A quelques jours de la visite du comité, il s'entendait avec le fondeur pour l'exécution en bronze, et enfin, ayant fait chaque jour, sans exception, une séance de modèle et même, certains jours, des doubles séances, il arriva à la dernière séance et notait, épuisé de fatigue :

« (30 *avril* 1896). — Fait cette après-midi une séance de modèle sur le groupe « Jean Leclaire. Je termine ce groupe comme un vrai chien qu'on fouette, « tellement je me sens mal à l'aise. Maudit, trois fois, soit le manque de « santé ! »

Le monument, offert par le comité à la Ville de Paris, fut érigé au square des Épinettes à Belleville. Dalou en choisit l'emplacement, dès le mois d'avril, puis, quand tout fut terminé, il alla y donner un dernier coup d'œil, l'avant veille de l'inauguration :

(29 *octobre* 1896). — « Le matin je me suis rendu au square des Épinettes pour « examiner le groupe Jean Leclaire. Je n'ai plus à m'en occuper. Puisse l'inau-« guration de dimanche prochain, ne pas être trop arrosée par le ciel, car depuis « quelque temps, il pleut exagérément pour la saison. »

Le ciel fut clément à l'inauguration. L'accueil du public et les discours prononcés furent chaleureux pour les beautés, si originales et demeurées néanmoins sculpturales, du groupe. Mais Dalou n'entendit rien de tout cela et, en rentrant, il écrivit un *éreintement* complet de son travail.

Que ceux qui ont cru devoir se froisser des critiques qu'il a portées sur leurs œuvres, voient ici la façon dont il traitait les siennes propres :

(1er *novembre* 1896). — « L'après-midi je me suis rendu, avec ma femme, à « l'inauguration du monument J. Leclaire. Une nouvelle déception m'y atten-« dait, — comme toujours d'ailleurs, quand je vois l'une de mes élucubrations « en place. — Passe pour Leclaire et pour l'ensemble du groupe... mais le « peintre! D'abord la blouse laisse par trop voir le nu. J'avais bien l'intention « qu'il fût sans chemise, ainsi qu'en été quand la chaleur est accablante, cepen-« dant moins que cela, puis le bonnet ne vaut rien non plus ; somme toute c'est « trop incomplet. Voilà ma triste impression. »

Ne croyez pas à du dépit. Il y a un certain fond de vérité dans ces critiques, exagérément sévères, mais en partie justifiées.

LA STATUE DE LA CHANSON

L'unique ouvrage de Dalou que possède l'Hôtel de Ville de Paris, est une statue de marbre placée dans la salle à manger du préfet, et qui représente la *Chanson*, sous les traits d'une femme debout, le bras droit levant un verre, le gauche esquissant un geste, un peu en arrière. Elle est presque entièrement vêtue d'une sorte de robe, qui tient de la draperie antique et de la chemise moderne, et s'arrête à la hauteur des chevilles, laissant nus le bas de la jambe et les pieds.

A la place où elle se trouve on la voit fort mal, Dalou lui-même ne l'y a vue qu'une seule fois, lors de son installation, en janvier 1895, ou plutôt ne l'a pas vue, masquée qu'elle était par les préparatifs d'une fête. Quelques années plus tard, ayant autorisé la publication d'une réduction en bronze, de la *Chanson*, il eut l'occasion de constater que cette statue, commencée en 1893, à la veille d'une longue et terrible maladie, achevée en 1894, dans la fatigue d'une convalescence difficile, se ressentait de l'état de santé où il se trouvait lorsqu'il la fit. Elle présente des fautes de proportions, peu apparentes assurément, mais réelles néanmoins, phénomène peut-être unique dans l'œuvre de Dalou, qui ne quittait jamais son compas, prenait les mesures de tout et les contrôlait sans cesse, et, souvent, de plus, les faisait encore reprendre et contrôler par ses élèves ou par ses ouvriers. Rien de ce qu'il faisait n'échappait à cette loi de travail ; elle était absolue pour lui. Ce n'était pas une sinécure de faire faire son buste par lui, il vous demandait le plus généralement jusqu'à vingt-cinq ou trente séances de pose et, souvent plus que cela, et vous mettait, tout le temps, les pointes de son compas à un demi-centimètre de la peau.

Comme il avait interdit aucune fonte de la reproduction de la *Chanson* avant réfection complète du modèle réduit, il s'apprêta à en refaire complètement le petit modèle, dont la réduction avait encore aggravé les défauts ; son travail eût été une réexécution totale, mais il mourut sans avoir pu l'accomplir. Sur l'avis de ses exécuteurs testamentaires tout projet de reproduction de la *Chanson* a été abandonné.

LE MONUMENT D'ALPHAND

Quelques jours après la mort d'Alphand, survenue fin 1891, un groupe d'hommes, composé d'administrateurs, d'ingénieurs, d'architectes, d'artistes, d'écrivains, de savants, d'industriels et de travailleurs manuels, qui tous pouvaient réclamer Alphand comme un des leurs, se réunissait pour former le Comité du monument à élever à sa mémoire, sur l'initiative prise par l'un d'eux, M. Théodore Villard. Il choisit pour président M. Mesureur.

L'État, la Ville de Paris, le département de la Seine, diverses communes de France, en reconnaissance des progrès que le génie d'Alphand leur avait permis d'accomplir, souscrivirent pour constituer la somme nécessaire à l'érection de ce monument :

La grande admiration que professait Alphand pour le talent de Dalou, et aussi pour son caractère, l'indiquait dores et déjà comme l'artiste auquel devait incomber l'honneur de perpétuer son souvenir. Dalou, de son côté, admirait en Alphand, l'homme de science et de volonté qui avait su transformer Paris, et lui donner l'air, l'eau, la lumière, la propreté, la salubrité ; il admirait également en lui, le grand jardinier, le grand artiste, qui y avait fait verdir et fleurir le Bois de Boulogne, le Parc Monceau, le Parc de Montsouris, et celui des Buttes-Chaumont ; les dizaines de squares où, grâce à lui, les pauvres gens pouvaient maintenant respirer sainement parmi les fleurs et les arbres. Alphand, comme il l'a dit lui-même, « entendait n'être pas un personnage en bois assis sur une chaise « directoriale, mais un directeur en chair et en os, agissant, ayant une initiative « personnelle. » Et Dalou admirait vivement la simplicité avec laquelle il participait de sa personne à tous les travaux qu'il commandait. Armé de son inséparable parapluie, il arrivait sur les chantiers, se joignait à tous ses collaborateurs de tous rangs, se mêlait aux ouvriers et, au besoin, se faisait chef d'équipe. Plus d'une fois, aux jours d'inauguration, on l'avait vu, sans idée de pose, endosser la blouse et, allant de l'un à l'autre, veiller aux travaux de la dernière minute, se retrouvant partout à la fois, et ne craignant jamais de mettre lui-même la main à la pâte, rangeant ceci, alignant cela, déplaçant telle autre chose. Puis, quand approchait le cortège officiel, il enlevait son vêtement d'ouvrier, se gantait en hâte, et, tel que l'y obligeaient les convenances de sa fonction, il réapparaissait en habit noir et la plaque de la Légion d'honneur au côté.

Dès les premiers mois de 1893 on put envisager la certitude de réunir une somme assez grosse pour permettre d'élever un monument très important. Dalou, tout heureux de ce résultat, se mit à rêver à cette œuvre nouvelle.

Mais, en mai 1893, une maladie terrible s'abattit sur lui, et pendant plus de deux mois, le tint, à tout instant, entre la vie et la mort. Pendant de longs mois encore, elle le plaça dans l'impossibilité d'oser envisager la perspective d'un travail considérable.

Ce ne fut que dans les derniers jours de l'année 1893 que lui revint la pensée d'entreprendre une tâche aussi longue et aussi pénible que devait, fatalement, l'être celle du monument d'Alphand.

Quelques notes prises dans son journal de 1894 — le premier qu'il ait jamais tenu — vont nous permettre de suivre, d'après lui-même, la violence de la maladie qui l'abattit alors et le laissa pour toujours dans l'état contre lequel, héroïquement (le mot n'est pas de trop, et vous allez le reconnaître par vous-même) il lutta pour conduire, jusqu'à l'achèvement final, l'œuvre, que son admiration pour Alphand et sa reconnaissance pour l'aide paternelle qu'il avait toujours rencontrée près de lui, inspirait à son talent et dictait à son cœur.

Ceci étant écrit en 1894, on y trouvera parfois, en parallèle avec le tableau de l'état passé, la constatation de l'état présent et, ainsi, on aura un aperçu du calvaire que Dalou dut gravir depuis avril 1894, date de début du travail d'étude d'après nature, jusqu'au 19 juin 1896, date du moulage final du monument.

Jetons d'abord un coup d'œil sur les anniversaires de la maladie de mai et de juin 1893.

« (17 mai 1894). — Il y a un an aujourd'hui, que j'allai consulter le Dr Huti-
« nel sur les premiers symptômes du mal que je ressentais. Il me promit de
« venir chez moi le lendemain pour m'examiner plus à l'aise et me pria de lui
« faire tenir dans la soirée de mes urines. En sortant de chez lui, je fus pris
« d'une violente crise qui ne me laissait pas marcher, même à petits pas. J'étais
« ce jour-là assez inquiet et n'avais que trop sujet de l'être. La suite me l'a prouvé.

« (18 mai 1894). — Il y a un an que le Dr Hutinel est venu me voir, au matin ;
« il s'est refusé à prendre au sérieux les symptômes, pourtant assez graves,
« que j'éprouvais. J'ai fait le dernier déjeuner avec des amis, dont Carriès, entre
« autres, que j'ai pu faire depuis ce temps. J'ai cruellement souffert quelques
« jours après[1] *et ne suis nullement remis encore. A l'engourdissement physique qui*
« *m'accable se joint une torpeur intellectuelle que je n'ai pas même le désir de secouer*
« *et qui fait ma désolation. Rien ne me dit plus, je n'ai envie de rien, tout cause*
« *mon ennui.*

« (25 mai 1894). — Il y a un an je m'alitais, après une crise violente, qui
« durait malgré les soins ordonnés par Hutinel depuis la veille, à 10 heures
« du soir. On dut me faire ce jour-là ma première piqûre de morphine et faire
« monter deux de mes ouvriers pour me mettre au lit, sans que je bouge. J'étais
« sur un fauteuil depuis une partie de la nuit, me trouvant là moins mal. Il
« fut décidé ce jour-là qu'une consultation aurait lieu, pour laquelle on dut
« appeler le Dr Potain. J'ai dû rester au lit jusqu'au 14 juillet après de nom-
« breuses et douloureuses péripéties. La base de mon alimentation ne fut plus
« que du lait. *C'est encore aujourd'hui ma seule boisson.* Depuis ce jour et pendant
« près de deux mois le médecin est venu tous les jours et souvent deux fois,
« quelquefois trois.

« (29 mai 1894). — Il y a un an j'étais dans mon lit où j'eus une consulta-
« tion avec trois médecins : Potain, Hutinel et Martin de Guimard. Mon ami le
« Dr Richer y assistait également.

. . . .

« J'apprends, en janvier 1899, que Potain avait diagnostiqué un rhumatisme
« cardiaque.

« (1er juin 1894). — L'an dernier à pareille date je perdais non seulement
« les pulsations du bras gauche, lesquelles ont été supprimées pendant plu-

---

[1] Pour éviter toute confusion dans l'esprit du lecteur on a mis ici en *italiques* ce qui est relatif à l'état de santé de Dalou à la date (mai et juin 1894) où il notait ses souvenirs.

« sieurs mois, radicalement, mais encore, la jambe droite semblait paralysée.
« *Aujourd'hui le battement artériel reparaît faiblement, avec une lenteur pro-*
« *gressive qui laisse cependant à espérer que cela reviendra tout à fait (peut-être).*
« *Quant à la jambe, elle est également, et surtout quand je marche ou me tiens*
« *debout, dans un état d'engourdissement qui me gêne infiniment. Je ne puis m'as-*
« *seoir que de la fesse gauche le plus souvent.*

« (21 *juin* 1894). — C'est, il y a un an, que je fus subitement pris, dans mon
« lit, d'une violente congestion au cerveau, sans rien, absolument rien, avoir
« fait pour cela ; *j'ai depuis ce jour la vision altérée et malgré l'affirmation du*
« *médecin que cela serait long, mais passerait, je crois qu'il y a une légère atténua-*
« *tion. Mais c'est tout.*

« Chose étrange, je répondais à ce qu'on me disait sans en avoir conscience,
« ni souvenir. Je ne reconnaissais personne. Je fus ainsi de 2 heures à 9 heures
« du soir à peu près. Je me retrouvai, sentant des brûlures aux jambes et aux
« cuisses et une sensation de fraîcheur à la tête. C'était de l'eau sédative et des
« sinapismes. J'avais près de moi, chacun d'un côté de mon lit, assez tristement,
« ma femme et mon ami F. Calmettes, je leur serrai à tous deux la main, heu-
« reux de retrouver auprès de moi des visages amis. »

Par quel miracle les docteurs Hutinel et Martin de Gimard et aussi le savant
ami de Dalou, le docteur Richer, arrivèrent à le ramener à la vie, par quels
prodiges de dévouement et d'intelligence Mme Dalou les seconda, c'est ce qu'il
serait difficile de dire. Après quelques semaines de séjour en Normandie, où il
avait accepté l'hospitalité de son ami Auzoux, il alla dans un village voisin de
la mer. Il y rencontra de la glaise, et l'envie lui prit de voir, si ses pauvres
mains affaiblies pourraient encore la pétrir et la modeler. Il avisa un petit
crabe et une valve de cardite, improvisa des outils, et tout angoissé, se mit
à copier servilement la nature. Et il y réussit si complètement, qu'il fit de ce
bibelot un petit chef-d'œuvre de méticuleuse vérité, comparable à ceux des maîtres
animaliers japonais. Il en fut satisfait et ce lui fut une joie immense. Il pourrait
donc encore travailler ! Vivre, sans travailler à toute heure, eût été pour lui la
pire des tortures. Et puis, vivre sans travailler lui eût été impossible. Que fût-il
devenu ? A cette heure il ne possédait rien, absolument rien d'autre que ses deux
mains pour gagner le pain de chaque jour.

L'espoir lui revint tout entier et, dès l'automne, il se déclarait prêt à entreprendre le monument d'Alphand. Dans quelles conditions ? C'est par le discours
prononcé par M. Mesureur, lors de l'inauguration du monument en décembre
1899, qu'elles ont été connues du public. Après des remerciements à Dalou il

dit : « ......Qu'il me permette de dénoncer aussi le désintéressement qu'il a
« apporté dans l'exécution de ce monument; il lui a donné son temps, son talent
« son cœur et beaucoup de sa santé, sans accepter aucun profit personnel, au-
« cune rémunération de son travail.

« C'est ainsi que déjà, dans sa générosité, en revenant d'un exil injuste, il
« s'était vengé de sa patrie ingrate en la peuplant d'œuvres immortelles. »

Un autre que lui, M. Formigé, l'architecte qui a achevé l'Hôtel de Ville de
Paris, l'auteur du Palais des Beaux-Arts et du Palais des Arts libéraux(1889) et
d'autres monuments importants de Paris, inspiré par un même culte de son
ancien chef avait, de même, donné gratuitement pour cette œuvre son temps
et son talent.

Dans les premiers jours de 1894, ou tout à la fin de 1893, l'esquisse était
prête et acceptée dans son principe général.

Elle comportait un exèdre à large rayon, placé sur une estrade élevée de deux
degrés bas, dessinés en courbe, et terminé, de droite et de gauche, par des
pilastres carrés presque sans ornements, sobrement moulurés, coiffés d'un chapi-
teau bas, que couvrait un motif uni, en pointe diamant; ils portaient à leur face,
pour unique ornement, un petit cartouche discret et, se mariaient à l'exèdre, à la
hauteur de la main-courante qui en bordait le dossier. De la face externe de
chacun, partait, à la base, une console couchée posée sur un profil de moulures
rejoignant le plancher. Leurs lignes servaient de contrepoids à celles du piédestal, carré, évasé, aux moulures d'une extrême simplicité, qui se dressait au milieu
de la courbe de l'exèdre, n'ayant pour unique ornement qu'un écusson lauré portant les armes de la Ville de Paris.

De chaque côté du socle se trouvent deux pierres de taille, l'une continuant
le profil de la grande base, l'autre, superposée sur celle-ci, y formant une sorte
d'escabeau qui s'aligne à la base du dé.

Sur chaque escabeau, sont deux statues d'hommes, soit : à droite, en avant
un architecte développant un plan et, derrière lui, un peintre dont la vaste
palette s'appuie sur la main courante et, à gauche, au premier plan, un ingénieur
tenant un crayon et un carnet à la main et, au second plan, un sculpteur dont la
silhouette se dégage par un mouvement de marche vers la droite, le bras allongé
sur la main courante et armé d'une masse. Le sculpteur a revêtu la longue blouse
de toile blanche, l'ingénieur, l'architecte, portent, l'un une redingote, l'autre
un veston; le peintre a une blouse fermée. Chacun est là tel qu'il est, ou fut,
dans sa vie de travail quotidien, hormis pourtant que, juchés sur des pierres peu
larges, ils ont un certain air d'y faire des exercices d'équilibre assez difficiles.

LES MONUMENTS DE LA VILLE DE PARIS

Alphand, tel qu'on le vit, à toute heure, parmi son armée de travailleurs, se tient debout, de pied ferme, sur le piédestal. Il est là dans sa jaquette accoutumée, sa main gauche, qui tient le petit chapeau rond qu'on lui vit si souvent, est appuyée en arrière sur son légendaire parapluie. De l'index, Alphand indique à ses collaborateurs, ce qu'il leur demande de faire. Tous quatre, les regards tournés vers lui, l'écoutent avec cette attention qu'on prête aux chefs clairs, précis,

LE MONUMENT D'ALPHAND (D'APRÈS L'ESQUISSE)

avec lesquels on a toujours tout à apprendre et qui ne disent jamais, ni un mot de trop ni un mot de moins. Telle est l'impression qui se dégage du geste de chacun dans cette esquisse.

Tout autour du piédestal qui porte Alphand, aux côtés de ses collaborateurs éminents, l'exèdre développe sa courbe brodée d'une frise en bas-relief où travaillent ses collaborateurs, plus humbles, mais moins aimés de lui. Sur l'esquisse la coloration générale résulte de la variété de leurs attitudes, de celles de leurs vêtements de travail et de la forme des outils ou des objets qu'ils manient. Elle y est déjà complètement visible. Les masses sont simplement indiquées, mais on y distingue déjà les maçons, calant un seuil, les charpentiers portant des poutres, et les serruriers, et les menuisiers, puis ce sont les groupes des terrassiers et des jardiniers, traînant la brouette, défonçant le sol de leurs bêches ou portant dans des paniers des plantes et des arbrisseaux.

Tout était donc prêt au début de 1894 et il n'y manquait plus que les longues études et l'exécution tenace.

Ces études et cette exécution il nous est possible de les suivre dans les notes de Dalou lui-même.

Pour bien voir le monument et le bien connaître que pouvons-nous faire de mieux que regarder l'artiste l'exécuter, pour ainsi dire de tous nos yeux, et de participer par la pensée à chacun de ses efforts.

« (2 *avril* 1894). — J'ai commencé aujourd'hui ma première étude d'après
« nature pour le monument d'Alphand.
« Apprendre sa leçon d'abord, avant de vouloir la réciter en public, c'est le
« meilleur moyen d'ânoner le moins possible. »

« (3 *mai* 1894). — J'ai eu modèle pour les études du monument d'Alphand,
« j'ai travaillé sans entrain et ne suis pas trop content de moi. La santé ne
« s'améliore guère ».

En juin, le mal va s'accentuant. Le travail d'étude ne s'en poursuit pas moins activement, mais il ne peut avancer que lentement, Dalou ayant à faire de nombreux travaux commandés. De gré ou de force il est bien obligé de prendre un peu de repos et il loue *pour la première fois de sa vie* une maison de campagne à Grenonvillers sur la ligne d'Orsay. Ce n'est point un château, rassurez-vous. Le loyer en est, pour la période de juillet à octobre, de 175 francs. Avant de partir, il loue une case de coffre-fort et y dépose ses premières économies ; montant à 3000 francs. Et il part, avec l'espoir de retrouver au grand air, la force de faire, sans d'ailleurs en tirer un centime de profit, un monument qui lui demandera des efforts énormes et interrompra ses autres travaux rémunérateurs pendant près de trois années.

En octobre il revient de Grenonvillers après trois mois d'un repos qui l'a reconstitué et, sans perdre un jour, il va nous donner un avant-goût des belles choses que la campagne lui a enseignées. La partie droite du bas-relief de l'exèdre du monument Alphand, où l'on voit à la tâche les ouvriers de la terre créant les jardins et les squares sera la première manifestation émue de cette inspiration.

Se sentant plus fort, il peut donner plus de temps à son monument et, dans la dernière quinzaine de décembre, l'architecture du grand modèle étant montée, il va pouvoir s'atteler sérieusement à cette tâche. Alors dès l'entrée de cette année 1895, dont il écrit, au 1er janvier, « qu'il n'en verra peut-être pas la fin », il se fixe comme règle, de donner uniquement, autant qu'il en aura le courage, les dimanches et jours de fête seuls à son œuvre tant aimée. Et le jour même :

« (1er *janvier* 1895). — J'ai travaillé quatre heures environ, en l'absence de
« mes ouvriers sur l'exécution du monument d'Alphand; c'est la première fois. »

A partir de là il serait facile de relever chacune de ces journées dominicales où il se réjouit, chaque fois, à nouveau, des séances de quatre et cinq heures passées sur ce travail «journée tranquille et recueillie» « bon Dimanche », « bonne journée » répète-t-il de sept en sept jours. La note du dimanche 3 février est particulièrement intéressante :

« Encore une excellente journée; cela me rappelle le bas-relief de Mirabeau,
« auquel, pour commencer, je ne travaillais que le dimanche, puisse ce travail
« faire le même effet; je n'en demande pas davantage. Je voudrais bien réussir
« ce monument, car les éléments qui le composent me charment et m'enthou-
« siasment. Mais comme je m'applaudis d'avoir fait des études d'avance ! ».

De ces études préparatoires faites d'avance, il ne reste plus beaucoup de traces; néanmoins, il a été retrouvé quelques dessins, très médiocres d'ailleurs, mais d'une précision absolue, qui sont les *écorchés* des cinq grandes figures du monument, chacune dans son mouvement, (cela va sans dire), et la terre cuite à l'échelle d'une trentaine de centimètres du nu complet de chacune d'elles, et, aussi le nu de l'une refait à une dimension double. Le tout sans préjudice des études définitives, non plus que du nu des grands modèles.

Bientôt, Dalou cède à l'entraînement et ajoute à ses fatigues de la semaine, des séances de modèle sur l'Alphand, mais, le dimanche venu, il se ressent de ce surmenage :

« (*Dimanche* 10 *février* 1895). — J'ai travaillé encore au monument d'Al-
« phand, mais pourquoi ai-je été moins heureux que les dimanches précédents ?
« Serait-ce que les difficultés augmentent ou que chez l'un de mes voisins,
« peintre idiot, on a toute l'après-midi battu de la caisse et sonné du clairon.
« Quelle après-midi troublée ! »

En se forçant il s'épuise de plus en plus et, dès le lendemain, il commence à ressentir l'effet de son imprudence.

« (11 *février* 1895). — J'ai travaillé, mais sans entrain, sans forces, je suis
« d'une mollesse qui fait mon désespoir. Ah la santé ! »

« (13 *février* 1895). — Je suis désolé. Je travaille sans force et sans entrain,
« pourtant les travaux que je fais m'intéressent, ou devraient m'intéresser. Je
« me retrouve dans un état de torpeur désespérant, presque ainsi qu'après ma
« maladie. J'ai absolument besoin d'un repos à la campagne. mais le temps s'y
« prête si peu ! il fait toujours grand froid, la Seine est prise et la neige couvre
« la terre ».

Les dimanches suivants redeviennent heureux, malgré des incidents graves, tels que des troubles de la vue, suivis de douleurs céphaliques. Il serait oiseux

de citer toutes les exclamations de joie : « Je crois avoir fait de la bonne
« besogne. Quelle heureuse journée! » et autres semblables qui de sept jours
en sept jours, se retrouvent écrites par Dalou. En voici pourtant encore une :

« (17 *mars, dimanche*). — Encore une excellente journée passée, comme tou-
« jours d'ailleurs, lorsque je travaille au monument d'Alphand : j'ai joui d'une
« quiétude parfaite, qu'un frappement à ma porte est bien venu troubler vers
« quatre heures, mais je n'ai pas répondu, et tout a été dit. Et quel beau jour!
« J'ai, avec un peu de feu, pu avoir, toute l'après-midi, mes fenêtres ouvertes.
« Que de parisiens ont dû aller à la campagne par ces premiers beaux temps. »

Cette dernière réflexion laisse deviner que la fatigue approche. On l'avait déjà
senti poindre dans la note du mardi précédent qui disait :

« (12 *mars* 1895). — L'après-midi, fait une nouvelle séance sur le monument
« d'Alphand. Journée superbe, temps printanier. C'était un peu dur de travailler,
« enfermé avec du feu, par un si beau temps. Il faut vraiment que ce travail me
« plaise autant qu'il le fait pour que j'aie ce courage ».

Aux deux dimanches suivants on voit la fatigue s'accentuer, puis, deux notes
du début d'avril l'indiquent nettement.

« (5 *avril* 1895). — Séance de modèle sur l'Alphand. J'ai commencé tout
« un bonhomme. Est-ce mieux? Ah! l'incertitude, le doute! »

« (6 *avril* 1895). — Je me sens le système nerveux bien fatigué ; un repos
« serait bien nécessaire, mais comment le prendre quand tout conspire pour
« vous en empêcher ».

Ce qui conspirait pour l'empêcher de se reposer, c'était surtout la commande
du buste de M° Cresson, l'ancien bâtonnier de l'ordre des avocats de Paris.
Le vendredi, il était venu le lui demander et, ayant hâte de pouvoir partir enfin
pour la campagne, Dalou avait fixé la première séance de pose au lundi suivant. Il
s'y mit sans relâche, donna à M. Cresson trente-trois heures de séances, et, malgré
ses souffrances, retarda de trois semaines le jour de l'indispensable repos.

Profitant du contre-temps causé par le buste de M° Cresson, il commença
une série de portraits destinés au monument d'Alphand.

Il avait, en effet, estimé que, puisqu'il y plaçait un peintre, un architecte,
un ingénieur et un sculpteur, le plus près de la vérité serait de leur donner la
physionomie réelle de l'un ou l'autre des hommes de chacun de ces métiers. Il
pria donc le peintre Roll, l'architecte de la ville de Paris, Bouvard, et l'ingénieur
Huet, directeur des travaux de Paris, de vouloir bien lui en fournir les types.
Quant au sculpteur, il trouva le plus simple de ne déranger personne et de se
servir à soi-même de modèle.

Il commença la série par le buste de Roll. Ces séances de pose lui firent oublier sa fatigue et la tristesse de ne pouvoir aller au grand air, dont il avait si violemment besoin, physiquement et moralement :

« (16 *avril* 1895). — J'ai commencé, cette après-midi, une étude de tête
« d'après mon ami Roll, en vue du monument d'Alphand. Il est venu à une
« heure et demie, il est reparti à cinq heures. Nous avons beaucoup causé, car
« il y avait bien longtemps que nous ne nous étions vus. J'ai été, pour ma part,
« très heureux de le revoir car je l'aime beaucoup. »

Jusqu'au 3 mai, il travailla au buste de Roll, puis il partit pour la campagne. Après onze jours, il en revint et il écrit : « Je m'y suis bien reposé pendant ces « quelques jours et reviens avec une grande envie de me remettre au travail. « Ce n'était partout que fleurs et parfums ; quels beaux jours de printemps ! » Et il reprend, à travers tous ses autres travaux, le buste de Roll. Mais ses notes disent : « cette tête ne va pas » et, plus loin : « j'ai fait une séance avec Roll. « Cette étude fait mon désespoir. »

Il aboutit enfin au portrait fort intéressant, qui se trouve à l'arrière plan du côté gauche du piédestal d'Alphand. La terre cuite de cette étude est là pour prouver que son auteur l'a jugée trop sévèrement.

L'étude faite d'après l'ingénieur Huet le fut aussitôt après celle de Roll, en six séances.

A elle seule, elle suffirait à montrer combien heureuse fut l'inspiration de choisir un professionnel comme type de sa profession. Avec sa redingote serrée et d'une correction parfaite, d'où émerge un cou maigre, supportant, en ligne droite, une tête au front haut, à la face anguleuse, au nez long, mince et comme créé pour le binocle ; avec la moustache militaire barrant une bouche intelligente et sévère, rebelle aux mots imprécis, cette statue, faite d'après cet ingénieur, semble la synthétique personnification du polytechnicien de haute valeur.

Plus tard, M. Huet vint demander de transformer cette étude en un buste de marbre. Dalou accepta, et comptant sur quelques retouches à faire sur l'estampage, il calculait que son travail ne devait durer qu'une quinzaine de jours environ ; mais, il avait tablé sans ses scrupules d'artiste, et ce fut seulement après vingt-quatre séances qu'il en eut terminé le modèle.

Cette étude d'après M. Huet, faite en vue du monument Alphand étant terminée le 10 août 1895, Dalou partit, le lendemain, pour la campagne. Il n'en revint qu'après un séjour de plus de deux mois, émaillé de « quelques promenades délicieuses » : il se sentit moins faible ; ce repos lui avait : « fait comme « toujours le plus grand bien. »

Et dès son retour, il pria M. Bouvard de venir poser le type de l'architecte et, avec une ardeur nouvelle, il s'occupa de l'Alphand. Il fit monter, d'urgence, l'architecture du monument et masser les bas-reliefs, qui sont ce qu'il préfère à tout dans ce travail, dont toutes les études préparatoires ont été par lui caressées depuis de longs mois. Et le voici qui oublie les belles promesses qu'il s'est faites à soi-même. Non seulement, il y travaille dans le recueillement de chaque dimanche, mais, encore, il multiplie les séances aux jours de semaine. En même temps qu'il s'occupe du choix de l'emplacement, il va sur les chantiers, dans les ateliers, au Fleuriste de la Ville, voir travailler les ouvriers divers, qui travailleront dans son bas-relief et, après chaque visite, vite, il s'efforce d'en fixer les souvenirs ; il rassemble autour de lui les outils et les accessoires qui devront être mis en œuvre dans sa composition. Bientôt, il en arrive à prendre modèle chaque jour sur ce bas-relief; il fait, défait et refait plusieurs fois, les mêmes figures. Il y travaille passionnément. L'état de sa santé ne se ressent pas de cet entraînement, tout au contraire, dans les derniers jours de 1895 il se sent mieux portant qu'il ne l'a été depuis des années.

Le bas-relief du monument d'Alphand n'est, au fond de sa pensée, et à son insu peut-être, qu'une étude de quelques détails de l'œuvre colossale qui germe dans son esprit : son Monument aux ouvriers, par ce travail il « apprend sa leçon avant de la réciter devant le public », avant de la réciter devant soi-même.

Et c'était là qu'il voyait tout l'intérêt du monument et là qu'il portait tout son effort. Il ne négligeait, d'ailleurs, en rien les statues — il était incapable de rien négliger. L'étude à faire d'après M. Bouvard lui avait pris, à la fin de l'automne, toute une série de séances et, dans ses notes, il s'en montre assez satisfait. Par la suite il en fit un exemplaire à cire perdue complété par ses reprises de travail sur la cire.

Le portrait d'Alphand, le seul portrait indispensable au groupe, eût dû être de tous le meilleur. Mais il ne pouvait, bien entendu, être fait que d'après des documents. Or Dalou n'avait pas le don de reconstituer une figure d'après des pièces, si excellentes qu'elles fussent. Bien que nulle ne pût être supérieure au portrait peint par Roll, « d'une tournure absolument vraie » — ainsi le définit Dalou lui-même — qui se trouve à l'Hôtel de Ville de Paris, et bien qu'il eût sous les yeux le dessin fait par ce maître, d'après nature, en vue de ce portrait, il ne put obtenir qu'un résultat insuffisant. Malgré l'aide des photographies et celui des souvenirs personnels, qui auraient pu fixer dans ses yeux les traits d'Alphand, il ne put donner satisfaction ni à soi-même ni à l'intérêt général de son monument. A propos de ce portrait d'Alphand :

« Ce n'est pas — écrit-il le 27 janvier 1896 — la partie la plus intéressante de ce monument, je manque absolument de renseignements ».

Cette déconvenue, dans laquelle l'état de fatigue de l'artiste a eu certes une part, est d'autant plus malheureuse que c'est, logiquement, vers la statue d'Alphand, — raison d'être du monument, — que les regards se portent tout d'abord, et, si l'impression qu'elle donne dispose mal à admirer le reste qui, tout excellent qu'il soit, n'en est, somme toute, que l'accessoire, il perd le plus clair de son intérêt. Pour comble de malheur, le mouvement de la tête tel qu'il est sur l'esquisse et qui permettait de voir la face, a été abaissé, après coup, et si malencontreusement, que dans le monument, tel qu'il existe, c'est le haut du crâne qui apparaît tout d'abord. Pour voir la physionomie, il faudrait se baisser et encore n'en resterait-elle pas moins dans l'ombre, sauf à quelques instants de la matinée. Cette inclinaison de la tête compromit l'effet de tout le reste.

Dalou ne l'a pu voir que trop tard, c'est-à-dire la veille même de l'inauguration :

« (2 *décembre* 1899). — Le sort en est jeté. L'Alphand est terminé et découvert.
« Mon impression, plutôt pénible et inquiète, hier après-midi, s'est sensiblement
« modifiée ce matin ; l'éclairage de la matinée étant de beaucoup le meilleur
« (c'est le jour dans lequel j'ai fait le modèle à mon atelier, je m'en suis souvenu
« aujourd'hui). Enfin il est fini c'est toujours cela. »

Quant au type de sculpteur, — (pour lequel il s'était choisi lui-même) — contrairement à ce qu'il avait fait pour le peintre, pour l'architecte et pour l'ingénieur, il procéda directement sur le grand modèle. Etant de ceux qui ne perdent pas leur temps à se contempler dans des miroirs, il avait simplifié l'étude préalable en faisant mouler sa propre tête.

On se ferait une idée très fausse de Dalou, en se l'imaginant morose. Il l'était lorsqu'il souffrait trop, il était même, comme il l'écrit plus d'une fois dans ses notes « grincheux, » mais il aimait à rire et à se détendre, lorsque sa santé ou son esprit, inquiet de son travail, lui laissaient quelque répit. Il ne dédaignait même point la plaisanterie tintamarresque. Commerson, l'auteur des « Pensées d'un emballeur » lui eût envié cet apophthegme : « Il est à remarquer que dans les
« nuits blanches ce sont surtout les idées noires qui se présentent. Drôle de
« coïncidence ! ».

Ce moulage de sa tête et l'idée de cette bonne farce de faire lui-même, à l'insu de tous, sa propre statue, lui avait été un sujet de gaîté.

« (25 *mars* 1895). — Été chez Bertault me faire mouler ma tête. Opération
« très bien conduite. Il fallait du reste que ce fût lui pour que je lui aie confié
« mon chef. »

Si Dalou riait de cette aventure, Bertault au contraire, n'en riait nullement. Pendant tout le cours de son opération, il était tremblant, à l'idée des accidents d'arrachage auquel son patient était exposé, et des dangers d'introduction de plâtre dans les yeux, les oreilles, le nez ou la bouche. A la fin, Dalou n'avait en rien souffert, mais son ami Bertault était malade de peur.

« (26 *mars* 1895.) — On m'a, ce matin, rapporté ma tête en plâtre. C'est « admirable ! Bertault est décidément un grand homme ! »

Il avait toujours fui les photographes, évincé l'excellent Grévin qui voulait le mettre dans son musée, évité toute reproduction de son image, et ne ressentait nulle crainte d'être reconnu, hormis par les camarades que cela amuserait aussi. Et alors, on en rirait ensemble.

Il ne se mit à son portrait que lorsqu'il eut fini celui de tous les autres. Cet examen de sa personne l'amène à formuler cette constatation :

« (26 *novembre* 1895). — Crâne pelé, mâchoire édentée, voilà où j'en suis à présent ! sans compter le reste. » Cela ne l'amuse pas moins de « se payer sa propre tête ». Mais un jour un événement survient :

« (8 *mars* 1896). — Le soir, une tête — la mienne — est tombée !... Encore un « jour ou deux de travail à refaire. » Et il le refit si bien et l'acheva si bien, et avec une telle conscience, que de cette fantaisie est né un portrait de lui-même qui peut tenir sa place à côté du portrait qu'a sculpté Rodin. Celui de Rodin nous montre Dalou aux prises avec sa pensée d'artiste, le sien nous le montre avec sa pensée d'ouvrier. L'un complète l'autre.

Le surcroît de travail, occasionné par la chute de sa tête, arrivait mal, car après des mois de santé relative, voici que les malaises sérieux reparaissaient. Le sentiment de sa faiblesse lui suggère cette réflexion :

« (11 *mars* 1896). — Chacun de nous, en naissant, apporte sa constitution phy-
« sique et intellectuelle, c'est le premier acte de la Destinée ainsi que son point de
« départ. Tant mieux pour les robustes ; leur existence entière s'en ressentira, la
« santé est une longue *vie sans souffrances*. Malheur aux débiles ! Aux autres les
« réussites de toutes sortes, les trouvailles heureuses et les traits d'esprit sans
« nombre. La maladie est une défaite, la bêtise une autre. Aux hommes de génie,
« il faut souvent ces deux forces : intelligence, santé.

« Alphand me dit un jour ignorer la fatigue des jambes, Rochefort ne connaît
« pas le mal de dents, Chapelet ne sait ce qu'est la colique. Heureux mortels ! »

Le besoin absolu de repos va encore retarder l'achèvement de son travail. Il va, avec sa femme, chercher une campagne : ... « La promenade a été bonne, nous « sommes rentrés, à sept heures, très fatigués cela m'a donné un bon sommeil.

« J'ai toujours les mêmes malaises, comment cela finira-t-il? Je suis bien las
« de souffrir ainsi depuis mon enfance et particulièrement depuis ma maladie,
« voici tantôt trois ans » (13 *mars* 1896).

Mais on dirait que travailler au bas-relief d'Alphand lui rend la force et la vie.

« (23 *mars* 1896). — J'ai fait une séance de modèle sur l'Alphand, ce matin,

Statue de Dalou par lui-même (M. Huet.)
(Fragment du monument d'Alphand).

« et une autre sur le groupe de Leclaire cette après-midi. Journée splendide! J'ai
« passé cette journée sans aucun malaise et avec beaucoup d'entrain, j'ai, sans
« m'en apercevoir, monté mes quatre étages, deux à deux marches, ainsi
« qu'autrefois. Il y avait trois ans que cela ne m'était arrivé. Quelle joie si c'était
« fini pour tout de bon! »

La sensation d'arriver à la fin d'une œuvre d'aussi longue haleine et qu'il
avait tant craint de ne jamais terminer, le soutenait aussi.

Il invita le comité Alphand à la venir voir. Mais il ne mentionne sa visite que
par ce seul mot : « Félicitations ».

Profitons de cette visite pour examiner ensemble, sur le modèle à moitié d'exécution, ce bas-relief, que personne ne verra, en son exécution définitive, aussi longtemps que subsistera la disposition du terrain sur lequel il se trouve, en arrière d'un tertre de gazon qui ne permet point de le regarder de près. Il est, d'ailleurs, non moins impossible de le regarder à distance, grâce aux consignes qui interdisent aux piétons de stationner sur la large allée cavalière qui passe devant lui.

Il se développe en formant une frise, interrompue, en son milieu, par le piédestal, et les quatre statues qui l'accompagnent. A droite de ce groupe la frise comporte les ouvriers du bâtiment. Au premier plan, un carrier, debout, équarrit une pierre de taille, et, en arrière de lui, au second plan, on voit passer quatre charpentiers, portant sur leurs épaules une longue poutre, devant lui un charpentier, armé de sa bisaiguë, établit une mortaise; un peu plus loin, et finissant au pilastre, un groupe de maçons prépare un scellement, tandis que, derrière eux, les compagnons leur apportent en hâte des sacs de plâtre. Le côté gauche est occupé par les ouvriers des jardins. Près du pilastre sont groupés, un jardinier posant des plaquettes de gazon, qu'un autre, posté un peu en arrière, muni d'un arrosoir s'apprête à humecter, on aperçoit, derrière ceux-ci, dans le fond, des jardiniers à la tâche. Un autre groupe a pour point central un homme qui porte, d'un geste de bel effort, une superbe plante logée dans une manne à terreau; devant lui, son camarade appuie du sabot sur la bêche qui creuse la place de cette plante, et un autre, en large pantalon de treillis et le torse nu, amène en hâte la brouette qui déblaiera la terre enlevée. Plus loin, dans le fond, un

ÉTUDE FAITE POUR L'HOMME
A LA BROUETTE

ouvrier tient un manche de pioche, un autre, vu de dos, et à peine mis en relief, semble se perdre dans le lointain.

Tel est, à l'état de nomenclature, sèche comme un constat de robin, la teneur de la frise. Tout le charme en est dans la justesse des types, pris tels qu'ils sont sur le chantier ou dans les squares, avec leurs habits de tous les jours, et leurs gestes de chaque instant, choisis et combinés, assemblés pour faire surgir de leur réunion un jeu harmonique de lignes et de plans.

On éprouve une sensation étrange lorsque les regards, se rassemblant vers le centre de la composition, y revoient Alphand, debout sur son piédestal, donnant des instructions à ses quatre collaborateurs : à M. Huet, à sa droite, en avant, ayant, derrière lui, Dalou esquissant le geste d'un homme en marche qui s'apprête à revenir sur ses pas, à M. Bouvard, à sa gauche, qui, appuyé d'un bras sur la base où se tient le chef, lui présente un plan, les yeux fixés dans ses yeux pour le mieux comprendre, tandis que M. Roll, placé derrière lui, lève la tête pour le mieux écouter.

La statue d'Alphand et son large piédestal, font rêver au fût d'un gros arbre, dont les lignes variées, rompues et quelque peu tortillées des quatre autres statues placées au-dessous, simuleraient les racines. Elles plongent dans le corps de l'exèdre comme en un sous-sol, dont une coupe verticale dévoilerait la vivace fécondité. Ces racines, faites d'êtres humains, semblent puiser dans l'activité commune de ces hommes, plus petits mais plus nombreux, qui agissent et peinent au-dessous d'eux et hors de la grande lumière, chacune des gouttes de la sève qui engendrera, élèvera, fera fleurir et fructifiera la puissance de leur idée. Ainsi comprise, la Réalité, voulue ici par Dalou, est en même temps et surtout, une allégorie.

Là a été la grandeur et la volonté de sa pensée, là est la signification qu'il a entendu donner à son œuvre. De soutenir toujours cette pensée, de l'infuser dans l'ensemble et dans chacune des parcelles de sa composition, vint surtout, pour lui, l'excès de la fatigue. Et quand il n'eut plus qu'à faire quelques retouches finales, il était à bout de force physique, à bout, peut-être, de force morale. Pour y avoir l'œil plus frais, il avait cessé de revoir son œuvre, pendant deux mois, après la venue de la Commission et il l'avait reprise au milieu de mai. Après quatre ou cinq séances de modèle il notait :

« (23 *mai* 1896). — Séance de modèle sur l'Alphand. La fin d'un travail est
« vraiment bien pénible. Celui-ci que j'ai entrepris et poursuivi avec tant de
« plaisir, commence à me peser terriblement. Que d'espoir, que de peines
« pour un si faible résultat ! ».

Puis, il va passer à la campagne, une semaine, interrompue par une journée à Paris, puis, voici l'emploi de son temps :

« (4 *juin* 1896). — Retour de la campagne où pendant une semaine je me
« suis plongé avec délice ».

Du 7 au 16 par une chaleur de 25° il fait encore *onze* séances de modèle et après la onzième :

« (16 *juin* 1896). — Séance de modèle sur l'Alphand. Il est grandement temps
« que j'arrive à la fin de ce travail qui me met à bout de force, étant donné sur-
« tout la chaleur qui nous accable depuis plusieurs jours. La terre, en place
« depuis un an et demi, se refuse à y rester plus longtemps, d'ailleurs j'ai écrit
« à Bertault de venir commencer le moulage vendredi prochain. Jusque-là j'irai ».

Le 17 nouvelle séance de modèle et, enfin :

« (18 *juin* 1896). — J'ai fait une séance de modèle sur l'Alphand ; la der-
« nière sur ce modèle que l'on moule enfin demain ».

« (19 *juin* 1896). — Bertault moule enfin les dernières parties du monument
« d'Alphand. La terre n'en pouvait plus ; et moi je suis de même. Il est temps,
« grandement, que je me repose à la campagne. J'y pars cette après-midi ».

Tout était terminé pour le moment. Il ne restait plus désormais qu'à faire exécuter le grand modèle en pierre du Dauphiné, — pays natal d'Alphand — et à le compléter le ciseau à la main. Tâche lointaine, mais qui promettait encore bien des tracas, bien des soucis et bien des fatigues. Ce n'avait pas été sans bien des tâtonnements qu'on avait fini par choisir l'emplacement de l'Avenue du Bois-de-Boulogne. On avait d'abord parlé de la place de l'Alma, qu'on eût transformée, puis, le conseiller municipal de Passy, M. Caplain, avait demandé le monument pour le jardin de la Muette. Dalou vit l'endroit proposé et le trouva « affreux ». Puis, c'avait été, en novembre 1895, le Comité Alphand lui-même qui s'était réuni pour délibérer de la place à occuper, oubliant de convoquer Dalou, ce dont il est vivement froissé :

« Je la trouve un peu forte celle-là. J'ai chargé Maillard de dire tout mon
« mécontentement à ces messieurs. Décider de la place d'un monument sans la
« présence de son auteur, alors et surtout, lorsqu'il veut bien l'exécuter dans les
« conditions de désintéressement où je fais celui-là, cela me semble une con-
« duite impardonnable et blessante au premier chef ».

L'endroit choisi par le Comité était déplorable, Dalou et M. Formigé en trouvèrent et en firent agréer un autre qui leur sembla moins mauvais, mais toujours dans cette même avenue du Bois-de-Boulogne excessivement large, interminablement longue et plate, encastrée dans deux rangées de hautes maisons sans cesse remises à neuf. L'interminable ruban gris de l'allée cavalière toute droite à peine soulignée par les festons de quelques bouts de pelouses mesquines, plantées d'arbres très jeunes, donne à la pierre du monument, un aspect terne et la hauteur des maisons, d'un ton analogue, le font paraître un édicule, oublié là dans un fourré, en attendant une place appropriée à sa forme et à sa couleur. Dès juillet 1897, le terrain avait été modifié et consolidé ; une baraque de planches fut construite sur une longueur de 20 mètres, une largeur de 10 et une hauteur de 8. Dalou y installa une équipe de metteurs au point, de tailleurs de pierre, puis de praticiens. Les contrariétés venues des hommes n'y firent point toujours défaut, celles venues des intempéries hivernales ou estivales non plus. A cela s'ajoutait le soin de tenir des comptes, de faire la paie de chaque quinzaine.

Les soucis de cette entreprise — car un sculpteur, on ne le sait pas assez, doit être, le plus souvent, un administrateur — marchaient alors parallèlement avec ceux du travail de réfection du groupe du monument de la Place de la Nation qui s'exécutait à Auteuil, et, aussi, parallèlement à celui des lions du pont Alexandre III ; le tout sans préjudice du débordement des besognes quotidiennes, et maintes fois, avec des coups de fatigue terribles. Les repos de l'été de 1898 et de celui de 1899 furent hachés par des journées passées à Paris, chaque semaine, dans la baraque de l'avenue du Bois-de-Boulogne et dans celles du pont Alexandre.

Dalou eût pu, comme la plupart des sculpteurs, en pareil cas, s'en rapporter à une tierce personne ; l'état d'achèvement du modèle, méticuleux jusqu'à l'excès, lui donnait toutes les garanties possibles. Il avait, là-bas, quelques hommes, dont la capacité et le dévouement profondément affectueux, lui était acquis, et, pour le remplacer à tout moment dans la surveillance du travail, il y avait installé son collaborateur de tous les jours, depuis 1892, M. Léon Gobet, auquel vint bientôt se joindre Auguste Becker. Mais rien de cela ne lui suffisait.

De même qu'au travail du monument de la place de la Nation, il trouvait toujours à celui d'Alphand de nouveaux défauts et il s'employait à les corriger.

Cependant, le Comité avait hâte d'en finir après tant d'atermoiements. M. Mesureur, son président, demanda à Dalou vers quelle date il sera possible d'inaugurer le monument, et voici la trace de sa réponse :

« (5 *mai* 1899). — J'ai fait réponse, ce matin, à la lettre de Mesureur, en
« substance : la question est difficile. Je ne sais au juste, peut-être en juin,
« peut-être en juillet. Plus j'y travaille, plus j'y découvre à faire encore. »

Et, pourtant, comme chaque année, depuis 1893, aux premiers jours du printemps il était complètement épuisé de fatigue.

« (20 *mai* 1899). — Ce soir, très fatigué et affamé, revenant de l'Alphand, où
« je venais de faire une séance de modèle sur la pierre, j'ai eu, en quittant le
« tramway, un étourdissement, tout à la fois étrange et profond, qui m'a
« ébranlé tout l'organisme. J'ai pensé tomber, j'ai fait plusieurs pas, en tâtonnant, puis, une chaleur m'est montée subitement à la tête, en même temps
« que je me suis senti rougir. Tout cela n'est pas normal, en somme, et j'ai la
« crainte de tomber, un de ces jours, comme une masse pour ne plus me
« relever ; à moins que la chose ne se passe dans la nuit et que je m'endorme à
« jamais. »

Chaque jour, il retourne à l'avenue du Bois et continue à tout reprendre sur la pierre, d'après le modèle, en complétant ses journées par un travail analogue sur les lions du pont Alexandre III et par d'autres travaux.

Souvent il retient et paie des séances de modèle qu'il ne peut faire, étant vaincu par des malaises trop violents.

Enfin, après trois semaines de lutte, ayant mis en place la statue d'Alphand, et fait remonter la baraque qu'on avait dû couper pour l'y faire entrer, il put écrire :

« (10 *juin* 1899). — Tout est terminé ; la baraque est remontée. Je puis partir
« pour la campagne, tranquille de ce côté. »

Il n'en revint pas moins assez souvent avenue du Bois, au cours de ses vacances. Et, le 2 novembre, il a cette exclamation : « L'Alphand est terminé, enfin ! »

Il écrit alors à M. Mesureur pour le prier d'en faire l'inauguration le plus tôt possible et, le matin, si possible, le jour étant alors plus favorable.

La fête du « Triomphe de la République » retarda de quelques jours l'inauguration de l'Alphand. Elle eut lieu le 14 décembre 1899 avec l'affluence de hauts personnages et le cérémonial que commandait son importance. Le comité remit à la Ville de Paris, qui y avait largement souscrit, ce monument élevé à l'homme qui l'avait transformée.

Dans sa forme définitive, il me semble (ceci est une impression de spectateur et de passant, et non une prétentieuse observation de critique d'art) il me semble, dis-je, moins heureux que l'esquisse. L'amplitude du bas-relief paraît diminuée, la coloration générale du grand groupe à l'aspect plutôt dur, mais, peut-être est-ce par un effet du mauvais éclairage ou par un effet du vide de l'horizon qui l'entoure.

Cette dureté, par une opposition normale, éteint, blondit, la coloration générale de la frise, affadie déjà par la nature même de la pierre dans laquelle elle est taillée, et par le voisinage des pierres de taille des maisons environnantes.

Est-il impossible d'admettre que l'œuvre se ressent des luttes que son auteur a dû soutenir contre soi-même pour la conduire jusqu'au bout. Ceci est encore une question. Mais on ne pourra vraiment connaître et juger le monument d'Alphand que lorsqu'il sera, — s'il y est jamais — à une place proportionnée à sa forme et où il ne sera pas combattu par tout ce qui l'entoure.

En récompense de cette œuvre qui, pour compromise qu'elle soit, dans son ensemble, par l'effet malencontreux de la figure principale, n'en demeure pas moins l'un des monuments des plus intéressants qui soient à Paris, et comme unique compensation de ses années de travail, donné gratuitement et de sa bataille quotidienne contre la mort, que demandait Dalou, alors que peu de jours auparavant il avait fallu faire accepter par surprise la croix de commandeur de la Légion d'honneur ? Ce qu'il demandait, c'était simplement d'humbles palmes académiques dont il voulait faire la surprise à ses collaborateurs principaux.

Et voici en quels termes il y insistait dans une lettre adressée à M. Mesureur :

« Mon cher président, en vous adressant les trois demandes ci-jointes, per-
« mettez-moi de vous rappeler que leur réussite me tient beaucoup à cœur ; car
« ces trois indispensables collaborateurs de grand talent, sont tous trois aussi,
« je le répète, des hommes admirables, tant à cause de leur assiduité, de leur
« entier dévouement pour moi, de leur abnégation de tous les instants, aussi
« bien que dans leur vie privée. Ouvriers modestes, tous trois sont mariés et
« pères de famille. Je ne connais personne de plus estimable et suis fier de leur
« amitié. »

« Permettez-moi d'ajouter : Entre eux pas de choix à faire ; ils me sont éga-
« lement chers. Aussi fais-je des vœux pour la réussite de vos démarches
« qui, je veux le croire, étant donné votre situation, ne peuvent manquer
« d'aboutir.

« Veuillez donc, mon cher Mesureur, être assuré de mon entière reconnais-
« sance pour la grande joie que vous allez me causer.

« J. Dalou. »

M. Leygues, ministre de l'Instruction publique, ne crut pouvoir accorder à M. Mesureur et à Dalou que deux de ces palmes, l'une pour M. Auguste Becker, l'autre pour M. Léon Gobet.

La cérémonie étant terminée, Dalou, événement considérable pour lui qui, soumis depuis six ans à un régime voisin de la diète, n'avait jamais mangé hors de son logis, s'en fut dans un grand restaurant de la Porte-Maillot célébrer, en compagnie de sa femme, de sa fille, et de ses ouvriers si sincèrement aimés, l'achèvement de l'œuvre où ils l'avaient secondé.

CHAPITRE VII

LES MONUMENTS APPARTENANT A L'ÉTAT

Contrairement à la Ville de Paris, l'Etat ne possède, directement, aucun grand monument de Dalou. Il a acquis, en 1883, le haut relief de *Mirabeau répondant à Dreux-Brézé* et, en 1893, le *Silène*. Le Musée du Luxembourg ne possède aucune œuvre de Dalou, hormis un exemplaire d'un grand vase céramique en porcelaine de Sèvres. Dans le jardin du président du Sénat, se trouve un autre grand vase céramique de même origine ; le grand amphithéâtre de la Sorbonne contient une statue de Lavoisier et, enfin, à l'entrée du pont Alexandre III, du côté de l'esplanade des Invalides, les deux groupes de lions sont de Dalou. De plus une statue de Vergniaud, attend sa fonte en bronze dans les magasins de l'Etat.

Par contre, quatre monuments élevés par des souscriptions privées ont été donnés à l'Etat. Ce sont : celui d'Eugène Delacroix, placé dans le jardin du Luxembourg, celui de Boussingault, au Conservatoire des Arts et Métiers, celui de Sidi-Brahim à Oran, et, en dernier lieu, la statue de Hoche à Quiberon.

LE HAUT-RELIEF DE MIRABEAU

En 1883, l'Etat venait de mettre au concours un monument qui devait être érigé à Versailles, à la gloire de l'Assemblée Constituante. Dalou, édifié par le concours du monument de la République, sur les complications et les dessous de ce genre d'épreuves, qu'il qualifiait de « loteries », ne se préoccupa aucunement de celle-ci. Le hasard fit qu'il se trouva amené à y prendre part au moment où il y pensait le moins.

L'architecte Train avait fait, en vue de ce concours, un projet et avait demandé à Chapu les maquettes provisoires des statues destinées à accompagner ce projet, lors de la première épreuve d'admission. Son travail avait été admis à concourir à la seconde épreuve mais, cette fois, avec les modèles de sculpture réel. Or, voici que, au moment d'esquisser les sculptures par lui indiquées, Chapu se rétracta. Le délai de livraisons des esquisses avançait et, mis dans la nécessité de remplacer Chapu, M. Train s'adressa d'abord à Delaplanche. Refus de Delaplanche qui ne veut pas courir les risques de l'affaire.

M. Train se rejette alors sur Aubé, qui déclare n'avoir plus le temps nécessaire à l'exécution d'un travail aussi important, mais qui offre de le faire, par moitié, avec un confrère de son choix ; ce qui est accepté.

Et il s'adresse tout d'abord à son ami d'enfance, à son camarade de la Petite École, à Dalou, qui, à peine revenu de Londres et, attendant la solution définitive de la commande du *Triomphe de la République*, avait repris le chemin des ateliers de décorateurs et faisait des figurines pour un céramiste.

Le projet de M. Train accusait des dimensions énormes. L'ensemble était rectangulaire. Par un large perron, on accédait à un escalier d'une quarantaine de marches, donnant accès à un très vaste palier rectangulaire. Au centre de ce palier, un édifice cubique, relativement bas, portait, à la face et en arrière, des inscriptions commémoratives et, sur les côtés, deux bas-reliefs. L'un : l'Ouverture des États Généraux par Aubé, l'autre, Mirabeau répondant à Dreux-Brézé par Dalou.

A chaque angle de ce cube se dressait une statue : Bailly et Condorcet par Aubé, La Fayette et Mirabeau par Dalou. Sur ce premier édifice de pierre se dressait une colonne ronde à soubassement hexagonal ; la base en était de pierre, le fût en était de bronze. Il débutait, à la jonction du bronze et de la pierre, par une bague, d'une hauteur égale, environ, à celle des deux tiers des statues d'angle. Cette bague était ornée d'un admirable haut-relief de Dalou représentant des scènes de la Révolution.

Au sommet de la colonne il y avait une statue, debout, de la République.

Au delà de cette colonne, se dressait une vaste tribune, disposée en amphithéâtre, garnie jusqu'au sommet de trois rangs de banquettes, séparées par des gradins, et, au fond, sur le mur carré de cette même tribune, se développait un énorme bas-relief représentant des scènes de Travail et de Paix, reliées à leur centre par un groupe allégorique de l'œuvre de la Révolution. Un peu partout, sur les pilastres et derrière la tribune, étaient inscrits les noms des membres de l'Assemblée.

Sur chacun des deux côtés du grand palier, des socles portaient six maquettes de statues.

Le projet fut repoussé, mais il bénéficia d'une prime d'une dizaine de mille francs que se partagèrent l'architecte et les deux sculpteurs.

Par la suite, la République d'Aubé fut exécutée en marbre et placée au Palais-Bourbon et la statue de Bailly fut exécutée en bronze et prit place au Musée du Luxembourg, dont elle est l'un des meilleurs morceaux de sculpture. Quant à la partie faite par Dalou voici ce qu'il en advint : la bague décorative a disparu, le La Fayette est resté à l'état d'esquisse, mais c'est une esquisse d'un tel charme et d'une allure si crâne, qu'elle fut fondue, telle quelle, en bronze à de nombreux exemplaires et, si sommairement indiquée qu'elle fût, elle prit place dans les collections des amateurs français et américains.

Le marquis de La Fayette, jeune, svelte, et d'une exquise élégance, vêtu de l'habit à la française, le chapeau à l'aisselle, la tête haute et coiffée de la perruque à marteau, les reins cambrés, les jambes fines et bottées, et faisant un pas droit devant soi, tient, au bout de son bras droit étendu et la pointe basse, sa fine épée de gentilhomme. La statue de Mirabeau, debout, le petit collet à l'épaule, a été exécutée, par la suite, pour l'Etat, à environ un mètre de hauteur et est restée en détresse à l'état de plâtre dans un magasin de l'Etat. Elle est d'ailleurs d'un intérêt très secondaire. L'ensemble du monument a été livré aux magasins de l'Etat, qui en était devenu propriétaire par suite de la prime par lui donnée. S'il n'est pas en trop mauvais état, il serait d'un vif intérêt d'en exhumer les bas-reliefs si intéressants qui s'y retrouveraient.

Aujourd'hui le bas-relief de Mirabeau répondant à Dreux-Brézé, tel qu'il était sur l'esquisse — ou à peu près — se trouve non seulement dans la salle Casimir Périer, du Palais-Bourbon, mais encore, a-t-il été reproduit par l'imagerie, sous toutes ses formes, depuis la très belle gravure au burin qui appartient à la calchographie du Louvre, jusqu'à la reproduction typographique, photographique, glyptographique, etc. Il est suspendu aux murs de presque toutes les écoles primaires de France. On le rencontre dans les bureaux des mairies et des administrations de l'Etat. Il se retrouve, le plus couramment, dans l'illustration des livres d'histoire destinés à l'enseignement primaire et il est tellement populaire que les gens qui en usent ainsi, semblent ne pas se douter de l'indélicatesse qu'ils commettent lorsqu'ils ne l'accompagnent point du nom de son auteur véritable.

Le modèle en plâtre de ce haut-relief fut exposé, avec celui de la *Fraternité*, au Salon de 1883. Jamais les jardins du Palais de l'Industrie n'avaient offert un spectacle pareil à celui de cette année-là. On y voyait des groupes compacts arrêtés devant le haut-relief de la *Fraternité* ou devant celui du *Mirabeau* et se pressant comme là-haut, à la peinture, devant quelque toile à scandale ou devant quelque Meissonnier invisible.

Les artistes s'extasiaient ou se recueillaient, également devant l'un et l'autre, le gros public se tassait et se bousculait, mais surtout devant le *Mirabeau*. Les gens de culture artistique nulle faisaient les réflexions de leur cru. — « Regardez « donc comme c'est fait. A la bonne heure ! voilà qui est de l'ouvrage bien fini ! »

Et ils approchaient, et ils admiraient tous les plis des bas de soie ou de fil fin, et les boucles des souliers, et les boutons des habits, et les perruques : « On les dirait en vrais cheveux », et la figure de ce bonhomme et les mains de celui-ci et les rabats et les cravates, et les broderies des habits du joli petit marquis, et le tapis fleurdelisé de la table, et les franges des banquettes. Oh ! les franges de ces banquettes, ont-elles fait assez d'heureux : « Et là-bas, dans le coin à gauche, « avez-vous remarqué que l'homme, en bras de chemise, a posé son marteau sur « le tabouret qui est près de lui ? On dirait un vrai marteau ! »

Et alors, les plus curieux allaient et venaient cherchant sur le plâtre le nom de l'auteur et ils ne le trouvaient pas, et par cette simple raison qu'il n'y était pas.

Ces bonnes gens, comme toujours, ne voyaient que les premiers plans. Ils y avaient d'ailleurs de quoi s'occuper ; ils y trouvaient déjà une trentaine de personnages. Et, tout d'abord, vu de profil, froid, impertinent, le jeune marquis de Dreux-Brézé, tout joli et finement découplé, bien pris dans son habit de soie brodée, le chapeau sur la tête, la canne, très fine, tombant droit entre ses pieds, joints aux talons.

Avant qu'il ait pu s'avancer jusqu'au milieu de l'Assemblée, Mirabeau a marché résolument vers lui, et l'arrêtant net, il l'a médusé par la seule puissance de sa tête énorme, au mufle de taureau, couturée par la variole. Et il reste là, le dos tourné à la porte par où il vient d'entrer tout fringant. On sent que maintenant il n'ose plus ni faire un pas en avant ni se retirer. Mirabeau est vu de trois quarts ; gros, trapu, les épaules remontantes, l'encolure gonflée. A la façon dont le geste de son bras droit, gêné par l'obésité, se développe et dont son index, allongé vers le bas, dessine les paroles qu'il prononce, on sent qu'il se contient, mais au bout de son bras gauche tombant, on aperçoit sa main et ses doigts crispés mâchant le feutre de son tricorne. Et l'on *entend* alors sortir de sa bouche, non la phrase célèbre que des historiens ont arrangée pour le seul amour des belles manières, mais celle qu'il a, rabrouant l'homme qui apportait la volonté de « son maître » prononcée, selon toute probabilité, la phrase qui, seule, ressemble aux coups de boutoir de ses discours de juin et de juillet 1789 :

« Allez dire à votre maître, que nous sommes ici par la volonté du peuple et
« que nous n'en sortirons que les baïonnettes dans le ventre. »

Et c'est cela qu'il dit, le Mirabeau de Dalou, et de même qu'on l'*entend*, on *voit* passer sous ses habits négligés, le frisson qui lui court sur la peau, de la nuque au talon.

Et s'il est ainsi, c'est que Dalou en faisant le nu de son Mirabeau a modelé une sorte de statue de l'Indignation. Je le revois encore dans l'atelier de la rue Montessuy ce Mirabeau, la tête à peine indiquée, ayant alors pour tout vêtement, son chapeau broyé par sa main gauche. La colère tressautait dans tous ses muscles, et c'est pour cela que, maintenant elle y tressaute encore à travers ses habits.

Entre lui et Dreux-Brézé, et séparé d'eux par la largeur de la simple table, du centre de laquelle il préside l'Assemblée, et où s'appuient ses mains aux doigts étendus en éventail, Bailly, debout et sans nulle emphase, regarde bien en face, l'envoyé du roi et, sur son maigre visage, on lit la tenace et très calme résolution de l'homme de science ; elle marque bien que, ce que Mirabeau vient de dire, toute l'Assemblée le ratifie et est toute prête à y conformer tous ses actes. Et alors, le regard du spectateur se porte vers cette foule d'hommes qui, derrière Mirabeau, ou autour de lui, emplissent la salle.

Soixante visages sont là, parfaitement lisibles, et le mouvement général de leur groupement, fait sentir qu'ils ne sont qu'une fraction de cette Assemblée dont la houle s'agite encore au fond de la salle, et, aussi, par de là le cadre. Les regards de tous sont, maintenant, fixés sur Mirabeau et sur Dreux-Brézé.

Chaque visage a sa vitalité personnelle, les uns laissent voir la détermination froide et irréductible, d'autres la stupéfaction causée par la violence de l'apostrophe de Mirabeau et partout, on lit la volonté de ne point céder, et partout, la curiosité de savoir comment Dreux-Brézé va se retirer. Au spectateur il semble qu'il va sortir, à petits pas, à reculons.

Presque tous sont debout, car le parti de la Cour a trouvé bon de prétexter des réparations à la salle des Menus, pour troubler les discussions par les coups de marteau des ouvriers ; il a même fait enlever les banquettes, afin de lasser ces petites gens, qui prétendent traiter avec lui d'égal à égal. Le tapissier qu'on voit, à l'angle gauche, et qui se retourne pour voir comment la scène finira, porte encore une des banquettes sous son bras.

Il en reste, en tout, deux encore, placées de biais, au premier plan de la composition ; les plus fatigués des Constituants y sont assis, en attendant qu'on les leur enlève de sous les jambes.

Assis sur l'angle de celle qui avance, à peu près à mi-largeur du bas-relief et tout en avant, on voit, de dos, un jeune député au buste très long, la tête tournée de profil, et qu'il suffirait à Dreux-Brézé d'avoir regardé pour pouvoir dire aux gens de son parti que la froide colère des gens du Nord est à l'unisson de la fougue méridionale de M. de Mirabeau.

Dalou, toujours préoccupé de la coloration et du mouvement de sa composition, a dû la vie et la couleur de son haut-relief de Mirabeau à des idées d'exécution tirées le plus particulièrement de l'Art du peintre.

Partant de cette règle qu'il a lui-même formulé en ces termes : — à l'époque où il travaillait sur le bas-relief d'Alphand. — « En perspective, la décrois-
« sance des valeurs doit égaler la décroissance linéaire ou celle des proportions, si
« on le préfère », il donna au premier plan la plus grande intensité possible de coloration. C'est pour l'obtenir, qu'il traita jusque dans leurs plus infimes détails, et les têtes et les vêtements du premier plan, et tous les accessoires qui les accompagnent. De cette façon, ils « viennent en avant dans la lumière », par la force de leur coloration, au moins autant que par la variété de leurs reliefs. Et il advient alors que malgré la décroissance linéaire et la décroissance des valeurs, ceux qui se trouvent derrière eux gardent assez d'intensité pour qu'on les sente vibrer. Les plus éloignés, étant sculptés presque au niveau du fond, donnent la sensation de gens qui s'agitent dans le lointain.

Cette perfection des détails, dont se réjouissait tant le bon public des entrées gratuites du dimanche, n'a donc point été faite en vue de plaire aux badauds ou par manie d'achèvement des détails, mais uniquement en vue de produire coloration totale du bas-relief.

Ceci, Dalou l'a fait en application, système bien arrêté chez lui, auquel il ne faillit jamais et dont le plus extraordinaire exemple se trouva, plus tard, dans l'exécution de tous les détails du monument de la place de la Nation.

Contrairement à ce qui a toujours lieu en pareil cas, il n'a placé, parmi ses personnages, que les seuls portraits historiques qu'il était impossible d'éviter, les autres têtes sont inventées ou empruntées à des amis. Ce que le bas-relief perd en intérêt de curiosité, — question secondaire en art et dangereuse pour l'artiste et pour son œuvre, — l'exécution d'après la nature réelle le lui rend largement en puissance vitale.

Rien n'eût été plus facile à Dalou, s'il l'avait voulu que de copier les nombreux portraits des Constituants dont les bibliothèques surabondent. De parti pris il ne l'a pas fait. Cette pénurie de documentation pseudo-historique pouvait rendre l'achat par l'État, seul acquéreur supposable, très problématique, mais

Dalou n'était point de ceux qui modifient quoique ce soit à leur composition en vue de leur placement. La beauté du haut-relief était telle et le succès fut tel que, après que, conjointement avec la Fraternité, il eût reçu la Médaille d'honneur, la commission gouvernementale en proposa l'acquisition, et le Gouvernement décida qu'il serait placé à la Chambre des députés, reproduit en bronze fondu à cire perdue par les soins d'un fondeur du nom de Gonon, lequel obtint de l'État une pension pour avoir (il le prétendait lui aussi du moins) retrouvé le secret de la fonte à cire perdue à grande échelle. Restait à savoir en quel lieu du Palais-Bourbon on lui réserverait une place. Il fut d'abord question de la salle des séances. Des raisons quelconques, d'architectes ou autres, firent avorter ce projet. On parla alors de la salle des Pas-perdus. Là, l'éclairage est encore suffisant et l'œuvre eût accompagné la vie la plus intense du Parlement. D'autres raisons surgirent : d'où un autre avortement. Après de longues tergiversations, et sur l'avis des architectes, le bureau de la Chambre avisa le mur de la salle Casimir-Périer, laquelle sert de passage pour aller à la bibliothèque. Dalou préféra cette solution à l'enfouissement probable de son œuvre au cas où la situation s'éterniserait.

Très haute de plafond, la salle Casimir-Périer est sensiblement plus profonde que large et la lumière n'y arrive que très affaiblie sur le mur du fond. C'est en cet endroit, où le public ne pénètre jamais que l'on a maçonné une longue console et un lourd encadrement pour y placer le Mirabeau. J'ai ouï dire que cet encadrement était des plus heureux. Cela m'a rappelé les chirurgiens qui, lorsqu'un de leurs opérés succombe à la suite d'une opération, dégagent leur responsabilité en déclarant que : « La Chirurgie est sauve ». Au Palais-Bourbon, l'architecture est peut-être sauve, mais le plus célèbre et le plus admirable haut-relief qu'ait produit l'art français, n'en demeure pas moins assassiné au fond d'une cave.

Par une suprême ironie, son cadavre est éclairé, de droite et de gauche, comme par la lumière morne de deux candélabres mortuaires, par le faux jour des baies donnant accès à la salle précédente et au vestibule de la bibliothèque. De la bataille de ces trois éclairages ennemis, résulte une sorte de demi-obscurité louche, et, comme la patine du bronze a été faite très foncée, presque noire, en vue d'une exposition en pleine lumière, elle étale maintenant dans la blancheur crue des pierres qui l'environnent les noirceurs et les luisants d'une coupe de houille.

Là où est le haut-relief de Dalou, tout recul est impossible ; l'éclairage est tel, qu'on ne voit rien, dès qu'on se retire en arrière, sinon des faux jours frisants se jouant sur le bronze. Quand on s'approche, les bonshommes ont l'air de s'avancer au-devant de vous et paraissent disproportionnés au cadre. Puisqu'il fallait choisir l'emplacement selon la chose déjà faite, il eût été nécessaire de renverser la règle applicable au recul, tout aussi bien pour la peinture décorative, que pour un haut-relief coloré comme celui de Dalou, règle que Dalou a lui-même formulé ainsi :

« (18 *mars* 1893). — De plus en plus, ma conviction s'affirme que, notam-
« ment dans la peinture, la proportion donnée aux figures est fort importante.
« Si les figures sont trop grandes et que le recul soit trop faible, l'effet devient
« désagréable, on semble être beaucoup plus près encore ; en un mot, l'espace
« se rétrécit. Le contraire me semble meilleur ; il vaut mieux de petites figures
« lorsqu'on ne dispose que de peu de recul, — et même avec un recul insuffisant
« — cette proportion me semble encore préférable. Cela donne de l'espace. Il
« vaut mieux avoir l'air d'être loin des figures et des horizons, l'effet est meil-
« leur. Les maîtres d'autrefois ne s'y sont guère trompés, je crois, leur goût,
« leur expérience les a bien guidés, là comme ailleurs. »

Fasse le ciel qu'un président de la Chambre qui serait aussi un artiste — M. Léon Bourgeois par exemple — ait l'inspiration de tirer le chef-d'œuvre de Dalou du cénotaphe où il moisirait, s'il n'était de métal, et de lui trouver une place où il recevrait la lumière qui lui est indispensable et où le grand public aurait l'occasion d'en jouir.

Au temps où Floquet était président de la Chambre, il avait conçu l'idée de transformer la salle Casimir-Périer et d'y placer un monument au Parlement, entouré d'une architecture et de peintures, adéquat au reste de la pièce. Il est, au fond, peut-être heureux que ce projet n'ait pas eu d'autre suite, car rien n'aurait pu donner à cet emplacement la clarté qui lui fait défaut de tous les côtés. Dalou, toutefois, avait étudié à fond et construit un petit modèle, comportant un vaste portail rehaussé de peintures décoratives, et au centre duquel le monument du statuaire trouvait place, dans une niche vaste et profonde.

Dalou avait fait une esquisse charmante, très poussée, très complète, dont le moulage en plâtre existe encore. Il symbolise l'œuvre de la Justice.

La Justice est assise sur un haut piédestal ; seuls les bras et les épaules sont nus. La main gauche avance, avec un geste de paix, l'autre main tient la table de la Loi, appuyée debout sur le socle. A la base du socle, à gauche, la République, debout, les mains appuyées sur la base du socle, lève la tête et contemple la Justice. A droite sur un lion, dont la grosse tête tranquille occupe le centre du groupe, à la partie inférieure du monument, est assise une femme drapée, décolletée, le dos appuyé au socle, la jambe gauche portée en arrière, tenant dans ses bras disposés en berceau, un enfant qu'elle caresse d'un regard maternel.

En outre de ce monument, la salle devait contenir six statues en bronze d'orateurs de la Révolution. Celle de Vergniaud fut commandée à Dalou. Il la fit de grandeur d'exécution debout, les bras croisés, et écoutant. Le modèle est resté depuis le printemps 1894 dans les magasins de l'État, où il attend et attendra, peut-être longtemps, le moment d'être livré au fondeur.

En 1894, Dalou eut l'occasion de le revoir et en eut l'impression suivante :

« (*4 mars* 1897). — Au dépôt de l'État j'ai pu revoir une figure de Vergniaud « de mon cru, de laquelle je ne suis pas fier, j'en suis même *honteux*. »

Ayant lu cette sentence de l'auteur de ce Vergniaud, je n'ai pas essayé, je l'avoue, de forcer la porte des magasins de l'État. Ceux qui ont vu ce Vergniaud s'en souviennent comme d'une chose consciencieusement faite, mais vulgairement quelconque.

LES VASES DU LUXEMBOURG

Le seul ouvrage de Dalou qui ait été mis de son vivant dans un musée de l'État, est un vase décoratif en porcelaine blanche de la Manufacture nationale de Sèvres. Il est placé au Luxembourg ; il mesure un peu moins de 1^m,50 de hauteur et est conçu dans le style Louis XIV. Le vase nu est de forme assez svelte et très sobre de ligne, il est entouré d'une guirlande en haut-relief, épaisse, d'un aspect de pesanteur voulue, qui le contourne en trois dents de feston. De toutes parts des enfants nus s'y ébattent, les uns debout le jarret tendu, les autres perchés dans les branchages, ceux-là jetés bas par le poids de la guirlande, tous luttant pour arrondir ou pour redresser le dentelé de ses plis montant et redescendant ; ils colorent de leurs lignes et de leurs gestes variés les flancs du vase. Les anses consistent en deux branches d'arbrisseau, munies de leur écorce et d'où partent, formant fourche, deux petites branches ornées de quelques feuilles, qui embrassent le sommet du vase. Au-dessous du haut-relief, et séparé de lui par un boudin uni, un motif de fruits, poires, raisins, grenades, ananas, pommes, citrons, méticuleusement exécutés, entoure la partie basse, disposée en fond de cuve et touchant au sol par un boudin, tout uni.

Sans médire de ce vase, qui est un ouvrage décoratif des plus beaux, on est fondé à lui préférer le grand vase qui se trouve dans le jardin du président du Sénat. Ce vase est également en porcelaine de la Manufacture nationale de Sèvres. Sa hauteur atteint près de 2 mètres, sa forme rappelle celle des jarres espagnoles. Il est bordé, au sommet par une moulure à larges festons à la façon des plats à contour du temps de Louis XV, et la partie haute de son col est discrètement modelée en accord avec ces festons. La base, tout au contraire, conserve la forme ronde, tout unie et dépassant à peine la courbe générale qui y aboutit en se

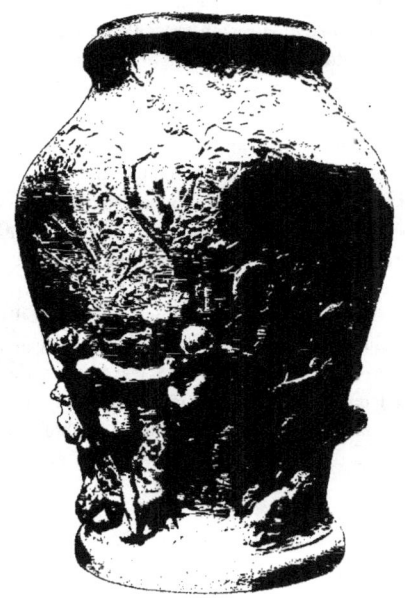

Le grand vase de Sèvres (d'après l'exemplaire en grès).

rétrécissant. Entièrement nu, il serait déjà remarquable par la pureté de ses lignes générales. Mais il s'en faut de tout qu'il soit entièrement dénudé. Tout autour, hommes, femmes, enfants jouent en dansant la sarabande, autour des grands arbres dont les branches et les feuilles le brodent sobrement de sa base au sommet. Il y a là vingt-cinq ou trente figures, nues ou légèrement drapées, dont chacune mériterait une mention et une description particulière. Devant chacune, on se prend à parler de Clodion, de Marin, de Pajou, de Bouchardon et aussi de Carpeaux. Mais ce n'est là qu'une impression passagère, car, chacune isolément et toutes dans l'effet d'ensemble de la composition, sont de Dalou et de nul autre que Dalou. La manufacture de Sèvres a exécuté des exemplaires des deux vases de Dalou en grès. Il est inutile de dire que ce sont des chefs-d'œuvre d'art céramique, et, aussi, des tours de force de fabrication, étant donné les dimensions exceptionnellement grandes de ces deux vases; mais il n'est pas inutile d'indiquer que dans cette matière, revêche aux mièvreries, la vigueur d'exécution des figures de Dalou s'y accentue, sans perdre un atome de sa grâce et de sa souplesse. Ces exemplaires en grès, Dalou ne les a jamais vus. A l'origine, c'est lui qui avait demandé l'exécution en porcelaine ; il était alors hanté par la recherche des procédés anciens de la terre émaillée. Son rêve, était de pouvoir, de même que Carriès — (« qui a fait des merveilles » écrit-il quelque part) — avait reconstitué l'art des grès, de pouvoir, dis-je, à son tour, reconstituer une matière, analogue à la faïence vulgaire des poêles, établie par un procédé d'une courante application et qui permettrait aux moins fortunés d'avoir, à bon compte, de véritables objets d'art. Il a fait en ce sens, avec le céramiste Chapelet, une série d'essais fort intéressants ; entre autres celui d'une petite baigneuse, qui a été acquise par l'État et est conservée à la Manufacture de Sèvres, parmi les échantillons destinés à l'étude ; mais, sauf pour un masque, fait d'après la tête de son Silène et qui est vraiment des plus beaux, la terre émaillée ne lui a donné que des résultats fort incomplets, l'émail bouchant les finesses du modelé. Le temps lui a manqué pour trouver le procédé de modelage qui garderait toute sa saveur, sous la couche d'émail. Ce résultat devait être possible, puisque le masque de Silène l'a atteint.

LA STATUE DE LAVOISIER

La statue de Lavoisier, qui est l'une de celles qui ornent le grand amphithéâtre de la Sorbonne, est le type de ce que, en langage de sculpteurs, on appelle une belle figure. Le savant marquis est assis sur un banc, sa jambe droite reposant sur son genou gauche, est tendue en avant ; le corps penché, il s'appuie du coude et sur son genou droit et sa tête pensive, tournée vers la gauche, est soutenue à la pommette par la paume de sa main droite fermée. Le bras opposé pend librement et s'arc-boute de la main à la banquette. Cette statue a été exécutée en pierre ; on peut, à vue d'œil, évaluer sa dimension debout, à 3 mètres au moins. Des réductions de diverses grandeurs, et dont Dalou a revu les petits modèles, ont été publiées en bronze.

LE SILÈNE

Dans l'atelier de la rue Montessuy, où, pour se reposer l'œil, pendant qu'il faisait le *Triomphe de la République*, Dalou modelait le *Mirabeau*, on voyait souvent entrer, par la porte du fond, un gentil petit âne gris, dont le domicile réel était le terrain vague bordant la gigantesque baraque. Dans l'atelier, il avait une tenue assez correcte, mais sur son terrain, s'amusant avec la chienne chargée de la garde de nuit du logis, il se livrait à tous les ébats d'un âne heureux, et qui vit de ses rentes.

C'était sa fonction. Dalou, tel un physiologiste entretenant des cobayes, l'avait placé là, en observation permanente, pour étudier, dans toute leur vérité, les mouvements du principal acteur de son groupe de Silène. Ce Silène fut l'une des œuvres qu'il a le plus aimées.

La terre cuite de l'esquisse faite à Londres suffirait pour constater qu'elle est sortie, tout d'un jet, de son cerveau. Elle émergea en même temps que la *Bacchanale*, la *Fraternité*, le *Triomphe de la République*, à l'heure où dans l'existence isolée de l'artiste, la vie s'était à nouveau révélée, où les oiseaux chanteurs étaient réapparus dans la cage, hier vide et silencieuse, où les vases abandonnés sur les meubles avaient refleuri, où les tomes aimés de Rabelais et de Molière avaient retrouvé leur place sur la table de famille et repris l'envolée de leur rire parmi les échos réveillés de la maison.

L'œuvre fut reprise à Paris. Il en a survécu le petit modèle en plâtre, une étude du Silène en plâtre, deux terres cuites d'une trentaine de centimètres : des études de nu de deux des figures d'homme, plus un masque délicieux du Silène, de grandeur du petit modèle et enfin une tête de singe en terre cuite. Le reste des études, poussées et parachevées a été mis en miettes par Dalou.

Bien habile sera celui qui le pourra resculpter avec des mots ce groupe de Silène. Des poètes, des maîtres, tels que Théodore de Banville, qui croyait sincèrement à tous les habitants de l'Olympe et tels que Armand Silvestre, un grec du temps de Périclès et de Pantagruel, — (que l'auteur du *compositeur Toqué* excuse cette incursion parmi les herbes folles de son jardin), — Armand Silvestre, l'homme qui, de jamais et de toujours, fut le plus semblable à Silène, n'ont pu, malgré tout leur talent, en donner une idée suffisante.

En pareille mésaventure, Victor Hugo se tira d'affaire par ce vers :

Ah ! si Gautier pouvait me prêter son crayon !

Mais, hélas ! Gautier n'est plus là et son crayon a disparu avec lui.

Imaginez-vous, tant bien que mal, une pyramide humaine échafaudée sur un âne en colère, et croulant tout autour de lui. Tout le monde rit, roule et rue. Au sommet de la pyramide apparaît la grosse tête élargie de Silène, fils de Pan et père nourricier de Bacchus. Du dos de l'âne qui rue, il descend en pente douce vers le sol, le torse affalé, les bras ballants, les jambes abandonnées.

MASQUE DE SILÈNE
(Terre cuite, du petit modèle).

Ceux-là seuls pourront jouir de la plantureuse beauté de ce *Silène*, qui ont, au temps jadis, pu contempler le Véron des *Odes funambulesques* dans sa baignoire, ou vu notre oncle à tous, le volumineux et jovial Francisque Sarcey, faisant une pleine eau à la Grenouillère, et l'ont, comme moi-même, revu plus tard, au Jardin d'Acclimatation, sur le dos d'un éléphant. Il se tenait bien, lui, d'abord parce qu'il avait un pantalon et surtout parce que l'éléphant était pacifique. Mais le pauvre Silène, qui a laissé choir le peu de linge qui le couvrait, est gras et il a chaud ; et il roule le malheureux. — Il se tenait bien, le jovial Sarcey, il n'avait pas bu, sinon peut-être, et, malgré lui, quelques gorgées d'eau de Seine, mais ce n'est pas de l'eau qu'avait bu le père nourricier de Bacchus, il avait fortement trinqué, avec son nourrisson et avec tous autres s'il en avait trouvé l'aubaine. Et il ne s'était pas contenté de petites gorgées. Sur un âne pacifique, et avec un peu d'aide, on aurait bien encore pu le maintenir, mais sur un bourriquot furieux, exaspéré par son poids, acharné à se débarrasser de lui, tendant son museau vers la terre et pointant ses sabots de derrière vers le ciel, la déclivité était vraiment trop roide pour qu'il y tînt. Il ne manquait pourtant pas d'amis pour l'empêcher de tomber. L'un, un grand maigre, placé derrière lui, s'efforce de le charger sur son dos, comme un sac de charbon, l'autre, du côté opposé, le soutient par le dessous de sa cuisse à la façon des crochets de selle de femme ; en face de celui-ci, une femme, très en gaité tente de le caler, d'un coup d'épaule, le délicieux pochard ; mais il est trop lourd pour ces trois soutiens, car il se laisse aller, s'abandonne de tout son poids, insoucieux de tout, hormis de son ébriété bienheureuse.

Il y avait bien encore, pour le consolider, l'aide d'un autre homme et celui d'une autre femme et il y avait même bien encore deux enfants, sans doute venus pour tenir l'âne en respect.

Mais le sire aux longues oreilles n'a pas le goût du respect, et dans sa défense et ses gambades, il a jeté par terre, en tas, sur le sol, roulant les uns sur les autres, l'homme, la femme et l'un des enfants. L'autre enfant cherche encore à l'amadouer avec une pomme à croquer, mais lui ne lève pas le nez pour la flairer.

L'homme est tombé, piquant une tête en avant, agitant les jambes raidies, en arrière, parallèles à la ruade de l'âne ; et il se fâche.

La femme, repliée, le flanc sur le sol et les bras libres, se pâme, ivre de rire ; le petit, qui est dégringolé dans les jambes de la bête, pleurniche en défendant, contre l'écrasement, les grappes de raisins que, dans sa chute, il n'a pas lâchées.

Entre les pieds de l'âne grimace un petit singe, qui semble penser que les hommes ont vraiment bien de l'esprit.

Et tout cela se débat et s'ébat, tout cela s'esclaffe et se gaudit, tout cela se cramponne, se rattrape, s'effondre, et rue, et rit et roule.

Ceci dit, et, quand j'aurai ajouté que les personnages sont de 2 mètres de haut et que le groupe mesure dans sa hauteur $2^m,80$, et que sa base, en ovale, est d'une longueur à peu près égale, il ne restera plus qu'à constater que le seul moyen de se faire une idée juste du groupe de *Silène* est d'aller le voir.

Là est le difficile, le modèle en plâtre qui, seul, en a conservé la couleur, blonde et vigoureuse, la souplesse, la plénitude des formes et la finesse de la peau, étant au musée de Bordeaux. Et c'est miracle qu'il y soit. Il avait paru au Salon de 1885 et n'avait point trouvé d'acquéreur. Les amateurs, et l'État lui-même, avaient, sans doute, été effrayés par le prix que coûterait son exécution en marbre, et il n'était guère besoin d'être connaisseur pour voir, dès le premier aspect, qu'il était traité exclusivement en vue du marbre. Il était donc rentré à l'atelier de Dalou, et comme il y tenait une place considérable, son auteur en était embarrassé et agacé. Il l'avait logé, à l'abandon, dans le coin où il embarrassait le moins ; il laissait tomber, les unes après les autres, les parties dépassantes. Souvent il redisait : « Il m'assomme ce plâtras, il encombre tout et fait de la poussière, je vais le démolir. » Et, tour à tour, à l'atelier, les élèves de Dalou et ses amis le supplièrent de ne point lever le marteau sur ce « plâtras ». Le *Silène* avait, à la maison, un défenseur résolu en la personne de Mme Dalou, qui se fâchait chaque fois qu'il était question de le détruire et cela, plus que tout le reste, a dû contribuer à le sauver du massacre, car Dalou avait, dans la sûreté de goût et dans la solidité de jugement de sa femme, une confiance absolue.

Ce fut donc grâce à chacun, et grâce à elle surtout, que l'administration des Beaux-Arts dut de retrouver, au printemps 1893, le plâtre du *Silène*, non entièrement démoli, mais néanmoins dans un état des plus piteux et avec nombre de morceaux menaçant de tomber dès qu'on les bougeait.

Au cours de la maladie de Dalou, M. Henri Havard, inspecteur des Beaux-Arts, en négocia avec lui l'acquisition.

Dalou consentit à la fonte en bronze, qu'il n'eut jamais acceptée sans les circonstances d'ordre particulier où sa maladie et les mécomptes de ses travaux l'avaient placé à ce moment.

L'artiste s'occupa activement, durant le courant de 1895, de la réfection complète du modèle; il l'exécutait au fur et à mesure des coupes du plâtre faites en vue de la fonte du bronze. Il profita de cette circonstance pour modifier l'âne et diminuer sensiblement l'épaisseur de la femme qui tente de soutenir Silène.

En 1897, il s'efforça d'obtenir que son groupe fut placé dans le jardin des Tuileries et, le 9 mars, il notait :

« Gagné mon procès à l'égard de *Silène*, qui doit aller au jardin des Tui-
« leries. »

Par quel concours de circonstances advint-il qu'il n'y fût point placé, Dalou n'en fait mention nulle part.

Le 30 juillet 1898, l'architecte du Sénat, M. Sellier, de Gisors, lui annonçait qu'il venait de commander un socle pour son groupe et qu'il serait édifié dans le jardin du Luxembourg. Il s'y trouve donc, dans le parterre voisin du débouché de la rue de Fleurus. Si remarquable que soit la fonte de ce bronze, la patine sombre, qui lui était imposée par le voisinage des verdures, a dépouillé le groupe de la meilleure part de sa fraîcheur et de la gaîté de sa coloration. La pluie et la neige ont achevé de le noircir. Le bronze a maigri le tout et diminué la souplesse des chairs des statues aux formes pleines, il a accentué les muscles de celles qui sont traitées dans un mode plus maigre et, ici, à tel point que l'on y retrouve, encore que infiniment atténuée, l'impression d'un excès de science anatomique, analogue à celui de la première version de la Bacchanale, exposée au South Kensington Museum.

Entre le groupe en plâtre et le groupe en bronze il y a une différence énorme. Elle serait non moins grande entre le plâtre et le marbre, seulement, ce serait en mieux au lieu d'être en pire. Mais l'État aura-t-il les fonds nécessaires pour faire exécuter ce marbre, ou quelqu'un de ces riches particuliers qui paient, par vanité, des prix énormes certains tableaux ou certains bibelots, se décidera-t-il à en faire la dépense[1]. On ne peut que le souhaiter pour la conservation de ce chef-d'œuvre que serait le *Silène* s'il était en marbre.

Tant qu'il ne sera pas en marbre, et tel que Dalou l'a préparé pour le marbre, le *Silène* n'existera qu'à l'état de projet ; admirable projet, mais projet quand même. Le plâtre, tel qu'il a été refait en 1895, indique seulement ce que le groupe devrait être. Seul, le marbre l'éclairerait, l'envelopperait, l'assouplirait en même temps et lui donnerait toute sa douceur.

LES LIONS DU PONT ALEXANDRE III

Les deux groupes de lions et d'enfants, qui se trouvent à l'entrée du pont Alexandre III, du côté de l'esplanade des Invalides, sont de Dalou ; ceux de l'extrémité opposée sont de M. Gardet. Ces ouvrages ont été faits en hâte pour les besoins de l'Exposition universelle de 1900. Dans les premiers jours de janvier 1898, les architectes du pont demandèrent à Dalou ce qu'il consentirait à y faire comme œuvre sculpturale. Il fut, alors, question de ces groupes de lions, mais, à la fin de mai, voici où l'on en était :

« (31 *mai* 1898). — On m'apporte aujourd'hui les petits piédestaux pour les « esquisses des groupes de lions. Il faut faire cela dans le plus grand mystère, « paraît-il, jusqu'à ce que le ministre ait décidé et signé les commandes. C'est « toujours la même histoire, il signera quand il aura le temps ; les travaux n'en « devront pas moins être terminés pour l'époque fixée et, de plus, être très bien ; « cela va de soi. Elle est bien bonne ! »

Ce fut seulement le 14 juin que la confirmation officielle de la commande arriva. On s'y prenait donc pour des groupes destinés à rester après l'Exposition, comme pour les ouvrages en carton pâte qui devaient disparaître avec elle. Les esquisses de ces deux groupes jumeaux devaient être livrées dans un délai de dix jours et conçues sur un thème imposé par la nécessité de mettre en accord les groupes de Dalou et ceux de M. Gardet. Les uns et les autres devaient être dans le style Louis XIV. Dalou improvisa en cire deux petits modèles que le mouleur Bertault a eu l'habileté de conserver intacts et qui indiquent ce que le sculpteur eût fait s'il n'avait point été bousculé par la nécessité d'aller trop vite, et donc

---

[1] J'ai eu la curiosité de demander à un praticien bien informé quel serait le montant de la dépense. Il m'a répondu : Le bloc brut de marbre coûterait environ 30 000 fr. et ces frais d'exécution environ 40 000.

sans préparation suffisante. Il lui fallut faire les lions d'après le squelette, et non, comme il le faisait toujours, d'après l'animal étudié à loisir. Quant aux statues d'enfants, qui enguirlandent les lions, elles ne lui prirent pas moins de cinquante séances de modèle ; il se fit aider par un ornemaniste pour l'établissement définitif des accessoires qui figurent sur le sol en bouche-trou. Le 5 avril, les modèles étaient acceptés par les architectes, et le 9, Dalou poussait cette exclamation de délivrance.

« J'ai terminé enfin ! les modèles des groupes pour le pont Alexandre ! »

Les lions du pont Alexandre III (Esquisses en cire).

Puis vint le travail à exécuter sur la pierre. Dalou s'y adonna avec une conscience, souvent excessive, et enfin, à la fin de février 1899, date fatidique et administrative, les deux baraques qui entouraient les deux groupes, tombèrent.

Ces deux groupes, qui n'étaient ni mieux ni plus mal que la besogne d'un homme connaissant bien son affaire, furent signés Dalou. Et ils en avaient besoin pour être remarqués.

De l'autre côté du pont, les deux groupes de M. Gardet étaient là pour prouver, à leur tour, que, lorsqu'on demande à des maîtres, d'exécuter des ouvrages de cette importance, il est nécessaire de leur laisser le temps d'y songer mûrement, de les préparer à fond et de les parfaire.

Dans une nomenclature des œuvres de Dalou acquis des deniers de l'État, il était impossible d'omettre les groupes du pont Alexandre III, mais il suffit de les mettre en parallèle avec leurs esquisses en cire pour voir ce qu'ils eussent été si Dalou avait pu les exécuter, après la longue série d'études qu'il consacrait en tous temps aux moindres de ses œuvres comme aux plus importantes.

Les autres ouvrages de Dalou appartenant au Domaine national, lui ont été offerts par leurs souscripteurs.

LE MONUMENT D'EUGÈNE DELACROIX

Au jardin du Luxembourg, dans l'allée qui touche au jardin du président du Sénat et conduit à l'Orangerie, se trouve un bassin, bordé d'une margelle en arc aplati, moulurée presque à fleur du sol et limitée, en arrière et sur les côtés, par un mur d'appui très bas, muni de deux ailes et disposé en forme de stalle rectangulaire, avec main courante plate et pilastre au niveau de ses angles. Deux consoles à courbe très creusée, à volute sobrement moulurée, le soudent à la pierre d'appui de la margelle. La face interne de cette sorte de stalle n'a d'autre ornement que des panneaux rectangulaires, et, à sa base, un boudin courant, la joignant au mur plat du bassin, qui affleure l'eau. Des petites taches noires provenant de quatre infimes brindilles formées de lierres et de ronces en bronze, en ornent les contours intérieurs. De ces brindilles s'échappent des filets d'eau très fins, dont la chute menue et discrète redit, sans trêve, la rythmique chanson de l'eau tombant dans l'eau. Au milieu du bassin, que colore le reflet des grands arbres et des bosquets, qui l'entourent de toutes parts, se dresse, posé sur un soubassement de marbre blanc élevé de trois amples degrés, le piédestal au sommet duquel apparaît le buste monumental de Eugène Delacroix. Autour du piédestal, dont elle embrasse la face, la maîtresse-ligne de la composition, montant du sol vers le buste, se développe en spirale avec l'enlèvement souple et câlin d'une liane montante. Elle naît du mouvement d'un groupe dédié à l'apothéose de Delacroix.

Chacune des trois figures qui composent ce groupe : Apollon, le Temps et la Gloire, concourt au mouvement de sa courbe. Elle commence à la deuxième marche du soubassement, avec la jambe avançante et repliée d'Apollon, assis sur le socle du piédestal ; elle s'étend, en suivant les volutes des draperies qui entourent la cuisse droite du Temps portant la Gloire, puis, elle monte encore, en suivant l'inflexion du torse nu du Temps qui s'infléchit, dans un effort en arrière, pour porter à pleins bras la Gloire. A leur tour, les plis des draperies qui couvrent les jambes de la Gloire, serrées contre le torse du Temps, poursuivent, fortifient et modulent l'ascension de la spirale ; enfin le torse nu de la Gloire, partant de l'épaule du vieux Saturne, que soutient l'aide de ses deux ailes, se dresse tout entier tendu vers le haut ; le cou allongé, élevant la tête vers le buste complète la ligne.

La gloire, accentuant la flexion de sa hanche, dessine une courbe nouvelle qui balance la courbe de la base.

Buste d'Eugène Delacroix
(Monument du Luxembourg.)

Le geste long, souple, de son bras gauche, ouvert à l'aisselle est terminé par la palme que la main dépose, sur le piédouche du Delacroix, au côté de la fine couronne de lauriers qui s'y trouve déjà. Delacroix, tout à la fois très humain, par la ressemblance, et très surhumain par la sérénité de son attitude, se présente revêtu de la banale redingote sur laquelle s'enroule le cache-nez qu'il portait à toutes les époques et dont l'extrémité, soulevée par le vent, forme, en sens contraire à la cime de la composition, une petite volute, vibrant là, comme un écho lointain de la grande volute, qui redescend tout d'une coulée, se poursuit, s'accouple et se déroule, du bras allongé de la Gloire à l'orteil de Phœbus Appollo.

Le monument de Delacroix, dont le modèle a été exécuté à l'atelier du boulevard Garibaldi, et par conséquent à la même époque que ceux du *Silène* et du monument de la place de la Nation, affecte les mêmes formes pleines et souples. Le buste de Delacroix, avec son masque de lion qui renifle, et ses cheveux longs, retombant bouclés sur l'épaule, est l'un des plus vivants, et le plus puissant, sans doute, de tous les bustes de Dalou.

Le monument est l'un des très beaux échantillons qui soient de l'art de la fonte à cire perdue. Le mérite en revient non seulement au fondeur Bingen, mais encore à Dalou, qui refit à fond sur la cire le modelé de toutes ses statues. Il refit même deux fois celui du torse, de l'admirable torse, de la femme dont Bingen avait manqué, une première fois, la coulée.

Il s'en fallut de peu qu'il ne fût jamais achevé. Dalou, avait fait son travail et organisé sa mise à exécution, de façon telle, que les frais absorbaient tout entier le montant de la souscription, sans qu'il restât pour lui-même une somme qui le rémunérât de sa peine et couvrît ses risques. Or, il advint que, à la veille de l'inauguration, attendue impatiemment par le Comité, et promise en dernier ressort par Dalou, après qu'il eût lui-même reçu du fondeur l'assurance que tout était prêt, celui-ci vint lui déclarer que le prix convenu de 40 000 francs, déjà reçu, ne lui permettait pas de terminer son travail, et qu'il lui fallait 10 000 francs de plus, faute de quoi, la dernière statue du groupe resterait dans la fosse jusqu'au jour où il pourrait la fondre. Dalou, ne possédait rien. Il avait le choix : ou de voir perdre son monument de Delacroix, ainsi que déjà lui apparaissait comme perdu son monument de la place de la Nation ; ou de consentir à signer pour 10 000 francs de billets, dont Bingen se ferait de l'argent, et qu'on renouvellerait aussi longtemps que besoin serait. Il signa les billets. C'était la première fois de sa vie qu'il en signait.

En octobre 1890 l'inauguration put avoir lieu. Auguste Vacquerie, au nom du Comité Delacroix, offrit le monument à l'État, et au nom du Gouvernement, le ministre de l'Instruction publique, M. Léon Bourgeois, remercia et le Comité et l'artiste.

Pour la première fois de sa vie, Dalou sut ce que c'était qu'une dette et pour la première fois, il sut ce que c'était que de cacher à sa femme sa situation véritable. A chaque nouvelle échéance, Dalou se demandait si le prêteur consentirait à un nouveau renouvellement. S'il refusait, c'était l'aveu de la faute, et c'était la ruine jetée dans la maison. Et puis, avec les intérêts que prennent les sortes de prêteurs auxquels il avait fallu s'adresser, la somme allait toujours grossissant.

Un jour, à la veille d'un renouvellement, Dalou, ne voyant personne venir le lui demander, alla aux informations. Quelle ne fut pas sa stupéfaction en apprenant que ses billets avaient été payés.

Il courut conter l'invraisemblable aventure à son ami Auzoux, unique confident de cette lamentable affaire, et celui-ci fut bien obligé de lui dire que, las de le voir tenaillé par le souci et sous la menace d'un désastre, il avait dû, faute de fortune qui lui permît d'agir sans l'aide de personne, aller trouver l'avocat Albert Liouville, qu'une profonde amitié unissait à Dalou, et qu'il lui avait révélé la situation. Liouville, connaissant trop bien Dalou pour risquer un refus certain, avait soldé les billets, sans même lui en parler.

Le premier mouvement de Dalou fut une grande colère : « Il avait fait une « bêtise, tant pis pour lui! c'était à lui de travailler pour la payer. Personne « n'avait le droit de le soustraire à ses engagements ! »

Mais, quand il eut reconnu que, ce que Liouville avait fait pour le sauver, n'était rien de plus que ce qu'il eût, s'il l'avait pu, fait avec bonheur pour sauver Liouville, la tempête fut calmée.

Et, comme il fallait pour le repos d'esprit de Dalou, que jamais sa femme ne sût qu'il s'était laissé aller à cette imprudence, ni surtout, qu'il la lui avait cachée pendant aussi longtemps, Liouville refusa d'admettre que Dalou lui dût quoique ce fût, et il détruisit les titres. Dalou, d'ailleurs, l'a rapidement remboursé.

Dans les notes de Dalou, on trouve celle-ci :

« (18 *avril* 1894). — Bout de l'an d'Albert Liouville. « Pauvre cher ami pour « lequel j'ai eu tant d'amitié et conserve tant de reconnaissance ; duquel j'ai « de si excellents souvenirs! que de services ne m'as-tu pas rendus ! *Et de toute* « *nature*. Que de bons amis j'ai déjà perdus de la sorte, aussi prématurément ! »

Dalou se vengea de Liouville en faisant son buste ; comme plus tard il se vengea d'Auzoux en faisant de même le sien.

Le buste d'Albert Liouville est aujourd'hui, — en bronze à cire perdue — au Musée de Bar-le-Duc. De ce gros homme vu jusqu'à mi-torse, en robe d'avocat, le rabbat plissé formant bavette, la figure joufflue, élargie par les favoris, coupés court, dessinés en côtelette, les yeux soulignés de petites poches, mais dégageant un regard bon et fin, le menton doublé, mais égayé par une bouche intelligente et profondément bonne, Dalou a fait, avec son cœur plus encore qu'avec ses doigts, une créature qui vivra tant que durera le bronze devenu sa chair impérissable.

LE MONUMENT DE BOUSSINGAULT

Le 7 juillet 1895, le comité qui s'était formé pour élever par souscription, un monument à la mémoire de Boussingault, en faisait la remise à l'État, représenté par M. Gadaud, ministre de l'Agriculture.

Il est placé dans la cour du Conservatoire des Arts et Métiers, où a enseigné, durant plus d'un demi-siècle, le promoteur de la chimie agricole, le créateur de la physiologie végétale.

Il se compose d'une colonne d'ordre dorique posée sur un dé à pans coupés, installé sur un soubassement, haut de trois marches, disposé en estrade octogonale. Sur la colonne est placé le buste du grand homme, tel qu'il était dans la réalité.

Ce buste est sectionné au ras des bras ; en suivant une courbe qui cerne le gilet, à hauteur de l'épigastre, il laisse subsister les formes robustes des épaules et de la poitrine, qui sont celles d'un homme des champs plutôt que celles d'un homme de cabinet et de laboratoire. La tête aussi, toute prise qu'elle soit dans le nœud correct d'une cravate citadine, et dans la raideur d'un col, est bien celle d'un grand cultivateur pratiquant par lui-même et tel que fut celui que l'admiration et la reconnaissance du monde agricole a surnommé le *Père de l'Agronomie*. L'ampleur du front et l'acuité du regard révèlent seuls le penseur et le savant.

Au-dessous du buste un cartouche de bronze, brodé de quelques feuilles de laurier, porte cette unique mention :

J.-B. Boussingault, 1802-1887.

La tête, à niveau de ce cartouche, debout, s'appuyant de l'épaule à la colonne et les sabots posés sur la dernière marche de l'estrade, est un paysan, chemise entr'ouverte, manches relevées jusqu'au coude, les mains épaissies par le travail des champs, la gauche posée ouverte sur la hanche, l'autre tenant le manche d'une houe à deux dents ; il est culotté d'un pantalon d'étoffe rude et dont les plis laissent deviner les muscles de ses jambes, durcis et conformés par le travail des champs.

Sa tête osseuse, au masque glabre, se penche pour regarder et pour écouter une femme, drapée tout entière, l'attache du cou et les bras seuls étant nus. Le front large et découvert, couronné de cheveux abondants, relevés et groupés harmoniquement, mais sans nul apprêt, elle le regarde, bien en face, comme pour lire dans ses yeux s'il a bien compris ce qu'elle lui enseigne, et, du doigt, elle lui montre, tombée à ses pieds, une branche que foule son sabot.

Cette branche stérile que la science eût pu rendre féconde, sera la dernière qu'il sacrifiera ainsi. Elle tient, entrebâillée par son index gauche, signet vivant, la page qu'elle va lui lire pour lui apprendre comment il pourra, à l'avenir, réparer les pauvretés de la nature.

A côté d'elle, reposent, sur cette même marche, le fourneau, la cornue et le

Monument de Boussingault

ballon, qui permettront, à l'avenir, à tous d'analyser le sol et l'eau, et de constituer les éléments réparateurs de la fécondité terrestre.

L'idée de cette composition — et j'entends, bien entendu par là l'idée plastique — n'apparaît dans l'ensemble et la totalité de sa large simplicité, qu'à la condition de se placer au point voulu, c'est-à-dire dans la rue Saint-Martin. Quand on l'aura comprise dans son tout, on jouira plus complètement de la beauté des morceaux de sculpture et de la perfection méticuleuse des détails d'exécution, auquel le groupe doit la variété de sa coloration générale.

Cet ouvrage n'a pas d'histoire. Les soins de surveillance donnés à la fonte du bronze et aux travaux de marbreries de la colonne sont sans intérêt. Un seul détail vaut d'être cité, d'après deux notes de Dalou.

« (24 *novembre* 1894). — ...il (M. Ch. Mourier), m'a dit également qu'il « pensait que le monument de Boussingault n'était pas pour moi une brillante « affaire et que son intention était, à la fin, d'ajouter à la somme convenue. »

« (29 *juin* 1895). — Heureuse surprise, je reçois ce matin une lettre de « M. Mourier contenant des éloges et des remercîments et, de plus, un chèque « de 5 000 francs sur lequel je ne comptais pas. »

Pareil incident s'est renouvelé par ailleurs et les carnets de Dalou contiennent des mentions comme celle-ci :

« (30 *novembre* 1898). — M. Bureau est venu m'apporter le montant de ce que je réclamais pour le motif en marbre que j'ai exécuté à son intention. Il a, de son initiative, dépassé de beaucoup, la somme que j'avais fixée ».

(Il s'agit ici d'une petite composition destinée à une tombe d'enfant, une tête d'ange, entre deux ailes et une branche de lys).

Quelques années auparavant, M. Lozé, préfet de police, a ajouté, lui aussi, une somme importante au prix convenu pour son buste. Il ne la fit accepter par Dalou qu'en insistant beaucoup.

On sait combien sont rares les gens capables de payer plus qu'on ne leur a demandé, et cela suffit pour donner la mesure de l'esprit de lucre qu'apportait le Maître dans l'évaluation de ses travaux et même de ceux qu'il faisait uniquement pour gagner de l'argent.

Le lendemain de l'inauguration il note :

« (8 *juillet* 1895). — Je suis retourné aux Arts et Métiers pour voir le Bous« singault tranquillement. L'avouerais-je? Je n'en suis pas mécontent ; particu« lièrement *du paysan.* »

Cette impression de satisfaction est trop rare dans les notes de Dalou pour que la vue du monument de Boussingault suffise à l'expliquer. Ce que sa conscience fêtait assurément là (qu'elle le sût ou non), c'était le retour à cet art personnel, fils de celui des *primitifs* de la sculpture, de ces grands ouvriers anonymes de la fin du moyen âge et des débuts de la Renaissance, qui prenaient leurs modèles autour d'eux et les reproduisaient avec cette conscience et cette naïveté émue qui sont la fleur et l'âme de tout génie.

Dalou recommençait à ce moment, et sous la même inspiration, l'évolution qui l'avait fait passer de la *Junon allaitant Hercule* à la *Paysanne.*

Dans ses belles promenades à travers la campagne où jamais jusqu'alors il n'avait vécu, Dalou retrouvait, parmi les femmes de son village, parmi les cultivateurs et les artisans qui l'environnaient l'éternelle beauté d'art, l'*Antiquité réelle*, — si l'on ose ainsi la définir, — qu'il avait interprétée, jadis à Londres, en vingt chefs-d'œuvre, que le public français ne connaîtra jamais, éparpillés qu'ils sont dans des collections particulières.

A cette heure il a peut-être eu conscience de l'acte barbare qu'il avait commis, le jour où, résistant aux instances de son ami Lantéri, auquel il en avait confié les moules destinés à faire des estampages de la plupart d'entre eux, il avait exigé de lui qu'il brisât tous ces moules.

En vain Lantéri l'avait supplié, en vain il lui avait objecté que c'était là, peut-être, quatre cents livres sterling (10 000 fr.) de revenu, — c'est-à-dire la vie largement assurée, — qu'il jetait par-dessus bord ; en vain lui avait-il promis, que nul autre que lui, ne réparerait les imperfections d'estampage, mais, Dalou, tout entier à ses conceptions de grandes allégories, avait riposté que toutes ces œuvres lui semblaient mauvaises, qu'il avait fait fausse route en les exécutant, et qu'il fallait qu'elles disparussent à tout jamais.

Fidèle à son devoir d'honnête homme, et, si cruelle que fût une telle hécatombe, pour un artiste tel que lui, Lantéri, la rage au cœur, avait exécuté la volonté de son ami.

Et voici que, après plus de vingt années dépensées dans une voie opposée, Dalou reprenait, avec le monument de Boussingault, la route au talus de laquelle gisaient, en un tas de gravois, les débris des statues dont il l'avait jadis peuplée.

LE MONUMENT DE SIDI-BRAHIM

A la suite d'une souscription privée ouverte en Algérie, et à laquelle l'État participa, pour un dixième environ, un monument a été élevé à Oran à la gloire des combattants de Sidi-Brahim.

Le corps architectural de ce monument, dont l'auteur est M. Formigé, consiste en un obélisque, qui, par une gorge posée sur une petite base à moulures carrées, se raccorde à un piédestal dont le dé est formé de quatre corps carrés s'entrepénétrant. Il est posé sur un soubassement, fait de quatre jeux de gradins accouplés à leurs angles. Au sommet se dresse une statue de *Victoire* et, au niveau de la petite base, une femme, vue de dos, symbolisant la *France*, entièrement drapée, un genou en terre, achève d'écrire au bas de l'obélisque les derniers noms des soldats qui se sont illustrés à l'affaire de Sidi-Brahim, et dont la liste couvre déjà la face tout entière du monument. Sa main gauche tient un drapeau, dont la hampe dressée et les plis retenus, épousent la ligne oblique de l'obélisque. A côté d'elle reposent, sur le piédestal, le haut shako et le gros fusil des vieilles troupes d'Algérie. Là-haut, la *Victoire*, étendant les bras, fait planer dans l'espace la palme et la couronne de laurier. La tête, au geste souple, légèrement infléchie vers l'épaule gauche, semble chanter. Une draperie qui entoure le corps, au-dessous des reins, s'appuyant aux hanches et découvrant le bas-ventre et l'aine gauche, rappelle, par l'ensemble de sa disposition à cette place, la draperie de la Vénus de Milo ; elle serre ensuite le contour des jambes et s'échappe à gauche en un pli flottant. La nudité du torse, droit et très souple, émergeant de ses plis, attire à soi de la sorte, toute la lumière. Par derrière, deux petites ailes d'aigle, étendues et battantes, en modèrent et en harmonisent le ton ; elles emprègnent la marche des pieds nus, posés à la cime de l'obélisque, d'un sentiment de vol ; leurs lignes équilibrent celle de la draperie qui, auprès d'eux, palpite au souffle du vent. Les statues sont de bronze, l'obélisque est de marbre algérien. Un vaste cartouche, lauré d'une guirlande courante et retombante, en décore la façade ; la dédicace du monument y est entaillée.

Aucun travail n'a peut-être, eu égard à ses proportions, coûté à Dalou autant d'efforts que celui-ci. Le petit modèle de la *Gloire*, qui était au sixième d'exécution, lui prit, tout d'abord, quarante-deux séances.

Et il le retoucha encore pendant plusieurs jours sur le plâtre. Il ne s'agissait pourtant encore que du travail préparatoire d'après lequel il ferait à grandeur d'exécution la statue destinée à être coulée en bronze. Sur celle-là, Dalou prendra encore toute une série de séances d'après la nature. Et il se félicite de la marche qu'il a donnée à son travail, en faisant le petit modèle poussé jusqu'au dernier degré de perfection possible.

A côté de l'effort porté sur la *Gloire*, celui qu'a causé la *France*, qui a été reprise une vingtaine de fois, paraît jeu d'enfant.

Et comme s'il avait, vis-à-vis de soi-même, une sorte de remords à donner tant d'heures à un travail autre que celui de son œuvre rêvée, Dalou se rassure en cette réflexion :

« (7 *juin* 1897). — Le tout n'est pas tant d'avoir une opinion à soi que de
« mettre ses actes en accord avec ses opinions. »

Or, si son opinion était à cette heure, comme à toute heure, qu'il fallait que la probité artistique fût le suprême devoir de tout artiste, elle était aussi qu'il fallait qu'on sortît — ces paroles sont de lui — « de cet art bâtard que nous prati-
« quons tous, car je ne m'excepte pas », d'où dérivaient les figures allégoriques.

Il souffrait de se dépenser en « cet art bâtard » au préjudice de ce qu'il estimait la tâche à remplir. Or, le modèle de la *France* était de la plus grande valeur et celui de la petite *Victoire* de Sidi-Brahim était une pure merveille, arrivée à un état d'achèvement absolu et prêt pour la fonte d'un petit bronze ou pour une reproduction par la manufacture de Sèvres.

Du jour où le grand modèle fut parti, Dalou ne put revoir ces figurines, sans revivre les heures de souffrance qu'elles lui avaient coûtées, en l'empêchant de travailler à ses paysans et à ses ouvriers. Devant elles il ne se sentait pas en règle avec sa conscience.

Un dimanche matin, Auguste Becker, venu, un peu par hasard, impasse du Maine, aperçut dans l'atelier qui précédait celui du patron, un tas de plâtre émietté. Il se baissa, pour voir ce que le trop fameux marteau avait encore anéanti, et il reconnut les traces de la statuette de la *France* et de celle de la petite *Victoire* de Sidi-Brahim. Pour se faire une idée très incomplète de l'une et de l'autre, il faut maintenant aller à Oran. Et encore, à la hauteur où la *Victoire* est placée, ne la voit-on que très vaguement.

LA STATUE DE HOCHE

Les *bleus* de Bretagne, en réplique à la commémoration du « Champ des Martyrs », près Quiberon, se sont groupés et cotisés pour élever, à Quiberon même, une statue monumentale de Hoche. Dalou, en 1900, se chargea de l'exécuter. Les délais à lui imposés furent des plus courts et la statue, très honorable, d'ailleurs, ne présenta aucun des caractères de son originalité habituelle.

Son piédestal est formé d'un bloc brut de granit de Bretagne, disposé par M. Formigé ; elle représente Hoche debout, la tête droite, le visage au repos, il est en uniforme de général de la République, chaussé de fortes bottes, cravaté haut ; ses deux mains s'appuient, naturellement, sur la poignée d'un sabre long et large.

L'impression générale est celle de la grande douceur mise au service d'une résolution tenace et virile.

La statue est en bronze haute de 3 mètres environ. Elle a été inaugurée après la mort de Dalou, le 20 juillet 1902. Le modèle en plâtre a été offert par Mlle Dalou, au ministère de la Guerre.

CHAPITRE VIII

OUVRAGES APPARTENANT A DES PARTICULIERS

Vivant très retiré, se couchant de bonne heure, pour se lever dès l'aube, fatigué après sa journée faite, Dalou ne détestait rien autant que d'être le soir hors de chez soi et, en dehors du petit cercle qui composait l'entourage de son ami Liouville, jamais il n'acceptait aucune invitation.

Mais jamais il n'allait, dans ce que le jargon courant appelle « le monde ». Les gens dits : « du monde » ne le connaissaient que de loin et ne pensaient jamais à s'adresser à lui pour avoir leur portrait ou pour embellir leurs collections. Pour devenir un artiste à la mode, il faut, de nos jours, frayer avec les gens que gouverne la mode. Comme il détestait ce genre d'individus et manquait de la souplesse nécessaire pour leur faire bonne mine, il s'abstenait de les voir et même de les connaître. Son petit chez soi lui suffisait amplement, et le reste ne lui valait pas la compagnie qu'il trouvait là.

Sa femme, qui, à Londres, s'était vue obligée d'aller « dans le monde » et y avait eu un grand succès d'esprit et de charme, n'aimait rien moins que de se mettre en toilette de soirée, et d'entendre des gens qui ne lui étaient de rien, débiter, dans les salons, des banalités dont l'esprit sonnait faux à ses oreilles. En outre et au-dessus de tout, son devoir maternel la retenait à la maison.

Dalou n'allait donc jamais, comme tant d'autres y vont sans cesse, à la pêche aux commandes et, comme il ne tendait pas sa ligne, les commandes ne venaient point à lui.

Au fond, il en était enchanté. Cela l'eût empêché de travailler pour soi. Sa femme trouvait qu'il en était bien ainsi et que le métier des artistes est de faire de belles choses, comme le devoir de leurs femmes d'organiser leur vie pour qu'ils les puissent faire.

A part un groupe qu'il fit pour le duc de Grammont, en 1890-92, il n'existe, en France, chez les particuliers, aucun ouvrage important de lui.

La date à laquelle il a accepté de faire ce travail concorde avec celle où il avait à solder les billets souscrits à Bingen.

Ce grand groupe exécuté en marbre orne le bassin d'une serre ; il représente un homme très vigoureux, enlevant dans ses bras une femme à laquelle il fait franchir un fleuve. Le fleuve est figuré par l'homme à longue barbe, à chevelure ornée de roseaux de la tradition. La statue de l'homme entièrement nue garde, malgré la justesse de son geste, un faux air du modèle qui l'a posé, celle de la femme, est nue également, hormis les jambes, enveloppées d'une draperie ; elle a grand peur de se mouiller, et est d'une souplesse et d'une vérité de mouvements charmants. L'arrangement d'ensemble de ces deux personnages fait penser à Paul et Virginie — un mauvais plaisant dirait Hercule et Virginie — Le fleuve, condamné à la forme traditionnelle, est « un morceau » de premier ordre.

D'autres ouvrages de Dalou existent dans des hôtels particuliers. Ils sont pour la plupart d'une époque plus proche, voisine du retour de Londres. On n'a trace que de quelques-uns. On trouve, cité en 1881 sur le registre du mouleur Bertault, un groupe de trois figures ; deux enfants et un faune, celui-ci ayant plus de 2 mètres de hauteur. Ce groupe, qui, paraît-il était fort beau, a été fondu à un exemplaire unique, en bronze. On ignore ce qu'il est devenu. Il ne reste pas trace du plâtre original. En 1882 fut moulé un petit modèle de miroir, formant vide-poche. Il avait été conservé par Dalou. C'est un délicieux pastiche des plus charmants bibelots de l'époque Louis XV ; il se compose d'une gracieuse figure de femme nue, d'une facture parfaite, versant de haut l'eau d'une urne dans un bassin fait d'une valve de coquillage, où trempent ses pieds. Elle s'appuie sur le haut de l'encadrement d'un miroir de style rococo, rehaussé d'herbes et de roseaux, placé debout et perpendiculaire à la coquille.

On trouve également chez le céramiste Haviland, outre la trace d'une réduction de la *Liseuse*, celle d'une figure non moins intéressante et qui en forme le pendant. C'est une *Parisienne allaitant son enfant*. Les qualités de la *Liseuse* et celles du *Rocking Chair* s'y trouvent asssemblées. Il a été fait jadis quelques exemplaires en grès de ces deux figurines.

Dalou reprit vers 1881-1882 du travail de sculpteur-décorateur dans l'atelier de M. Cruchet.

Là il fit tout ce qui concerne son état, des compositions avec des figures et leurs accessoires, des mascarons, des dessus de portes, des frontons, des têtes humaines ou des têtes d'animaux. Certains modèles étaient faits par lui seul, d'autres l'étaient en collaboration avec les sculpteurs spéciaux d'ornements. Il stupéfiait les plus vieux routiers par la facilité de ses esquisses, par l'habileté

OUVRAGES APPARTENANT A DES PARTICULIERS 199

et la rapidité de son exécution et les connaisseurs par la sûreté de son savoir ; il désolait ses patrons par ses excès de conscience. Peu lui importait qu'un travail lui fût payé plus ou moins cher et qu'il fût destiné à disparaître, anonyme, moulé en pâtisserie ou en plâtre dans l'immense décrochez-moi ça de la bâtisse universelle ; dès qu'il y avait mis la main, il le faisait de son mieux et pour en

Miroir Louis XV

tirer le meilleur enseignement possible. On raconte encore chez M. Cruchet une scène qui se renouvela plus d'une fois. Lorsque Dalou travaillait à un ouvrage, déjà amené à un degré de perfection plus que suffisant pour l'usage auquel il était destiné, on essayait de lui épargner la peine de s'y attarder plus longtemps et sans plus de profit, mais lui, s'y acharnait jusqu'à l'heure du départ. Alors, dès qu'il avait tourné les talons, M. Cruchet connaissant son habitude de démolir et de refaire en entier ce dont il n'était pas satisfait, appelait le mouleur. Et, lorsqu'il arrivait le lendemain matin, ayant roulé dans sa tête tous les moyens de rendre son travail meilleur, Dalou le trouvait pris dans le

L'Automne (dessus de porte exécuté pour M. Cruchet.)

plâtre. On lui servait une explication quelconque : un architecte pressé, ou toute autre invention ; il se donnait l'air de la croire et l'accueillait d'un mot de regret. Puis il entamait autre chose.

De cette masse énorme de productions variées où rien n'indique le nom de leur auteur, on retrouve encore, chez M. Cruchet fils, et moulés, soit en plâtre, soit en carton ou autres matières fragiles, quelques modèles, entre autres, une paire de grandes cariatides, de très belle allure, le torse nu, les jambes perdues dans une gaine, elles avaient été faites, à l'origine, pour le théâtre du Caire on peut les voir, aujourd'hui, en double exemplaire, dans la salle du théâtre de la Renaissance à Paris, bordant les deux grandes loges de milieu et soutenant la galerie supérieure ; un jeu de quatre médaillons ronds, de style xviiie siècle, de 80 centimètres de diamètre environ. sans intérêt d'ailleurs ; un fronton d'écurie comportant une très grande tête de cheval, émergeant de nuages et deux enfants volant placés en écoinçons à la mairie de Saint-Omer.

Parmi les travaux exécutés pour M. Cruchet se trouve une série nouvelle des *Quatre-Saisons* faite pour un hôtel appartenant à la famille de Rothschild. Ce sont des bas-reliefs rectangulaires, destinés à des dessus de porte. Ils sont conçus dans l'esprit du xviiie siècle et présentent quelque analogie avec les célèbres bas-reliefs de Clodion du Palais de la Légion d'honneur. Deux d'entre eux sont dénués d'intérêt ; les deux autres, l'*Automne* et l'*Hiver*, sont vraiment exquis de composition et d'une exécution très personnelle quoique se ressentant de la hantise de Jean Goujon et aussi de Clodion ; la hâte avec laquelle le travail a dû être exécuté s'y laisse voir.

Comme dans les bas-reliefs de Clodion les saisons sont représentées par des femmes assises sur le sol, les jambes allongées ou à peine repliées. L'*Automne* est figuré par une femme tenant de sa main gauche une coupe : derrière elle, un enfant prend du raisin dans une corbeille ; auprès d'elle, en arrière, un autre enfant écrase des grappes dans la coupe, et à l'angle droit un troisième enfant, assis sur un tertre, les jambes pendantes, joue de la double flûte ; dans

L'Hiver (dessus de porte exécuté pour M. Cruchet.)

le fond on aperçoit des vignes. L'allégorie de l'*Hiver* est emmitouflée des pieds à la tête dans une draperie, dont le vent tord les plis autour d'elle, malgré ses mains croisées pour les retenir. De son visage, on ne voit que le front, les yeux et le nez, tout le reste est enfoui dans l'étoffe. De la gauche, s'avance vers elle un enfant nu portant une gerbe de branches mortes, tandis que, dans le fond débouche, en volant, un amour, la flèche posée sur l'arc tendu. A droite, à ses pieds, un enfant allonge au-dessus d'un brasier qui flambe doucement, ses doigts rendus gourds par le froid.

Pour le même M. Cruchet, Dalou a modelé, pour le fronton triangulaire de l'hôtel Henri Pereire, au parc Monceau, un haut-relief conçu dans l'esprit de ceux des frontons du Garde-Meuble et du ministère de la Marine, place de la Concorde, mais d'une vie et d'une modernité qui en font une œuvre d'un charme spécial et d'une grande beauté. Il comporte, au centre une femme drapée, décolletée, bras nus, allongée et les genoux redressés. Derrière elle, à gauche, dans la partie baissante du triangle une figure d'enfant. Du côté opposé, deux autres enfants jouant.

A ce même atelier, a été encore fait par Dalou, le groupe important que l'on voit au milieu du cadre de rideau au théâtre du Palais-Royal. De chaque côté d'un grand cartouche ovale portant le vers de Rabelais :

Mieux est de ris que de larmes escrire

deux grandes figures nues de Folies, sont suspendues, d'un mouvement de vol, l'une agitant un arc, et l'autre une marotte. Au bas de l'écusson se trouvent des groupes d'enfants nus. Des guirlandes relient les Folies, les Amours et l'écusson porteur de la dédicace rabelaisienne.

On a cru, un instant, que ce groupe n'ornerait jamais la salle du théâtre du Palais-Royal. Au moment de le mettre en place, on s'aperçut qu'il était trop pesant pour les charpentes qui devaient le porter. Les deux longs corps de femmes, que leur chute presque perpendiculaire font paraître plus lourds qu'on ne le voudrait, sont assurément des morceaux de sculpture d'une science extraordinaire, mais cette science, justement, se voit trop pour disposer à la gaîté. On y sent, comme dans le premier modèle de la Bacchanale, l'habitude de faire pour les élèves du South Kensington Museum, des figures de démonstration où l'enseignement de l'anatomie l'emporte sur tout le reste, on y sent surtout et dans la composition et dans l'exécution, l'influence directe de Carpeaux, pour ne pas dire l'imitation de sa manière.

LES BUSTES

Si Dalou n'a guère fait en France, avant 1893, des portraits de commande, il a fait, en revanche, un grand nombre de bustes d'amis ; ils sont généralement d'autant plus beaux que leur auteur a mieux connu les modèles et a pris plaisir aux séances de pose. Tous, ou presque tous, ont été faits à titre de souvenir personnel et en témoignage d'amitié, quelques-uns en reconnaissance de services rendus. Il serait fastidieux d'essayer de décrire, une à une, les physionomies de ces bustes, dont aucun ne se distingue par un arrangement particulier, les figures de la plupart des modèles, sont d'ailleurs, assez connues. Citons, un peu au hasard : le buste du critique d'art et vaudevilliste, Albert Wolff et celui du poète Armand Renaud, qui fut chef du service des Beaux-Arts de la Ville de Paris. Dans un concours de laideur, il eût été difficile de ne pas partager ex-æquo, le prix, entre l'imberbe Albert Wolff et le chétif Armand Renaud, à la barbe pelée. Ces deux têtes, qu'on sent bien trop petites pour les corps sur lesquels elles reposaient, pourraient porter l'une et l'autre cette épigraphe de Shakespeare : « Le beau est horrible, l'horreur est belle ».

Le buste de Renaud, dont le marbre a été légué à la Ville de Paris, est devenu l'objet d'une lutte entre le Petit-Palais qui voudrait le posséder et le Musée Galliera qui, nommé dans le testament de Renaud, avant qu'existât le Petit-Palais, refuse à tout prix de s'en dessaisir.

On doit souhaiter que soit de même légué à la Ville de Paris, mais ceci le plus tard possible — le bronze à cire perdue du buste de son caissier, M. E. Courbet, l'érudit au grand savoir et au goût parfait duquel les Lettres doivent les précieuses éditions des vieux écrivains français du xvie siècle, auteurs préférés de Dalou, livres de chevet de Mme Dalou.

L'illustre homonyme — le parent je crois — de M. Courbet, et son compatriote Franc-Comtois, le peintre Gustave Courbet a aussi son buste par Dalou ; exécuté sur la demande de Castagnary, alors directeur des Beaux-Arts, ce marbre est placé dans le musée de Besançon. L'auteur de la « Retraite des chevreuils » y est vu jusqu'à mi-torse, sa longue barbe couvrant la poitrine. C'est un fort beau morceau de sculpture, assurément, mais il inspire à quiconque a vu Gustave Courbet, le regret que Dalou n'ait pu exécuter son œuvre que d'après des documents, parmi lesquels un moulage posthume et des photographies. Ce buste restera comme portrait *historique*, mais les seuls portraits vivants de Courbet demeureront ceux qu'il a faits de lui-même et en particulier l'*Homme à la pipe*.

Buste d'Albert Wolff

L'œil habitué à prendre tout ce qu'il voyait, sans rien ni au delà ni en deçà, et l'esprit exercé a arraché à la *nature visible* toute la substance de la *nature invisible*, Dalou n'était pas l'homme des résurrections et des reconstitutions ; les photographies et les moulages ne lui révélaient rien ni l'une ni l'autre. Il a écrit, à ce sujet, dans ses notes, une petite page qui donne là-dessus son sentiment tout entier :

« (23 *octobre* 1897). — Ni moulage sur nature ni photographie ne sont et ne « seront jamais de l'art. Celui-ci n'existe que par l'interprétation de la nature, « quelle qu'elle soit d'ailleurs. Angles droits d'Égine ou lignes tourmentées du « Puget sont deux interprétations qui, tout en étant différentes et diamétralement « opposées, n'en constituent pas moins des œuvres d'art d'une incomparable

« puissance. C'est l'esprit de la nature qu'il faut trouver, à sa façon et suivant les
« besoins de son sujet, et aussi de son temps. Mais s'efforcer d'en rendre stricte-
« ment la lettre est une erreur grossière.

« Et voilà pourquoi la rose nature, peinte sur la porcelaine avec, et y com-
« pris, la fameuse goutte de rosée est une ineptie, tandis que les fleurs interpré-
« tées, peintes sur les faïences persanes sont des merveilles. »

De même que le buste de M. E. Courbet, celui de M. Fernand Calmettes a été dédié en souvenir des relations de tous les instants, affectueuses et dévouées qui ont uni sa famille à celle de Dalou. M. Fernand Calmettes, peintre, dessinateur paléographe et littérateur, était proche voisin de Dalou, il venait souvent passer les soirées auprès de lui et lui apporter le plaisir et le profit de sa conversation d'érudit et d'artiste.

Regardez-le, ce buste à la tête démesurément grosse, à la chevelure très épaisse, rude et bouclée, au front haut, construit par plans, au nez long et planté d'aplomb, aux yeux regardant bien en face, à la bouche large, aux lèvres pleines, à la barbe fourchue au menton, bouclée et broussailleuse aux joues, et vous verrez que c'est celui d'un brave homme, franc, droit, intransigeant ; l'écorce rude et le cœur tendre. Ce buste est un exemple de ce que Dalou entendait par interpréter « l'esprit de la nature. »

C'est encore une tête de brave homme que celle du comédien Cornaglia. Elle ressemble, — et même beaucoup, mais en des formes plus pleines, — à celle du Diderot de Houdon. Il n'est pas besoin de dire le plaisir que Dalou eut à la faire. Cornaglia fut, en ces dernières années, le seul humain contre les visites duquel il ne maugréait pas, à part soi, dans ses notes. Loin de là, il y manifeste, à plusieurs reprises, soit le plaisir qu'elles lui font, soit le profond regret qu'il a eu lorsqu'il les a manquées. Ce buste est resté jusqu'ici à l'état de plâtre, un faux mouvement suffira pour le réduire à néant.

Le buste de M. André Theuriet qui a eu les honneurs du bronze et celui de Philippe Gille, existant en marbre, l'un et l'autre, dignes du maître qui les a sculptés, ont, en plus de leur valeur artistique, le mérite de l'absolue ressemblance.

Le buste de Floquet, n'est pas seulement ressemblant, il est parlant. Il existe en bronze sur son tombeau et en marbre dans les galeries du Palais-Bourbon. Il avait été fait, à l'origine, uniquement à titre gracieux, comme souvenir de l'amitié qui unissait l'homme d'État à l'artiste.

A mentionner le buste de M. Lozé, l'ancien préfet de police, celui du chansonnier Jules Jouy et celui du vieux peintre Jean Gigoux, dont le marbre appartient au Musée de Besançon.

OUVRAGES APPARTENANT A DES PARTICULIERS

Les trois bustes que Dalou semble avoir considérés comme les meilleurs qu'il ait faits — et, ici, il paraît avoir été injuste pour ceux de Cresson, de Liouville, d'Armand Renaud et d'Albert Wolff, et d'autres peut-être, — ses trois bustes, en apparence préférés, dis-je, furent ceux du docteur Charcot, d'Auguste Vacquerie et de M. Henri Rochefort. Il avait même fait fondre à cire perdue un exemplaire de chacun des deux premiers : et avait placé celui de Vacquerie sur la cheminée de son salon et celui de Charcot sur le poêle de sa salle à manger. C'étaient, d'ailleurs, à part quelques petites esquisses et de menues terre cuites, les seuls ouvrages de lui qu'on rencontrât chez lui. Il avait fini par reléguer le plâtre du troisième buste en haut d'une étagère, l'homme (auquel il avait cru pendant longtemps) étant arrivé à lui inspirer une grande répulsion. Quant au buste définitif, il l'avait mis à la disposition de M. Rochefort qui lui avait répondu de Londres (en décembre 1889).

« ... Si vous voulez bien, Vaughan, l'administrateur de mon journal
« enverra, un de ces quatre matins, prendre mon buste, car je ne prévois pas
« pour moi une rentrée trop prochaine. Il me l'apporterait à Londres où je le
« mettrais dans mon salon à la place d'honneur. — Mille amitiés.

« Henri ROCHEFORT.
« *23, York Terrace Regent's Park.* »

Si belle que soit la collection d'objets d'art de l'auteur des *Mystères de l'Hôtel des Ventes*, le buste de Dalou y sera partout à la place d'honneur. Il ferait bonne contenance, même à côté du Mirabeau de Houdon. La figure de Henri Rochefort est trop connue pour qu'il soit besoin de la décrire ; l'intéressant, dans le buste du célèbre polémiste, est qu'on y lit, mélangés dans les yeux, qui paraissent bleus, le scepticisme implacable et l'inconsciente naïveté, la poussée de l'audace et la titillation de la peur, le masque est d'une pâleur rendue grise par les jeux d'ombre et de lumière, des trous de variole, les cheveux se dressent sur le front avec des fureurs de coq de roche en rut et des mateurs de laine à matelas.

On ne se contenta pas de donner au buste de Rochefort la place d'honneur dans le salon de York Terrace ; pendant près de dix ans il fut le seul ouvrage de Dalou qui ait été vulgarisé par la reproduction, car jusqu'en 1898, jamais Dalou n'avait voulu entendre parler d'édition d'une quelconque de ses œuvres, il se fâchait même lorsqu'on émettait devant lui l'idée de faire une réduction de l'une ou l'autre d'entre elles.

Un jour pourtant — on n'a jamais su ni pourquoi ni comment — il céda aux instances de l'administration du journal de M. Rochefort — alors exilé en Angleterre — et permit qu'on fît *quelques exemplaires* d'une réduction du buste. On en fit trois modèles de dimensions différentes et qui ne gardaient plus rien de la saveur de l'original.

Des moulages en plâtre, fabriqués à la grosse, furent offerts par une combinaison d'abonnements, comme primes, à prix soi-disant réduits, qui laissaient sur chaque moulage un bon bénéfice. Le buste devint ainsi une opération des plus fructueuses — pour le journal bien entendu.

Les termes imprécis de l'autorisation bénévole, donnée par Dalou, ne lui eussent pas donné gain de cause s'il s'était avisé d'arrêter cette opération. Il ne tenta point de s'y opposer et, si on lui en parlait, il haussait les épaules d'un : « Ça n'a aucune importance ». Il en avait fait son deuil. Cent mauvais moulages de plus ou cent de moins n'empêcheraient pas les milliers d'autres déjà vendus d'être dans la circulation. Il avait bien reçu des promesses de participation aux bénéfices de l'affaire, mais rien n'ayant été écrit il n'en toucha jamais un sol ni ne le réclama.

En 1899, lors de l'inauguration du *Triomphe de la République*, le journal de M. Rochefort, par la plume de M. Rochefort lui-même, le couvrit d'injures.

Il était d'une extraordinaire beauté, le visage de Charcot, entièrement rasé, le front très haut, très large, où venaient se plaquer les cheveux plats, relevés à la chinoise, formant, au milieu, une pointe très aiguë et retombant jusqu'à la nuque, à plat, derrière la tête ; le nez était légèrement busqué, un peu long ; des yeux phophorescents, illuminaient le fond d'orbites creux et largement modelés ; le menton était celui des bustes de Napoléon. Il y avait dans cette tête les signes du dompteur d'hommes et ceux du visionnaire. Tel apparaissait Charcot, aux heures de délassement, où il laissait se détendre, dans le charme des Lettres et des Arts, sa nature instinctive. Tout autre était-il lorsque sa haute raison et l'acuité de sa psychologie étaient aux prises avec son savoir et lui arrachaient un à un tous ses pourquois, les cristallisait en des vérités scientifiques. Travail d'auto-dissection intellectuelle et morale, analyse involontaire de son moi, où il trouvait le secret de « l'involontaire moi », à la merci duquel demeuraient les malheureux qui n'avaient pas, comme lui, pour le dominer, cette double force : la science et la volonté.

A ces heures de lutte entre son génie inné et son savoir laborieusement acquis, Charcot paraissait un autre homme ; alors le rayonnement du masque s'éteignait, le front se faisait plus lourd et penchait en avant, les yeux regardaient en dedans, le bas du visage se rassemblait comme pour soutenir cet édifice de volonté, où la Science, durement, peinait dans la coupole du cerveau. C'est de ce Charcot là, que Dalou a immortalisé le souvenir. Ses épaules portent la robe de professeur et sont déjà voûtées, les excès de travail ont déjà marqué l'heure de la fatigue, sa tête est inclinée en avant ; mais, si relevant le buste, on place les

Buste d'Auguste Vacquerie
(Exemplaire de la Comédie-Française).

traits de la face en plein jour, la physionomie de l'autre Charcot se retrouve et projette sa lumière.

La fonte de l'exemplaire du buste de Charcot, dont Dalou avait retouché la cire, et qu'il avait fait couler pour lui-même peut être comparée aux meilleurs ouvrages des fondeurs du xvie siècle.

Celle du buste de Vacquerie, exécutée aux mêmes fins, lui est encore, et de beaucoup, supérieure.

Cet exemplaire du buste de Vacquerie diffère sensiblement de celui qui orne le cabinet de l'Administrateur général de la Comédie-Française. Il ne comporte que la tête, le cou nu et un très petit commencement de la poitrine ; celui du

Théâtre-Français se présente, du côté de la face et jusqu'au creux de l'estomac, revêtu d'un paletot ouvert sur un gilet boutonné haut; le cou est pris dans un de ces cols droits et souples, largement évasés, et cerclé d'une de ces cravates à bouts flottants qui étaient, l'un et l'autre, particuliers à Vacquerie, faisaient pour ainsi dire, partie de sa physionomie et formaient le complément accoutumé de son visage. Visage curieux que celui d'Auguste Vacquerie : large du sommet, presque pointu à la base ; le haut du front barré de longues traînées plates de cheveux couchées sur le côté, ou rejetées en arrière ; un grand nez pointu, des pommettes saillantes, une barbe courte aux mèches rigides et contrariées ou se tordant à rebrousse poil ; le regard très franc et direct, avec un air de dormir en se traînant dans un rêve. Figure anguleuse et rude, et pourtant pleine d'une finesse qui donnait à sa forme générale un accent spécial.

Cette nomenclature des bustes, faits à peu près tous pour la satisfaction d'un sentiment personnel, a bien moins pour but de tenter de les décrire en euxmêmes que de faire mieux connaître les affinités intellectuelles de leur auteur, de montrer quel plaisir il prenait au commerce des esprits supérieurs et de faire sentir le plaisir que ceux-ci trouvaient à leur tour en sa compagnie. Ce fils d'ouvrier, qui avait dû travailler de ses mains, dès son plus jeune âge, savait écouter et comprendre les plus savants et les plus distingués et savait se les attacher, les intéresser et leur plaire par le seul jeu de ses facultés naturelles et avec le seul bagage de savoir qu'il avait acquis au jour le jour.

LES TOMBEAUX

Dalou n'a exécuté, au cours de sa longue carrière, que fort peu de monuments funéraires, outre les deux exécutés par lui dans sa prime jeunesse, il n'en existe que trois formant monument. Ce sont les tombeaux d'Auguste Blanqui, de Victor Noir et de Charles Floquet. Tous trois sont au cimetière du Père-La Chaise.

Le monument de Blanqui se compose uniquement d'un haut-relief, représentant le cadavre du célèbre écrivain, étendu sur le dos, enveloppé du drap mortuaire, les bras pendant le long de son corps, amaigri par les années de prison. La tête est un peu penchée sur le côté, elle demeure sereine, volontaire et le front encore plein de pensées. Une couronne de ronces et d'épines placée sur les pieds du cadavre est le seul ornement que l'on trouve sur cette tombe.

Le modèle de ce monument a été exposé au Salon de 1885 et y a eu un très grand succès. Dalou, d'ailleurs, l'a exécuté gratuitement par pure admiration, pour celui que M. Gustave Geffroy a si ingénieusement surnommé l'*Enfermé*. La statue définitive a été fondue à cire perdue par Bingen.

Le tombeau de Victor Noir a été, lui aussi, fait gracieusement, en souvenir du grand bon garçon, du doux géant tant aimé de ses camarades, qui fut tué par Pierre Bonaparte.

Pauvre grand enfant, qui n'était rien moins que coutumier des usages du grand monde, il s'était fait beau pour aller remplir son rôle de témoin chez une Altesse impériale ; il avait mis une redingote, dont personne de nous n'eût soupçonné l'existence, il avait arboré un chapeau de soie tout neuf ; autant de choses inaccoutumées et qu'il avait préparées pour son mariage — car il allait se marier à quelques jours de là, — enfin, avant d'entrer dans la maison du Prince, il avait, lui, que nul de nous ne vit jamais ganté, emprisonné ses grosses mains dans des gants tout neufs et trop étroits. A peine avait-il franchi le seuil de la maison de Pierre Bonaparte, qu'il en sortait frappé mortellement et expirait aussitôt devant la porte, dans la rue. Tel il est tombé là, tel Dalou l'a reproduit sur son tombeau, rien n'y manque, pas même les fameux gants ni le fameux chapeau.

Sur son tombeau, le pauvre Victor Noir, le cadavre encore chaud, conserve son aspect de vie et de souplesse. Seule la face accuse la sérénité de la mort.

Dès la mort de Floquet, en janvier 1896, une souscription fut ouverte pour lui élever un monument. Mme Floquet s'entendit avec Dalou, pour que, en principe, il se chargeât de ce travail. Mais, lorsqu'il fallut s'accorder sur les figures allégoriques, les choses ne marchèrent pas toutes seules :

« (16 *janvier* 1897). — Je sors de chez Mme Floquet. Quelle séance ! durée deux
« heures ! tout cela est trouvé admirable, mais la grande crainte, c'est l'équivoque.
« On pourrait y voir, dit-elle, Floquet lui-même, à genoux faisant amende hono-
« rable. Bref, aucune conclusion, elle doit venir me voir à sa première sortie.
« Pour moi, la chose est dans la mélasse. Elle ne reviendra pas de sa vaine
« crainte. Alors que faire ? Une banalité. Jamais ! »

Pendant plus de trois semaines, Dalou s'escrima sur divers projets d'esquisses. Enfin, le 11 février 1897, tout s'arrangea, mais non point sans peine. Voici la scène racontée tout au long :

« (11 *février* 1897). — Ce matin visite, annoncée d'ailleurs, de Mme Floquet, de
« MM. Bourgeois et Renault. J'étais assisté, cette fois encore, de mon ami et
« collaborateur Formigé ; grande lutte pour la tombe de Floquet. Cela a duré
« une heure. Enfin on s'est entendu ; j'ai été battu par l'amabilité et la ténacité

« de Mme Floquet. C'était fatal : ce que femme veut... dit le proverbe ! A un mo-
« ment donné, cependant, le tonnerre a grondé au loin. Prenez garde, a dit
« Formigé, vous allez vous dire des choses désagréables.

« Bref, il est convenu que la tribune restera et que, au lieu de groupe, c'est
« une statue de Liberté qui viendra déposer une couronne. Architecture en
« granit, figures et palmes en bronze ».

Tel fut, en effet, le monument : Une tribune sans parapet placée au point de jonction des deux escaliers de cinq marches chacun, et se dressant devant une section d'hémicycle bas sur la rampe de laquelle se dresse une colonne dorique surmontée du buste de Floquet. La Liberté est coiffée du bonnet phrygien, le corps pris dans une cuirasse de style Louis XIV, brodée d'attributs de paix et de bouquets d'épis, elle laisse pendre autour d'elle, et traîner loin derrière elle, un vaste manteau.

Elle franchit les degrés de la tribune ; sa main gauche s'appuie sur le faisceau symbolique et la droite porte un rameau de chêne, elle tient la tête levée vers le buste. Une vaste palme et des branches de chêne posées en travers de la tribune forment, à la base de la composition, des lignes qui harmonisent celles de la Liberté et de ses draperies avec les lignes générales de l'architecture.

Pour toute inscription sur la colonne : *Charles Floquet*, 1828-1896 — et à la base de la tribune : *Hommages de ses concitoyens*.

Le 14 mai 1899, le monument fut « enfin » inauguré en présence des Présidents des Chambres et des représentants de l'État.

Deux jours auparavant, Dalou avait été surveiller les travaux, et en revenant avait inscrit ceci :

« (*12 mai 1899*). — On pose le Floquet. Mon impression n'est pas mauvaise. »

Tels sont les seuls tombeaux faits par Dalou dont il a été retrouvé la trace. Peut-être en sa jeunesse en a-t-il modelé d'autres pour de vagues marbriers. Ceci nul ne le sait et lui-même en avait certes perdu tout souvenir.

Quelques portraits existent sur des tombes : Au cimetière Montparnasse, non loin de l'entrée de l'allée centrale, sur le côté droit, sur une simple stèle de pierre se trouve un grand buste de Charles Robert, en marbre.

Dans le groupe des tombes qui bordent la grande allée transversale, un médaillon à mi-corps du beau-frère de l'ami Calmettes, Etienne Charavay, le savant archiviste, auteur de travaux historiques très précieux et notamment d'études sur la Révolution française, et dont la mort fut celle d'un héros digne du temps où il avait vécu par l'étude.

Enfin un buste du chansonnier Paul Avenel, au cimetière de Bougival.

Tous ces bustes ont été faits sur documents et, de même, le médaillon de Charavay. Ce dernier toutefois est d'une parfaite ressemblance. Qualité plus facile — naturellement — à reconstituer dans le bas-relief « dessin sur un seul côté », que dans la ronde bosse, « dessin de tous côtés ».

TRAVAUX DIVERS

Dalou ne dessinait presque jamais et ne savait dessiner que « en sculpteur ». Il massait ses esquisses directement sur la terre ou sur la cire et ne faisait que très rarement, des croquis au crayon ou, de préférence, à la plume. L'esquisse du « Mirabeau répondant à Dreux-Brézé », par exemple, a été établie sans un croquis, d'un seul jet, au bout du pouce à même la glaise.

Au moment de les utiliser il regardait ses croquis, puis, à tout hasard, les plaçait dans des cartons qu'il gardait dans son appartement. Là, de loin en loin, le soir, il les passait en revue, pour y chercher dans le réveil des sensations passées les germes d'idées nouvelles, et aussi pour élaguer ce qui lui semblait, désormais, d'un encombrement inutile.

Et alors l'œuvre de destruction commençait. Mme Dalou y assistait, sans tenter de rien sauver de ces dessins, toujours maladroits d'exécution, mais souvent intéressants par la sincérité des mouvements.

Des études d'après nature plus complètes s'y mêlaient, faites d'après des modèles qu'on ne pouvait faire poser à l'atelier, — des lions par exemple — et qui étaient de vrais dessins; s'ils ne servaient plus, Dalou les mettait en morceaux comme les autres. Or, s'il jugeait ses dessins insuffisants pour être conservés par lui-même, à plus forte raison les trouvait-il impossibles à reproduire devant le public.

Une ou deux fois, il avait cédé aux sollicitations des éditeurs de catalogues ou de journaux illustrés et leur avait donné des croquis. Mais ayant vu le résultat de leur reproduction, il avait préféré s'abstenir désormais. Aussi, son refus ne se fit-il pas attendre lorsqu'on lui demanda de participer à l'illustration de l'édition nationale des œuvres de Victor Hugo, à laquelle tous les grands artistes du temps présent apportaient leur concours, honorablement rémunéré d'ailleurs.

A la fin on trouva un moyen terme ; il ferait un morceau de sculpture qu'un aquafortiste de talent reproduirait. Il accepta cette combinaison et choisit pour sujet le frontispice des *Châtiments*.

Il composa donc, en guise de page d'illustration, une plaquette rectangulaire, haute de 35 centimètres, large de 25.

Toutes les figures en sont nues. En haut une figure d'homme s'élève dans

Frontispice des « Chatiments »

un mouvement d'envolée, et, au-dessous de lui, une grappe d'hommes semble jetée d'une cime dans le vide infini.

Le groupement de leurs contorsions de terreur et de désespoir, l'assemblage des formes de leurs muscles michelangesques, donne, par la masse totale de ses lignes et de ses plans, l'impression d'un éboulis d'Alpe emporté par un torrent.

Le plus grand intérêt de ce bas-relief, ou, pour être plus près de la vérité, de ce haut-relief, est dans son exécution, vraiment prodigieuse. Là, le « morceau » est, et partout, d'une science telle qu'on le peut comparer à n'importe quelle œuvre savante de n'importe quel maître.

Contrairement à tant d'autres, qui n'y avaient aucun droit, Dalou ne pensa point que cette collaboration lui permît de se présenter de lui-même à Victor Hugo. Son admiration pour le poète allait jusqu'à la peur, jusqu'à cette belle peur, qui fit stupide Gérard de Nerval, paraissant pour la première fois devant Gœthe.

D'ailleurs, le salon de l'avenue Victor-Hugo l'effrayait aussi un peu. On y rencontrait, dans les dernières années, beaucoup trop de thuriféraires irrespectueux et même parfois mal élevés. Par mansuétude et un peu aussi par amour de la flatterie, Hugo avait laissé envahir sa maison par une cohue de gens qui y venaient pour s'y faire voir, bien plus que pour le voir lui-même. Victor Hugo n'était, d'ailleurs grand, que vu de très loin ou vu de très près, dans l'intimité la plus étroite. Là il était lui-même. Entouré de cette Olympe de demi-dieux qui l'adoraient sincèrement, et de faux dieux qui le *blaguaient* en sortant, il donnait l'impression d'un Jupiter de théâtre; impression douloureuse pour ceux qui l'aimaient en réalité. Parmi les vrais croyants, les uns tenaient la cohue pour absente, les autres, moins endurants, désertaient le temple, Dalou avait senti qu'il serait de ceux-là et il s'était résigné à n'y pas paraître.

Il vit pour la première fois Victor Hugo quelques instants après sa mort. Dans les rares salons où il fréquentait, chez les Liouville, chez les Charcot, chez quelques autres personnes du même groupe, se retrouvait le cercle des hommes éminents et des femmes supérieurement intelligentes qui étaient les familiers les plus intimes de l'illustre salon rouge. Là Dalou laissa entendre que son ambition serait de faire un buste de Victor Hugo.

Victor Hugo promit de poser, mais, à peu de temps de cette promesse, il tomba gravement malade. Lorsque tout espoir de l'arracher à la mort fut perdu on demanda à Dalou, au nom de la famille de Victor Hugo, de modeler son portrait posthume. Il y consentit volontiers. Il se tint prêt à toute éventualité.

Le vendredi qui précéda la mort il recevait le mot suivant :

« *Vendredi, 9 heures.* — Je trouve V. H. *très mal* ce matin et je vous
« demande de venir *aujourd'hui*. Vous aurez l'obligeance de me faire demander,
« Mme Lockroy ne quittant pas le malade. Je vous tends mes deux mains.

« Prévenez *votre* mouleur.
                                              « Alice MÉNARD-DORIAN. »

Une selle et de la glaise furent apportées dans la chambre mortuaire et Dalou y sculpta un masque du grand poète. Il l'emporta, et l'envoya sans délai au cuiseur, puis le fit remettre à Mme Lockroy qui le remercia en ces termes :

« Cher Monsieur Dalou,

« C'est admirable. Merci pour mes enfants. Cela leur a fait mal. C'est d'une
« vérité navrante, mais c'est grand et beau et quand leur douleur sera calmée
« ils reverront votre œuvre avec un grand bonheur.

« Merci de tout cœur, A. Lockroy. »

Ce masque de terre cuite, précieux document d'histoire littéraire, est resté entre les mains des petits-enfants de Victor Hugo et n'a jamais été vu par personne en dehors de l'intimité de la famille.

Il a été également fait par M. Bertault un moulage sur nature, de la figure, mais, si bien que soit un moulage, il n'est jamais qu'une chose morte. En outre, M. Bertault a fait un moulage de la main de Victor Hugo, main de forme absolument particulière et que n'oublieront jamais ceux qui ont eu le bonheur de la serrer. Dalou en possédait une épreuve.

Souhaitons que ces reliques aillent un jour, prendre place dans le musée de la place des Vosges.

C'est d'après le moulage de la tête de Victor Hugo, d'après des photographies que, en 1901, Dalou a exécuté le buste du poète qui figure au foyer de la Comédie-Française. Il ne paraît guère bon dans le voisinage des Caffieri. Les maigreurs et les contractions du moulage, d'après le mort, avaient largement trompé l'artiste qui, n'ayant jamais vu Victor Hugo vivant, ne pouvait pas même réparer par le souvenir, les imperfections des documents.

Enfin, dans la chapelle ardente de l'Arc de Triomphe, et ensuite sur le corbillard des pauvres, qui conduisit Victor Hugo au Panthéon, figurait un médaillon monumental de la République, moulé en carton-pâte, œuvre décorative exécutée en hâte. Dalou l'a gardée plusieurs années comme souvenir, puis l'a détruite. Elle était sans intérêt artistique.

A la vue du catafalque gigantesque, édifié sous l'Arc de Triomphe de l'Etoile, et au pied duquel reposait le cercueil de Victor Hugo, Dalou eut cette idée que rien de plus grandiose ne pouvait servir de thème au monument que la postérité devrait élever en souvenir de Victor Hugo. Il semble que, à la lumière rouge et flottante des torches, aux feux verts des lampadaires funéraires, il ait vu, comme une fantasmagorie de figures, s'animer sur le fond noir des draperies flottantes qui fermaient cette colossale porte de gloire et faire cortège au cercueil de celui qui les avait mises hors de son cerveau géant pour en emplir à tout jamais l'âme

OUVRAGES APPARTENANT A DES PARTICULIERS

du genre humain. Et alors, en quelques jours, il improvisa un portique, dont le fond était habité par un bas-relief fantastique où, d'un amoncellement de nuées,

Projet de monument a Victor Hugo

sortaient, les uns après les autres, en leurs gestes synthétiques et divins, les êtres créés par le poète, cependant qu'à leur base, le soleil s'enfonçait dans la mer, dont les flots rebondissaient jusque sur le flanc du portail. De chaque côté du portail, était un avant-corps, soutenu par deux colonnes tout unies et surmonté d'une corniche très vaste aux moulures larges et épaisses ; sur leur entablement se dressaient deux groupes : La Paix et la Science.

Et, au-dessus du portique, et comme sortant de la muraille qui lui servait d'encadrement, un grand groupe s'élançait : La Poésie chevauchant Pégase, suivie par l'Amour, précédée par la Justice et la Vérité et servie par la Liberté. De chaque côté un grand groupe allégorique, placé, à la base et, vers le haut, des banderolles et des attributs en bas-reliefs discrets, reliaient les plans extérieurs du portail au pan de mur qui le bornait de toutes parts. Au centre du portail, un cénotaphe colossal s'étendait couvert de draperies et de fleurs, sur lequel reposait en un lit de parade le cadavre du poète.

Ce monument gigantesque n'a jamais existé qu'à l'état d'ébauche. Il faut donc, pour s'en faire une idée, le voir à travers le rêve même d'où il est sorti, le *sentir* dans l'harmonie de ses grandes lignes, en suivant les méandres des formes massées ou indiquées, et le lire dans ces masses indiquées, comme on lit dans les nuées, au soleil couchant.

Seul le modèle du lit de parade a été exécuté à nouveau, passant de l'état d'ébauche à celui d'esquisse. Sur un grandiose sarcophage de pierre, Victor Hugo repose sur un matelas, la tête soulevée par des oreillers, le haut du corps est vêtu de la chemise de la nuit qu'il portait sur son lit mortuaire, les jambes sont couvertes d'une vaste draperie, qui couvre le sarcophage et s'étend en plis larges sur le sol ; sur la draperie et tout autour d'elle, des palmes, des couronnes, des fleurs, sont répandues à profusion.

Dalou, contrairement à ses habitudes formelles, avait exposé l'esquisse, de ce grandiose monument, demeuré à l'état de projet, qui est déjà en soi une œuvre considérable. Contrairement à sa déplorable habitude, il ne l'a point détruite.

A la fin de l'année 1885, sur la demande de Charles Garnier, Dalou modela, en vue d'une représentation extraordinaire à l'Opéra, une série de masques destinés au modelage en carton. Dans cette représentation, qui eut lieu le 26 janvier 1886, l'histoire de la musique dans tous les temps avait été reconstituée par le très savant, très malchanceux et trop fantaisiste compositeur Charles de Sivry, qui avait, pour cette solennité, reconstruit les principaux instruments de la musique ancienne de toutes les époques. Les masques de Dalou au nombre de six concouraient à la représentation d'une pièce de Plaute.

Ils doivent exister encore dans les magasins d'accessoires de l'Opéra.

Au Salon de 1894 figurait un grand modèle de fronton, à corniche très sur-

Fronton de la façade de la maison Dufayel.

plombante, développée en arc hélicoïdal, aux bas côtés, avançant pour rejoindre et dominer la corniche à profils rentrants, d'une double colonne. Du tympan, très profond, sort un vaste haut-relief.

Le centre de la composition était occupé par une grande figure d'homme, l'étoile au front, assis sur un petit chariot Louis XIV, à la façon de ceux qu'on voit dans les compositions de Lebrun. La draperie qui le couvrait en partie s'échappait en plis volants comme au souffle du vent et formant derrière lui une sorte de volute tenant lieu de repoussoir. La face tournée en arrière, du côté des deux personnages allégoriques du *Commerce* et de l'*Industrie*, accourant à son appel, il leur montrait, de la main droite, la route à suivre, en avant. Le *Commerce* était représenté par Mercure, portant le casque et le caducée obligatoire ; l'*Industrie* était personnifiée par une femme, de tête et de coiffure modernes — toujours le même portrait que Dalou refaisait, qu'il le voulût ou non — vêtue d'une longue chemise dégageant, seuls, l'épaule gauche et le bras droit, elle se précipite en hâte, tenant d'une main un vulgaire marteau et de l'autre une vulgaire tenaille de chez le quincaillier. L'une et l'autre figure émergent des nuages qui servent de sol au haut-relief dans toute son étendue. En avant du char deux chevaux cabrés s'élancent, les reins ornés d'un lambrequin, à leur droite, perdu dans l'arrière-fond, se tient un personnage ailé qui les guide. A droite et à gauche du grand sujet, assis sur la partie avançante de la corniche, on voyait, sous la courbe de l'arc-mourant le torse baissé, les jambes pendant dans le vide, deux superbes statues, l'une la *Science* avec sa mappemonde au méridien orné des signes du zodiaque, l'autre l'*Art*, avec ses attributs ordinaires, la palette et la masse.

Ce modèle eut un très réel succès, et parmi le public et parmi les amateurs éclairés. Mais Dalou, plus sévère qu'eux, l'ayant revu exposé en écrivait :

« (22 *août* 1894). — Je ne suis pas fier de moi ! Mon client, en me forçant

« à exposer, m'a certainement joué, sans s'en douter, un bien vilain tour. »

Le client était la maison de vente à crédit Dufayel, dont ce fronton devait orner la façade principale, boulevard Ornano.

Comme toujours, Dalou entendait que l'exécution se fît sur place et sous sa direction. Mais, pour des raisons d'économie sans doute, l'architecte, M. Rives, ne crut pas devoir se conformer à cette façon de procéder et la pierre fut mise au point en carrière et amenée, à peu près terminée, à Paris. Grande colère de Dalou qui refusa de s'occuper de l'achèvement d'un travail, commencé en dehors de lui et mis en route en dépit de tout sens artistique.

M. Dufayel et M. Rives, son architecte, insistèrent, disant que : « Un père ne peut pas se désintéresser de son enfant », et Dalou consentit à aller jeter un coup d'œil sur ce qui se faisait boulevard Ornano, moyennant une faible rétribution, en compensation de « la longue suite de dérangements » que cette besogne allait lui causer.

Mais, arrivé devant le travail qu'il a promis de suivre, il en reçoit cette impression :

« (3 *janvier* 1895). — Été ce matin voir le fronton Dufayel. Quel massacre !
« Vu Rives qui prétend ne pas pouvoir supprimer les figures d'angles, Dufayel
« ne le lui permettant pas. Elle est bien bonne cette blague-là ! »

Il décide de ne plus retourner voir ce travail. Mais :

« (23 *janvier* 1895). — J'ai eu cette après-midi la visite de Rives et de
« Dufayel, lesquels ont insisté fortement pour que je retourne diriger l'exécu-
« tion du fronton massacré. Je vais, chose convenue, réfléchir et écrire à Rives
« à quelles conditions seules je puis le faire. »

« (25 *janvier* 1895). — Écrit à Rives les conditions à l'acceptation desquelles
« je subordonne ma reprise de la surveillance du fronton Dufayel : 1° Modifica-
« tion du personnel ; 2° modification de la baraque ; 3° *le travail ne portera pas*
« *ma signature ;* 4° j'aurai les 2 000 francs que Dufayel me propose. Enfin, mise
« à l'étude immédiate de la suppression des figures d'angles, qui ne pourraient
« jamais s'arranger, quelques dimensions qu'on leur donne. »

Et voici comment et pourquoi le monumental haut-relief du boulevard Ornano, ne donne aucune idée du modèle qui a servi à le faire, pourquoi les deux belles figures d'angles ne s'y trouvent pas ; pourquoi enfin il ne porte pas et n'a pas le droit de porter la signature de Dalou.

Par une heureuse chance, le vrai modèle a été conservé intact et figure à l'intérieur de l'établissement.

CHAPITRE IX

DERNIÈRES ANNÉES

L'on peut dire que, à partir de la guérison de sa maladie de 1893 et jusqu'à son dernier jour, Dalou a, non pas vécu, mais survécu.

Et, pourtant jamais à aucune époque de sa vie il n'a ni autant travaillé ni autant produit, ni affronté d'aussi dures fatigues. C'est, en effet, — on l'a déjà vu ici — de cette période que datent la réfection totale du monument de la place de la Nation et celle du *Silène*, l'édification complète du monument d'*Alphand* et de celui de *Sidi-Brahim*, de celui de *Leclaire*, et du tombeau de *Floquet*.

A cette même date, il faut noter l'exécution ou l'achèvement d'autres ouvrages importants les plus divers, et, en outre les études complètes d'un grand monument aux orateurs de la Restauration, resté inachevé, un monument à Gambetta, destiné à la ville de Bordeaux et dont le modèle à moitié de la grandeur a été par lui à peu près terminé, et enfin celui d'un monument de Scheurer-Kestner, entièrement prêt, moulé, et dont la mise au point a été entamée la veille même de la mort de son auteur.

Il faut joindre à cela toute une série de bustes.

A cela il y a encore à joindre une foule de travaux moins considérables, mais ayant tous une valeur réelle, statuettes ou groupes de marbre ou de terre cuite, médaillons et motifs décoratifs. Est-ce tout? Loin de là. Ce n'est rien à côté de l'immensité du travail préparatoire de ce *Monument aux ouvriers* qui eût été la plus grande œuvre de la vie de Dalou, la plus grande qu'ait produit un artiste de nos jours et de toujours.

C'est tout un monde. Il en faut parler posément, et avec quelques détails.

Est-ce enfin tout? Non, pas encore. Durant cette même période se sont édifiés, l'un après l'autre, des projets et des petits modèles de monuments à Carnot, à l'amiral Courbet, un monument aux malheureux morts à l'hôpital, une statue de la *Luxure*, dont le modèle était achevé, et la figure principale déjà montée à dimension d'exécution, plus grande que nature, par les élèves du Maître au jour de sa mort.

Il devait s'y mettre le jour même où il dut s'aliter. Le piédestal était cerclé d'un bas-relief dont l'ébauche était prête à terminer. Était également monté un groupe, représentant un chasseur et son chien. Le Maître en avait presque terminé le nu. La statue de l'homme mesure 2^m,40 de hauteur. Et dans tout

ÉBAUCHE DE LA BASE DU MONUMENT A L'AMIRAL COURBET

ceci, et dans tout ce que néglige cette nomenclature hâtive, combien d'essais ont été refaits et détruits? Il n'est guère facile de le savoir.

On retrouve dans les notes de Dalou, la trace d'un projet de monument à Victor Hugo, destiné à la place Victor-Hugo. Il ne s'agit point là d'un simple bout de maquette. C'était une esquisse dont la base dépassait un mètre carré. Elle comportait quatre groupes principaux et une statue du Poète, ainsi que tous les accessoires inhérents à une telle composition. Pour qui a étudié la façon de travailler de Dalou et pour qui sait l'admiration qu'il avait pour Victor Hugo, il est facile de calculer la somme de travail préparatoire qu'un tel ouvrage lui a coûté, et de deviner combien de séances de modèle, il a pris pour établir chacune des figures de son esquisse. Lorsqu'elle fut achevée, et poussée comme Dalou poussait toutes ses esquisses, les membres du Comité du monument Victor Hugo vinrent et se mirent en devoir de conseiller des changements, des transformations et de donner tous ces beaux conseils de critiques d'art sur le compte desquels Dalou pratiquait des opinions plus que sévères. Il ne se montra nullement disposé à laisser transformer une composition, dont il resterait l'auteur responsable, devant sa conscience et devant le public, en un ouvrage hybride, qui serait un peu de lui, et beaucoup des autres. Et il attendit la décision définitive du Comité, pensant, avoir à chercher autre chose, de son cru, au cas où ce qu'il avait fait ne plairait point aux promoteurs du monument. Et voici quelle surprise lui était réservée

« (5 *mai* 1894). — J'ai, aujourd'hui, reçu la visite de M. Jourde et de M. Blémont,
« trésorier et secrétaire du monument de Victor Hugo. Ces messieurs venaient,
« sur un rapport, qui d'ailleurs doit être défavorable et fait par Meurice et Vac-
« querie pour voir l'esquisse que Meurice m'avait demandée de ce monument. J'ai
« appris par eux, (Jourde et Blémont), que semblable demande avait été faite à
« plusieurs de mes confrères. J'avais cru avoir affaire à une commande, je me
« retire de ce mauvais pas, ou pour mieux dire de ce malentendu ».

Aussitôt après cette visite reçue, il démonta le monument, logea les diverses statues de terre glaise, non cuite, qui le composaient sur une planche d'armoire et n'y pensa plus. Plus tard, les rencontrant là, il les détruisit les unes après les autres. Rien ne lui en est resté, qu'un surcroît de fatigue.

En principe, on peut dire, et sans exagération, que chaque bribe du travail exécuté par Dalou depuis 1893, chaque coup de pouce et chaque geste d'ébauchoir, qu'il a donné, a été autant de pris sur la mort.

Et l'on se demande comment a pu vivre ce petit homme maigre n'ayant plus que le souffle et qui, alors, comme toujours, se mettait à la tâche, au lever du jour et, en toutes saisons, *ne dîna jamais qu'à la lampe*, alors que l'on sait quel fut, pendant ces huit années de lutte, son unique régime alimentaire : le matin, avant de partir une tasse de lait froid, et parfois un œuf ; à onze heures, un peu de viande braisée et un légume ; jamais de vin ; le soir, uniquement un potage et une crème ; pas ou peu de pain. Sur le journal de ces huit années, on ne trouve la trace que de *quatre* déjeuners faisant exception à cette règle d'anachorète.

On n'y relève pas un seul dîner en dehors du régime et de la maison.

A toutes ses fatigues Dalou ajoutait encore celles d'une participation scrupuleuse aux séances des divers jurys et des diverses commissions dont il faisait partie, et, s'il avait quitté la présidence de la Société Nationale, dont il avait été l'un des fondateurs, cela avait été uniquement pour ne pas accepter les conséquences de décisions qu'il estimait nuisibles à la Société.

Pour se faire une idée précise de ce que fut cette survie, il suffit de recourir aux impressions que Dalou en a notées, sans penser qu'un jour elles seraient recueillies. Là nous retrouverons les travaux entrepris et nous suivrons leur marché, là nous assisterons aux prodiges de courage et de volonté qui ont soutenu leur auteur ; là nous constaterons le sacrifice de ses rêves d'artiste au profit de ses devoirs de chef de famille.

Car, au cours de sa maladie, il avait aperçu la situation que son excessif désintéressement créerait aux siens au lendemain de sa mort. Il avait vu, avec effroi, que, en récompense de toute une vie de vaillance, de travail, d'économie, de soutien moral, d'encouragement artistique, de don et d'oubli de soi-même, il ne laisserait à sa femme que la gêne, la misère peut-être, aggravées par le souci d'une jeune fille à laquelle sa sollicitude maternelle serait plus que jamais nécessaire. Et il avait pris, dès lors, cette résolution, si pénible pour lui, d'accepter assez de commandes pour pouvoir, — beaucoup d'économie aidant — mettre, petit à petit, de côté, et sans en rien distraire au profit de ses œuvres aimées, la somme nécessaire pour que les siens, lui disparu, puissent conserver le modeste train de maison qu'ils avaient toujours eu. La maladie était là qui ne cessait de l'avertir qu'il n'avait pas un instant à perdre.

« (18 *mars* 1894). — Le matin, vu le Dr Hutinel, pour douleurs intestinales.

« Celui-ci m'a fort bien examiné, questionné, etc., il a conclu qu'il n'y
« avait aucune tumeur ; mais simplement, et c'est bien assez, un entérite glaireux
« d'une partie de l'intestin.

« (27 *mars* 1894). — Été à la campagne avec ma femme et ma fille ; après-
« midi superbe. A peine arrivés à Chaville, avec l'intention de remonter par le
« bois jusqu'à Sèvres ou Bellevue, très indisposé ; continué le chemin malaise
« allant crescendo, afin d'arriver à la ferme des Bruyères, arrêté là pour reposer
« un instant, pris un peu de lait, alors souffrances atroces, toujours à l'intestin.
« Étendu sur un matelas, appliqué serviettes chaudes qui n'ont rien fait. Revenu
« en voiture jusqu'à la gare de Sèvres, pris le train par violentes douleurs. Ar-
« rivé à Paris, forcé de prendre une voiture pour faire trois cents pas. Envoyé
« chercher le docteur. Pas chez lui. Lorsqu'il est arrivé, les souffrances étaient
« calmées. »

Ces besognes qu'il s'imposait et qui sont souvent des groupes ou des statuettes exquis, il ne les fait pourtant point sans soupirer.

« (11 *juillet* 1894). — Nous avons terminé le groupe de M. Drapé. Enfin !

« Nous venons de lui faire sa toilette, et demain matin on l'emballera. En route
« pour Agen ! »

Il s'agit ici d'un petit groupe en marbre, tout à fait délicieux, comportant
un homme, une femme et un enfant. Mais, de son exécution parfaite, il n'a
éprouvé, uniquement, que le regret de lui donner un temps qu'il eût voulu employer à son *Alphand* et le regret de ne pouvoir prendre plus tôt le repos dont il sentait le besoin impérieux, car, pour la première fois de sa vie, il avait consenti à prendre des vacances, et il avait loué une maison de campagne.

Ne croyez pas à un château ni même à une villa coquette. Jugez-en par cette note :

« (9 *juillet* 1894). — Été avec ma femme à Orsay pour voir le propriétaire de la maison de Grenonvilliers. Nous l'avons louée, jusqu'au 31 octobre, pour la somme de *cent soixante-quinze francs*. Le paysage, du côté d'Orsay, est délicieux. »

Et il s'y sent tout réconforté ; ayant fait une masse d'études, d'après la nature champêtre il note sa joie :

« (12 *octobre* 1894). — Retour de la cam-
« pagne ! laquelle m'a bien profité, aussi bien
« au moral qu'au physique. Je viens de pas-
« ser là trois mois magnifiques, non pour le

GROUPE EN MARBRE DE M. DRAPÉ
(D'après le modèle en terre cuite).

« temps qu'il a fait, car la saison n'a guère été bonne, mais pour la paix que j'y
« ai savourée et le charme profond de la nature.

« De nouveaux horizons s'ouvrent à mes yeux, et j'ai pris la résolution d'aller
« vivre à la campagne le plus que je pourrai.

« Que de belles choses à faire là ! Combien la vie de Paris me semble cruelle
« et insupportable ! »

Il revient, l'esprit plein de projets d'avenir et reprend la tâche en cours. Il
s'occupe de préparer la réfection et la fonte du *Silène*, reprend les travaux d'étude
de l'*Alphand*, s'occupe d'un petit groupe nouveau destiné aux collections particulières du joaillier Vever, dirige et complète l'exécution en marbre pour M. Ch. Mourier, de la « Tête de bébé », la tête d'un enfant de quelques jours qui dort

en semblant rêver qu'il tète encore, une merveille (à mon humble avis) qui fait songer aux ouvrages de la Renaissance, et, pour le même M. Mourier, il refait sur la cire une grande tête de paysan à fondre à cire perdue. Il commence en même temps ses travaux de surveillance du fronton Dufayel (qui se poursuivront en 1893). Dans les derniers jours, il dirige les travaux du montage du modèle définitif de l'*Alphand;* il accepte la commande du monument de *Sidi-*

Esquisse de la figure allégorique du monument a Carnot (projeté).

Brahim, et fait une enquête sur les marbres qui l'accompagneront; il s'attaque à l'achèvement de la fontaine du *Fleuriste* d'Auteuil.

Ceci est le bilan de cette année de convalescence, où sa santé est relativement tolérable. Tel est pourtant son état de fatigue que sa première impression, en abordant l'année 1893, est qu'il « ne la verra peut-être pas finir ». Il n'en poursuit que plus passionnément ses travaux, et en particulier ceux de l'*Alphand*, et, au fur et à mesure de ses recettes, il achète, petit à petit, ses premiers cents francs de rente.

Au nom de M. Chautemps, alors ministre des Colonies et député de la Haute-Savoie, il accepte de faire le projet d'un petit monument à élever à Carnot, à Annecy, où il fut ingénieur et exécuta des travaux importants. Et il fait en février 1895, cette esquisse qui est expédiée à Annecy et en revient. Il la casse, mais son élève, Auguste Becker, en sauve une partie, que Dalou lui fait emporter, ne voulant pas la revoir. D'ailleurs, c'est une simple figure allégorique au pied d'une colonne que devait surmonter un buste de Carnot.

Mais les forces, que lui a rendues son séjour à la campagne, ne résistent plus ni aux excès de travail, ni aux attaques que l'hiver fait subir à son système artériel absolument ravagé :

« (10 *février* 1895). — La neige, toujours la neige. Il fait, en plus, un froid
« terrible, la Seine est gelée. Depuis ma maladie de 1893, j'ai perdu mes pauvres
« forces ; j'étais, avant, si agile ! C'est fini. Je suis fatigué maintenant pour bien
« peu de choses ; mes jambes, surtout la droite, n'en veulent plus. C'est bien pé-
« nible à mon âge. »

« (11 *février* 1895). — J'ai travaillé, mais sans entrain, sans forces. Je suis
« d'une mollesse qui fait mon désespoir. Ah ! la santé ! »

Le 12, il est empêché de travailler, ce qui est pour lui la pire des souffrances, par des courses relatives au placement de ses petites économies, ensuite, dit la note, (et j'hésite à la transcrire) : « puis la visite de Dreyfous a continué le
« dérangement. Cet homme, tout excellent qu'il soit, m'a fait passer une heure
« cruelle. »

J'ai hâte d'ajouter que je n'allais que très rarement voir Dalou à son atelier. Mes remords s'atténuent, d'ailleurs, sensiblement quand je lis la note qu'il a écrite le lendemain de ma visite.

« (13 *février*). — Je suis désolé, je travaille sans force et sans entrain : pour-
« tant les travaux que je fais m'intéressent, ou devraient m'intéresser, je me
« retrouve dans un état de torpeur désespérant, presque ainsi qu'après ma ma-
« ladie. J'ai absolument besoin de repos à la campagne, mais le temps s'y prête
« si peu, il fait toujours grand froid, la Seine est prise et la neige couvre la
« terre. »

Et comme il pense que : « Pour que l'homme intellectuel puisse se révéler
« il faut que l'homme physique soit en bon état et parfois robuste même », il se demande si, dans l'état où il se trouve, il ne fait pas fausse route dans son œuvre.

« Qu'une conviction est donc difficile à garder ! Il faut, pour pouvoir le faire
« ne voir que peu de monde... et encore ! ou bien des gens qui trouvent bien
« tout ce que l'on fait et qui conséquemment vous montent le coup. Tout cela
« est bien difficile ! Quel métier, mon Dieu ! Peut-on être jamais sûr de suivre
« la bonne voie ? »

Dès le mois de février, il s'occupe de faire dresser, par un notaire, son testament, et le 11 mars, comme l'acte lui a été délivré : « J'ai voulu remettre à « ma femme un acte très important pour elle, dont elle n'a pas voulu prendre « même la garde. En somme, je n'ai lieu d'être, ni surpris, ni mécontent, car je « m'attends à pire. J'ai reçu cette réponse adorable : Tu as encore fait là des « frais sans prendre avis. »

En avril, le temps devient plus clément, mais la fatigue se fait sentir de plus en plus, elle provoque des crises de doute. Dalou s'apprête à partir pour la campagne ; mais arrive M⁰ Cresson, l'ancien bâtonnier de l'ordre des avocats de Paris, qui lui demande son buste, et comme il s'est donné pour règle d'accepter les travaux rémunérateurs, il accepte de le faire. Toutefois, en même temps, il s'en plaint en ces mots : « Quel ennui ! Voilà la campagne retardée encore. » Aussitôt, il se met à ce travail. Après la première séance, il est « fortement fatigué, « pris de troubles visuels », suivis de violents maux de tête. Le surlendemain, il écrit : « Je souffre de ne pouvoir aller me reposer quelques jours à la cam-« pagne. »

La conversation de M⁰ Cresson le charme et lui fait, par moments, oublier sa lassitude, mais, le 20 avril il est à bout de courage et s'en confesse en ces termes :

« Le beau temps continue, tous les arbres fruitiers sont en fleurs, certains « sont défleuris ; moi qui espérais tant voir tout cela à la campagne. Il faut convenir « vraiment que la malchance me poursuit. Je n'aurai terminé ce malheureux « buste que la semaine prochaine et, conséquemment, ne pourrai partir qu'aux « premiers jours de mai. Plus d'espoir de voir naître les feuilles, tout sera com-« plet à ce moment. C'est bien triste ».

Ceci ne l'empêchait point d'ailleurs d'exécuter avec conscience son buste de M⁰ Cresson. Pour la tête seule, il eut trente-trois heures de pose : nul sculpteur n'était pourtant plus habile et plus rapide que Dalou. Le 1ᵉʳ mai le buste était moulé. C'est assurément l'un des plus admirables qu'il ait faits et que nul autre ait jamais fait. Il est d'une vie et d'une vibration vraiment prodigieuses. Cet incomparable chef-d'œuvre, qu'il avait modelé uniquement en vue de gagner un peu d'argent, il l'avait fait payer 4 000 francs. Or, le prix du bloc de marbre, les frais de praticien et les frais accessoires de ce travail lui ont coûté plus de 2 500 francs.

M⁰ Cresson lui commanda, en même temps, deux épreuves d'une statuette de *Boulonaise* qu'il venait de faire en petite dimension, et qui est une reprise et une sorte de pendant de la *Boulonaise*, allaitant un enfant, faite jadis à

Londres. Elle lui est peut-être supérieure. Il refit sur l'estampage en terre ces deux statuettes, et leur donna de nombreuses heures de travail avec le modèle. Et savez-vous quel prix il demanda de ces deux terres cuites qu'il faisait « pour gagner de l'argent » ? Cinq cents francs par statuette.

Le maître peintre lyonnais Chenavard, l'homme aux mots d'esprit terribles, se trouvant chez Meissonnier, et ayant mis par mégarde la main sur un tableautin

Buste de M° Cresson

qui n'était pas sec, eut, en apercevant son doigt maculé de rouge, de jaune ou de vert, cette exclamation : « Grands dieux ! Je me suis mis pour quatre mille francs « de peinture sur un seul doigt ! » Comme vous voyez, on pouvait s'y mettre de la terre glaise à meilleur compte chez Dalou, même aux heures où il donnait le plus grand effort de cupidité dont il fût capable, et où il écrivait, après avoir établi les recettes, qu'il rêvait de faire pour son année 1895 :

« (30 *mai* 1895). — Quel dommage pour moi et pour les miens que je ne « sois pas né plus intéressé ; ce serait un fier stimulant au travail et à l'éco- « nomie. »

Ainsi, Dalou trouvait qu'il ne travaillait pas encore assez. Quant à l'éco-

nomie, il croyait déjà y manquer en louant une maison de campagne qui lui coûtât 400 francs de loyer annuel. Il y partit en juin et, au bout de deux semaines, il revint écrivant : « Maintenant il faut se remettre énergiquement à travailler. » Et le voici derechef sur l'*Alphand* et sur *Sidi-Brahim*. Mais, au bout d'un mois, il retourne à sa maisonnette et y est forcé de garder le lit. Dès qu'il peut tenir debout, il rentre à l'atelier. Enfin, vers le milieu d'août, il repart aux champs et n'en revient qu'à mi-octobre, se félicite d'avoir été « très heureux dans ce calme absolu qu'on trouve seulement à la campagne » et ajoute : « La santé, qui
« pourrait être meilleure, est cependant assez bonne ; ce long repos m'a fait,
« comme toujours, le plus grand bien ». S'étant remis à ses grands monuments et se demandant s'il aura la force de les achever, il conclut :

« (24 *octobre*). — De même qu'un médecin fait des efforts pour prolonger la
« vie de son malade, ne serait-ce que de quelques heures, et dans les cas les
« plus désespérés, de même nous devons, malgré nos souffrances, continuer
« l'œuvre commencée comme si la santé nous revenait et contre toute désespé-
« rance. »

Et, non seulement il continue ses grands travaux et se donne à ses commandes payées, mais encore il tient à reconnaître les dettes de cœur contractées envers ses amis :

« (29 *octobre*). — Le soir, vu Richer avec lequel j'ai longuement causé. Je
« dois faire son buste que je lui ai offert en témoignage de reconnaissance pour
« les nombreuses amabilités qu'il a eues pour ma famille et pour moi jusqu'à ce
« jour. »

Ce buste du Dr Paul Richer, il ne le pourra faire que dans quelques mois, mais son affection et sa reconnaissance lui font d'avance une fête des heures de séance qu'il aura à passer avec ce savant hors ligne, doublé d'un lettré et d'un artiste original, de cet ami dévoué en qui il retrouve tout entier le reflet de sa propre simplicité et de sa propre modestie. En attendant il s'adonne à l'étude, ou plutôt à la série des études qui aboutissent au modèle du *Paysan*.

Il fait en même temps un piédestal sur lequel ce *Paysan* sera placé. Après bien des essais il aboutit enfin à un socle vulgairement cylindrique, une sorte de haut tambour, au flanc duquel il brode un bas-relief, où se déroulent les scènes les plus variées de la vie des champs : le cheval traîne la herse, que conduit le laboureur attentif, les troupeaux passent à flots pressés ; là-bas dans les champs, chacun est au travail, bravement, sous la lumière large du grand soleil. Ce *Paysan* appelle le souvenir de ceux de Millet. Son socle donne la sensation d'une page des *Géorgiques* de Virgile, ou des *Idylles* de Théocrite.

Le réconfort des jours de vacances et la joie des travaux de l'*Alphand* et du *Paysan* semblent avoir rendu à Dalou ses forces et, avec elles, il sent poindre la gaieté « l'homme grincheux est un souffrant » constate-t-il. Puis voici les exclamations de joie inspirées par ce retour à la santé :

« (26 *décembre* 1895). — Bonne journée claire et passée sans souffrances
« pour moi, ce qui devient de plus en plus rare. Ce soir, je ne me suis pas trop
« fatigué.

« (27 *décembre*). — Encore une journée passée sans souffrances intestinales.
« Quelle joie ! Depuis plus de six mois, je me sentais plus ou moins mal. Je suis
« dans le ravissement.

« (28 *décembre*). — Toujours aussi bien. C'est admirable ! »

Mais il ne se berce point d'illusions sur la possibilité de sa guérison et, cette année en tête de laquelle il avait écrit qu'il « ne la verrait peut-être pas finir, » il la termine par cette réflexion :

« (31 *décembre* 1895). — J'entre aujourd'hui dans ma cinquante-huitième
« année. L'accomplirai-je ? et comment ? Je suis terriblement patraque depuis
« plus de deux ans et demi. »

Puis, faisant son examen de conscience, pour voir s'il n'a pas encore trop sacrifié le travail destiné à assurer l'avenir des siens, il fait la balance de ses dépenses et de ses recettes :

Pour les besoins de sa famille, maison de campagne comprise, la dépense totale est montée à 7 300 francs, en y comprenant la rubrique formulée par Mme Dalou : « pour mes parents ». Dalou constate qu'il a, à la fin de 1895, mis de côté 16 023 francs. En tout, la fortune liquide qu'il laisserait à sa veuve et à sa fille, s'il mourait à cette date, s'élèverait à moins de onze cents francs de rentes.

L'année 1896 fut, au point de vue de sa santé, relativement passable, malgré les fatigues des travaux en cours (*Alphand*, réfection du *Triomphe de la République* à Auteuil, exécution du grand modèle du *monument Leclaire*), les jours de malaise ne furent pourtant pas rares, l'un d'eux lui arrache ce cri : « Comment
« cela finira-t-il ? Je suis bien las de souffrir ainsi depuis mon enfance et parti-
« culièrement depuis ma maladie, voici tantôt trois ans. » Mais il y eut aussi des heures de reprise et d'espérance : « (23 *mars*). — J'ai passé cette journée
« sans aucun malaise et avec beaucoup d'entrain. J'ai, sans m'en apercevoir,
« monté mes quatre étages, deux à deux marches, ainsi qu'autrefois. Il y a trois
« ans que cela ne m'était arrivé. Quelle joie si c'était fini pour tout de bon ! »

Et voici qu'on loue, (toujours pour 400 francs), une maisonnette à Neauphle, près Saint-Cyr, après avoir rejeté le choix d'un pays qui est : « ... oh ! horreur « pour moi, cultivé à la machine. Comment y verrais-je l'Homme ? » A la mi-juin, la provision de forces, prise l'été précédent, se trouve épuisée, mais, après un séjour de quatre mois à Neauphle elle semble rétablie, si bien que, au retour, on lit cette note qui résume la vie de Dalou aux champs : « Adieu, pour

Buste du Dʳ Paul Richer

« cette année au moins, à mes promenades si inté-
« ressantes, si délicieuses, d'où je revenais parfois
« trempé de sueur et parfois aussi trempé de
« pluie ; il faut maintenant laisser la vie de rê-
« verie et de paresse pour celle du labeur en-
« fermé à l'atelier. Travaux forcés ! » Et comme
il se sent « mieux que jamais », il entreprend
l'exécution du *Monument aux orateurs de la Restauration*. Et il se réjouit de son état général en ces
termes :

« Je savoure la santé avec la plus grande joie.
« Jamais je n'en avais tant connu le prix. » Et il
s'acharne sur la petite *Gloire* de Sidi-Brahim, commence le buste du Dʳ Paul Richer et accepte d'un
particulier (comme toujours, à un prix dérisoire),
la commande d'un tombeau dont il établit l'esquisse. Ce particulier fut, par la suite, de mauvaise
foi, et Dalou y perdit son temps et ses frais.

A la fin de son année, la somme mise de côté monte à 17 200 francs qu'il place en rentes à 3 1/2 p. 100. Les dépenses de maison ont été encore de 7 300 francs.

Dans les premiers mois de 1897, souvent interrompus par des journées au lit, il s'occupe, en plus des travaux en route, de la fontaine du *Fleuriste* de la Ville et établit, non sans complications, le projet du monument funéraire de Ch. Floquet ; en outre, il veille à la réfection et à la fonte du *Silène*.

Ici il est bon d'ajouter que si l'Etat a payé la fonte — ce qui est bien le moins, — il a eu le groupe lui-même, pour une somme absolument nulle, car elle couvrit, à peu de choses près, les frais de réfection de ce modèle qui est pourtant l'un des chefs-d'œuvre de la statuaire du xixᵉ siècle.

Malgré son avarice de son temps il accorde au Dʳ Toulouse une série d'heures durant lesquelles celui-ci l'examine, le questionne, l'analyse en vue d'une étude analogue au livre médico-psychologique qu'il a écrit sur Zola.

Aux fatigues générales viennent s'ajouter des troubles visuels qui, non seulement le gênent, mais l'angoissent, en lui rappelant l'état pitoyable où, vers son âge, étaient arrivés les yeux de son père et les menaces de cécité que des médecins lui ont parfois fait entendre.

Mais là n'était pas sa souffrance suprême. La voici, racontée en ces quelques mots (je les souligne) :

« (23 *juin*). — J'ai travaillé ce matin (à Auteuil) sur les plâtres de la place
« de la Nation. *Mais cette après-midi je me suis offert, à travers tous ces pensums,*
« *le régal d'une séance de modèle pour le projet de paysan que j'espère exécuter à*
« *mon retour de la campagne. Projet toujours retardé et qu'il faut enfin que je*
« *prenne sur moi de réaliser, car l'existence se passe à gaspiller son temps pour*
« *gagner de l'argent. C'est trop bête à la fin !* »

Voici l'homme tout entier, voici le désespoir qui le mine. Tant qu'a duré le travail de l'*Alphand*, qui lui était une joie, il a conservé la force morale et aussi la force physique nécessaire à la lutte, mais maintenant il est seul à seul avec ses *pensums*, et le cœur lui manque et la fatigue le terrasse, et, quand il arrive à Neauphle, il est parvenu à l'état que voici :

« (2 *juillet*). — Après une nuit assez agitée je m'éveille tard et absolument
« brisé. J'entrevois vaguement la campagne et n'ai même pas le désir de m'y
« promener tellement je suis à plat. »

Les médecins ne peuvent guère sur lui, mais voici son remède : « (6 *juillet*).
« Je commence à travailler sur le socle de mon *Paysan*. » Il coupe chaque semaine sa villégiature par des courses à Paris pour la direction de ses travaux ;
« les malaises se perpétuent malgré une vie des plus régulière, sobre, exempte
« de fatigue. C'est à désespérer de tout, d'autant que ces souffrances intestinales
« m'ôtent toutes forces. »

Dès qu'il le peut, il accumule, d'après la nature, documents sur documents, croquis sur croquis, pour le socle de son *Paysan*. Bientôt il profite de chaque passage à Paris pour s'offrir « le régal » de séances de modèles pour son socle tant aimé et leur fait poser les mouvements qu'il a notés sommairement dans ses croquis pris dans les champs.

A la fin de septembre il revint « assez solide et disposé à travailler ferme
« pour rattraper ces longues vacances ». Pendant ce qu'il appelle ses vacances il a modelé des statuettes, des médaillons, des études de plantes et en rentrant il donne à cuire les dix-huit plus intéressantes. Nous les retrouverons tout à l'heure, ces médaillons et ces statuettes, dont la plupart sont des merveilles de vérité et de vie. Et revenu à Paris il vole à ses *pensums* tout le temps possible

pour le donner au *Paysan* et à son socle. Le résultat de cette hygiène il le note en ces termes : « (5 *octobre*). — Depuis quelques jours ma santé est admirable. « Puisse cet état se poursuivre longtemps. Je serais bien heureux. »

Et il s'attelle à nouveau au *Sidi-Brahim* et reprend à fond le monument aux orateurs de la Restauration. Il constate : « Depuis quinze jours ma santé est « admirable et me permet un travail sans malaise. Pour ce coup de collier « j'en suis d'autant plus heureux, je puis le donner avec entrain ». Ayant été à une commission de l'Hôtel de Ville il en revint constatant : « Tout le monde à « la commission m'a félicité sur ma mine. De fait, je n'ai jamais été si bien « depuis quatre ans. Quelle veine ! »

Et il refait une nouvelle étude du *Paysan*. Puis, le voici qui fait, avec modèle, une figurine de *Faucheur*, une autre de *Casseur de cailloux*, et d'autres travaux, toujours en vue de son monument « aux ouvriers ». Il reprend aussi les études de son monument aux orateurs de la Restauration destiné au Panthéon. A cet effet il lui faut s'entendre avec son confrère Antonin Mercié. Et il relate sa visite chez celui-ci en ces termes :

« (15 *octobre* 1897). — Je me suis rendu ce matin, chez mon confrère Mercié, « toujours relativement au travail du Panthéon ; puisque nos groupes se font « pendant, il faut s'entendre et j'allais le tenir au courant des modifications de « saillies que j'ai été amené à faire à mon esquisse. Il était dix heures, il était « encore à sa toilette, j'ai eu quelques peines à le voir bien que nous eussions « rendez-vous. Enfin, après diverses péripéties, j'ai pu causer avec lui, bref je « ne suis sorti qu'à onze heures moins dix, bien qu'il ne fallût pas plus de cinq « minutes, pour ce que j'avais à lui dire. Que de temps perdu par ces artistes à « la mode ! Malgré cela c'est un homme de talent, et charmant. »

Mais plus grande a été sa joie de se sentir revivre, plus violente, plus tragique, va être maintenant la chute de tous ses rêves de travail soutenu et puissant, car voici venir une crise morale que la simple lecture de ses notes de décembre 1897, de janvier et de février 1898, montre dans toute son horreur.

Le 1er décembre il s'alite : « Et moi qui chantais victoire ! » soupire-t-il, le 10, à la suite d'une éruption qui vient de se déclarer, il se décide à voir le Dr Hutinel qui lui conseille de quitter Paris : « comme si mes moyens me per- « mettaient de ne faire que me promener du Nord au Sud suivant les saisons. « C'est charmant ! »

Là-dessus, survient l'annonce de la maladie cruelle qui frappe une amie de sa famille et là-dessus, s'appuyant sur des paroles que lui a dites le Dr Hutinel, et comparant ses propres sensations à celles de cette malheureuse femme, il en conclut qu'il est peut-être atteint de la même façon qu'elle A partir de ce moment, ses angoisses augmentent sans interruption. Suivons-les donc au jour le jour :

« (13 décembre). — Mon cas serait-il, avec variante, celui de cette pauvre
« Marie M..., dont l'obstruction intestinale est due à une tumeur cancéreuse?
« Que j'en ai vu mourir de cette horrible maladie ! Carpeaux, Bastien Lepage,
« Mme A..., le père de Becker et d'autres que j'oublie, tel Hiolle et Mme C...,
« sans compter ceux qu'on cache. »

Le lendemain il va voir Mme Marie M... et ayant parlé d'elle il ajoute : « Quant à moi, je souffre toujours de la même façon ».

On opère la malheureuse et c'est Mme Dalou qui va l'assister en cette épreuve. Le lendemain elle meurt. Dalou, de plus en plus frappé écrit :

« (17 décembre). — Un mot d'Hutinel, la mort de cette pauvre Marie ont suffi
« pour me révéler ma situation. Je suis perdu. »

« (18 décembre). — Ma douleur du flanc gauche ne me quitte plus. Je sens di-
« minuer mes forces et je constate un amaigrissement sensible, de plus, le ventre
« paraît enflé du côté gauche et cela depuis assez longtemps. De plus en plus,
« j'ai la conviction que ma fin approche. Pauvre Irma ! »

Il fait préparer un testament nouveau et s'impatiente, tant il croit n'avoir plus que peu d'heures à vivre.

« (23 décembre). — Je suis anxieux, car Auzoux ne me répond pas, je vou-
« drais pourtant assurer à ma pauvre et bien chère amie sa tranquillité pour
« l'avenir. »

« (25 décembre 1897). — J'écris mes dernières volontés, car Auzoux ne me
« répond toujours pas et je constate en moi les symptômes les plus alarmants.
« Pourquoi, ironie du sort, le mois d'octobre dernier a-t-il été si bon pour
« moi, que je me suis cru rétabli pour la bonne fois ! Je faisais déjà des projets
« d'avenir, tout m'y conviait, d'ailleurs mes forces étaient revenues, chacun me
« trouvait bonne mine et moi je ressentais un bien-être et une envie de travailler
« énorme. Hélas ! il en faut rabattre maintenant. Le sort des miens seul me
« préoccupe à cette heure et je suis navré des dépenses que j'ai encore faites
« dans la foi où j'étais, que l'avenir s'ouvrait à nouveau devant moi. »

« (26 décembre). — Il est évident que la première atteinte du mal dont je souf-
« fre a eu lieu le 27 mars 1894, jour où, à la campagne, j'ai subitement éprouvé
« cette douleur atroce qui, deux heures durant, a marqué la place de la tumeur
« qui se développe actuellement et qui bientôt m'emportera. »

« (27 décembre). — J'ai travaillé tout le jour sur le buste d'Hovelacque. Je veux

« consacrer les quelques jours de vie qui me restent aux travaux de commande.
« J'ai laissé de côté tout autre travail. J'abandonne le *Paysan*.

« Adieu les projets, les esquisses, les matériaux et documents rassemblés « avec tant de plaisir (c'est toujours cela) « et à grand'peine, pour des travaux « futurs. J'aurais cru cela plus pénible. « Ces regrets n'ont duré qu'un instant. « Toutes mes préoccupations et bien cruel- « les celles-là, sont pour ma bien-aimée « femme.

« (31 *décembre*). — Je suis allé tantôt « voir Auzoux qui m'avait donné rendez- « vous à propos du testament. En reve- « nant, j'ai rencontré ma chère femme dans « la rue de Rennes, je l'ai accompagnée « dans les achats qu'elle avait à faire. Cela « lui a fait plaisir. J'en étais bien heu- « reux. »

Troisième esquisse du monument aux orateurs de la Restauration

Le 31 décembre il établit le bilan de l'an 1898 ; ses recettes ont dépassé de 9 720 francs ses dépenses. Il formule : « J'ai engagé plusieurs dépenses que je « n'aurais certainement pas faites si j'avais « pu soupçonner plus tôt l'état de santé « affreux où je me trouve en ce moment. « *Là est mon grand regret* ».

Et, sans dételer, il s'acharne aux travaux de commande en route, tout en poursuivant l'achèvement de l'*Alphand*. Il fait d'après des documents photographiques et autres le buste d'Hovelacque, prépare le monument de Floquet. Espérant contre toute espérance, il accepte d'exécuter les lions du Pont Alexandre. Il commence le buste de son ami Auzoux.

Dans le carnet de 1898 encore, le récit de la lutte de sa volonté et de son amour du travail contre les affres de la souffrance forme de soi-même tout un drame.

« (8 *janvier* 1898)..... recrudescence de petites douleurs au côté gauche du

« ventre, faiblesse accentuée des jambes, je me sens parfois nauséeux, assez fré-
« quemment même. Quand cela va-t-il finir? N'importe, j'irai aussi longtemps
« que je pourrai, je désire cependant ne pas trop souffrir. La mine semble me
« trahir, j'ai la mort dans le flanc gauche, et il me paraît que chacun s'en
« aperçoit ».

« (9 *janvier* 1898). — N'ai pu descendre à l'atelier, j'ai dû garder le lit. Après
« une nuit de souffrances atroces j'ai continué à souffrir la plus grande partie du
« jour. Ma pauvre Irma a été, comme toujours admirable. A quatre heures du
« matin, je l'avais été chercher, n'y tenant plus ».

« (10 *janvier*). — N'ai pu aller à l'atelier encore aujourd'hui. Souffrances aiguës
« mais place très endolorie. Dr Richer venu faire une visite, par hasard, m'a
« examiné. Heureuse coïncidence. Il essaie de me rassurer et dit ne rien voir de
« grave ».

« (11 *janvier*). — Nous avions fait demander le docteur recommandé par
« Hutinel; il est venu et, après un examen des plus attentifs, il déclare égale-
« ment ne rien trouver de sérieux. Nous verrons bien. »

« Je suis descendu à l'atelier dans l'après-midi pour environ deux heures. Le
« point endolori va, peu à peu, s'effaçant ».

Les jours suivants, une accalmie se produit, qui lui permet de descendre quelques heures à l'atelier. Le buste d'Hovelacque est l'objet des félicitations de sa famille — et d'ailleurs quoique fait sur documents il est d'une ressemblance frappante — mais lui, non encore satisfait, le reprend pour le compléter encore. L'esquisse du *Monument aux orateurs de la Restauration* a été approuvée par la commission des Beaux-Arts, mais lui : « dans l'espoir d'améliorer par certaines modifications que j'entrevois » ce qui a été trouvé excellent par d'autres il en refait une esquisse nouvelle — la troisième — au sixième de la grandeur d'exécution, et, figure par figure, reprend une nombreuse série de modèles.

« J'ai pataugé », écrit-il à propos de l'une de ces séances.

Des reprises de maladies l'interrompent, puis il se produit un petit mieux;
« 26 *février* ». Depuis deux ou trois jours je vais passablement. C'est un temps d'arrêt ».

Et cependant ce *Monument aux orateurs de la Restauration* ne « l'amuse aucunement » ni les hommes, ni l'époque ne l'intéressent ; la formule obligée de ce monument, destiné à un emplacement spécial, la composition dominée par la nécessité d'un accord avec le monument qui lui fera pendant, lui causent des regrets de tous les instants ; néanmoins il ne marchande, ni son temps, ni ses dépenses, il ne permet pas à son intérêt, si urgent qu'il soit, de céder le pas à sa probité d'artiste, il donne à cette œuvre toute la part qu'il donnerait à un ouvrage issu de ses rêves. Vers la fin de mars sa troisième esquisse du Panthéon est moulée, et la commission des Beaux-Arts l'approuve à nouveau. C'est une œuvre des plus importantes. Dalou est mort avant d'en avoir terminé le modèle destiné à l'exécution en marbre. En voici la description sommaire.

Dans un entre-colonne, un obélisque, en haut-relief monte jusqu'au niveau des chapiteaux et porte en intaille le nom des Carrel, des Foy, des Manuel, des Casimir Périer, etc., et devant cet obélisque est un piédestal avançant. Quatre statues se dressent sur ce piédestal : en avant Casimir Périer et Manuel, en arrière Carrel et le général Foy, formant un groupe d'hommes debout. Casimir Périer est en costume de député, les autres sont en redingote. A gauche de Casimir Périer et les pieds posant sur le sol, un sténographe écrit, son papier posé sur la base du piédestal. Au-dessus de ce groupe et couvrant toute la partie inférieure de l'obélisque une statue ailée en ronde-bosse, *la Liberté*, s'envole, le corps projeté en avant, dans un mouvement, dont la victoire de Rude, à l'Arc de Triomphe de l'Etoile peut donner une idée assez juste. Son bras gauche est entièrement tendu et porte en avant un flambeau allumé. Elle est complètement drapée et ses ailes, de leur vol très large, rompent la nudité du pan de mur à l'entre-colonnement.

Dalou se reposait de l'effort de cette esquisse, en s'occupant de trouver la forme définitive de son *Monument aux Ouvriers* et en s'exerçant à l'exécution de son grand *Paysan*, une statue haute de plus de 2 mètres. En même temps, il faisait une série d'esquisses dont plusieurs sont poussées fort loin, parmi lesquelles M. Paul Gervais, (le fromagier), retint un groupe représentant l'enlèvement d'une femme par un centaure, que Dalou s'engagea à exécuter dans le délai d'une année, en marbre d'une hauteur de 80 centimètres. Et, toujours mu par ce scrupule de faire payer ses travaux au delà de ce que sa sévérité pour eux les estime, il demande pour prix de ce groupe qu'il va faire uniquement « pour gagner de l'argent » huit mille francs, somme qui, défalcation faite de ses frais d'études, du prix du marbre et celui de la pratique, lui laissera une rémunération d'autant plus insuffisante qu'il est incapable d'un travail assidu et suivi. Nous possédons, relaté par lui, le résumé de l'état dans lequel il se trouve alors.

« (3 *avril* 1898). — Séance payée, mais non faite. J'étais mal en train,
« ayant des malaises de ventre, sans compter la tache que j'ai sur l'œil droit
« (mon meilleur) depuis trois jours et qui, bien qu'allant en décroissant d'in-
« tensité, n'en trouble pas moins la vue. C'est ainsi que, chaque fois que je
« commence à m'accoutumer soit à une gêne, soit à un malaise, il en surgit

« un nouveau, à une autre place et revêtant une forme nouvelle, afin de me
« rendre la vie de plus en plus désagréable. Si encore cela ne m'empêchait pas
« de travailler, ma patience en viendrait peut-être à bout. C'est l'intestin presque
« continuellement, les pieds toujours, les oreilles qui, tantôt bourdonnent et tantôt,
« pendant plusieurs jours, me paraissent pleines d'eau, ce qui m'assourdit un peu
« plus que je ne le suis, et, enfin, les yeux toujours troublés en plus ou en moins.
« Au-dessus de tout cela le caractère chagrin de ma femme qui, torturant les
« paroles, leur attribue un sens qu'elles n'ont pas, s'en attriste, pleure à s'en
« rendre malade, et qui, finalement depuis quinze jours, me prive de sa pré-
« sence à table, le matin et le soir, les seuls instants que je la pourrais voir et
« un peu causer avec elle ! C'est fort triste. La vie est une calamité. »

Comme nul n'est parfait, les terribles bouderies étaient le péché mignon de Mme Dalou, mais au cas présent, ce que le pauvre Dalou ne soupçonnait pas lorsqu'il se plaignait du caractère chagrin de sa femme, c'est que la bouderie n'avait qu'une trop grave raison d'être. La malheureuse était déjà en proie à la maladie effroyable dont lui, à tort, il se croyait atteint. Elle l'ignorait peut-être encore, mais elle souffrait et s'usait en efforts pour cacher ses souffrances.

Mais il n'était point d'épreuves qui pussent arrêter Dalou dans ses travaux ; il en accepta même de nouveaux. M. Rives, architecte, lui propose une tâche tout au moins bizarre. Il hésite d'abord, puis il accepte de faire : « Un monument
« à une victime de l'automobilisme : la somme est maigre et le sujet peu ten-
« tant. »

Il ne croit nullement déroger en acceptant ce travail, il ne se plaint pas d'en prendre le souci ; il s'en égaie, tout au contraire, comme d'une bonne farce dont il va tâcher de faire quelque chose d'intéressant :

« (14 *mai* 1898). — Il s'agit de faire là, un monument-réclame à l'automo-
« bilisme. Progrès sur l'affiche illustrée. Celle-là sera en marbre ; la pluie ne la
« délavera pas. Enfoncé les affiches électorales ! »

Et le voici qui se met en quête d'établir une esquisse intéressante, malgré l'étrangeté du sujet. Il accumule les essais sur les essais. Sur un petit carnet de croquis, on trouve jusqu'à treize versions diverses de la même idée, en partant de l'allégorie pour arriver graduellement à un haut-relief réaliste, d'une simplicité et d'une sincérité qui en font une œuvre tout à fait originale, intéressante par la couleur et par le mouvement :

Par l'embrasure d'une porte de ville, en forme d'arc de triomphe, on voit accourir, se présentant de face, en raccourci, les lanternes dardées, une voiture automobile dans l'attitude de lutte contre la force de l'air déplacé ; un homme coiffé d'un chapeau rond, vêtu d'un ulster, la conduit, très attentif, le corps en avant. Au fond, la foule accourt, gesticulant et poussant des hourrahs ! Dans le lointain, c'est-à-dire vu dans la courbe de l'arc et la comblant, on aperçoit le feuillage des arbres de la route.

La maquette étant acceptée, Dalou établit une esquisse de plus de 1 mètre de hauteur, non compris le portique et le terrain.

Mais son œuvre sans cesse reprise et choyée est son *Paysan*, malheureusement son modèle devant s'absenter, il se trouve obligé à une hâte pénible, et il s'en désole ainsi :

« C'est bien ennuyeux de travailler de la sorte sur un objet rêvé ; on ne voit
« plus rien et cela devient une corvée. »

Au bout de trente-sept séances de modèle, il s'arrête, épuisé, résolu à partir, dès le surlendemain, pour Neauphle, mais il a excédé ses forces.

« (15 *juin* 1898). — Je devais partir aujourd'hui à la campagne, mais une
« nouvelle crise me retient à Paris. Encore des troubles de la circulation,
« troubles vaso-moteurs, paraît-il ; j'ai failli être paralysé de tout le côté droit.
« Cette nuit, réveil horrible. Je tombe de mon lit, etc..., paralysé que j'étais du
« bras et de la jambe droite ; ce n'est qu'au matin que tout cela s'est un peu
« rétabli. Néanmoins, mon bras droit reste incertain dans ses mouvements
« *et ma main tremblante.* »

Deux ou trois jours plus tard, il peut enfin partir pour Neauphle, où il reste comme les années précédentes jusqu'à mi-octobre et, sensiblement réconforté, sans délai, il s'attaque à l'exécution du modèle des lions du pont Alexandre III. A ce moment un essai lui a réussi : « Sixième dose de café ce matin, résultat
« toujours admirable ; cela semble stimuler et régulariser les fonctions vitales
« en moi. J'aimerais mieux vivre ainsi trois mois, que dix années dans la tor-
« peur où j'étais plongé depuis si longtemps et qui s'accompagnait d'un ennui
« profond ainsi que d'un dégoût de tout. »

Les *Lions* et la surveillance de l'exécution de l'*Alphand* occupent les derniers mois de 1898 ; et, aussi, l'exécution des nombreuses figurines préparées en vue du *Monument aux Ouvriers*, et le plus particulièrement les figurines d'ouvriers des champs, parmi lesquelles deux figures de *Semeur*, l'une lançant le grain dans le sillon, l'autre puisant dans sa musette et réfléchissant avant de le lancer. Maintenant c'est à l'une ou l'autre d'entre elles qu'il destine le socle fait à l'origine, en vue du grand *Paysan*, leur symbole de fécondation s'accorde avec le mouvement d'activité de la composition du socle plus intimement que le geste placide de la grande statue qui seulement aborde le travail.

DERNIÈRES ANNÉES

A partir de 1898, les agendas cessent de donner la balance des dépenses et recettes totales de l'année.

Les mois qui suivent le repos à la campagne, ceux de la fin de 1898 et du début de 1899, ne sont pas trop pénibles. Aussi quelle poussée de travail ! les

MAQUETTE DU MONUMENT A L'AUTOMOBILISME

Lions, le *Monument de Floquet*, le groupe du *Centaure enlevant une femme*, l'achèvement des retouches chez Thiébault, pour le monument de la place de la Nation, la reprise avec modèles de l'exécution en pierre du monument Alphand, se succèdent.

Pour la première fois de sa vie en 1899 (exception faite pour la *Brodeuse* — et c'était alors dans des conditions très spéciales), pour la première fois de sa vie, donc, Dalou finit par céder aux sollicitations auxquelles il résistait depuis des années et consentit à laisser faire des reproductions en bronze de deux ou trois de ses œuvres. Jusque-là, il avait été intraitable sur ce point, refusant tous les bénéfices qu'il pouvait tirer de l'édition de ses œuvres : « Un ouvrage est fait « pour une matière et pour une dimension et l'en changer est le dénaturer », telle était sa doctrine, mais, le plus souvent, lorsque ceux qui connaissaient ses idées là-dessus essayaient timidement d'en raisonner avec lui, il évitait toute insistance, en répondant que, selon lui, les reproductions de ses ouvrages ne rapportaient aucun profit appréciable. Cette autorisation de reproduire fut un gros événement pour sa conscience d'artiste et aussi, je le suppose, un grand sacrifice fait à l'avenir des siens. Elle a eu pour conséquence de permettre aux exécuteurs testamentaires de Dalou d'autoriser, à leur tour, d'autres reproductions qui feront rejaillir sur son nom une gloire à laquelle lui, vivant, s'était toujours refusé et qui constitueront des revenus importants dont bénéficiera désormais l'Orphelinat des Arts.

Jusqu'en mai ses forces le soutiennent, mais, le 20 mai, en revenant de travailler à la baraque de l'avenue du Bois-de-Boulogne, il reçoit un premier et terrible avertissement, ce qui ne l'empêche ni d'y retourner les jours suivants, ni de prendre sa 48e séance de modèle sur le *Paysan*. Mais bientôt, il est obligé, faute de force pour travailler, de ne pas faire les séances payées.

Qu'importe, il ne quitta Paris que le 10 juin ; lorsqu'il eut tout mis en règle pour l'achèvement du monument d'Alphand ; il resta à Neauphle jusqu'au 29 octobre, travaillant toujours à ses croquis de paysans, d'animaux domestiques, d'outils champêtres.

Mais cette villégiature ne ressembla aucunement à celle des années précédentes. Les belles promenades, telles que jadis, n'étaient plus possibles. Mme Dalou, ne pouvait plus supporter ni les marches prolongées ni les moindres efforts. Son mari s'en était préoccupé depuis plusieurs mois déjà.

« (21 *mars* 1899). — Depuis plusieurs jours, la santé de ma femme me donne « de vives inquiétudes, d'autant plus vives qu'elle se renferme dans un mutisme « absolu sur ce sujet, mais je la vois qui se traîne et a bien mauvaise mine. « Quand je l'interroge, elle se tait, quand je la prie de consulter, elle me « répond que ce serait inutile. Que veut-elle entendre par là ? »

Cet été-là, ce ne fut plus qu'à grand'peine, et par intervalles, qu'elle put s'en aller à travers champs. Et, toujours avec la même tenace volonté, elle refusait de se laisser soigner. Il y a pire : ayant fait, pour son plaisir, quelques études de médecine, elle prétendait se traiter à sa façon ; mais elle s'en cachait, elle attendait, pour se donner quelques soins, les jours où son mari allait à Paris surveiller ses travaux. De loin en loin, elle vint à Paris aussi, et comme son plus vieil ami et la femme de celui-ci, l'une des femmes qui l'ont le plus tendrement aimée, et pour qui sa perte est, et restera une douleur inconsolable, lui faisaient là-dessus de la morale, et la suppliaient de consulter un maître, elle nous répondit en riant : « J'ai trouvé là-bas un tout jeune médecin charmant, nous « nous accordons très bien. Il m'ordonne tout ce que je veux. »

Le retour à Paris ne s'effectua cette fois qu'à la fin d'octobre seulement.

LE SEMEUR ET SON SOCLE

Dalou reprit alors avec acharnement les travaux en cours et en particulier l'exécution du modèle du *Monument aux Orateurs*.

Il consacra le plus de temps qu'il peut à son *Paysan* qu'il conduit jusqu'à sa 51ᵉ séance de modèle. Ses travaux ne sont interrompus que par la *Journée du Triomphe* et par la matinée d'inauguration d'*Alphand*. Il poursuit avec plus de ténacité que jamais les études du *Monument aux Ouvriers* et déjà il exécute des figures à grandeurs du modèle, dont la base architecturale est prête.

Enfin, c'est avec une joie profonde, une joie d'enfant, qu'il reçut la commande du monument à la mémoire de Scheurer-Kestner. Là, le Comité le laissait absolument libre de faire ce qu'il croirait le mieux. Il le notait ainsi :

« Il y a pour l'ériger une soixantaine de mille francs. Il peut être ronde-
« bosse ou adossé à un mur. »

Et le voici trouvant presque sans effort la composition de ce monument.

L'exécution en pierre, des groupes de lions du pont Alexandre lui impose de dures fatigues, et des dérangements considérables. Au retour à son atelier, et bien que, ayant pleine confiance dans son praticien, il exécute de ses mains le travail d'achèvement d'un marbre haut d'une soixantaine de centimètres destiné à un amateur anglais et dont le modèle est de création toute récente. Cette statuette représente une femme nue, surprise, qui se pelotonne de son mieux, les jambes rassemblées, la droite posée sur la gauche, le torse penché en avant, les deux bras l'un sur l'autre, les mains étendues et s'efforçant de cacher la poitrine.

De plus, il termine, et avec quelle peine, le buste de M. Huet, et, comme s'il n'avait pas déjà du travail plus que ses forces n'en peuvent supporter, il accepte de faire pour l'escalier du château de Vallières, appartenant au duc de Grammont, un chasseur retenant un chien qui s'élance. Ceci est un groupe de plus de 3 mètres de hauteur.

Il multiplie, sur ce travail, les études et les esquisses : non content de faire le nu du chasseur, il modèle, de *mémoire*, l'écorché complet de ce chasseur.

Le moulage de ce petit écorché, haut d'une trentaine de centimètres, et qui devait servir à surveiller les anatomies du grand modèle, a survécu. Quoiqu'il soit incomplet par la jambe droite, il n'est pas téméraire de dire qu'il serait d'un usage précieux dans les cours d'anatomie artistique.

Et pourtant ce *Chasseur* pour lequel il poussait la conscience et la science jusqu'à leur extrême limite, n'était rien moins qu'une œuvre rêvée. C'était l'exemple frappant de ce que Dalou appelait des *pensums*. C'était un énorme bonhomme tout nu, sauf des draperies inévitables quelconques, accompagné d'un chien, dressé dans une attitude renouvelée du cerf de l'antique Diane chasseresse. Ce gros travail n'amusait point l'artiste, mais malgré cela, ou plutôt à cause de cela, il lui coûtait un temps et des fatigues énormes.

La santé de sa femme l'inquiétait de plus en plus. Souvent elle ne pouvait même plus vaquer aux soins de son petit chez soi. Elle cachait de ses souffrances tout ce qu'elle en pouvait cacher, mais elles étaient parfois telles que sa volonté de fer tombait vaincue par l'excès de douleurs.

Elle refusait, toujours avec le même acharnement, de recourir à l'avis d'un médecin. Ce fut seulement en juin qu'on parvint à obtenir qu'elle consentît à se prêter à une consultation. Les médecins lui déclarèrent ne rien trouver de très sérieux ni d'irrémédiable. Mais, le lendemain, l'un d'eux vint à l'atelier et ne se crut pas en droit de laisser ignorer à Dalou la lamentable réalité. Ce jour-là son carnet porte ces seuls mots :

« (11 *juin*). — Horrible certitude !! »

LA FEMME SURPRISE

Le 23, dans une lettre à son ami Charles Auzoux, il écrit : « Quelle douleur !
« cher ami ! J'ai, en votre absence, acquis une certitude qui m'a bouleversé :
« ma femme, depuis longtemps malade, serait atteinte du même mal qui a
« emporté le malheureux L... avec, en plus, qu'elle se tord et crie dans des
« souffrances atroces. Quelle cruauté de la nature ! »

Plus elle était horrible, cette certitude, et moins il la fallait laisser soupçonner, mais Mme Dalou était d'autant moins facile à tromper, qu'elle était, depuis trop longtemps, certaine de sa fin prochaine ; elle savait que la vie de son mari ne tenait qu'à un fil et envisageait l'heure où leur fille serait seule au monde. Avec cette mâle et calme résolution qui était le fond de sa nature, elle s'entretint avec son mari, des mesures à prendre ; lui, de même, bravement en parla comme on parle d'un devoir suprême et dont nulle faiblesse sentimentale ne doit entraver ni l'étude, ni l'accomplissement. Le 24 septembre Dalou note : « J'ai déposé ce « matin le testament de ma femme, de ma fille, ainsi que le mien chez M^e De- « manche, notaire à Paris, rue de l'Odéon. »

Dès le début de septembre, le journal de Dalou ne contient plus que rarement des indications de travaux, et encore ne sont-elles que des notes de comptabilité, l'énoncé du temps passé et des dépenses faites sur le *Scheurer-Kestner* et sur le *Paysan*, qu'il vient d'achever et que l'on moule. Il stipule son remords des dépenses faites sur cette œuvre et note :

« (2 *octobre*). — Le *Paysan* et son socle m'ont déjà coûté au moins 1 820 francs « d'argent déboursé ; somme jetée là, *puisque en pure perte.* »

Il néglige de se souvenir de la valeur des heures de travail données à cette simple statue depuis plus de quatre ans.

La rage de travail qui emportait Dalou durant cet automne 1900, n'était qu'un dérivatif à l'atroce torture morale qui le tenaillait.

A partir du 24 septembre les pages de son carnet restent blanches, sauf que, au bas de chaque page, on lit uniquement les indications que voici : D'abord ces mots : « une visite, une piqûre » ; puis bientôt : « deux visites, une piqûre », puis : « deux visites, deux piqûres », et cela continue ; puis : « trois visites, deux piqûres » et ainsi de suite ; bientôt le libellé s'abrège : « 2 visites, 2 P. », puis « 2 V - 2 P. », et alors, tous les jours, sans exception, ces signes se répètent. Bientôt l'écriture claire de Dalou devient vague, presque informe. Enfin en novembre, et bien que se multiplient plus que jamais les visites et les piqûres de morphine, les feuillets de son agenda sont vides de toute mention quelconque.

Pendant plus de deux mois il assiste impuissant à l'épouvantable torture que l'art des médecins ne peut atténuer, et que bientôt, la morphine ne couvrira plus de son engourdissement ; la nuit il se glisse pour aller voir, sans être vu, ni entendu, si la malheureuse a besoin d'aide, car elle ne veut supporter ni qu'on veille, ni qu'on se fatigue pour elle. A certains moments, le courage de son mari fléchit et, alors, c'est elle, qui, refrénant la violence de ses douleurs, se ressaisit et le console. Aux instants où elle éprouve quelque répit, elle s'occupe des mesures à prendre pour l'avenir. Le mercredi 14 novembre elle dit à Dalou :

« J'ai bien réfléchi, et décidément il vaudra mieux envoyer des lettres de
« faire part, seulement voici comment je les voudrais. Assieds-toi et écris : »

Et de sa voix la plus naturelle elle dicta, et lui, sur un carnet à croquis, il inscrivit, d'une écriture navrante à regarder : « Vous êtes prié d'assister au con-
« voi et enterrement de Madame Dalou, née Vuillier, décédée en son domicile,
« à l'âge de..... de la part de M. Dalou, son mari et de Madl (sic) Dalou, sa fille. »

Le jeudi, 15, elle trouva, pendant plus de deux heures, l'énergie de lire et d'examiner le brouillon d'une lettre à l'Orphelinat des Arts, qu'elle m'avait, quelques jours auparavant, prié de rédiger, sur ses indications très précises et où elle réglait le sort de sa fille, au jour où Dalou, ayant à son tour disparu, elle se trouverait seule, et en face de difficultés trop pesantes pour son inexpérience.

Le vendredi et le samedi, elle ne cessa de souffrir que lorsque la morphine, toujours de moins en moins efficace, finissait par l'abattre.

Le dimanche 18 novembre, vers onze heures, elle eut une crise. Ne parvenant pas à se déplacer, elle dit à Auguste Becker :

« Aidez-moi à me soulever, mon mari est trop fatigué, il n'a plus la force. »

La pauvre martyre! elle s'illusionnait. De cette créature, dont la grâce énergique avait inspiré tant de chefs-d'œuvre, il ne restait plus qu'un pauvre être si frêle, si maigre, si léger, qu'un enfant l'eût emporté dans ses bras.

Becker la souleva. Ses grands beaux yeux, limpides et loyaux, restés toujours les mêmes, eurent un dernier regard de bonté ; un dernier souffle effleura ses lèvres pâlies. Et elle cessa à tout jamais de souffrir.

Ses obsèques furent, telles qu'elle les avait réglées en tous leurs détails, très simples. Le cortège, peu nombreux, fut composé seulement d'intimes. Les couronnes et les bouquets posés sur le char funèbre furent les plus modestes. Le corps fut déposé tout au fond d'un caveau provisoire à huit ou dix places. Quelqu'un eut cette idée poétique, de prendre parmi les bouquets deux gerbes de chrysanthèmes blancs et d'en distribuer, une à une, les fleurs à chacun de ceux qui défilaient devant la tombe ouverte. Et ce fut alors une pluie continue de fleurs et de feuillages qui, avec un bruit rythmé, très discret et très doux, tomba sur le cercueil et bientôt le couvrit d'une couche de verdure et de blancheur vivantes.

Mais Dalou ne voulait pas la laisser là, au fond de ce puits sinistre; il voulait, avant de quitter le cimetière, avoir choisi une place où l'inhumer au plus vite. Sa fille était partie, en hâte, pour remplir son devoir de maîtresse de maison et tout faire préparer pour le recevoir lorsqu'il rentrerait fatigué et transi. Il resta seul avec la famille Calmettes, mon fils aîné et moi-même. Et, avec un sang-froid tragique, il parcourut, accompagné par nous, tous les espaces disponibles du nouveau cimetière Montparnasse, devisant sur l'emplacement qui serait le plus convenable. Il m'expliqua que s'il n'avait pas acquis plus tôt un terrain, c'était : « parce qu'elle aurait dit que c'était une dépense inutile ». Il s'occupa de la forme qu'il donnerait au monument et ne rentra chez lui que lorsqu'il se fut entendu avec son marbrier.

Puis il obtint du Préfet de la Seine, et avec une exceptionnelle rapidité, une parcelle de terrain situé à l'angle de deux routes du vieux cimetière ; il n'eut plus dès lors de cesse que lorsque le caveau, où deux places étaient réservées à lui-même et à sa fille, fut au plus tôt terminé et que la morte y reposât à sa place définitive. Il dessina le monument qui marquerait cette place ; il consiste en une épaisse dalle de granit de Bretagne, sans ornement, ni moulures d'aucune sorte, posée tout à fait à plat, hormis l'infime inclinaison nécessitée par l'écoulement des pluies. Il y fit graver en intaille, rehaussée de rouge, ces seuls mots : *Madame Dalou* 1848-1900.

A cette mention brève, la postérité pourrait ajouter cette épitaphe :

« *Ci-gît l'âme d'un homme de génie.* »

LES OUVRIERS DE LA MER
Maquette de l'un des bas-reliefs du *Monument aux ouvriers*.

CHAPITRE X

LE MONUMENT AUX OUVRIERS

C'était bien l'âme de Dalou qui demeurait désormais emprisonnée sous l'épaisse dalle de granit.

Du jour où il cessa de voir et d'entendre celle dont le silence ou l'absence était pour lui la plus cruelle des épreuves, il cessa de rêver des œuvres nouvelles, il cessa de s'intéresser à celles qui, jusque-là, l'avaient le plus vivement ému et passionné. Le grand *Paysan*, dont il s'était fait un « régal », (c'était son mot), où il avait accumulé, durant quatre ans, tout son savoir et tout son amour de la vérité, fut, par lui, relégué dans un coin; il ne l'envoya ni au Salon de 1901, ni à celui de 1902. Le jour de ses obsèques, le président de la Société nationale des Beaux-Arts ayant demandé à ses exécuteurs testamentaires de faire déposer au Salon, qui ouvrait le lendemain, quelques œuvres qui marqueraient la place de Dalou, ceux-ci ne trouvèrent en fait de travaux prêts à être envoyés que la *Boulonaise* de 1894 et une étude de tête d'homme; aucun d'eux n'avait connaissance du grand *Paysan*.

Plutôt qu'à tout autre, Dalou aurait pu faire part de l'existence de cette œuvre à l'un d'eux, le Dr Paul Richer; il le voyait couramment et cet ouvrage devait l'intéresser d'autant plus particulièrement que, lui-même, a fait, dans une formule d'art analogue, de fort belles statues de campagnards, que le bronze a popularisées. Ce fut pourtant par une circonstance toute fortuite que le Dr Richer découvrit le *Paysan*, à l'atelier, derrière un grand rideau. Il s'empressa de le faire porter au Grand-Palais. Ce n'est pourtant pas une de ces petites statues qui peuvent passer inaperçues, puisqu'elle mesure 2 mètres environ de hauteur.

C'est simplement un paysan quelconque, pris dans les champs, tête nue, le col de la chemise ouvert, laissant voir un peu la poitrine, creusée par le travail, inclinée bas, les jambes prises dans un pantalon de grosse toile, les pieds chaussés de sabots ; sa manche gauche est déjà relevée jusqu'à la saignée et il fait le geste de retrousser l'autre manche. Sa tête glabre, fendillée de rides, comme une terre desséchée par la bise et par le soleil, regarde, du regard neutre et tenace de l'homme des champs, avec une expression de recherche et d'hésitation ; les mèches de sa chevelure, peu fournie, conservent encore la trace de la main qui y a passé avec ce sentiment de : que faut-il faire ? qu'on lit sur son visage. Les mains sont alourdies et déformées par le maniement de l'outil champêtre, dur à arracher de la terre résistante, les veines s'y inscrivent saillantes et tendues, les ongles sont épais et collent à la peau. Sur le bout de bras nu, sous les plis des vêtements, les muscles aux attaches doublées saillent sans souplesse, rudes, maigres, épais en chair ferme. A ses pieds une houe couchée sur le sol attend qu'il la reprenne.

Contrairement aux craintes que Dalou avait annoncées, les dépenses qu'il a faites pour cette statue n'ont pas été perdues. Des réductions en bronze en ont été faites et la manufacture de Sèvres l'a destinée à son musée sous la forme d'un grès moulé, à grandeur de l'original et qui, par une heureuse coïncidence, aura pour pendant un paysan très remarquable dû à l'ébauchoir du Dr Richer.

Il est curieux de comparer ce Paysan à celui du monument Boussingault. Celui de Boussingault est fait d'après un modèle et se ressent de la nature du modèle ; son caractère agreste n'est que *voulu* ; celui-ci est non seulement voulu mais *vu* et *vécu*. Là est la différence et cette différence est tout.

Que Dalou, une fois son *Paysan* terminé, ne l'ait plus considéré que comme une étude préparatoire, une sorte d'exercice d'entraînement en vue de l'exécution de son *Monument aux Ouvriers*, là n'eut été qu'un demi-malheur ; mais que Dalou ait abandonné désormais tout travail nouveau en vue de ce monument, c'est ce dont il est impossible de se consoler.

Du jour où Mme Dalou fut morte, il ne travailla plus que très rarement à ce monument, bien qu'il fût entré dans la période définitive d'exécution depuis le début de 1897 date à laquelle il écrit :

« (28 *avril* 1897). — Je prends la résolution d'entreprendre, sans plus
« attendre, le monument que je rêve depuis 1889 à la glorification des travail-

« leurs. Ce sujet est dans l'air ; il est d'époque et sera quelque jour traité par
« un autre, *il faut prendre date*. L'avenir est là, c'est le culte appelé à rem-
« placer les mythologies passées. »

C'était en effet en 1889, au sortir de la cérémonie d'inauguration de son groupe de la place de la Nation, que l'idée de ce monument avait pris naissance dans le cerveau de Dalou.

Dans son *Triomphe de la République* il avait voulu magnifier le Travail, la Justice, la Liberté et l'Abondance, et voilà que pour célébrer l'achèvement de son œuvre, on n'avait rien trouvé de mieux que de faire défiler autour d'elle l'armée de Paris et d'en écarter ceux-là même à qui sa pensée l'avait dédié, en y symbolisant l'œuvre des hommes dont le travail crée toutes choses, enrichit le monde et le conduit, par plus de bien-être, vers plus de justice. Ouvrier par ses origines, ouvrier par son amour du travail et de quiconque travaille, ouvrier par la nature même de sa profession — qui est une profession d'ouvrier, — il eut la sensation pénible d'être lui-même exclu de la fête, par l'exclusion de la grande famille ouvrière dont il se considérait comme l'un des fils les mieux partagés par le sort, et rien de plus. Son *Triomphe de la République*, il avait voulu qu'il fût érigé, non sur une des places du centre de Paris où les visiteurs du monde entier le verraient, mais au sommet du faubourg Saint-Antoine où il serait salué, dès l'aurore, par la foule des ouvriers qui se rendent à l'usine ou à l'atelier, comme il s'y rendait lui-même, ou chez son empailleur, ou chez ses orfèvres, ou chez ses décorateurs, et comme il était prêt à s'y rendre encore si le travail lui en présentait l'occasion. Pendant dix ans il avait travaillé avec la pensée de le faire le plus beau qu'il pourrait afin de leur donner tout ce qu'il était capable de leur donner de la part de joies d'Art qu'il tenait comme l'un des premiers de leurs droits. Et voilà que, au jour de leur remettre officiellement cette œuvre qu'il avait créée pour eux, née de la fraternelle affection, de l'admiration qu'il professait pour eux, on les en écartait et on leur substituait d'autres hommes qui n'avaient que faire à leur place.

Dans la forme donnée à la fête du 22 septembre 1889, Dalou vit une sorte d'usurpation, et, de ce jour, il résolut de rassembler tout ce qu'il aurait de talent et de savoir pour enfanter un monument qui glorifierait les soldats de l'œuvre d'amour, de paix et de travail, et, qu'il rêvait plus superbe qu'aucun de ceux qu'on éleva jamais aux ouvriers de l'œuvre destructrice de la guerre. Mais, cette fois, il le ferait en une forme telle, que toute équivoque serait rendue impossible. Plus de symboles, plus d'allégories, les hommes eux-mêmes figurés tels qu'ils sont dans la réalité en seraient le seul ornement.

Et sans tarder il s'était mis à chercher des esquisses, mais, ne voulant faire part à quiconque de son idée il dut établir seul la forme architecturale que sa sculpture ornerait. Dès les premières tentatives, il conçut d'un jet, la composition de tout ce qui était œuvre de sculpture, et si bien, que par la suite, sa donnée générale n'eut plus jamais besoin que de modifications secondaires uniquement commandées par les combinaisons d'ordre général. Dans le premier projet l'architecture était des plus déplaisante, voire même quelque peu ridicule. Elle rappelait singulièrement celle d'une statue équestre de je ne sais plus quel général anglais qu'on voit à Londres, à l'entrée de Hyde-Park.

C'était une sorte de pyramide tronquée rectangulaire, ayant les côtés deux fois et demi plus longs que la face et d'une hauteur égale à quatre fois et demi cette même face.

Au sommet était juché un cavalier aux allures de paysan montant un cheval de labour. A la base, seize statues d'ouvriers de tous genre formaient une frise très haute et très saillante. Au-dessous, et séparé d'eux par une moulure, un bas-relief cerclait les quatre côtés d'une broderie ininterrompue représentant des scènes de la vie de travail des ouvriers de l'usine, de la terre, de la mer, du sous-sol. Enfin le tout s'appuyait sur une sorte d'estrade de trois marches.

Cela avait sensiblement (cavalier mis à part) la forme d'un grand catafalque sur la base duquel on aurait mis côte à côte, en faction, des gens, placés le dos au mur. Autant le monument était mal venu dans sa grande silhouette, autant, en revanche, était intéressante l'indication des statues qui l'entouraient et l'ébauche encore très confuse du bas-relief formant bague à la base.

ÉTUDE PARTIELLE D'ÉCORCHÉ

En 1891, Dalou fit monter, à l'échelle de 2 mètres environ, un premier modèle, établi d'après cette malencontreuse esquisse et commença l'exécution de ce modèle. Il fut très particulièrement préoccupé par l'idée d'exécution du cheval, et, bientôt, ce fut à ce cheval — venu là, sans que vraiment, on comprenne de prime abord pourquoi il s'y trouve — qu'il dévolut tous ses soins; il en indiqua d'abord un squelette, en fit un écorché, *complet*, en refit, encore en écorché, diverses parties, et à des dimensions variées.

Cet intérêt dominant qu'il portait sur une figure tout à fait accessoire aurait pu lui être un avertissement. S'il se trouvait porter tout son effort sur ce détail, n'était-ce point un indice de l'insuffisance de la contexture générale de l'œuvre et de la nécessité de la sauver par des qualités de détail.

Mais, pas plus là que jadis lorsqu'il s'acharnait sur les détails de son malheureux *Cache-cache*, il n'eut la notion de son erreur totale ; seulement cette fois, il s'engageait à faux non sur un bibelot sans intérêt, mais sur un monument de toute première importance.

Il ne tarda pourtant pas à sentir, que, n'ayant jamais quitté Paris ou Londres, il n'avait ni aucune notion, ni aucune conception personnelle d'ouvriers autres que ceux qu'il avait rencontrés dans les villes et que c'était une façon singulière de faire la part aux ouvriers des champs que de les représenter par un cavalier des plus bizarres. Quant à la population ouvrière qui vit de la mer, elle se trouvait presque totalement omise, dans le projet primitif. Ainsi compris, le monument ne pouvait avoir la belle ampleur d'idée généreuse que comportait la pensée d'où il était né.

Au cours de l'été 1891, Dalou voulut aller voir de près les ouvriers de la mer qu'il ignorait complètement, et s'offrit, — grand événement dans sa carrière — une sorte de congé d'une dizaine de jours ; il se logea dans un petit port de pêche, voisin de Sainte-Adresse et y fit des croquis et des bouts de modèles. Il en revint plein d'admiration pour cette héroïque population maritime, aux gestes puissants et très simples, aux attitudes sculpturales.

Il apporta avec lui les vêtements dont elle s'habille et quelques-uns de ses outils et résolut de lui faire, bien plus large la part qu'il lui avait vouée à l'origine. L'année suivante, son ami Liouville l'emmena pendant une dizaine de jours à Toul où il passa le plus clair de son temps à visiter les ateliers de métallurgie et à prendre des notes. Comme il s'était l'année précédente enthousiasmé pour les ouvriers vainqueurs de l'eau, il se passionna cette fois pour les ouvriers vainqueurs du feu, eux aussi, sans cesse au danger et le bravant, parce que telle est leur destinée de faire à toute minute œuvres de héros.

Et, une fois de plus la pensée s'élargit.

L'année 1893 qui fut celle de sa grande maladie lui fournit l'occasion d'apercevoir de nouveau les gens de la mer et d'entrevoir ceux de la campagne. Lorsque revenu à la santé relative il retrouva son esquisse à pyramide rectangulaire, il en comprit tout le mal venu et il résolut de la transformer entièrement.

L'été de 1894 lui apporta une véritable révélation. Pour la première fois il vécut à la campagne et, cette fois, il s'éprit de l'ouvrier vainqueur de la terre. A

QUELQUES FIGURINES D'ÉTUDES D'OUVRIERS DES CHAMPS

Grenonvillers, il passa les plus heureux moments de sa vie, il en revint avec une moisson de joie et de santé ; il en revint aussi avec une moisson de chefs-d'œuvre. C'est de 1894 que sont datées ces figurines hautes d'une dizaine de centimètres qui sont le *casseur de cailloux*, la *faneuse*, le *rebatteur de faulx*, la *botteleuse*, vingt autres encore dont chacune est comparable aux plus sincères et aux plus impérissables des œuvres de Milet. Toutes sont faites en vue du *Monument aux ouvriers*. Il les notait d'abord sur un carnet, dans les champs ou dans ses flâneries à travers le village, où il s'était bien vite attiré les sympathies de ses voisins ; il les ébauchait en terre, puis, quand il avait l'occasion de passer quelques heures à Paris, il convoquait un modèle, lui faisait donner le mouvement d'après ses premières ébauches sur nature et exécutait le nu de la figurine. Il ne s'en tenait point d'ailleurs étroitement aux seuls ouvriers champêtres ; au village il trouvait des terrassiers, des paveurs, des ouvriers du bâtiment, des bouchers, que sais-je encore, et la collection des figurines s'augmentait sans relâche des études faites d'après eux. C'étaient autant d'études préparatoires poursuivies méticuleusement et qui devaient servir, et souvent d'une façon très indirecte, à l'établissement des études définitives, soit dans les statues qui entoureraient la base de l'édifice, fût dans les scènes en bas-relief qui orneraient le piédestal, quelle qu'en fût éventuellement la forme et l'aspect. Telle ou telle de ces figurines terminée, ne servira qu'à pénétrer plus complètement la psychologie plastique de tel type d'ouvrier auquel il sera donné un mouvement tout différent. Parmi ces ouvrages terminés en ronde-bosse, la majorité sera utilisée comme la « leçon à apprendre » avant de tenter des équivalents partiellement indiqués dans des compositions d'ensemble en bas-relief.

Pour l'instant Dalou ne sait que d'une façon absolument vague à quoi servira particulièrement chaque figure qu'il fait, et il cherche l'aspect d'ensemble de l'architecture de son monument. L'exécution en grand du modèle primitivement conçu lui a révélé tout ce qu'elle avait ainsi de malencontreux.

Quelques figurines d'études d'ouvriers des villes

Dans son carnet, au retour, il ne dit rien de ces ouvrages faits là-bas, mais avec quelle joie il parle de « la paix et du charme profond de la nature » et des « belles choses à faire là ».

Et chaque fois maintenant, qu'il retournera vers cette nature que jamais jusqu'alors il n'avait connue, il aura les mêmes extases. Parfois il éprouve le besoin d'écrire sur ses carnets de croquis :

« Temps superbe. Depuis plus de quinze jours, on fauche de tous côtés. A « perte de vue la plaine est jonchée de javelles et de moyettes. C'est vraiment « beau! Je m'estime bien heureux de savourer tout cela ».

Et maintenant, par des vingtaines de croquis, il essaie de donner à l'architecture de son monument une forme, grandiose par les lignes et par l'idée, et digne de la pensée qu'il lui voudrait imprimer.

La haute borne à quatre pans inégaux, le faux catafalque d'autrefois se trouve bientôt remplacé par une colonne en octogone régulier, à la base de laquelle figure une couronne de niches, arrondies du haut, à profils plats, placées, à raison de deux niches par chaque pan coupé. Et dans ses seize niches viennent prendre place les seize principales statues du premier projet.

La colonne octogonale repose sur une base octogonale enrichie d'une bague ornementale comportant un bas-relief représentant des scènes de travail, et rehaussés par des moulures; elle présente maintenant aux yeux ses huit faces richement ornées.

Comme, aux monuments de Victoire, les grands décorateurs du xvie et du xviie siècles, attachaient des « trophées en breloque » faits de casques, de sabres, d'armures, de boucliers, mêlant la gloire des armes meurtrières à celle des hommes qui les avaient maniées, de même, à son tour, Dalou composa des trophées où sont harmonieusement groupées les armes que manie l'ouvrier pour vaincre la matière et pour arracher à la terre ou à la mer, ce qui répandra la vie parmi le genre humain.

Et alors, de chaque face de cette pyramide octogonale pendent, tels les trophées d'armes qui pendent tout autour du dôme des Invalides, les outils des laboureurs, ceux des pêcheurs de la mer et de la rivière, ceux des tonneliers, des forgerons, des charpentiers, des mineurs, de tous les hommes enfin qui sont présents, soit à la base, soit dans les bas-reliefs.

Cent fois peut-être Dalou reconstitue les proportions, à sa colonne, tantôt elle est trop haute et prend des aspects de flèche, tantôt elle est trop courte et se fait trapue et lourde. Il la veut énorme, mais il la veut harmonieuse, svelte, il la veut simple, robuste et puissante.

Enfin en 1895, il établit un modèle conçu en vue d'une hauteur de 25 mètres et ayant environ 8 mètres de base. Les statues du pied devront avoir 2^{m}50.

Dans les niches, on voit, esquissés très lisiblement, le puddleur, le cingleur, le débardeur, le boulanger, le paveur, la balayeuse, le scaphandrier, le tonnelier, le tueur, le semeur, le charretier, le terrassier, le bardeur avec son cric, le pêcheur, le fort de la halle.

Les bas-reliefs, plus sommairement indiqués laissent deviner : le travail des champs, les pêches maritimes, les travaux du bâtiment, celui des forges ou des mines.

Les trophées indiqués sommairement distribuent sur les faces de la colonne la couleur et le mouvement.

Désormais Dalou a trouvé la formule générale de son *Monument aux ouvriers* et à la fin de novembre 1895 la colonne octogonale est moulée.

DEUXIÈME MODÈLE DU MONUMENT
AUX OUVRIERS

Mais Dalou n'est pas définitivement satisfait de son modèle qui lui semble manquer de sobriété et de simplicité. Pendant encore deux ans, il accumule documents sur documents, projets sur projets pour donner à son monument plus de modestie. En même temps il étudie l'art spécial auquel son projet le convie ; en faisant le *Semeur* et son socle, en faisant le *Paysan*, en perfectionnant les bas-reliefs de l'*Alphand*. Partout enfin où il en trouve l'occasion, il butine des sujets d'études en vue de ses *Ouvriers*.

L'été dans les champs il copie brindille à brindille les plantes, les fleurs, les diverses espèces d'épis, seigle, blé, avoine, les bottes de paille ou les moyettes; il note la forme des nœuds des liens, fait des dessins précis de tous les outils qu'il pourra avoir à loger dans ses trophées ou dans ses bas-reliefs, il ne néglige ni une corde ni un clou, il prend de tout les dimensions géométriques, fait des plans de chaque instrument et en chiffre les proportions.

Et ainsi se passent les années 1896 et 1897.

En 1897 il prend la résolution formelle de se mettre à l'œuvre et ses recherches deviennent de plus en plus actives.

A la forme octogonale de la colonne de 1895 il substitue la forme cylindro-conique, aux trophées des pans coupés, d'une éclatante couleur et d'un relief accentué de la première colonne, il substitue des trophées en bas-reliefs plus éteints et plus discrets.

Il diminue la saillie hors des niches, des statues de la base et, en épousant le contour arrondi de la colonne, elles se trouvent atténuer la chaleur de leur coloration. La colonne à présent repose sur un dé, aux quatre faces duquel un bas-relief rectangulaire donne à la base du monument un aspect de simplicité et de sévérité que n'avait point la frise courant au pied du monument octogonal.

MODÈLE DÉFINITIF DU MONUMENT AUX OUVRIERS

Et dans l'ensemble le projet nouveau cesse de ressembler aux monuments de l'époque Louis XIV et, étant dédié à la gloire des humbles et des simples, il se présente avec un caractère d'entière simplicité.

QUELQUES STATUES DE LA BASE DU MONUMENT AUX OUVRIERS

Ce troisième modèle, fut encore étudié à nouveau et modifié en quelques parties qui le rendaient plus simple et plus sobre encore que le précédent et, en mars 1898, Dalou refit à pied d'œuvre un modèle nouveau. Et il nota :

« (15 mars 1898). — Je crois avoir enfin trouvé le monument aux ouvriers
« que je cherche depuis 1889. La disposition générale tiendrait de l'insigne de
« Priape, Dieu des Jardins, emblème de la création, de la borne berceau et
« tombe du pauvre, enfin du tuyau de l'usine, prison où se passe sa vie. Sobre,
« sans moulure ni ornement, je désire qu'il ait l'aspect grave et imposant, s'il
« se peut, que le sujet comporte. L'exécuterai-je, là est la question ? je suis bien
« âgé, de plus ma santé est bien débile ».

Par une de ces coïncidences dont s'étonnent seuls les gens qui ignorent ce que c'est qu'une idée « qui est dans l'air », un inspecteur des Beaux-Arts, M. Armand Dayot, émit, vers ce même moment, l'idée d'élever, à propos de l'Exposition de 1900, un monument spécial à la Gloire des travailleurs manuels. Tout aussitôt un reporter du journal *Le Matin* se précipita chez Dalou pour l'interwiever sur ce sujet, et Dalou relate en ces termes la visite de ce journaliste :

« (24 mars 1898). — Camille Simon, rédacteur au *Matin*, est venu me ques-
« tionner à propos d'un article de Dayot, qui lance l'idée d'un monument à la
« glorification du travail pour l'Exposition de 1900. Je n'ai rien dit de mon
« projet à ce monsieur, mais, pour moi l'idée n'est pas neuve, puisque voilà neuf
« ans que je la creuse et que j'en suis à la période d'exécution, ma composition
« étant trouvée, ce me semble, sans compter une foule de détails ; depuis neuf
« ans d'ailleurs, j'amasse sur ce sujet une quantité de documents. Auguste était
« présent, lui qui sait toutes mes recherches, qui connaît mes esquisses pour
« avoir collaboré à l'une d'elles, s'amusait beaucoup. »

A ce moment, Dalou ne fut pas sans inquiétude et craignit d'être, à un moment, plus ou moins éloigné, accusé de plagiat et quand survint un nouveau

QUELQUES STATUES DE LA BASE DU « MONUMENT AUX OUVRIERS »

journaliste, qui le questionna, toujours sur cette même question d'un projet de monument aux travailleurs, il s'ouvrit plus complètement a celui-ci :

« (4 avril 1898). — J'ai répondu cette idée n'est pas neuve pour moi, je la « médite depuis neuf ans, ma composition est prête, j'entre dans la période « d'exécution. Je vous dis cela afin de ne pas être accusé de plagiat si j'arrive à « l'exécuter. — Vous vous passerez de collaborateurs ? — Oui. »

A trois ou quatre jours de la visite de ce nouveau journaliste, Dalou reçut une lettre de M. Armand Dayot, lui demandant un entretien. Dalou répondit sur l'heure et M. Armand Dayot vint au plus tôt. Dalou note cette conversation :

« (9 avril 1898). — Cette après-midi, visite de Dayot relative à son idée. Il a été « fort aimable, comme à son habitude d'ailleurs ; il m'a couvert de fleurs tenant, « dit-il, beaucoup à ma collaboration, dans ce monument à la glorification du « travail. Avec toute l'amabilité dont je suis capable, j'ai maintenu fermement « mon refus d'y participer, fût-ce à trois, voire même à deux. — Pourquoi vou- « lez-vous, lui ai-je répondu, que je collabore ; je n'ai pas la foi dans une colla- « boration semblable, puis, ma composition est arrêtée avec toutes ses cotes, je « suis au seuil de l'exécution ; cela peut être téméraire de ma part d'entreprendre « un pareil travail, étant donné l'état de ma santé mais, avec l'aide des compa- « gnons dévoués dont je suis entouré, j'espère cependant y arriver. A part moi, « je pensais aussi au dévouement de la compagne de ma vie, dont j'aurais un « égal besoin. L'entretien s'est terminé fort agréablement, sur son espoir que « cela n'était pas mon dernier mot et qu'il y reviendrait. Temps perdu, lui ai-je « dit, je ne changerai pas. »

Dalou avait mille et une bonnes raisons pour refuser le concours de qui que ce fût et, si intelligent que fût celui qui s'offrait, et la meilleure de toutes ces raisons était, du reste, que son projet du *Monument aux Ouvriers* était arrivé à sa forme définitive ; il n'était pas un détail important qui n'en fût arrêté en

LES OUVRIERS DES CHAMPS
Maquette de l'un des bas-reliefs du *Monument aux Ouvriers*.

dernier ressort. Aux flancs de la colonne étaient indiqués par masses ornementales tous les accessoires et outils qui constitueraient chacun des trophées en pendeloque ; tout autour de la base, les seize statues de la grande frise circulaire étaient placées et érigées, à leur échelle exacte, dans leurs niches. Telles elles étaient là, telles elles figureraient dans le monument achevé.

La forme de chacune de ces statues était définitive ; elle était le résultat d'une sélection faite parmi les travaux préparatoires, où chacune était déjà représentée par une, ou plus souvent, par plusieurs études du même personnage, dans diverses attitudes et, enfin, par le susdit personnage en son attitude arrêtée en dernier lieu. Il y en avait d'aucuns représentés par des statues complètes et des plus importantes, tel le Semeur fait en ronde-bosse, sous deux aspects différents, terminé et moulé en deux statuettes, dont l'une, arrivait finalement au mouvement qui, repris et perfectionné une troisième fois, aboutit au type définitif du monument. De même, en grand une statuette du boucher, entièrement terminée, à environ 60 centimètres de hauteur.

Tout ceci n'est que des exemples, pris au hasard, dans la foule des choses existantes. Il restait évident que Dalou ne s'en tiendrait pas là. Et, en effet, en 1901 il fit établir au vingtième d'exécution toute une série de petites niches de plâtre et refit dans chacune d'elles les statues, à la dimension mathématiquement précise, de un vingtième du type définitif. Pour chacune de ces figurines de 12 centimètres il prit une série de séances de modèle, et donna à son travail une précision telle, qu'il suffisait d'un grandissement, fait le compas à la main, pour établir d'ensemble les modèles à grandeur d'exécution. C'est ce qui arriva d'ailleurs pour les quelques statues qu'il eut encore le temps de terminer à grandeur du quart d'exécution du monument.

ÉTUDE POUR LE BAS-RELIEF
(Ouvriers des champs).

LES OUVRIERS DU SOUS-SOL
Modèle de l'un des bas-reliefs du *Monument aux Ouvriers*.

Ce qu'il fit pour la grande frise circulaire, il n'eut pas le temps de le faire pour les quatre bas-reliefs qui ornent les faces du dé de la base, il avait toutefois établi sa composition définitive et la maquette *ne varietur* de trois d'entre eux, plus une toute petite maquette du quatrième ; mais cette dernière n'est qu'un schéma uniquement compréhensible pour son auteur. Chacune des trois autres, au contraire, représente, au cours de leurs travaux, dans un groupe, synthétique de leur tâche quotidienne, les ouvriers de la terre, les ouvriers de la mer, les ouvriers du sous-sol. Si on regarde longuement ces maquettes, où, seule, l'arabesque de la composition semble être indiquée, on éprouve bientôt une sensation bizarre : toutes ces lignes, tous ces plans, semblent remuer, et, petit à petit, en les fixant, on en voit émerger tout un peuple en mouvement, moissonneurs maniant leurs gerbes, carriers poussant le lourd chariot, ou détachant les lourdes pierres, marins aux allures vives portant leurs filets, traînant leurs voiles, étalant leurs poissons.

Presque toutes les figures, ébauchées dans ces maquettes, plutôt informes, se trouvent représentées et dans le mouvement que le bas-relief lui assigne, par une étude complète, parfois par une série d'études. D'ailleurs, si vous voulez vous faire une idée sommaire de l'un des procédés favoris de travail de Dalou, il vous suffira de mettre en parallèle, telle petite médaille, représentant une faneuse et la troisième figure de gauche de la maquette au bas-relief des ouvriers des champs. Pareille comparaison peut être faite avec les figurines existantes dont chacune correspond à un des personnages du monument.

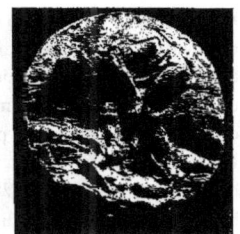

ÉTUDE POUR LE BAS-RELIEF
(Ouvriers du sous-sol).

Il faudrait, toutefois, pour que votre idée fût complète, ne pas oublier que les types adoptés finalement, ne l'ont été qu'après une série d'essais poussés jusqu'au bout, sous les formes et dans les dimensions les plus diverses.

Par exemple, cet ouvrier carrier qui se retrouve non seulement à l'état de statuette dans la collection des figurines, mais encore, dans un mouvement inverse et pourtant semblable, à l'état de petite médaille achevée est, à l'état de silhouette, massée à l'extrémité droite du bas-relief des ouvriers du sous-sol.

TÊTE DE PAYSAN (étude).

Le plus souvent il arrive que Dalou, hanté par le désir de donner à chacun de ses plus petits personnages une vie plus intense et une plus complète sincérité de type va jusqu'à faire, soit une grande statue, comme son grand *Paysan*, soit une série de bustes de grandeur naturelle, tel un superbe buste de Charretier, deux bustes de paysans, l'un encore relativement jeune, ou jusqu'à mi-corps, portant la blouse à petits plis, le cou pris dans un épais cache-nez, l'autre très vieux, très ridé, l'œil retombant et fait jusqu'à la prise du col seulement; tel encore le buste de grandeur nature du Terrassier, arrêté à la hauteur des deux mains appuyées sur le manche de la pelle. Chacun de ces morceaux, simple travail de préparation ou d'entraînement, est poussé et achevé si méticuleusement que, de chacun, pris tel quel, on a pu faire une reproduction de Sèvres ou un marbre ou un bronze aussi parfait que possible.

L'œuvre en était si bien arrivée à la période d'exécution que, dès le 1er mai, l'ami Bertault voulait bien se charger de tourner les plâtres d'architecture, nécessaires à l'installation des niches, de leurs statues et des quatre bas-reliefs de la base, établis à la grandeur du quart de l'exécution définitive. Il ne s'agissait donc plus de simples essais, étant donné que les dimensions arrêtées pour cette exécution définitive et dont les cotes se retrouvent, en partie, écrites de la main de Dalou sur le plâtre du petit modèle, étaient les suivantes : La hauteur de l'ensemble du monument, glacis non compris était, de 32^m,88, sur lesquels la colonne comptant pour 28 mètres, ayant un diamètre de 5^m,60 à la base et 3^m,80 au sommet. Cette différence de 1^m,80, répartie sur une hauteur de 28 mètres, suffit à montrer que la colonne paraissait presque cylindrique. Le dé de la base avait 2^m,75 et les bas-reliefs y insérés 1^m,12 de hauteur sur 4^m,28 de longueur. La saillie des statues, qui était fort avançante dans le projet octogonal

LE MONUMENT AUX OUVRIERS

se trouvait ici réduite à 0^m,32 de la niche aux clavicules et 0^m,38 du fond à la ceinture. Un chiffre indiquera l'importance du travail désormais en marche : A lui seul, le *traînage* en plâtre de l'architecture du modèle au quart, représente une dépense de 675 francs.

Au printemps 1898, Dalou était si bien « parti » sur l'idée d'exécuter immédiatement son monument, qu'il manifestait la volonté d'avoir terminé, tout au moins le modèle au quart, pour l'Exposition de 1900. Cela paraissait à ses collaborateurs quelque peu fou, et tous se réjouissaient à la pensée de tenter l'impossible. Mais le beau projet se trouva chaque jour entravé et dérangé par les grosses besognes quotidiennes que Dalou s'était formellement promis de ne délaisser que le jour où il aurait assuré, si modeste qu'il dût être, l'avenir des siens.

Il est à ce moment en pleine exécution de son grand *Paysan*, et ne peut ajouter à ce travail onéreux un autre travail plus onéreux, encore. Sa santé, d'ailleurs, ne lui permettrait pas d'aller au delà de la quantité de travail qu'il fournit à ce moment, avec l'*Alphand*, le *Pont Alexandre*, la réfection du *Triomphe*, le *Monument Floquet*, le *Panthéon* et vingt autres travaux divers.

Ce n'est que tout au début de l'an 1900 qu'il se met à l'exécution de son modèle au quart, et comme il n'a que trop souffert de ne s'y point mettre plus tôt, il prend ses précautions pour ne plus se laisser arrêter désormais. A partir du 1er janvier il prend modèle tous les jours et le 7 janvier il inscrit cette confession :

« (*7 janvier* 1900). — « Afin de me forcer à tra- « vailler enfin sur le *Monu-* « *ment aux Ouvriers*, j'ai pris la résolution de faire *au moins* deux séances

ÉTUDE D'ESSAI DU TERRASSIER

LE TERRASSIER
(Modèle définitif).

« par semaine sur ce travail et, du coup, j'ai retenu modèle pour cela. »
Et à la fin de l'an 1900, ses notes portent qu'il a passé deux cents heures de modèles sur ce monument. A cette date il avait fait le modèle nu et le modèle habillé de deux des statues en haut-relief du soubassement le Terrassier et le Semeur et mené loin déjà une autre figure du même groupe.

De même qu'il avait fait deux statues complètes en ronde-bosse du Semeur, de même il avait fait en ronde-bosse, une statue complète du Terrassier. Ce travail préparatoire l'avait conduit à la forme nécessaire de la figure du Terrassier en dernier lieu adoptée.

LE SEMEUR
(Modèle définitif).

Après la mort de Mme Dalou, voulant finir tous ses travaux de commande, afin de laisser après lui, s'il mourait bientôt, une situation aussi nette que possible, il n'eût pas la possibilité de continuer l'œuvre si bien mise en route en 1900, et à part une étude de grandeur naturelle du buste du Terrassier, déjà fait en petit modèle et douze petits modèles ébauchés à la plastiline dans des niches d'une douzaine de centimètres, il ne fit rien pour son grand monument. Il attendait avec impatience l'achèvement de son *Monument à Gambetta*, promis à date fixe pour se remettre à l'œuvre.

Du *Monument aux Ouvriers*, on trouva somme toute à la mort de Dalou, outre les quatre esquisses d'ensemble, l'esquisse de trois des bas-reliefs, une petite maquette du quatrième, deux statues achevées dans leurs niches, près de cent cinquante statuettes d'ouvriers de tous métiers, des villes et des campagnes de la mer et du sous-sol, peut-être vingt petites statues, tueur, badigeonneur, boucher, pêcheur, etc., etc., une quantité d'études de scènes champêtres, ou de scènes d'usines, parmi lesquelles des médaillons, des plaquettes et des médailles merveilleux, tel le *Ferrage des chevaux*, la *Journée remplie*, la *Porteuse de gerbes*. On trouva également, à côté de la plupart de ces petits personnages, la statuette nue de chacun d'eux, et, de plus, sur des carnets de croquis, les mêmes types pris d'après nature et, les dessins du nu de chacun de ses croquis dans son attitude. Cela est tout un monde, où chacun de ces objets concourt directement ou indirectement à l'établissement définitif de l'œuvre d'ensemble.

Donner la nomenclature de ces centaines d'objets, serait sans intérêt, tenter de la faire voir par la description, serait d'une invincible difficulté.

La seule consolation qui reste à ceux qui ont vu dans leur ensemble ces travaux, sera de penser que le monde n'ignorera point qu'ils aient existé — triste et faible consolation, — leur suprême espoir est que, un Musée de l'État ou de la Ville de Paris, les recueillera, les groupera et en fera dans la mesure du possible un ensemble qui, même en l'état où il est, et dans ses minimes dimensions, restera comme l'une des plus prodigieuses productions de l'Art français et l'une des plus originales et peut-être même la plus originale dont jamais il ait pu se glorifier.

Au demeurant, ces petites esquisses, ces ébauches que Dalou, pour la plupart, n'avait pas même pris la peine de faire cuire, qu'il cachait dans son armoire et dont il reléguait quelques-unes, à l'abandon, jusque sous le plancher de cette même armoire, ne seront pas perdues pour la plupart, car toutes ou presque toutes ont été, telles quelles, sans une retouche, sans une ciselure, dès la mort de Dalou, reproduites en bronze et chacun de ces petits bronzes, malgré l'imperfection inévitable de la coulée, fait belle mine à côté des plus exquises figurines de l'antiquité et de la Renaissance.

Ce qu'eût été tout cela, amené à son dernier degré de vitalité et de beauté par les mains et l'ébauchoir de Dalou, on le devine sans efforts et l'on sent plus durement combien fut cruelle la mort qui ne permit point qu'il exécutât ce monument qui aurait mesuré cent pieds de haut.

CHAPITRE XI

LES DERNIERS TRAVAUX. — DERNIERS MOMENTS

A partir de la mort de sa femme, Dalou semble n'avoir plus pour but principal dans la vie, que de ne pas mourir avant d'avoir solidement établi l'avenir de sa fille. Il reprend le projet que Mme Dalou a fait libeller et il adresse à Mme Marie Laurent, présidente de l'Orphelinat des Arts, une lettre qui débute en ces termes :

Décembre 1900.

Madame,

« Il *nous* a semblé que, lors du décès du survivant de sa mère ou de moi,
« l'Orphelinat des Arts pourrait, sous certaines conditions, recueillir *notre* fille
« Georgette, bien que, soit par son âge, soit par sa situation, elle se trouvât en
« dehors des conditions d'admission prévues par les règlements de l'Orphelinat
« des Arts.

« A dessein, je dis *nous* et *notre* fille. C'est à la profonde bonté et à l'admi-
« rable intelligence de sa mère qu'est due une idée qui, si elle se réalisait, per-
« mettrait à notre fille, moi disparu, de reconstituer son existence dans une
« retraite paisible et sûre, entourée, pour ainsi dire, d'une nouvelle famille. Et
« cela grâce à l'infinie sollicitude de sa mère, dont j'ai, dès la première minute,
« adopté pleinement le projet.

« Notre fille, consultée à son tour, l'a, le plus absolument approuvé.

« Je ne suis, à l'heure présente, que le modeste exécuteur du vœu le plus
« cher de celle qui, après avoir allaité et entouré de sa tendresse cette chère
« enfant, n'a cessé de rechercher tout ce qui pourrait assurer son repos et atté-
« nuer la rigueur de la nature à son égard.

« C'est elle qui, dans les dernières semaines de sa vie, en proie à d'atroces

« souffrances, a manifesté le désir que chacun de nous trois, fît un testament
« par lequel le dernier survivant de nous trois instituerait l'Orphelinat des Arts
« son légataire universel et sans aucune réserve de dons, envers nul autre... »

La suite de la lettre établissait les question d'intérêt proprement dites que comportait le projet et traitait de la situation que Mlle Dalou occuperait à l'Orphelinat. Elle se terminait ainsi :

« Le surplus de ses revenus profitera aux enfants recueillis par l'Orphelinat
« et moins bien qu'elle partagés par la fortune.

« Je la connais assez pour pouvoir dire que ce sera pour elle une douceur
« et une consolation d'être auprès d'eux une sorte de sœur aînée. Enfin, der-
« nière condition : on devra respecter absolument sa liberté de conscience et
« cela jusqu'à son dernier souffle.

« A son décès, l'Orphelinat deviendra de plein droit, par la force même de
« son testament, son légataire universel. Elle devra être inhumée dans le même
« caveau que ses père et mère. »

Par une lettre du 3 juillet 1901, Mme Marie Laurent fit savoir à Dalou que son vœu serait accompli et que son enfant trouverait, à son décès, à l'Orphelinat « une nouvelle famille qui l'accueillerait comme une fille aimée ».

Dalou avise son conseil et ami Auzoux de l'arrivée de cette lettre officielle :
« Me voici donc tranquille sur le sort à venir de mon enfant et le grand désir
« de ma chère femme est ainsi définitivement réalisé. »

Tout en poursuivant les négociations de cette si délicate affaire, Dalou s'efforçait d'augmenter la fortune, non plus de sa fille, mais de l'Orphelinat des Arts. Combien eût-il été heureux et quelle joie n'eût pas eu Mme Dalou, s'ils avaient pu deviner l'importance que prendrait bientôt leur bienfait.

Malgré les travaux en cours : *Scheurer-Kestner, le Chasseur*, le groupe des *Orateurs de la Restauration*, il ne craignit point d'entreprendre, en collaboration avec l'éminent architecte Formigé, un monument grandiose, qui devait être érigé à Bordeaux à la mémoire de Gambetta, par suite d'une souscription nationale, provoquée à l'origine par divers groupes de gambettistes, ayant à leur tête M. Counord, président du groupe bordelais et du Comité d'initiave.

Dans la première quinzaine de décembre, malgré un état d'épuisement complet, Dalou partit pour Bordeaux, en compagnie de son ami Formigé, afin d'aller choisir la place où le monument serait élevé. La mésaventure de l'*Alphand* lui avait servi de leçon et il voulait, avant de commencer une œuvre importante, se rendre compte de l'éclairage et de l'entourage qui lui étaient destinés. La place fut choisie aux allées de Tourny, juste sur le sol où s'élevait, avant 1870, ceci ne manque point d'un certain piquant, une statue de Napoléon III. Cette statue de Napoléon III, que chacun croyait de bronze, était de zinc bronzé et s'en alla en charpie quand on commença à la vouloir démolir, et il n'est pas prouvé que les travaux de fondation qui ont servi pour elle seront de force à supporter le monument de Gambetta qui, lui, est tout en marbre, et dont le poids total approchera de cent mille kilos ou les dépassera.

A Bordeaux, Dalou et M. Formigé s'entendirent de tous points avec le Comité et il fut convenu qu'une esquisse serait faite, après acceptation de laquelle les conventions définitives seraient conclues.

Mais il s'en fallut de peu que rien de tout cela n'eut lieu. A Bordeaux même, à l'hôtel, Dalou fut atteint d'un malaise tellement grave que M. Formigé crut un instant que son ami allait mourir entre ses mains. Mais Dalou se releva tant bien que mal. Seulement, au retour, en wagon, une nouvelle crise se déclara et une fois de plus M. Formigé eut la terreur de ne pouvoir ramener Dalou vivant jusqu'à Paris.

L'esquisse du monument de Gambetta fut exécutée avec d'autant plus de rapidité que le sujet n'était point inconnu de Dalou. Il avait, en effet, en 1884, sur un projet d'architecture de M. Faure Dujarric, comportant un buste de Gambetta, au sommet d'une colonne entourée de trois groupes allégoriques, pris part au concours pour le monument de Gambetta destiné à la place du Carrousel. Il bénéficia donc en l'an 1901 des études préparatoires qu'il avait faites en 1884, tant pour utiliser ce qui, après un si long délai, était demeuré excellent que pour se garder des défauts et des dangers que le temps et l'expérience avaient révélés.

Le piédestal, de M. Formigé, était d'une entière simplicité. Sur la face, il représentait un avant-corps formant tambour et se mariant par des profils unis au reste de la composition architecturale, uniquement composée de lignes droites et de moulures droites. De chaque côté, un soubassement avançant, supportait un groupe ; en avant et en arrière une partie avançante analogue, recevait des attributs. Les lignes générales des groupes et des attributs se trouvaient reliées par de fortes guirlandes de feuillages. Au sommet du piédestal, prenait place la statue de Gambetta. Les deux groupes latéraux étaient : *la Sagesse soutenant la Liberté* et *la Défense nationale*. Les attributs de la face antérieure étaient des faisceaux d'armes, de képis, de cuirasses et autres accessoires militaires datant de 1870-1871. Ceux de la face d'avant consistaient en un vaste écusson de la ville de Bordeaux accompagné de faisceaux de drapeaux couchés et d'attributs ornementaux.

LES DERNIERS TRAVAUX. — DERNIERS MOMENTS

Le Comité de Bordeaux vint à Paris en mars, et le projet fut approuvé et accepté. Toutefois, quelques semaines se passèrent avant que la décision eût pris sa forme officielle et définitive.

En attendant, Dalou, tout en continuant et recommençant de toutes façons cette malheureuse statue du *Chasseur*, destinée à l'escalier du château de Val-

MONUMENT DE GAMBETTA

lières, dont il ne tirait aucune satisfaction, avait achevé la statue monumentale de Hoche, dont le moulage s'effectua vers fin juillet.

Son seul repos était dans l'établissement de ses douze figurines d'ouvriers, destinées aux niches du soubassement de son *Monument aux Ouvriers*. Ces figurines étaient exécutées en plastiline, dans des petits modèles de niches en plâtre, établies au vingtième du grand modèle, et par conséquent au cinquième du modèle au quart déjà monté et en cours d'exécution.

Pour chacune de ces petites figures, hautes de 12 cent. 1/2, il prit une série de séances d'après nature.

Mais sa dernière, son unique consolation, il la trouvait dans l'exécution du monument *Scheurer-Kestner*. Toutes raisons d'ordre général et public mises à part, son rêve était que ce monument fut d'une beauté impérissable. Bien entendu, il ne disait mot à personne de ce rêve, et, sans doute, n'analysait-il pas le sentiment qui le lui suggérait? A l'origine, il aurait voulu que ce monument fût de la plus grande austérité de lignes et il en avait lui-même, et seul, établi l'architecture, constituée simplement d'un piédestal carré, tout uni, posé sur une base nue de lignes, un peu haute, ayant un avant-corps destiné à recevoir, sur chaque face latérale, une statue, et, sur la face antérieure, des attributs. Au-dessus de ce piédestal carré, il avait placé un corps d'architecture, sobrement orné, formant autel et surmonté d'un obélisque, élancé, tout uni, sans inscription ni ornement.

Les statues placées de chaque côté du piédestal étaient la *Justice* et la *Vérité*. Au centre du piédestal, dans une petite cuve ovale, figurait le médaillon de Scheurer-Kestner, de profil, à grandeur de nature, pris à plat dans l'épaisseur du marbre.

Si Dalou rêvait que son monument *Scheurer* survécut, c'était parce qu'il voulait que la statue de la *Justice*, telle qu'il entendait la faire, demeurât à tout jamais.

Quand, après la mort de sa femme, Dalou eut constaté qu'il n'existait plus rien d'elle en ce monde, pas même un simple portrait, autre qu'une photographie barbare faite par un amateur, il en eut un grand crève-cœur.

Tout au fond de son âme, il eut une révolte contre la sauvagerie de la nature, qui voulait que tout fût à jamais anéanti, de celle en qui avait tenu toute sa vie. Et, telle il l'avait vue aux derniers jours de son existence, telle il l'avait gardée vivante au fond de ses yeux, telle il résolut de la ressusciter dans l'immortalité du marbre.

Il était incapable, en toute occasion, d'établir un portrait d'après des documents, et ne possédait pour unique document qu'un masque inachevé provenant de l'ébauche d'un buste qu'un maladroit avait laissé geler.

Vingt fois il avait, aux époques les plus diverses, tenté de faire le portrait de sa femme, et, cette figure qu'il a, par centaines et centaines de fois, inconsciemment, reproduite en l'interprétant, il n'était jamais parvenu à en faire, à sa propre satisfaction, une copie positive; c'est même miracle que le masque du buste gelé n'ait pas disparu. Dalou l'avait caché d'ailleurs dans une armoire et ne consentait à le laisser voir par personne. Il le trouvait dur et mal venu — et il l'était en effet. Une trouvaille lui apporta une aide vague mais précieuse.

Il avait, en cherchant parmi les menus bibelots conservés dans un petit coffret, rencontré un petit médaillon de chaîne de montre contenant une tête, de un centimètre de haut tout au plus, et datant de la veille de son mariage. Cette découverte lui avait causé une joie bien vive, et le petit médaillon ne le quitta plus jamais. Il aimait à l'ouvrir devant ceux qui avaient connu Mme Dalou.

Mais, si précieux qu'il fût pour lui, ce document, en partie effacé, représentant une enfant de dix-huit ans, ne pouvait guère le guider au cas présent.

FRAGMENT DE LA STATUE DE LA JUSTICE
D'après le modèle en état de mise aux points.
(Portrait de Mme Dalou vers 1900).

Ce que ni le masque, ni les vagues indications d'une photographie d'amateur, dépouillée et informe, prise dans une chambre, pour fournir une carte d'identité, n'arrivaient à lui donner, son souvenir et son inspiration le lui fournirent... Et la statue de la *Justice* devint un portrait, d'une ressemblance frappante, de ce qu'était Mme Dalou dans les derniers mois de sa vie, quand la souffrance eut vaincu son sourire, sa grâce et son charme natifs. Le front est haut, large, plein, réfléchi ; les yeux, très grands, très éclairés, très libres dans leurs orbites, regardent en face, bien droit, sans peur et sans provocation, les pommettes sont saillantes et donnent de l'ampleur au haut de la tête ; le nez, droit, a les ailes très mobiles ; la bouche est au repos ; sur les lèvres, on lit la bonté sans faiblesse, l'équité sans compromission ; le menton, bien accentué, porte la marque de la volonté. Sur le front, qu'ils couvrent en partie, les cheveux très abondants sont séparés au milieu par une raie ; ils se groupent en deux nattes longues et lourdes, dont l'une, à gauche, pend derrière le dos, et l'autre revient en avant sur la poitrine. Cette statue de la *Justice* se tient très droite, sans raideur, adossée au côté gauche du piédestal ; elle est vêtue d'un grand manteau à empiècement, arrêté à la poitrine par une double agrafe et un peu analogue aux mantes des boulonaises, sa main gauche le relève légèrement et, en même temps, porte, mêlée aux plis de l'étoffe, la Balance symbolique, dont les plateaux sont repliés l'un sur l'autre. Sous la main droite, qui avance, le bras étant couvert de grands plis du manteau, se trouve l'épée très haute, très large, et qui descend perpendiculairement sur le sol.

La *Vérité* est figurée par une toute jeune fille, aux formes virginales, aux bras et aux jambes encore un peu grêles ; les cheveux, longs, abondants, sont relevés sur le front et flottent sur le dos. Son pied droit écrase un masque de carton, aplati sur le sol ; le bras droit pend librement le long du corps, le bras gauche suit le contour du buste jusqu'à la hanche, puis, se développe en avant, la main tenant un miroir ovale. Dans toute l'œuvre de Dalou, il n'y a, à ma connaissance, qu'une seule figure de femme qui soit conçue dans une forme analogue à celle de cette *Vérité*, et c'est la *Psyché* de 1869. Toutes proportions gardées entre les deux statues, quant à la science d'exécution, l'une étant l'essai d'un jeune artiste inexpérimenté, l'autre le chef-d'œuvre d'exécution d'un maître, savant entre tous, toutes deux semblent nées d'un même sentiment d'art et de l'interprétation d'un même idéal. Cette *Vérité* ne saurait être comparée qu'aux figures des peintres du xve siècle ; il y a aussi en elle, une large part d'inspiration des divines créations de Léonard de Vinci. J'ai peine à trouver son équivalent dans la sculpture d'une époque autre que les débuts de la Renaissance. Et pourtant, ce n'est qu'une figure nue, entièrement nue, comme la *Vérité* doit l'être. Et plus je la revois, plus je me demande si parmi tant de statues de Dalou, ce n'est pas cette simple *Vérité* qui demeurera son chef-d'œuvre. Puis, je suis pris de doutes et je me demande si la statue de la *Justice* ne lui est pas supérieure. Enfin, je sens que ces deux figures, par l'harmonie de leurs lignes, forment un tout indissoluble et que ce tout est d'une beauté unique. Ces deux figures ont été exécutées d'un seul tenant et plus rapidement que d'habitude Dalou n'exécutait des statues de cette importance. La *Justice* fut montée la première et la *Vérité* le fut peu de temps après, en octobre 1901. Le médaillon de Scheurer-Kestner fut exécuté un peu plus tard ; à l'origine, le Comité avait hésité à le placer sur le monument. Les accessoires formant le motif ornemental placé derrière le piédestal suivirent de près et Dalou n'eut plus qu'à attendre l'arrivée du bloc de marbre dans lequel le monument allait être taillé, car il est taillé dans un unique bloc de marbre et, seul l'obélisque est un morceau séparé. Ce marbre arriva en février 1902, alors que Dalou était déjà alité par sa dernière maladie et, comme on lui annonçait le débarquement dans son atelier de cette grosse pierre de 13.800 kilos :

« Un si beau morceau de marbre, dit-il en riant, et penser que nous allons le gâcher ! »

Comme s'il eût eu conscience de ne pas vivre assez longtemps pour donner à ce marbre le dernier coup de ciseau, Dalou en avait fait le modèle avec un fini et une perfection de détails si méticuleuse que, de la reproduction rigoureuse de ce modèle, résultera un marbre aussi impeccable que si le maître eût pu le terminer de sa main.

Au printemps 1901, Dalou commença le buste de Mme Marie Laurent, qu'il se faisait un plaisir très vif d'offrir à la grande artiste, à la grande femme de bien, à la fondatrice, à la mère de cet Orphelinat des Arts auquel, lui, parti, sa fille devrait la paix, la sécurité et la douceur d'une vie intime. Des contre-temps de toutes sortes ne permirent point à Mme Laurent de venir poser aussi souvent qu'il eût été nécessaire et Dalou n'eut pas le temps d'achever ce buste. Il n'est, heureusement, inachevé que par les parties accessoires : la chevelure n'est que massée, la robe est indiquée simplement en boulettes, mais le masque est saisissant de vérité et de ressemblance à cette même époque.

Ce fut également aux alentours du printemps de 1901 que Dalou reçut la commande d'un buste de Victor Hugo, destiné à la Comédie-Française, et devant lui être livré pour les fêtes du Centenaire du Poète. Ce portrait, dont la place était marquée au foyer du public, devait être, et est en effet, entouré d'une draperie analogue à celle des Caffieri. Dalou se servit surtout du moulage fait après décès et peu des photographies, (qui sont pourtant moins loin de la vérité). Le marbre fut exécuté par son praticien Becker et figura dans les fêtes du centenaire. Dalou avait conscience d'avoir fait pour le mieux ce buste, mais il n'avait pas moins conscience de n'avoir pas réussi.

Enfin, les élèves du professeur Pinard s'étant réunis pour offrir à leur maître son buste, Dalou consentit à le faire. Ajoutant un surmenage aux autres surmenages, il s'y mit sur l'heure et, comme il faisait ce buste uniquement pour gagner de l'argent, il resta fidèle à ses habitudes en demandant, pour le marbre, un prix dérisoire.

Le buste du Dr Pinard, commencé au printemps 1901, fut repris à la fin de l'automne de cette même année. C'est le dernier buste qu'ait terminé Dalou. Il est des plus ressemblants et, s'il n'est le meilleur qu'il ait fait, il peut prendre place néanmoins parmi les très bons bustes dus à son talent.

Ce fut seulement en juillet 1901 que, tous les accords étant définitivement et officiellement complets, Dalou se mit d'arrache-pied au monument de Gambetta. Il était d'ailleurs pressé par le contrat même passé avec le Comité, s'étant engagé à lui livrer le marbre terminé en temps utile pour que l'inauguration eût lieu au deuxième semestre 1903. Il commença par la statue de Gambetta, vêtu d'une redingote, les bras croisés, la tête relevée en arrière. Après quoi, il prit le groupe de la *Sagesse soutenant la Liberté*. La *Sagesse*, figurée par une Minerve casquée et cuirassée, soulève de ses bras robustes et attire à elle une jeune *Liberté*, figure nue, coiffée du bonnet phrygien et qui s'abandonne dans un mouvement de découragement et d'épuisement. En même temps qu'il s'attachait à ce groupe très important, il s'amusait les doigts et se reposait les yeux en exécutant les menus accessoires formant trophées qui accompagnaient, devant et derrière, la base du piédestal. En janvier 1902, la statue de Gambetta et les ornements du socle furent moulés.

A cette même date fut établi et massé à l'état d'ébauche sommaire le deuxième groupe, *La Défense nationale*, figuré par une femme, prise de sanglots, ayant devant elle un enfant, placé dans une attitude hardie de menace et de colère vengeresse. Dalou s'en occupa, pour se garer des inconvénients d'un travail trop assidu sur le groupe de la *Sagesse*, il y avait consacré quelques séances de modèle, quand il tomba malade.

Le 17 février, la visite de M. Counord, président du Comité du monument, lui était annoncée pour le lendemain.

A ce moment donc, le monument de Gambetta était, en résumé, à l'état d'avancement que voici :

La statue de Gambetta et toutes les parties ornementales du monument étaient moulées et prêtes pour la mise au point. Le groupe de la Sagesse était, sinon entièrement terminé, du moins amené à un point d'avancement tel que quelques séances pouvaient suffire pour l'achever complètement. Enfin le groupe de la *Défense nationale* n'existait qu'à l'état d'ébauche entièrement montée et dégrossie par Dalou sur le grand modèle. Les esquisses et petits modèles donnaient l'indication de ce que Dalou voulait que fut ce groupe. Il n'y avait donc, sur le premier groupe, que des détails d'exécution à compléter et sur le deuxième, au contraire, tout un travail à établir pour se rapprocher, autant qu'on le pourrait, des indications de l'esquisse [1].

[1] C'est dans ces conditions que le Comité trouva le travail, il consentit à le laisser terminer par

LES DERNIERS TRAVAUX. — DERNIERS MOMENTS

Dans la nuit du 17 au 18 Dalou fut pris de souffrances très violentes, mais il voulut, malgré tout, descendre le 18 à l'atelier pour y recevoir M. Counord et deux ou trois membres principaux de son comité venus spécialement de Bordeaux pour se rendre compte de l'état du travail. Vaincu par la souffrance, il dut remonter, au plus tôt, après cette visite reçue.

Le lendemain, il y eut à l'atelier réunion du Comité du monument Scheurer-Kestner, mais, cette fois, Dalou était dans l'impossibilité absolue de bouger de sa chambre. Le Comité fut reçu par MM. Auguste Becker et Biaggi; enfin, le 20, il y eut à l'atelier une réunion générale du Comité du monument Gambetta, accompagné de divers ministres ou représentants des ministres et, aussi, d'un certain nombre de journalistes. De plus en plus malade, Dalou n'y put assister, son collaborateur, M. Formigé, architecte du monument, fut seul à recevoir ces visiteurs.

Si pénible que fut l'état de Dalou, il ne semblait pas à son entourage, plus grave qu'il ne l'avait été à de nombreuses reprises, durant l'année précédente ou durant le cours de janvier écoulé. Depuis la mort de sa femme, Dalou avait presque cessé de s'occuper de ses souffrances physiques, et aussi longtemps qu'elles ne le mettaient pas complètement à bas, il n'en laissait rien voir. Quant à sa souffrance morale, ceux-là seuls qui connaissaient le fond de son âme, pouvaient en avoir le

STATUE DE GAMBETTA

soupçon. En dehors de son travail, il vivait d'une vie presque végétative, il remontait à son appartement dès que la lumière lui faisait défaut à l'atelier, il y trouvait sa fille, tenant soigneusement et méticuleusement la maison, ayant pour seule domestique une femme de ménage, qui venait le matin pendant quelques heures

---

M. Camille Lefèvre, que Dalou avait désigné comme devant le continuer. M. Camille Lefèvre termina le groupe de la *Sagesse* et exécuta celui de la *Défense nationale*. Il y apposa, comme il est juste, sa signature à côté de celle de Dalou.

et revenait le soir faire le dîner; en dehors d'un vieil oncle et d'une vieille tante de sa femme, gens de condition modeste, mais d'un dévouement et d'une bonté admirables, il ne voyait âme qui vive; chaque soir, avant neuf heures, il était couché, à moins que ne vînt lui tenir compagnie son ami et voisin Calmettes. Souvent aussi, lors des journées courtes, je venais passer un instant avec lui avant l'heure de son dîner, si l'on peut appeler ainsi le simulacre de repas qu'il faisait le soir. A aucun moment, je n'ai rencontré personne d'autre auprès de lui dans le petit salon de l'avenue du Maine. Il avait conservé une chambre peu claire, meublée en pitchpin, située à l'extrémité d'un couloir, une sorte de grande chambre de bonne, qu'il occupait depuis plusieurs années; la chambre où était morte Mme Dalou avait été fermée, les rideaux baissés et laissés telle qu'elle était à cette heure douloureuse. Pas un objet n'en avait été déplacé ; j'y ai retrouvé, dix-huit mois plus tard, ses lunettes, sur la tablette de la cheminée, à la place où je les avais, sur sa demande, posées deux jours avant qu'elle rendît le dernier soupir. A l'autre extrémité de l'appartement, demeurait Mlle Dalou, aussi peu certaine de pouvoir venir au secours de son père en cas de crise grave, que lui-même l'était de la secourir utilement si elle avait besoin de ses soins.

Dans de telles conditions, et les crises se prolongeant, plus accentuées que les précédentes, les élèves et les amis de Dalou firent appel aux médecins, et, le 21, il y eut une consultation du Dr Hutinel, avec le Dr Chatinière, médecin habituel de Dalou, et le Dr Richer, son ami. Ces messieurs constatèrent que l'état était des plus graves. Pendant près de trois semaines, il alla empirant de jour en jour, puis, il se produisit un revirement : un mieux se manifesta et vers le milieu de mars, on put considérer le malade comme sauvé une fois de plus. Le 20 il sortit en voiture, alla au cimetière Montparnasse sur la tombe de sa femme et de là prendre l'air au Bois de Boulogne; huit jours plus tard, il allait, accompagné de son élève, M. Biaggi, toucher, à l'Hôtel de Ville, le montant d'un prix, — le prix Lheureux, — qui lui avait été décerné à propos de son monument de la place de la Nation. En progrès constants, il venait, le lendemain faire à l'atelier un tour d'une demi-heure. Le 1er avril il y revenait encore, corrigeait les travaux de ses élèves, leur donnant des conseils, s'occupait de la préparation du groupe de la *Courtisane* qu'on avait de monté en grand et dont il projetait de s'occuper dès qu'il serait valide. Le travail de préparation de la statue principale était complet et se rapprochait, autant que le pouvaient le bon vouloir des élèves qui avaient procédé au montage, de la très belle et très complète esquisse modelée par le maître ; quant au bas-relief qui entourait la base de l'esquisse, il n'était pas encore établi par eux à grandeur d'exécution.

Au sortir de l'atelier, il partit avec sa fille pour prendre l'air. Le matin il avait commis l'imprudence de manger un bifteck malgré la défense des médecins. « Je vais mieux et j'ai besoin de me suralimenter pour reprendre des forces », avait-il répondu à Auguste Becker, qui lui signalait le danger de cette incartade; au cours de sa promenade au bois, il commit une nouvelle imprudence en

Esquisse de la Courtisane

buvant un verre de bière; sa fille manquait de l'autorité qu'il eût fallu avoir sur lui pour l'en empêcher; il n'était d'ailleurs guère facile à personne de lui faire entendre raison, en d'analogues occurrences.

Le lendemain matin, à déjeuner, encore sous prétexte de réparer la fatigue d'une nuit très pénible qui avait suivi sa promenade, il viola une fois de plus les prescriptions alimentaires de ses médecins. Une rechute terrible suivit cette série d'imprudences, les douleurs devinrent si intolérables que dès le 5 on dut avoir recours aux piqûres de morphine, que, jusqu'au dernier jour, il fallut recommencer. A partir de ce moment, Becker, Biaggi et Léon Gobet ne quittèrent plus, ni jour ni nuit, le chevet du malade; lorsque la morphine lui laissait sa vivacité intellectuelle, il s'entretenait avec eux et de ses travaux et de leurs études, répétant : « Quand vous serez dans l'hésitation ou l'embarras, allez au Louvre, là vous trouverez toujours dans les maîtres la leçon dont vous aurez besoin ». Un jour parlant de son Monument aux Ouvriers : « C'est fini, il n'y faut plus penser », disait-il. Un autre jour, au contraire, il en reparlait et disait, parlant d'une femme de ménage qui le soignait avec grande bonté : « C'est une brave femme, je la mettrai dans le *Monument aux Ouvriers*. »

Le 7, il dit à Auguste Becker : « Puisque nous voici tous deux seul à seul et bien tranquilles, vous allez noter mes instructions et mes recommandations, parce que, voyez-vous, à l'heure actuelle, je n'en ai plus pour longtemps », et, une à une, il repassa chacune de ses affaires en cours, fit le relevé de ce qu'il avait touché d'acomptes sur chacun de ses travaux et de ce qui lui restait dû, dicta un inventaire complet et précis de sa situation, puis il entra dans les menus détails de ses travaux : « Au buste de Marie Laurent, il y a une éraflure de « linge au nez — vous rétablirez cela ; au buste du Dr Pinard, il y a un défaut « à la paupière, vous le rectifierez de telle façon que voici, » et il l'expliqua ; « au côté du buste d'Auzoux, vous graverez, au-dessus de ma signature : A Charles Auzoux, témoignage d'affectueuse reconnaissance ». Il désigna M. Camille Lefèvre pour terminer le monument de Gambetta et donna quelques avis sur la façon de le terminer ; il ordonna que rien ne fût changé à l'organisation de son atelier, et demanda que tous ses anciens collaborateurs lui continuassent tel que par le passé leur concours. Puis, il passa aux recommandations d'ordre intime : « Quand je serai mort, je veux que l'alliance que j'ai au doigt, l'alliance que ma « femme avait au doigt quand elle est morte, reste à mon doigt. La petite photo-« graphie qui est dans mon portefeuille partira avec moi et vous y mettrez de « même le petit médaillon au petit portrait ».

Le lendemain il renouvela devant M. Auzoux les renseignements et les recommandations d'affaires, puis il voulut dire adieu à tous ceux qui étaient là dans la maison : à M. Auzoux, au Dr Richer, aux vieux oncles, à leur fille, à ses élèves, et, comme dans un coin, regardait le mari de sa femme de ménage, il l'appela et dit : « voilà un brave homme, je veux lui serrer la main avant de m'en aller là-bas ». A sa fille qui l'appelait comme d'habitude : « petit père », il dit : « Ne dis donc pas « petit père », il n'y a plus de « petit père » à cette heure-ci. »

Le 9 ou le 10, il eut une effroyable crise, l'angine de poitrine battait son plein, l'embolie obstruait ses veines, il n'arrivait point à retrouver le cours de sa respiration. Ses trois amis et gardiens le soulevèrent sur son lit pour qu'il pût tenter un effort. A un moment, l'étouffement devint effroyable, il se redressa et trouva la force de dire : « Adieu, mes enfants ! Cette fois-ci, c'est fini. » Et il tomba en arrière comme une masse inerte, le corps roide. Le cœur battait encore. On procéda à des inhalations d'iodure d'éthyle, et, au bout d'une vingtaine de minutes, il reprit possession de lui-même ; alors, s'adressant à ceux à qui il venait de dire adieu :

« C'est curieux de voir comme on revient de loin, et comme c'est dur à mourir, un petit homme comme moi ! »

D'autres fois il leur disait : « C'est bon de s'en aller comme ça, entouré d'amis ». Au Dr Richer qui lui déclarait que le pouls et la langue étaient bons, il répliquait en souriant : « Mais oui, Docteur, le pouls est bon, la langue est bonne. Et le malade *claque* tout de même ».

Vers les derniers jours, il dit à Becker : « Auguste, ma femme est morte dans vos bras, j'espère mourir dans vos bras aussi ».

Bientôt, les douleurs croissant, l'emploi de la morphine devint de plus en plus énergique, et il ne put plus parler que très rarement. A un moment, il appela Becker : « Encore ceci, Auguste : *mon* masque, *mes* deux moulages de pieds et *ma* main vous les briserez ».

Il s'agissait des moulages des deux pieds et de la main et du masque de sa femme.

De jour en jour, l'effet de la morphine le laissa de moins en moins maître de sa parole ; il eut pourtant l'occasion d'ajouter : « Vous savez, Auguste, ni photographes, ni mouleurs, ni journalistes. Quand j'en serai là, qu'on me f...iche la paix ! »

Enfin, dans la nuit du 15 avril 1902, à quatre heures et demie, il se sentit plus mal, bien que fort engourdi par les piqûres de morphine ; Auguste Becker, qu'il ne distinguait sans doute déjà plus, le souleva dans ses bras et — ainsi l'avait-il souhaité — dans les bras de son élève, à la place où sa femme avait exhalé son dernier souffle, il franchit le seuil de l'Éternel Repos.

Dans ses papiers, on trouva un exemplaire d'une note, dont Auguste Becker et Léon Gobet possédaient par avance chacun un double identique. Celle-ci était sous une enveloppe portant cette mention : « A ouvrir aussitôt après ma mort ».

Elle contenait l'expression de ses dernières volontés et était ainsi libellée :

« Dernières volontés.

« Mon enterrement sera purement civil et sans aucun honneur militaire, « point de fleurs, aucun discours. Le convoi, aussi simple que possible, sera de

« sixième classe. Rien ne sera modifié à la dalle recouvrant le caveau où repose
« ma bien-aimée femme et que j'ai fait construire pour que ma femme, ma fille
« et moi, ne soyons pas séparés dans la mort; on y gravera simplement l'ins-
« cription ci-après, en caractères identiques à ceux qui existent déjà : « Jules
« Dalou 1838-19... » Je prie instamment mes chers amis Auguste Becker, Léon
« Gobet et Amédée Bertault de bien vouloir veiller à la stricte exécution de ce
« qui précède afin qu'il n'y soit dérogé sous aucun prétexte.

« Fait à Paris, le 29 janvier 1901. »

« J. Dalou. »

Les lettres de faire part, en tout semblables à celles de la mort de Mme Dalou, portèrent et uniquement, de la part de sa fille, la prière d'assister « aux convoi et enterrement de M. Jules Dalou, sculpteur, décédé, etc. » Il n'y fut fait mention d'aucun titre honorifique quelconque.

Les obsèques furent d'une parfaite simplicité, l'assemblée fut relativement peu nombreuse; on avait obtenu de Mlle Dalou qu'elle fît le sacrifice de ne pas aller au cimetière, épreuve qui eût pu être au-dessus de ses forces. La famille, composée uniquement du beau-père de Dalou, un vieillard de quatre-vingt-trois ans et d'un oncle déjà âgé, M. Mercier, dont le dévouement l'avait de tous temps assisté de son mieux, marchait en avant, suivie de quatre des exécuteurs testamentaires de Dalou, MM. Auzoux, Dreyfous, Formigé, Richer (le cinquième, M. Courbet, étant retenu loin de Paris). Le cortège ne comporta aucune délégation, aucune Société; aucun insigne d'aucune sorte n'y fut arboré; chacun était là individuellement et pour soi seul. Rien ne signalait aux passants qu'ils assistaient aux funérailles d'un grand homme.

Mais, tout à coup, au débouché de l'avenue du Maine, sur le boulevard de Vaugirard, le spectacle devint tout à fait grandiose et profondément émouvant.

Il était onze heures et quelques minutes, et de toutes parts, les ouvriers sortaient des nombreuses usines et des ateliers, les plus divers, situés là et aux alentours. Alors on vit s'avancer rapidement, mais sans hâte irrespectueuse, des phalanges et des phalanges d'ouvriers de toutes industries, dans leur costume de travail les plus variés, et tous s'arrêtèrent, recueillis et tristes, au bord de la route où passait la modeste voiture funéraire, n'ayant d'autre signe distinctif qu'un D dans un cartouche. Et, pendant des centaines de mètres, les restes mortels de ce grand ouvrier, fils d'ouvrier, resté ouvrier toute sa vie et mort en

LES DERNIERS TRAVAUX. — DERNIERS MOMENTS

ouvrier, passèrent à travers une triple haie de ces hommes de l'atelier et de l'usine, à la glorification desquels il avait voué le plus pur de son cœur et le plus pur de son génie.

Si Dalou avait pu deviner qu'il aurait de telles funérailles, il les eût regardées comme la plus haute récompense à laquelle il eût jamais osé prétendre.

Journée remplie
(Médaille).

TABLE DES ILLUSTRATIONS

PLANCHES HORS TEXTE

Portrait de Dalou, fac-similé d'une eau-forte d'Alphonse Legros (publiée par le Portfolio de Londres).	(au titre)
La Mère et la fille (terre cuite). . . . . , ...	17
Monument de la Place de la Nation (bronze).	47
La Fraternité (marbre).	81
Mirabeau répondant à Dreux-Brézé (bronze)	113
Le « Petit Vase » de Sèvres (porcelaine de Sèvres)	143
Silène (bronze).	177
Monument d'Eugène Delacroix (bronze).	209
Jeune parisienne et son enfant (d'après le petit modèle en plâtre)	237

GRAVURES DANS LE TEXTE

Dessus de porte exécuté pour l'hôtel André	1
Bas-reliefs de la porte d'une maison, 4, rue de la Paix, à Paris (d'après le *modèle original* en plâtre).	1
La Poésie, Bas-relief (Hôtel Païva)	18
L'Éloquence, Bas-relief (Hôtel Païva)	18
La Science, Bas-relief (Hôtel Païva).	19
La Musique, Bas-relief (Hôtel Païva).	19
La fondation de Marseille (concours de prix de Rome à l'École des Beaux-Arts, 1865)	24
Trirème exécutée chez Fannière	31
L'Afrique	34
L'Asie	35
Dessus de porte exécuté pour l'hôtel André en 1868	37
Croquis de Dalou d'après son « Amour et Psyché » (ouvrage disparu)	38
La Brodeuse	41
Buste d'Alphonse Legros	49
Statuette de lady Carlisle.	53
Fac-similé du croquis de la « Junon allaitant Hercule »	58

TABLE DES ILLUSTRATIONS

La Paysanne Française (terre cuite, hauteur 2 mètres)	59
La « Rocking Chair »	63
Buste de Mrs Gwene (terre cuite)	67
« Candeur » buste (terre cuite)	68
La Liseuse (terre cuite, grandeur nature)	74
Groupe de la Reine d'Angleterre	85
Buste d'un des enfants du groupe de la Reine	87
Esquisse (terre cuite de la Charité)	89
Le « Triomphe de la République », modèle (au dixième) de 1879. (Appartient au Musée de la Ville de Paris)	105
L'une des études de nu de la statue de la République	124
Fragment d'une des études de nu de « l'Abondance »	127
Le « Triomphe de la République » (modèle en plâtre inauguré en 1880)	120
Haut-relief de la fontaine du « Fleuriste » de la Ville de Paris	145
Le monument d'Alphand (d'après l'esquisse)	155
Statue de Dalou par lui-même (fragment du monument d'Alphand)	163
Étude faite pour l'homme à la brouette	164
Le grand vase de Sèvres (d'après l'exemplaire en grès)	179
Masque de Silène (terre cuite, du petit modèle)	182
Les lions du pont Alexandre III (esquisses en cire)	186
Buste d'Eugène Delacroix (monument du Luxembourg)	188
Monument de Boussingault	192
Miroir Louis XV	199
L'Automne (dessus de porte exécuté pour M. Cruchet)	200
L'Hiver (dessus de porte exécuté pour M. Cruchet)	201
Buste d'Albert Wolff	203
Buste d'Auguste Vacquerie (exemplaire de la Comédie-française)	207
Frontispice des « Châtiments »	212
Projet de monument à Victor Hugo	215
Fronton de la façade de la maison Dufayel	217
Ébauche de la base du monument à l'amiral Courbet	220
Groupe en marbre de M. Drapé (d'après le modèle en terre cuite)	223
Esquisse de la figure allégorique du monument à Carnot (projeté)	224
Buste de Mᵐᵉ Cresson	227
Buste du Dʳ Paul Richer	230
Troisième esquisse du monument aux orateurs de la Restauration	234
Maquette du monument à l'automobilisme	239
Le semeur et son socle	241
La femme surprise	243
Les ouvriers de la mer (maquette de l'un des bas-reliefs du Monument aux ouvriers)	247
Étude partielle d'écorché de cheval	250
Quelques figurines d'études d'ouvriers des champs	252
Quelques figurines d'études d'ouvriers des villes	253
Deuxième modèle du Monument aux ouvriers	254
Modèle définitif du Monument aux ouvriers	255
Quelques statues de la base du Monument aux ouvriers	256

TABLE DES ILLUSTRATIONS 283

Quelques statues de la base du Monument aux ouvriers. 257
Les ouvriers des champs (maquette de l'un des bas-reliefs du Monument aux ouvriers) 258
Etude pour le bas-relief, ouvriers des champs 258
Les ouvriers du sous-sol (modèle de l'un des bas-reliefs du Monument aux ouvriers) 259
Etude pour le bas-relief, ouvriers du sous-sol 259
Tête de paysan (étude). 260
Etude d'essai du terrassier 261
Le terrassier (modèle définitif) 261
Le semeur (modèle définitif) 262
Monument de Gambetta 267
Fragment de la statue de la Justice (portrait de Mme Dalou vers 1900, d'après le modèle en état
   de mise aux points) 269
Statue de Gambetta 273
Esquisse de la Courtisane 275
Journée remplie (médaille). 279

TABLE ANALYTIQUE

Préface de M. Henry Roujon 1

CHAPITRE PREMIER
ANNÉES DE MISÈRE

Les parents de Dalou. — Intervention de Carpeaux. — La Petite Ecole. — Lecocq de Boisbaudran. — Entrée à l'école des Beaux-Arts. — Opinion de Dalou sur l'enseignement de l'Ecole. — Menus travaux d'industriels. — Temps de bohème. — La Joueuse d'osselets. — Dalou ouvrier empailleur. — Abandon de l'école des Beaux-Arts. — Le Bain. — Première commande pour l'hôtel Païva. 4

CHAPITRE II
LES PREMIERS TRAVAUX DÉCORATIFS

Les travaux de l'hôtel Païva. — Les bas-reliefs de la rue de la Paix. — La sépulture Moïana. — Les cariatides de la rue Lafayette. — Retour à l'école des Beaux-Arts. Concours : *La fondation de Marseille*. — Abandon définitif de l'Ecole 16

CHAPITRE III
MARIAGE — TRAVAUX D'ORFÈVRERIE — NOUVEAUX TRAVAUX DÉCORATIFS
LA GUERRE — LA COMMUNE

Mme Dalou. — Travaux d'orfèvrerie. — Mariage. — Trente ans après. — Chez les frères Fannière. — Grands travaux. — L'hôtel Menier. — Les cariatides : « Les Quatre parties du monde ». — Le fronton de l'Hôtel de Ville de Tulle. — Travaux de l'hôtel André. — Le grand cartel. — Travaux d'atelier. — L'âme de l'œuvre. — L'Amour et Psyché. — La Brodeuse. — Premier succès. — Destruction de la Brodeuse, plâtre et marbre. — La tête de la République. — Engagement volontaire. — Le siège de Paris. — Les déceptions patriotiques. — La Commune. — Au musée du Louvre. — Après la défaite. — Départ de Paris. — Le passeport. — Le signalement. — Arrivée à Londres. 26

CHAPITRE IV
SÉJOUR EN ANGLETERRE

Chez Alphonse Legros. — Dalou praticien. — La pauvreté. — La première statuette boulonaise. — Les commandes. — Bustes et statuettes. — Fausse route. — Groupes détruits. — La Baigneuse. — La Madone. — Junon allaitant Hercule. — La Paysanne française allaitant son enfant. — L'inspiratrice. — La *Rocking chair*. — La statuette de Mlle de Rothschild. — M. Lantéri. — Les bustes. — Professorat au Royal college of Art. — Voyage en Belgique. — Influence de Rubens et de l'Ecole Flamande et Hollandaise. — Reflet de Roubillac. — Statuettes de Boulonaises. — Les *Liseuses*. — *La leçon de lecture*. — Le home solitaire. — Encore des boulonaises. — L'Exposition Universelle de 1878. — L'ami Cornaglia. — Désespérance 48

CHAPITRE V
RETOUR EN FRANCE

Démarches en vue du retour en France. — Le *Cache-cache*. — Le groupe de la Reine. — Dalou courtisan. — La famille reconstituée. — Le monument du Royal Exchange. — Nouvelles tentatives de retour en France. — Le premier bas-relief « Bacchanale ». — L'amnistie. — Lettres sur l'amnistie. — Première ébauche du Triomphe de la République. — Hésitations à concourir. — Décision enfin prise. — Exposition de la grande esquisse du « Triomphe » à l'Ecole des Beaux-Arts. — Délibérations du Jury. — Echec au concours. — La ville de Paris demande le monument 82

CHAPITRE VI
LES MONUMENTS DE LA VILLE DE PARIS

Le Monument de la Place de la Nation. — Premier devis. — Installation de Dalou à Paris. — Augmentation de la grandeur du monument. — L'atelier de la rue Montessuy. — Nouvel agrandissement du groupe. — Portrait de Dalou. — Montage du modèle. — Première exécution et démolition du premier modèle. — Recommencement des études au sixième. — Supplément de crédits. — Projets de fonte à cire perdue. — Reconstitution de l'art de la fonte à cire perdu. — Recommencement intégral du monument. — Inauguration de 1889. — La fonte exécutée par Bingen. — Abandon du travail. — Destruction progressive du monument en plâtre. — Détresse des moules destinés à la fonte. — Difficultés avec le fondeur Bingen. — Reprise des moules par la Ville de Paris. — Troisième recommencement du grand modèle. — Lutte contre la maladie. — La « Fête du Triomphe. — Inquiétudes de Dalou pour l'avenir de son monument.
Le haut-relief *la Fraternité*. — Exposition du modèle. — Médaille d'honneur. — Marbre inachevé.
La Fontaine du Fleuriste. — Les précédents de la Bacchanale. — Le modèle en pierre.
Le monument de Joseph Leclaire. — Opinion de Dalou sur son monument.
La Chanson.
Le monument d'Alphand. — Projets de 1893. — Etudes préparatoires. — La maladie de 1893. — Le petit crabe. — Dalou fait le monument gratuitement. — La première esquisse. — Lutte contre la santé. — Le travail du dimanche. — Les portraits du monument Alphand. — Portrait de Dalou par lui-même. — Les bas-reliefs. — Changement de mouvement de l'Alphand. — Difficultés du choix d'un emplacement. — L'exécution en pierre. — Excès de fatigue. — Inauguration. — Dalou et ses collaborateurs 109

TABLE ANALYTIQUE

CHAPITRE VII

MONUMENTS APPARTENANT A L'ÉTAT

Le *haut-relief Mirabeau*. — Le concours pour le monument aux États généraux. — Collaboration avec Aubé. — Echec du projet. — L'esquisse de Lafayette. — Exécution du haut-relief. — La médaille d'honneur. — Commande de l'État. — Placement au Palais Bourbon. — Projet du monument : *La Loi*. — Statue de Vergniaud.
Le *groupe du Silène*. — Le groupe de *Silène* au Salon. — L'âne du Silène. — Le modèle en détresse. — Achat par l'État. — Fonte en bronze.
Les *deux vases du Luxembourg*.
La *statue de Lavoisier à la Sorbonne*.
Les *lions du Pont Alexandre III*.
Le *monument d'Eugène Delacroix*. — Fonte à cire perdue. — Agissements du fondeur. — Engagements ruineux. — Albert Liouville.
Le *Monument de Boussingault*. — Compensation inattendue. — Opinion de Dalou sur son monument de Boussingault. — Retour vers l'art pratiqué en Angleterre.
Le *monument de Sidi Brahim*. — Destruction des modèles.
La *statue de Hoche à Quiberon* 170

CHAPITRE VIII

OUVRAGES APPARTENANT A DES PARTICULIERS

Les relations mondaines de Dalou. — Série de bustes. — Bustes d'après nature et bustes par documents. — Les tombeaux. — Victor Noir. — Blanqui. — Ch. Floquet. — Le bas-relief des Châtiments. — Le masque de Victor Hugo mort. — Projet de monument à Victor Hugo au Panthéon. — Masques antiques en carton. — Divers travaux décoratifs. — Le fronton du théâtre du Palais Royal. — Le fronton Dufayel. 197

CHAPITRE IX

DERNIÈRES ANNÉES

Revue des grands travaux accomplis de 1894 à 1900. — Résolution d'accepter des commandes. — Premières économies. — Les travaux pour le baron Vitta. — Le petit marbre de M. Drapé à Agen. — Projet de monument à Carnot. — Projet de monument à l'amiral Courbet. — Le buste de Cresson. — Retour aux Boulonaises. — Reprise de la maladie. — Vacances à la campagne. — La santé reparaît. — Le monument aux orateurs de la Restauration. — Buste du docteur Paul Richer. — Les économies grossissent un peu. — Le « Paysan ». — Epuisement de travail. — Repos à la campagne. — Travaux à la campagne. — Socle du Paysan. — Joie de se sentir revivre au travail. — Rechutes graves. — « Je suis perdu ». — Premier testament. — Acharnement aux travaux en cours. — Le monument aux orateurs. — Esquisses et terre cuite. — Le grand « Paysan ». — Forces retrouvées à la campagne. — Retour. — Rechute par fatigue. — Projet de monument à l'automobile. — Reprise du grand « Paysan ». — La santé de Mme Dalou. — L'esquisse du monument à Scheurer Kestner. — Études pour le monument aux ouvriers. — Le groupe « Chasseur et chien ». — Buste Huet. — La note: « Affreuse certitude !! » — Séjour à la campagne. — Retour à Paris. — Mme Dalou se meurt. — Les testaments. — Les dernières dispositions. — Mort de Mme Dalou 219

CHAPITRE X

LE MONUMENT AUX OUVRIERS

Novembre 1889. — Le premier projet. — Les trois esquisses — Ouvriers des villes et ouvriers des champs. — Centaines de figurines, croquis et études. — Modèle définitif. — Commencement d'exécution du modèle définitif au quart d'exécution 247

CHAPITRE XI

DERNIERS TRAVAUX — DERNIERS MOMENTS

Lettre à Mme Marie Laurent. — Les travaux en cours. — Achèvement du monument Scheurer-Kestner. — Divers travaux. — Le monument de Gambetta. — Le projet du concours Gambetta de 1885. — Le monument aux orateurs de la Restauration. — Le buste du Dr Pinard. — Le buste de Victor Hugo. — Le buste de Marie Laurent. — Les dernières recommandations et les dernières volontés. — Mort et funérailles de Dalou 264

TABLE DES ILLUSTRATIONS 281

ÉVREUX, IMPRIMERIE DE CHARLES HÉRISSEY

www.ingramcontent.com/pod-product-compliance
Lightning Source LLC
Chambersburg PA
CBHW071414150426
43191CB00008B/907